KB151050

회상연극

Pam Schweitzer 저
김숙현·이효원 역

발간에 부쳐

모든 드라마가 '빈 공간'과 함께 시작된다고 한 위대한 연극 연출가가 있었다. 소중하고 영감 넘치는 이 책은 연극이 가족과 지역 사회와 나라 그리고 기억의 상실로 인해 만들어진 개인적인 빈 공간을 어떻게 채울 수 있는지를 보여준다.

교육에서의 연극의 가치는 그 가장 넓은 의미에서 수십 년 동안 꾸준히 확대되어 왔다. 하지만 팸은 이 분야에 자신만의 고유한 작업을 도입하였고, 그녀가 아니었다면 그것은 아마도 그만한 깊이에 이르지 못했을 것이다.

<세대교류>의 후원자로 몇 년 동안 극단의 활동을 지켜보면서, 나는 연극이 불가능해 보이는 것을 현실로 만들 수 있다는 팸의 신념과 그에 대한 헌신이 열매 맺는 과정을 경외와 매혹의 눈으로 목격하였다. 그녀의 작업을 통해 사람들은 서로 만나 이야기를 나누고 인종, 신념, 성별, 세대의 외적 경계를 넘어 창조적으로 함께 작업한다. 그들은 우리가 공유하는 인간성이 우리를 가르는 차이보다 훨씬 더 큼을 발견한다. 그리고 공연을 통해 팸은 설사 기억이 손실되어 소통 자체가 불가능해 보일 때조차 우리가 우리를 위해 우리에게 말을 걸 수 있는 방식을 찾아냈다.

내가 하원의원이 되었을 때, 사람들은 단지 무대를 정치판으로

바꿔치기 했을 뿐이라고 비아냥거리곤 했다. 이제 그에 대해 나는 의회가 놀랍도록 연습이 불충분하고, 조명과 음향 시설도 형편없는 무대였다고 말할 수 있다. 그러나 이 책은 팸의 헌신적인 오랜 경험 덕분에 절대 그와 같지 않다. 그녀는 복합적인 인간적 주제를 새롭게 조명하였고 그 메시지는 크고 뚜렷하다. 회상과 회상 연극은 사람들의 삶을 근원적으로 개선할 수 있다.

각설하고, 독자들에게 이 책은 틀림없이 귀한 경험이 될 것이다.

글렌다 잭슨(Glenda Jackson), 하원의원

저자 서문

나는 이 책을 1983년에 자선 단체로 창단된 <세대 교류>의 예술 감독으로 일하면서 23년 동안 회상 연극 작업을 해온 끝에 썼다. 당시에는 내가 회상 분야에 온 삶을 바치게 될 것이라 생각하지 못했다. 그런데 맨 처음 프로젝트가 짜릿한 예술적 가능성으로 가득 찬 층을 열어보였고, 그래서 나는 그것을 더 깊이 파보고 싶어졌다. 나를 그렇게 오랫동안 붙들어둔 것 자체가 회상 작업 그리고 회상 연극과 드라마 분야의 거대한 다양성과 흥미로움을 증언해준다.

<세대 교류> 프로젝트의 일부로 이 책의 출간을 지원해 준 교량주택신탁에 심심한 감사를 드린다. 그러나 이것은 <세대 교류>의 저작물이 아니며 극단의 작업을 소개하고 있지도 않다. 이 책은 전적으로 나의 관점에서 쓰인 개인적 회고에 가깝다. 나는 퇴직에 즈음하여 이런 기회를 준 제시카 킹슬리 출판사에 감사를 전한다. 그 정성스런 편집에 힘입어 회상 연극에 대한 나의 경험을 보다 많은 독자와 나눌 수 있게 되었다.

수년에 걸쳐 나는 30편의 회상 연극을 제작했고 그 수만큼의 자료집과 삼차원의 회상 전시회를 만들었다. 다양한 프로젝트 가운데서 각기 다른 관객과 대상 집단에 따른 방법론과 접근법을 보일 몇 편의 공연을 선정하는 것은 생각처럼 쉽지 않았다. 프로젝트마다 최

초의 스토리텔러들, 놀라운 재능의 작가들, 배우들, 음악 감독, 디자이너와 수많은 공연을 현실로 만드는 것을 도와준 사람들에 대한 각별한 기억을 남겨주었다.

이들 프로젝트를 진행하는 과정에서, 나는 특정한 노인 집단을 대상으로 회상을 통해 작업하는 새로운 방식을 개발할 필요성에 눈뜨기 시작했다. 거기에는 보건과 사회복지의 맥락에서 일하는 소규모 집단 작업, 지역사회의 문화교류적이고 세대교류적인 프로젝트, 정신건강 영역의 치료적인 회상 프로젝트가 포함된다. 회상은 통상 분리된 여러 분야의 사람들을 한데 모으는 자리를 만들고, 그래서 나는 심리학자, 의사, 사회복지사, 예술가, 박물관과 갤러리 스태프, 교사와 그 밖의 인력과 연극 제작자로서 함께 일하는 특권을 누렸다. 지역사회 그리고 특히 그 안에서의 노인들의 삶의 질을 향상시키려는 목표 아래 서로 다른 기술을 조합하는 새로운 프로젝트를 개발하는 것은 엄청나게 자극적인 경험이었다.

정확한 '작업 안내서'는 아니지만 여기에 설명하고 분석한 공연과 그 밖의 극적인 회상 프로젝트를 보고 나면, 독자의 흥미와 전문 분야에 따라 이 창조적인 접근법을 얼마든지 활용할 수 있을 것이다. 나는 다른 극단의 작품과 회상 연극 프로젝트를 소개하고 여러 책과 논문을 언급하여 회상을 통해 풍성한 결실을 거둘 수 있는 분야의 다양성을 보임으로써 탐험에 깊이를 더하고자 했다.

이 책을 쓰면서 나는 인터뷰를 하고 그 녹음한 것을 풀어 편집하는 전통적인 회상 연극의 방법론을 사용했다. 오랫동안 함께 한 동료이자 친구이며, 인터뷰를 진행하고 내용을 조직하는 과정에서 나를 도와 준 클레어 서머스킬(Clare Summerskill)에게 깊은 감사를 전한다. 그녀는 없어선 안 될 소중한 생각을 나누어주었고 지난 23년의 작업의 정수를 지면에 옮기는 때로 너무나 힘들었던 이 일을 포기하지 않고 마무리 짓도록 격려해주었다.

또한 초고를 읽어주고 책을 쓰도록 용기를 준 사람들에게 고마움을 전한다. 조안나 보넷(Joanna Bornat), 에롤린 브루스(Errollyn Bruce), 크레이그 피스(Craig Fees), 수 헤이저(Sue Heiser), 샐리 노커(Sally Knocker), 젠 룬(Jen Lunn), 헬레나 플랫(Helena Plat), 프랜스 리프킨(Frances Rifkin), 미셰린 스틴버그(Micheline Steinberg) 그리고 늘 넉넉한 가르침으로 나를 이끌어준 가장 중요한 멘토 페이스 깁슨(Faith Gibson)에게.

그리고 나의 남편 알렉스에게 특별히 감사한다. 그는 수년에 걸친 나의 회상 열병을 견뎌주었고, 한 프로젝트가 시작하여 안착하고 문제를 해결하면서 완성작을 올리기까지 수많은 오르내림을 함께 겪으며 정서적으로나 실질적으로 많은 도움을 주었다. 그가 지칠 줄 모르는 노력으로 세대교류 건물을 돌보지 않았다면 회상 센터는 아마도 전국적으로나 국제적으로 회상 작업의 창조적 허브로 기능하지 못했을 것이며, 회상 훈련, 축제, 프로젝트의 쇼케이스도 제대로 진행되기 어려웠을 것이다.

끝으로 나와 함께 작업한 수천 명의 어르신들에게 말로 다 할 수 없는 빚을 졌음을 고백한다. 관대하고 솔직하게 자신의 삶을 공유하고 이 책에서 이야기할 회상 작업에 천 가지의 서로 다른 방식으로 참여해주신 그 분들이 계셨기에 나는 오랜 시간 동안 기쁘게 작업할 수 있었다.

팸 슈바이처(Pam Schweitzer)

개관

불굴의 정신, 끝없는 에너지, 흔들리지 않는 신념으로 특징 지워지는 회상과 회상 연극에 대한 팸 슈바이처의 헌신은 그녀가 세대 교류 회상 센터와 함께 한 23년을 담은 이 책을 통해 유감없이 빛을 발한다. 이 책은 단순한 회고록이 아니라 사람들의 개인적 기억이 갖고 있는 보편적 요소를 연령, 문화, 인종, 언어의 차이에도 불구하고 접근 가능한 극적 재현으로 변형할 수 있다는 회상 연극의 본질을 조명한다.

녹음한 원고에 바탕을 둔다는 점에서 이 책은 회상 연극의 제작 과정과 유사한 방법론을 취한다. 개인의 기억을 먼저 녹음하고 그 내용을 그대로 푼 다음 생각에 생각을 거듭하면서 그것을 다듬어가는 것. 회상과 상상의 상호작용으로 접근된 회상 작업은 개인과 집단의 실제 경험을 전시할 뿐 아니라 연극적이고 음악적인 재현을 위한 바탕을 제공한다. 즉흥극, 조각상 만들기, 노래와 극적 재현을 통해 배우들은 관객의 기억을 자극한다. 배우들과 공연 후 토론을 함께 하면서, 관객은 자신의 과거로 돌아가 관련된 기억을 불러내고 돌아보며 다시금 구조화하도록 자극 받는다. 그리고 그 과정은 관객이 살아낼 만한 것으로 삶의 각본을 다시 쓸 수 있도록 촉진한다.

『회상 연극』은 개척자, 에너자이저, 연구자, 작가, 예술 감독,

경영자로서 팸 슈바이처가 살아온 생산적인 삶에 대한 리뷰이기도 하다. 그녀는 자금을 구하기 위한 끈질긴 노력과 엄청난 업무량 그리고 서로 다른 능력치, 욕구, 재능과 기질을 가진 노인과 젊은 자원봉사자, 전문가와 비전문 배우, 음악가, 교사, 예술가, 의료 사회복지 분야의 스탭과 함께 일하는 데 요구되는 융통성을 모두 감당해왔다.

그녀를 알고 영국과 유럽 전역에서 진행된 그녀의 작업을 공유할 수 있다는 점에서 우리는 그녀에게 큰 빚을 졌다. 우리는 유스 시어터, 좋은 친구들, 여러 전시회, 국제회의, 어제를 기억하기, 오늘을 보살피기 프로젝트의 전문 극단의 공연에서 너무나 많은 것을 배웠다. 또한 회상 연극에서 엄청난 기쁨, 자극, 짜릿한 흥분과 아드레날린의 분출을 경험했고, 그러므로 회상 연극의 혜택은 예술적 자극이 결핍된 노인 관객에만 제한되지 않는다.

상세한 안내서인 이 책에서 언급한 광범한 작업은 회상 연극의 풍부한 자산을 말부터 만질 수 있는 예술 형식에 이르기까지 다양하게 변형하고자 하는 사람 누구에게나 귀중한 정보를 줄 것이다. 이 책은 인간 정신의 회복탄력성을 증언해준다. 그것은 몸과 마음이 취약해짐에도 불구하고 노인들이 갖고 있는 끈질긴 창조성을 증거하며, 회상 연극을 통해 접근가능해진 기억의 변형적 위력을 보여준다.

페이스 깁슨(Faith Gibson)
울스터 대학 사회사업학과 명예 교수

이 책에 관하여

이 책에서 나는 기억을 극화하고 상연하는 여러 가지 방식을 탐험한다. 그리고 인터뷰와 노인들과의 토론을 통해 내용을 생산하고 그 이야기를 연극 형식으로 재생하여 기억, 소통, 공감, 상상의 자극제가 되게 하는 일련의 과정을 모두 다루고자 한다.

'회상 연극의 개발 배경'이라는 꼭지는 그 작업을 개인적이고 문화적이며 사회적인 맥락에 가져다놓는다. 그리고 겹치는 내용이 있겠지만 전체를 3부로 나누어 구성하였다.

1부는 다양한 관객을 상대로 하지만 노인을 주로 겨냥하여 배우들이 상연한 회상 연극의 대본을 다룬다. 인터뷰와 거기서 나온 최초의 중심 개념부터 대본 작성, 리허설, 제작과 상연에 이르는 회상 연극의 전 과정을 소개한다. 특히 인터뷰이의 진정성 있는 목소리를 사용하여 대본을 만드는 것에 초점을 맞추고 그 방법론을 보이기 위해 특정 작품의 사례를 보여준다. 2장은 소수 민족 노인들의 기억을 둘러싼 회상 연극을 집중적으로 다루면서 좀 더 상상적인 접근법을 제시한다.

2부는 참여적이고 세대교류적인 회상 프로젝트를 살펴본다. 전문적인 교육연극(TIE) 프로젝트로서 특별히 조성된 환경에서 상연된 것부터 노인들과 기억을 공유하고 그 내용을 지역사회나 교실에서 젊은 사람들이 공연으로 만드는 것까지. 그리고 노인과 젊은 세대가 함께 공연한 다문화적 회상 연극에 대한 구체적인 참고 자료를 덧붙인다.

3부는 회상 연극의 상연에 노인 집단이 직접 참여한 사례에 집중한다. 전문가의 도움을 받아 제작하기도 하고, 참여한 노인들의 실제 이야기로 만들어 동년배나 젊은 사람들에게 상연하는 것이다. 보호주택과 낮 병동에서 자발적인 극화 활동과 집단 즉흥을 사용하여 창조적 회상 프로젝트를 진행한 것을 설명한다. 마지막으로 치매를 앓는 노인과 그 가족을 지지하기 위해 기억을 포착하는 귀중한 수단으로서 드라마의 활용 방법을 살펴본다.

회상연극의 개발 배경

개인적이고 문화적인 영향 요인

회상 연극이 노인과 작업하여 공연을 만들어내는 전문화된 접근법이라고 할 때, 무엇이 나를 그 자리로 이끌었는지 그리고 그 일을 오랫동안 하게 된 배경에서 이야기를 시작하려고 한다. 노인 집단을 대상으로 크리에이티브 드라마 접근법으로 기억을 촉발하고 탐험한 다음 그것을 연극으로 제작한다는 아이디어에는 개인적이고 문화적이며 사회적인 여러 요인이 영향을 주었다.

구술 전통

내가 어릴 적인 1960년대에 구술 전통은 포크 송에 대한 관심이 부활하면서 재평가되기 시작했다. 반(半) 직업 가수인 나는 몇 년 동안 포크 송에 지대한 관심을 두었다. 노래에서 나를 사로잡았던 것은 이야기의 힘이었다. 개인의 목소리에 귀를 기울이는 집단과 그 목소리들이 자발적으로 만들어내는 화음에 마음을 빼앗겼다.

사람들의 삶을 기록하다

구술 역사가 성장한 것과 비슷한 시기에 노동 계급의 목소리와 사라져가는 삶의 방식에 대한 기록의 중요성이 또 다른 강력한 영향을 미쳤다(Thompson, 1978). 아버지는 몇 년 동안 취미 삼아 자신에게 사는 얘기를 털어놓는 사람들의 목소리를 릴 테이프에 녹음했다. 그 내용을 들었을 때 나는 인터뷰이들의 범상치 않은 이야기, 굴곡과 개성, 끝없는 흥미진진함에 놀라지 않을 수 없었다. 녹음 기술이 예전보다 훨씬 간편하고 효율적으로 변한 덕택에, 나는 아이스랜드에 여행을 갔을 때 거기서 만난 노인들의 노래와 이야기를 녹음했다. 찰스 파커(Charles Parker)가 BBC에서 '라디오 발라드(Radio Ballads)'를 제작했을 때(MacColl, Parker and Seeger, 1958~1964), 내게 그것은 노동 계급의 녹음된 이야기와 노래, 전통적인 것과 새로 작곡한 노래의 완벽한 조합이라고 느껴졌다.* 그 이후로 점점 더 많은 라디오와 TV방송이 '기초 수준'에서 목격자의 증언을 먼저 수집하고 거기에 전문가와 관계자의 견해를 덧붙였다. 나는 1970년대 BBC 텔레비전을 위해 '어제의 목격자(Yesterday's Witness)'를 제작한 스테픈 핏(Stephen Peet)의 작업에 크게 영향을 받았다. 거기서 노인들은 전지적인 해설자의 해석 없이 카메라에 대고 직접 이야기를 했고 그렇게 시청자가 노인들의 진정한 목소리를 통해 생생하고 고유한 방식으로 역사를 들을 수 있게 해주었다.

민중의 연극

조안 리틀우드(Joan Littlewood)와 이완 맥콜(Ewan MacColl)의 시어터 워크숍(Cohen 1984)과 스토크의 피터 치즈먼(Peter Cheesman)의

---

* 찰스 파커(Charles Parker)는 라디오 발라드(1958~1964)를 '이야기가 실제 삶에서 녹음된 듯이 참여자들의 말로써 전적으로 기술되는 내러티브 다큐멘터리 형식으로서, 음향 효과도 그 장소에서 녹음되고 노래도 그것에 바탕을 두면서 전통적인 혹은 "포크 송" 모드를 활용 한다'고 설명한다.

시어터 로열에서 상영된 사회적 다큐멘터리에서 '민중의 목소리'가 들렸다. 작품에 반영된 수많은 노동 계급 사람들 고유의 억양, 리듬, 관용구, 사투리를 통합함으로써 이 개혁자들은 정보제공자와 연기자와 관객 사이에 역동적인 관계를 구축했다. 사회적이고 정치적으로 각성된 이 같은 연극의 제작에는 베르톨트 브레히트의 영향이 명백하다. 그러나 그것의 영국식 버전은 다큐멘터리의 정보제공자인 '보통 사람들'의 말과 공식적인 선언과 기존의 노래와 새로 만든 노래를 라이브로 모두 섞어 양식적으로 좀 더 절충적이다. 흔히 위기에 처한 지역 산업의 이야기에 초점을 맞추는 것으로 인식된 사회적 다큐멘터리 연극의 이런 실험은 당시 젊은 연극인이었던 나에게 중요한 영향력으로 작용하였고 그것이 나를 회상 연극으로 향하게 했다.

TIE

TIE(Theater in Education)은 1970년대와 1980년대 초반에 가장 실험적인 절정기를 지났고, 훌륭하고 열성적인 배우들이 변화의 촉매로서의 연극이라는 아이디어에 헌신하였다. 코벤트리, 볼튼, 리드와 런던의 레퍼토리 극단에 속한 팀들이 어린 학생들에게 사회적, 윤리적, 정치적, 역사적인 주제에 대한 관심을 촉발하기 위해 각자의 방식으로 교실에서의 공연을 위한 프로그램을 개발하였다. 그들은 책이나 칠판으로 배우는 것보다 인물과 상황과 행동을 통해 제시될 때 아이들이 복합적인 주제를 훨씬 잘 이해할 수 있음을 실제로 보여주었다. 이처럼 상호작용적인 교육연극 프로그램은 아이들에게 '실제'처럼 보이는 상황을 제시한다. 즉 갈등하는 인물들이 도움을 구하고 있고 아이들이 그 상황에 직접 반응하도록 요구하는 것이다. 그것은 '무대다운' 무대에 서기를 바라며 시간을 견디고 있는 예비 배우들이 연기하는 비논리적인 환상, 과장된 괴짜 캐릭터, 형식적인 참여가 난무하는 지극히 평범한 어린이 연극과는 전혀 다른 시도였다. 1970년대에 나는 예술위원회의 대표로 대표적인 TIE 극단의 작업을 참관할 행운을 누렸고 그 과정에서 그들의 작업의 중요성을 확신하게 되었다(Schweitzer, 1975). 나는 거기서 가장 성공을 거둔 대본을 수집하여 다른 사람들이 그 접근법과 방법론을 배울 수 있도록 책으로 냈다(Schweitzer, 1980a, 1980b, 1980c). 세월이 흐른 뒤에 <세대 교류>의 예술 감독으로서 나는 TIE의 회상 버전을 창조하게 된 것이 너무나 좋았다.

교육 연극

교육 연극 역시 1960년대와 1970년대 교육에서 귀중한 부분으로 각광받았으며, 독자적인 분야이자 교과과정 전반에 활용될 수 있는 학습 수단이기도 하다(Fines and Verrier, 1974; Nixon, 1982). 학생들과 함께 그들의 실제 경험과 그 밖의 재료에서 드라마를 만들고 그것을 대본 형식으로 정리하거나 즉흥극으로 상연하는 형태가 기존의 희곡을 상연하는 전통적인 학교 공연만큼 널리 받아들여지기 시작했다. 나는 학생들이 연극 수업에서 그들 삶의 주제를 극화하는 것의 효과를 보았고 그것의 사회적이고 심리적인 가치를 확신하게 되었으며, 그것을 계기로 런던에 있는 중학교에서 몇 년 동안 교육 연극 수업을 하였다. 내가 아는 한, 당시에 지역 노인들의 기억을 가지고 연극을 하는 학교는 찾을 수 없었다. 하지만 만일 누군가 그런 시도를 했다면 그것은 분명히 교육 연극 운동의 철학과 맥락을 같이 했을 것이다. 이 책의 2부와 3부에서 다루는 작업은 교육 연극 교사이자 조언자로서의 나의 경험에 상당히 의존하고 있다. 하지만 거기에 공동체의 일원으로서 다른 세대가 창의적으로 함께 작업하도록 촉진하는 차원이 덧붙여졌다 할 수 있다.

보다 광범한 사회적이고 인구통계학적인 맥락

노인을 위한 재현

20세기 마지막 25년에 걸친 회상 연극의 발전에서 하나의 중요한 사회적 요인은, 지금도 진행 중인 인구학적 변화, 곧 은퇴한 노령 인구의 증가와 출산율의 저하이다(Phillipson, 1982, 1998). 이와 함께 기대 수명과 삶의 질이 높아짐에 따라, 노인들은 점점 더 눈에 띄게 되었다. 그들은 또한 이벤트와 정치에 영향을 미칠 수 있는 힘이 있음을 깨달으면서 조금씩 목소리를 내기 시작하면서 연금수령자들의 로비가 더 활기를 띠게 되었다. 1980년대 초반 나는 나중에 연금수령자 연합이라 알려진, '연금수령자를 위한 것이 아니라 그들과 함께 하기' 위해 설립된 다소 급진적이고 자발적인 대책위원회에서 일하게 되면서 노인들의 문제에 훨씬 더 민감해졌다. 당시의 기금 단체는 이 부문을 겨냥한 문화 프로젝트를 지원하는 데서의 실패를 자각하고 있었고, 그래서 공급의 사각지대에 주목하는 프로젝트를 우호적으로 고려해주었다. 그것은 1983년 새로운 <세대 교류>를 위해 위대한 런던 이사회가 자금을 지원하는 데 큰 영향을 미쳤고, 특히 당시 매우 강력했던 수송과 일반 노동자조합이 퇴직 노동자들이 그들의 삶을 기념하고 성찰하는 연극을 제작하는 데 참여하는 것을 가치 있게 보아 강력하게 지지해주었다.

다문화 사회

런던에서 나타난 중요한 인구학적 변화는 전후에 영국으로 이주한 영연방의 이민자들이 퇴직 연령에 이르렀고 그들의 비율이 높아졌다는 것이다(Phillips and Phillips, 1998). 그들은 동향 사람을 만나 전통 음식을 함께 먹고 익숙한 문화 활동을 즐기고자 했다. 소수 민족 노인들은 그들이 공유하는 추억을 같이 이야기하고, '고국'의 노래를 함께 부르고 싶어 했다. 이런 활동을 하면서 노인들은 자연스럽게 이민 1세대로서의 경험에 가치를 부여하고 잘 살기 위한 그들의 고유한 삶의 여정을 기록하고 싶어 했다.

지역 학교에 소수 민족 배경을 가진 젊은 세대가 많아짐에 따라, 노인들은 어린이들의 자기가치감과 정체성 확립을 돕기 위해 그들이 태어난 나라의 이야기와 이주의 역사를 전달하고 싶어 했다 (Hewitt and Harris, 1992; Schweitzer, 1993, 2004a). 이것은 특히 최근의 지역사와 이민사를 공부할 때 직접 증언의 활용을 독려하는 새로운 공립학교 교육과정과 맥을 같이 했다. 아주 일찍부터 나는 만일 <세대 교류>가 런던에 거주하는 노인들의 관심사와 경험을 다룬다면, 그 중 상당한 부분을 주류에 거의 드러나지 않았던 소수 민족 노인들에게 할애해야 한다고 느꼈다.

지역사회 교육에서의 성장

노인들의 마음도 돌봄이 필요하다는 인식이 증가하고 있었다. 1970년대와 1980년대에는 그 어느 때보다 지역사회와 교육 센터에서 다양한 강좌들이 생겼다. 회상 토론과 글쓰기 집단은 대개 성인 교육이나 지역사회 교육의 일환으로 시작되었고 세대 교류의 프로젝트 역시 그랬다. <세대 교류>를 창단하기 전에 그 같은 강좌에서 나와 만난 노인들 중 일부는 적극적인 자원봉사자가 되어 몇 년 동안 극단에서 일을 하기도 했다. 그들은 회상 센터의 다양한 프로젝트에 참여하면서 자극을 받고 사회적 교류와 심리적 지지 그리고 개인적 만족을 얻을 수 있었다. 장기 자원봉사자 중 다수는 다른 노인들뿐 아니라 젊은 사람들과 창의적으로 접촉하면서 외로움과 우울과 그 결과로 인한 건강 악화를 피할 수 있었다고 말했다.

무료 승차권

1984년 런던의 연금수령자들에게 제공된 무료승차권은 노인들이 거주지 밖에서 벌어지는 예술과 교육적 프로젝트에 참여할 수 있도록 한 매우 중요한 요인이었다. 이동에서 오는 경제적 부담에서 벗어나 노인들은 새로운 장소를 찾고 오래된 좋은 곳을 다시 방문할수 있었다. 무료승차권은 무수한 삶을 변형시켰다. 세대 교류 회상센터는 버스와 지하철과의 연결성을 고려하여 신중하게 위치를 잡았고, 무료승차권 덕을 크게 보았다. 만약 그게 없었다면 지난 25년 동안 노인을 위한 많은 런던 지역사회의 프로젝트들이 순조롭게 시작하기까지 두 배의 시간이 걸렸을 것이다.

요양원과 낮 병동에서 삶의 질에 관한 주제

앞서 언급한 성인과 지역사회 교육의 발전과 나란히 1970년대와 1980년대에는 기숙 시설에서 돌봄을 받는 취약한 노인들 역시 사회적이고 창조적인 집단 활동의 기회와 자극이 필요하다는 인식이 확장되었다. 점점 더 많은 지역 당국이 지역사회의 프리랜스 예술가와 파트 타임 교사를 지원하여 성인과 지역사회 교육 프로그램의 일환으로 시설에 거주하는 노인을 위한 회기를 운영하도록 했다. 이시도 중 일부는 재정 삭감 때문에 단명했지만, 여러 부분에서 회상작업에 상당한 추동력을 제공했으며 해당 환경에서의 회상 연극 발전에 영감을 주었다. 노인 건강과 복지부서는 '상기(Recall)'라는 귀중한 테이프/슬라이드 자료를 제작하였고, 회상을 막 시작한 사람들은 신중하게 선택된 시청각적 대본 덕분에 구조화된 회기를 진행할 수 있었다(Help the Aged Education Department, 1981). 이것은 또한 회상작업에 공식적인 승인의 인장을 부여했고, 요양 시설과 낮 병동 관리자가 활동을 소개하여 기관 스탭의 참여를 독려하는 것을 용이하게 해주었다(Bornat, 1994).

전문 간병인을 위한 훈련

1980년대와 1990년대에는 환자를 돌보는 인력을 지지하기 위한 훈련의 필요성이 점점 널리 인식되었다. 그리고 회상 작업의 경험이 이 훈련의 중요한 부분으로 인식되었다(Burnside, 1990). 간병인들이 고객의 과거에 대해 많이 알수록 그들을 돌보는 자신의 일에 더 만족 감을 느끼게 된다는 증거가 축적되었다(Gibson, 2000, 2004, 2006; Petrukowicz and Johnson, 1991). 노인들은 비록 취약하지만 자신의 삶에 대한 전문가가 틀림없으며 회상 집단에 적극적이고 권위 있고 유능한 참여자로 임할 수 있기에 회상 작업은 그들을 보다 존중하는 접근을 촉진한다. 회상 연극의 순회공연과 그 밖의 관련된 예술 기반 프로젝트들은 사회복지 분야에서의 이 같은 발전을 완결했다.

사람-중심 치매 돌봄

치매를 앓는 노령 인구는 십년마다 눈에 띄게 증가했고 1980년대 초반에는 치매 노인을 집에서 돌보는 가족을 돕고자 하는 지역사회의 자발적 조직들이 점차 생겨났다. 치매 노인을 모두 지역 당국이 수용할 수는 없고 점점 더 기숙 시설에 도급을 주고 있으며, 노인 인구가 광범한 가정 방문 의료와 사회복지에 의존하고 있음이 분명해지면서 지역사회 돌봄의 개념이 주목받게 되었다. 치매와 관련 장애를 치료하는 의료 기술의 발전은 더뎠지만, 그럼에도 퇴행 속도를 늦춤으로써 가족이 상황에 대처할 수 있는 능력을 확장하고 치매 환자의 독립성을 증가시키는 신약이 생산되어 왔다.

그와 함께 점차 질환보다 사람의 치료로 강조점이 전환되어 왔으며, 치매 환자와 그를 돌보는 사람들의 삶의 질을 향상시키기 위한 개입이 전반적 전략의 일부로 효과적임이 꾸준히 입증되고 있다

(Kitwood, 1997). 자신의 이야기를 할 수 있는 집단은 이 같은 필요를 충족시키기 위해 만들어졌고 주로 돌봄의 경험이 있는 사람들이 운영하는 또 다른 지지 집단 운동과 함께 한다. 전문적인 치매 돌봄 분야에서는 생애 리뷰(life review)(치료사와 함께 삶의 주요 단계를 돌아보는 구조화된 일련의 개별 회기, 그리고 사람 중심의 철학 안에서 회상 작업과 밀접하게 관련된)가 치매 환자의 정체감과 자존감 향상에 기여할 수 있다는 인식이 확산되어 왔다(Haight, 1998; Haight and Webster, 1995). 심리－사회적 개입을 향한 이 같은 강조점의 전환은 또한 이 책의 마지막 장에서 설명한 대로 구조화된 회상 작업의 통합을 촉진하였다.

호의적인 환경

다음 쪽부터 이어질 회상 연극과 드라마 프로젝트가 그 시점에 그런 방식으로 진행된 것은 우연이 아니다. 지금까지 언급한 모든 요소들, 개인적, 문화적, 교육적, 사회적, 인구학적 요인들이 그 발전에 호의적인 맥락을 제공해주었다.

차 례

PART 01
회상연극: 과정과 공연

PART 02
참여적인 세대 간 프로젝트

PART 03
노인의 기억을 극화하고 상연하기

회상연극: 과정과 공연

1부의 내용은 다양하지만 노인이 절대 다수인 관객을 대상으로 배우들이 연기한 회상 연극을 다룬다. 최초의 구상부터 인터뷰, 대본 작성, 제작과 상연까지 회상 연극과 관련된 과정을 모두 포괄한다. 또한 녹음하여 글로 옮긴 인터뷰에서 호소력 있는 이야기를 뽑아내 대본을 만드는 것에 초점을 두고 특정 공연의 예를 들어 방법론을 설명한다.

1장은 연극 학교 학생들과 할머니들이 함께 한 편의 공연을 만들어 낸 사례 연구로 시작하여 회상 연극 접근법을 더 심도 있게 탐험하고자 설립된 극단의 형성 과정을 보여준다. 그와 함께 연습 과정에서 도움을 준 사람들이 어떻게 참여했는지, 개별 장면과 전체 구조를 어떻게 발전시켰는지, 최초의 순회공연에서 관객이 어떻게 반응했는지를 기술하고 있다. 그리고 공연 후 토론을 통한 관객 참여를 포함해 앞으로의 공연을 위한 청사진을 제시한다.

2장은 집단과 개별 인터뷰에서 수집한 노인들의 회고담을 대본화 하는 버배팀 접근법을 살펴본다. 인터뷰하기, 글로 옮기기, 중요한 이야기 선별하기, 뒤섞인 자료에서 구조를 찾아내기, 많은 이야기를 짜임새 있게 통합하기에 이르는 단계를 모두 소개한다.

3장은 몇몇 작품을 통해 버배팀 접근법이 특정한 프로젝트에 어떻게 활용되었는지 그리고 서로 다른 작가들이 인터뷰 자료에서 대본을 끌어내는 과제를 어떻게 해석했는지를 간략하게 보여준다.

이어지는 두 장은 특히 서로 다른 두 개 이상의 언어를 사용하는 작업을 포함하여 소수 민족 노인들의 이야기를 둘러싼 작품에 집중한다. 4장에 소개된 두 편의 공연은 음악과 춤을 결합한 이미지 접근법이 어떻게 대사를 보완할 수 있는지 그리고 해당 공연이 다루는 문화와 언어 집단에 속하지 않은 관객에게 어떻게 호소력을 갖게 할 수 있는지를 보여준다. 5장은 눈에 띄지 않는 소수 집단임에도 불구하고 자신의 정체성을 유지하고 젊은 세대에게 경험을 전하고자 하는 이들의 기억을 공표하는 방식과 그 의미를 살펴본다.

6장은 지역성과 관련된 기억을 극화하고자 하는 집단에게 유용한 모델이 될 만하며 여러 측면에서 성공적이었던 공연의 구조와 주제를 사례를 통해 보여준다.

7장은 회상 연극의 상연과 순회의 좀 더 실질적인 측면을 점검한다.

Chapter

01

회상연극 극단 만들기

    이 장에서 나는 회상 작업의 가치를 발견하게 된 계기와 1983 년에 회상 연극을 처음으로 제작하고 그 작업을 전문으로 하는 극단 인 <세대교류(Age Exchange)>를 창단한 과정을 기술할 것이다.

    1980년대 초반 중학교에서 드라마와 인본주의를 10년 동안 가 르친 경력이 있는 나는 세대 간 협동을 통해 학습을 촉진하라는 지 시와 함께 연금생활자를 대상으로 하는 대책위원회(Task Force)의 교육 공무원으로 임명되었다. 그때까지 신구 세대가 함께 하는 형태는 늘 아이들이 노인들을 위해 뭔가를 하는 것, 부엌을 예쁘게 꾸민다거나 정원을 가꾼다거나 딱히 능숙하지 않은 일을 하는 것으로 여겨졌다. 나는 그것이 노인들을 선행의 대상에 머물게 한다고 생각했다. 그리 고 그 구도는 청년은 유능하고 노인은 아무 자원이 없다는 불평등한 인식을 견고하게 했다.

지금 과거를 공유하기

회상: 새로운 아이디어

회상은 1980대 초반에는 상대적으로 새로운 아이디어였다 (Bornat, 1989). 지난 날에 대해 이야기하는 것은 과거에 살고 있고 노쇠함을 암시한다는 점에서 노인들 사이에서는 일반적으로 권할 만하지 않은 일로 여겨졌다(Coleman, 1986, 1994). 내가 회상을 처음 알게 된 것은 80대 할머니 집단을 위한 회기를 관찰하기 위해 그리니치에 있는 보호주택 미니 베넷 하우스를 방문하면서였다.1) 거기에는 6명의 할머니가 있었는데 귀가 살짝 안 들리는 것을 제외하고는 모두 아주 의식이 또렷했다. 그들은 모여 앉아 젊었을 때 가보았던 곳과 거기서 있었던 일을 떠올리면서 매우 생기 있고 활기에 차 있었다. 그 기억들 중 일부는 오랜 시간이 지났음에도 매우 선명했고, 나는 노인들이 지난 시절의 경험을 그렇게 또렷하게 기억할 수 있음에 놀랐다. 그들의 기억은 더 듣고 싶을 만큼 세부까지 너무나 풍부하고 환상적이었다. 그래서 그 이야기들을 듣게 된 것이 특권처럼 느껴졌고, 나이를 막론하고 많은 사람들이 흥미를 보일 것이라고 확신하게 되었다.

새로 깨어난 에너지와 새로운 연결

노인들은 회상을 하면서 젊은 시절의 에너지와 접촉하였고, 그래서 90살의 스토리텔러의 내면에 있는 17살 소녀를 볼 수 있었다. 그리고 이야기를 나누는 과정에서 공유하는 과거를 발견함으로써 새로운 연결점을 확보했다. 보호주택에서는 노인들이 새로 친구를 사귀는 것이 쉽지 않은데, 회상 회기는 공유한 경험을 토대로 친밀한 관계를 맺을 수 있는 바탕을 제공했다.

대화로 기억하기

나는 그들이 상당한 기억을 대화 형식으로 말하면서, 마치 그 일이 지금 일어나는 듯 재연한다는 사실을 알아차렸다. 예를 들어 '엄마가 말했어요, "9시까지는 들어와야 해. 안 그러면 아빠가 찾으러 가실거야." 그래서 내가 그랬지. "네 엄마, 그럴게요." 그리곤 돌아왔을 때, "엄마 죄송해요, 어쩔 수가 없었어요. 버스를 놓쳤거든요. 아빠한테 말하지 마세요." 만약 아빠가 알게 되는 날에는 난리가 날 테니까…'라고 말하는 식이다. 할머니들의 이야기는 곧장 장면으로 떠올랐다. 할머니들은 해설과 대사를 너무나 자연스럽게 바꿔가며 이야기를 했고, 덕분에 회상의 두 유형인 스토리텔링과 극적 장면을 고스란히 살린 공연을 어렵지 않게 상상할 수 있었다. 그 자료를 모아 잘 편집하면 노인들이 과거를 기억한 방식을 그대로 비추는, 독특한 스타일을 가진 연극이 될 것이 분명했다.

세대교류

노인과 청소년이 함께 작업하기로 동의하다

나는 학교에서 만나는 청소년들이 노인들의 이야기에서 많은 것을 배울 수 있다는 사실에 또 한 번 놀랐다. 만일 정규 교과과정의 일부로 회상 작업을 할 수 있었다면, 전문가라 할 수 있는 노인들과 좀 더 동등하고 역동적인 관계를 맺을 수 있었을지도 모른다. 나는 노인들에게 공연예술을 전공할 예비대학생 중 연극을 수강하는 학생들에게 이야기를 들려줄 수 있는지 물어보면서 그 아이디어를 실행에 옮겨보기로 했다. 노인들은 학생들이 연극 교사와 함께 보호주택에 방문하는 것을 허락했고, 학생들은 노인들에게 들은 이야기를 가지고 연극을 만들어 기말고사 과제로 발표하는 데 동의했다.

묻고 이야기하기

첫 회기에는 노인 6명과 17살 소녀 6명이 모였다. 학생들은 몇 가지 질문과 녹음기를 준비해왔다. 그들은 노인들에게 17살 무렵에 어떻게 살았는지, 어떤 옷을 입었고, 무엇을 하고 놀았으며, 남자를 어떻게 만났고, 춤과 노래는 어떻게 배웠는지, 첫 번째 일자리가 어디였는지, 급료는 얼마였는지 등을 질문했다. 여학생들이 인터뷰를 바탕으로 공연을 해야 한다는 것을 알고 있었기 때문에, 노인들은 질문을 열심히 들었고 그 문답에는 모종의 절박함이 있었다. 학생들은 노인들의 특정한 경험과 시대에 들어갈 수 있을 만큼 충분한 정보를 얻었다. 노인들은 학생들이 단지 예의를 차리기 위해 묻는 것이 아니라 그 만남이 학생들에게 중요한 프로젝트로 쓰일 것임을 알았고 그래서 더 자세한 이야기를 해주었다.

극화하기

학생들은 그 후 몇 주 동안 녹음한 이야기를 바탕으로 즉흥극을 통해 장면을 구성하는 작업을 했다. 그들의 과제는 노인들의 이야기를 고유한 연극적 생명력과 구조를 갖춘 장면으로 변형하는 것이었다. 그것을 위해서는 노인들의 기억을 이해해야 했고 거기에 형태를 입힘으로써 관객에게 극적으로 전달할 수 있어야 했다. 학생들은 할머니 역할을 맡아 자신과 다르지만 인물의 경험을 공감하고 구체적으로 동일시하려 노력함으로써 자신의 것으로 만들어야 했다.

전문가의 평가

정보제공자에게 확인받기

대본을 쓰고 연습하는 과정의 일부로 학생들은 만든 장면을 노인들에게 보여주었다. 노인들은 지대한 관심을 가지고 장면을 흥미롭게 지켜보았고 때때로 '아냐. 아냐. 그때는 엄마한테 그런 식으로 말하면 안 됐어'라거나 '우리는 그렇게 할 수가 없었지'와 같은 코멘트를 했다. 기본적으로 그들이 전문가이자 정보제공자였고, 노인들은 학생들을 돕고자 했다. 하지만 그 관계는 학생들이 노인들의 이야기를 연극으로 만들어 돌려준다는 점에서 상호적이었다.

자극으로서의 공연

학교에서 연습을 더 진행하는 동안 노인들의 몇 가지 코멘트와 기억이 대본에 추가되었고, 학생들은 보호주택에서 공연을 했다. 그때는 이야기를 들려준 6명뿐 아니라 거기 사는 노인 전체가 관객이 되었다. 거기서는 노인들 모두가 무슨 일이 벌어지는지를 보기 위해 방 밖으로 나와 아래층으로 내려오는 일이 흔치 않았다. 공연은 그 자체로 회상 회기에 참여하지 않은 노인들 사이에서도 다양한 기억을 불러일으켰다. 공연이 끝난 뒤에는 '십대'가 만든 장면을 보고 젊은 시절의 일과 기쁨을 떠올린 노인들 사이에 소란스러운 대화가 일어났다.

자긍심과 소유권

인터뷰를 한 노인들에게는 기쁨과 자긍심이 분명하게 보였다. 그들은 어느 시점에 관객을 향해 돌아서서 말했다. '저게 내 이야기예요. 저 대목이 내 것이고.' 학생들이 보여준 장면에 대해서 모종의 소유권을 느꼈던 것이다. 청년들의 존재와 활기는 거기 있는 사람들 모두에게 에너지를 북돋우었고 라운지에 흔치 않은 분위기를 만들어냈다. "회상 연극의 가치는 노인들의 자산으로서 과거에 있는 것이 아니라 현재의 문제 해결과 관련된다."(Witkin, 1982: 34).

며칠 후에 학생들은 기말고사 과제로 공연을 했고 모두 훌륭한 성적을 받았다. 이것은 그들이 작품을 제작함에 있어 잘 협력했기 때문이기도 하고, 프로젝트에 대한 집중과 노력으로 인터뷰에서 독창적이고 훌륭한 공연을 만들어냄으로써 목표 관객에 대한 섬세한 감수성을 보여주었기 때문이다.

타당한 실험

나는 이 경험 전체가 매우 계몽적이고 고무적임을 발견했다. 회상의 힘이 노인들에게 활력을 주어 자신의 과거와 서로를 새로이 접촉하게 했다. 학생들과의 작업은 예술적이고 사회적인 학습을 가능케 했다. 그들은 노인들로부터 중요한 것을 받아서 거기에 형태를 부여하여 정교한 표현을 성취할 수 있었다. 보호주택 거주자라는 보다 큰 규모의 관객은 자신의 것과 닮은 이야기를 담아낸 공연을 보면서 매우 큰 자극을 받았다. 그리고 그것이 저마다의 기억을 촉발하여 회상 과정에 더 많은 노인이 참여하게 되었다.

유일한 흠은 학생들이 꽉 짜인 시간표에 매어있어 공연을 보호주택 노인들을 위해 한 번 그리고 기말시험을 위해 한 번 밖에 할 수 없었다는 점이다. 그래서 젊은 배우들과 함께 이 작업을 하면 좋겠다는 데 생각이 미쳤다. 그렇게 하면 완성된 작품을 30회나 40회 정도 공연할 수 있으므로 인터뷰에 참여하지 못한 수천 명의 노인을 만날 수 있는 것이다.

그리고 거기서 '전문 극단을 만들면 어떨까'라는 아이디어가 떠올랐다. 나는 상호 존중과 창조성에 기반을 두고 서로 다른 세대가 협력함을 근본적인 구상으로 삼았다. 그래서 새로운 극단을 <세대교류>라 부르기로 했다.

전문 극단 만들기: 세대 교류

목표 관객

처음부터 나는 <세대교류>의 작품은 노인들의 기억에 바탕을 둘 것이며 일반 극장에서 상연하지 않겠다고 결정했다. 우리는 낮병동, 교도소 내 클럽, 지역사회 센터, 보호주택, 보호시설과 병원 등지에서 공연했다. 그곳은 모두 오락거리나 그 밖의 자극이 거의 없는 곳이었다. 공연은 노인들 사이에서 기억의 교환을 자극하고, 같은 시대를 살아왔다는 것, 주요 사건과 사회적 변화, 기술의 진보와 핵심 사안에 대한 사회의 태도 변화를 함께 겪어왔다는 사실을 일깨우는 중요한 촉발제로 기능했다. 희곡을 개발함에 있어서는 특히 노동 계급의 기억을 잘 살리는 데 초점을 맞추었다. 그들에게는 목소리를 낼 기회가 주어지지 않았고 교육적이고 사회적인 목적을 위해 그들의 삶을 기록할 필요가 있었기 때문이다. 그들의 경험을 성찰하는 가운데, 우리가 목표로 하는 관객 곧 지역의 정부소유 기관에 있으며 노동 계급 출신인 사람들과 효율적으로 관계 맺을 수 있었다.

무료 공연

나는 노인에게는 티켓을 팔지 않아야겠다고 굳게 마음먹었다. 그들이 돈이 없어서 공연을 보기 힘들다면, 평생을 문화적으로 박탈된 환경에서 지낸 노인들의 삶의 질을 높이겠다는 애초의 목표에 위배되기 때문이다. 그래서 전문가를 고용하는 데 드는 비용을 충당하기 위해 지원금을 받는 것이 결정적으로 중요했다. 다행히 창단 공연을 위해 더 위대한 런던 이사회(Greater London Council)가 제작비용을 지원해주기로 했다. 나는 전문 배우를 대상으로 오디션을 진행하여 뮤지컬을 할 수 있고 회상 연극에 관심이 있는 다섯 명의 재능 있는 배우를 모집했다.

내용 정하기

다음 질문은 이것이었다. 첫 번째 공연의 주제는 무엇으로 해야 할까? 극단을 창단한 1983년에는 300만 명의 실업자가 양산되어 사회적으로 불안이 만연했다. 나는 1933년에도 똑같이 300만 명의 실업자가 있었다는 사실을 알게 되었고, 그래서 첫 공연의 주제로 당시에는 사람들이 어떻게 실업을 극복했는지를 다루기로 했다. 공연은 '오십 년 전 쇼(Fifty years ago show)'라 불리게 되었고, 그 주제는 희곡의 리서치 단계에서 노인들이 전문가임을, 그들의 다양한 개인적 이야기가 그 시대를 종합적으로 표현하는 데 기여하게 될 것임을, 그리고 최종 공연은 젊은 관객과 배우를 위한 현재의 의미를 갖게 될 것임을 확증해주었다.

인터뷰하기

집단 회상 회기

배우들에게 회상 과정을 소개하기 위해, 네 군데의 지역 보호주택에서 열린 집단 회상 회기에 초대했다. 집단마다 20명에서 25명이 참여했고, 그 시기의 삶을 회상하고자 하는 욕구가 강한 몇몇 노인들은 따로 집으로 찾아가 배우들이 개인적으로 인터뷰할 수 있기를 바랐다.

자극

그 시대로 들어가는 관문이자 노인들의 기억에 초점을 맞추는 방법으로 피아니스트가 1920년대와 1930년대에 유행한 노래를 연주했다. 노인들은 노랫말과 가수와 그 노래를 처음 들었던 상황과 당시 각자의 삶에서 일어났던 일들을 떠올렸다. 그리고 우리는 방을 어둡게 한 다음 1933년의 지방 신문에서 뽑은 사진을 보여주어 당시의 생활이 어땠는지를 중심으로 이야기에 지역적인 맥락을 부여했다.

공통된 기억

1930년대는 80대 노인들이 '신혼 부부'로 막 가정을 꾸리던 시기였다. 그들은 HP(Hire Purchase)에서 가구를 샀던 것과 임금 변동에 따라 빚을 갚아나가기 위해 고군분투했던 것을 떠올렸다. 빈민 구제관이 집집마다 돌아다니며 면세를 요구하기 전에 값나가는 물건을 모두 내다팔라고 했었다. 그 바람에 몇 대나 내려온 귀한 중국 도자기나 가족 행사의 중심으로 수년 동안 함께 한 피아노 따위를 팔아야 했다. 또 돈 빌려주는 사람과의 입씨름, 더 잘 사는 집에서 물을 끌어다 쓴 것, 대규모 실업에 대한 저항으로 가두 행진을 했던 장면 등을 기억했다. 일부는 영국 파시스트 노조를 상대로 한 싸움에 직접 관련되기도 했고, 지역 차원에서 노동 운동의 핵심 인사에게 영향을 받기도 했었다. 퇴위에 즈음하여 있었던 에드워드 8세의 약혼과 그에 대한 사람들의 반응은 모두가 기억했다. 이런 사건을 떠올리면서, 그들은 사실상 공동의 정체성을 갖게 된다(Buchanan 1996). 삶의 세부가 되살아나고 집단 속에서 서로의 이야기를 들으면서, 노인들은 양차 대전 사이 그리고 경제적 침체기였던 1930년대 영국에서 일어난 보다 광범한 역사적 배경에 비추어 자신의 개인적 경험을 볼 수 있게 되었다.

슬픈 기억을 공유하다

많은 기억이 슬펐다. 영양실조와 질병으로 아이를 잃은 사람들이 있었고, 가정형편이 어렵고 일자리가 마땅치 않아 고생했던 이들

도 있었다. 집단에서 경험을 공유하면서 그들은 혼자가 아니라는 것
과 다른 사람도 비슷한 이야기를 갖고 있다는 것, 그리고 공감과 상
호 이해의 분위기가 있음을 발견하였다. 우리와 작업한 노인들은 같
은 보호주택에 살고 있었음에도 불구하고 다른 거주자들과 어울리지
않았고 그래서 집단 회기는 과거의 경험을 나눔으로써 서로에 대해
더 잘 알게 해주었다.

스토리텔러로서 노인들의 자긍심 세우기

집단 회상 회기에 참여한 노인들 중 다수는 자기 자신에 대한
질문을 받아본 적이 없었고 그래서 처음에는 거의 말을 하지 않았
다. '난 기억이 도무지 안 나요. 너무 오래전 얘기잖아'라고 말하곤
했다. 혹은 흔히 이렇게 말하기도 했다. '별 일 없었어. 내 인생은 정
말로 지루했거든.' 하지만 다른 사람들의 이야기는 갑자기 50년 동안
한 번도 떠올리지 않았던 일들을 기억나게 했고, 과묵했던 노인들은
어느새 이야기꽃을 피웠다. 노인들은 우리에게 소중한 자료를 주었
을 뿐 아니라 서로를 자극하고 즐거움을 주었다. 일단 우리가 자세
한 것에 관심을 보인다는 것을 알게 되면 그들은 지나온 긴 삶에서
여러 가지를 기억해냈고, 그 가운데 자긍심을 획득해갔다. '오 이런
걸 원하는 거예요? 그래, 옳지, 내가 그것에 대해서 다 얘기해주지.'

이완된 분위기에서 집단 회상 회기는 역사적 정보를 수집하는
것이기 보다 사회적인 행사에 가깝게 느껴지기 시작했다. 우리는 자
주 이렇게 말해야 했다. '한꺼번에 말씀하지 말아주세요. 저희가 녹
취를 풀어야 하니까 한 번에 한 분씩 말씀해주세요. 하지만 갑자기
어떤 에피소드가 떠오르시면 저희한테 얘기해주세요.' 회기 동안 웃
음과 활기가 피어났다. 노인들은 기억할 수 있다는 것 그리고 우리
가 그것을 가치 있게 평가한다는 것에 대해 놀라움과 기쁨을 금치
못했다. 그들 중 일부는 매우 명석했음에도 불구하고 노인들 대부분

은 14살에 학교를 그만 두었고, 그래서 많은 사람들 앞에서 말하는 것을 자신 없어 했다. 책을 쓰거나 자서전을 출간한 사람은 극히 드물었고, 그래서 그들의 기억을 경청하고 녹음하는 과정은 필요를 넘어서서 매우 특별하고 중요하게 느껴졌다.

개별 후속 인터뷰

최초 집단 회기 후에, 배우들은 보호주택 구역의 아파트로 찾아가 개별 인터뷰를 했다. 우리는 사전에 질문의 종류(가정생활과 직장생활에 관한)를 합의했지만 노인들의 기억이 흘러가는 대로 따르는 것을 우선으로 했다(개별과 집단 인터뷰에 관한 보다 심도 있는 논의는 다음 장에서 이어질 것이다). 배우들이 노인들에게 친밀감을 느낄수록 프로젝트에 헌신하였고 공연에 대한 정서적 투자 역시 증가했다. 우리는 공연이 끝나면 노인들의 기억이 사라질 것을 염려하기 시작했고, 그래서 배우들은 자신이 녹음한 것 중 가장 훌륭한 이야기를 글로 옮겨 공연 책자에 포함시켰다(Schweitzer, 1983a).

공연을 위해 수집한 이야기와 사진을
자료집으로 남기다.

이야기에서 희곡 만들기

수집한 자료 선별하기

녹음한 인터뷰 내용을 듣고, 배우들이 가장 마음에 드는 이야기를 글로 옮겨 적었다. 각자가 찾아낸 것을 공유한 다음 커다란 종이에 가장 강렬한 장면을 만들 수 있을 것 같은 이야기를 적어내려 갔다. 배우들은 공연을 위한 아이디어와 장면을 제안함에 있어 매우 중요한 역할을 했다. 지적이고 창조적인 그들은 어떻게 하면 좋은 공연을 만들 수 있을까를 고민하며 독특한 아이디어를 잔뜩 내놓았다. 실제로 배우들 모두 마음속에서 공연을 써왔고, 그 스타일은 브레히트부터 로이드 웨버까지 다양했다!

이야기 찾아내기

우리는 실업의 분노와 모욕감을 견뎌내는 한 가족을 둘러싼 이야기에 초점을 맞추기로 했다. 그리고 그 안에 아들의 사랑 이야기를 끼워 넣어 파시즘에 대한 풍자와 영화관과 댄스홀에서의 연애를 보여주기로 했다. 이 틀 안에 우리가 수집한 최상의 이야기를 배치할 수 있었고, 풍족함, 고통, 만족감, 절망, 사랑과 유쾌함을 담아낼 수 있는 다양한 분위기와 속도의 일관된 플롯과 인물을 찾아낼 수 있었다.

시나리오에서 대본 구축하기

시나리오를 바탕으로 즉흥극을 반복하면서 가능한 장면들을 심층적으로 탐험하였다. 배우들은 노인들의 이야기를 녹취한 내용과 기억하는 구절에 의지하여 즉흥극을 진행했다. 장면별로 줄거리와 인물을 발전시켰고, 즉흥극을 녹화하여 대본 초안을 만들 수 있는 가장 강력한 버전을 기록했다. 그 과정에서 다양한 스타일이 뒤섞여 나타나기 시작했다. 인물들이 서로에게만 반응하는 자연주의적인 장면부터 관객에게 직접 마음을 전하는 독백에 이르기까지 여러 스타일이 교직되었다.

협동적 연습 시기

정보제공자와 협력하기

우리는 서너 개의 장면을 만들어 보호주택에 가서 노인들에게 보여준 다음 교정을 했다. 관객에는 첫 번째 장소에서 특정한 이야기를 들려준 개인들까지 포함했다. 이것은 우리의 극적 접근을 검증하고 또 다른 관객을 위해 장면에 생명력을 불어넣을 수 있도록 스토리텔러들로부터 진정성 있는 세부 사항을 더 얻을 수 있는 기회가 되었다. 우리는 또한 노인들이 가능한 창조 과정에 깊이 참여할 수 있기를 바랐다. '이야기를 들려주셔서 고맙습니다. 저희는 그것이 너무나 소중해요. 저희가 그것으로 작업한 결과를 보여드릴게요. 어떻게 생각하세요?'라고 말하면 매우 긍정적인 반응이 돌아왔다. 노인들은 회상 연극 과정에 점점 더 열의를 보였고 그에 대해 더 많이 이해할수록 공연에 더 많은 관심과 흥미를 나타냈다.

확증과 세부 다듬기

장면 중에 런던 이스트 엔드의 양복 공장에서 재봉사로 일했던 여성에 관한 이야기가 있었다. 당시 그녀는 일요일도 없이 밤낮으로 일을 해야 했고, 법을 어기는 사측의 부당한 처사를 참다못한 그녀의 엄마가 공장에 찾아가 불만을 토로했다. 그런데 우리가 장면을 만들어 다시 찾았을 때, 그 이야기를 들려준 할머니는 없었다. 대신 기관 담당자가 그녀가 인터뷰 후에 비참한 기분이 들어 더 이상 참여하고 싶어 하지 않는다고 전해 주었다. 나는 담당자와 함께 방으로 찾아가서 말했다. '몇 분만 내려와 주시면 좋겠어요. 저희가 할머니 이야기를 장면으로 만들었는데 그걸 보여드리고 싶답니다.' 그녀는 매우 주저했지만 내려와서 장면을 보았다.

기억의 재연에서 건강의 가치를 보다

그녀의 반응을 지켜보는 것은 마치 기적을 목격하는 것과 같았다! 우울하고 아파보였던 할머니는 자신의 기억이 눈앞에서 재연되는 것을 보면서 활기를 되찾았다. 그녀는 장면을 보면서 맨 처음 인터뷰 당시보다 훨씬 또렷하게 전체 사건을 기억했고, 50년 동안 떠올리지 않았던 많은 디테일을 덧붙였다. 회상을 하면서 그녀는 마치 기억을 흐릿하게 덮고 있던 거미줄을 걷어내기라도 하듯이 몇 번이고 얼굴 앞쪽을 손으로 헤쳤다. 배우와의 의견교환과 이야기의 확장은 할머니에게 매우 특별한 치료적 효과를 가져다주었다. 그녀는 삶으로 빛나게 복귀하였고 마침내 그 곳의 '스타'가 되었다! 나에게 그 사건은 회상 작업이 예술적 과정으로서 함께 작업하는 배우들에게 귀중한 자료를 제공하는 데 그치는 것이 아니라, 노인들의 건강을 촉진하고 개인적인 삶의 방향을 재점검하며 그를 통해 과거의 정체성을 재발견하는 수단이 될 수도 있음을 알려주는 귀중한 지표가 되었다.

노인들의 역할 연기

다른 보호주택에서 있었던 기억할 만한 또 다른 사건은 빈민 구제원이 방문하는 장면을 시연했을 때였다. 나는 그 장면이 정확한지를 알고 싶었다. 일부 노인들은 빈민 구제원을 연기하는 배우가 지나치게 점잖으며, 식구들이 너무 준비된 듯 빨리 대답을 한다고 지적했다. 그들의 기억 속에서는 전혀 달랐다고 말이다. 처음에는 약간 주저했지만 우리는 두 노인에게 엄마와 아빠의 역할을 맡아 우리가 정확하게 어떻게 연기하면 좋을지를 보여 달라고 설득했다. 80대가 족히 넘어 보이는 두 노인이 배우들을 위해 연기를 해주었다. 장면에서는 긴장감이 느껴졌고 그들은 인내심의 한도를 넘을 때까지 거의 입을 열지 않았다. 그리고 결국 요구가 좌절되자 상처 입은 자존심과 분노로 폭발했다. 그들은 자신의 기억을 당시의 마음과 언어로 담아낸 역할에 몰입하여 진정성 있는 연기를 보여주었다.

배우들은 이 장면에 매우 감동을 받았고, 자신들을 위해 고통스러운 상황을 다시금 살아 보여준 노인들에게 진심으로 감사를 전했다. 난국에 대처하는 장면을 연기를 한 노인들은 나머지 거주자들에게 열정적인 박수를 받았다. 그들은 리허설에 참여한 것을 정말로 즐겼으며 그 전에는 그렇게 사교적인 모습을 한 번도 보여준 적이 없었다.

일깨워진 에너지로 현재를 바꾸다

연기를 했던 할머니가 말했다. '정말 즐거웠어요. 뭐든 부탁만 하면 다 할게요. 정말로요.' 나는 그녀의 말이 진심이라고 믿었고, 거주자가 그렇게 활기차고 자신감 넘치는 것에 대해 기관 담당자에게 축하를 전했다. '정말 자연스러웠어요, 그렇지 않나요?' 진짜 대단해요! 기꺼이 연기를 하고 그것도 스타일 있게 느낌을 가지고 하시다니 정말 멋집니다.' 담당자는 그 할머니는 자주 우울해하고 방 밖으로 거의 나오는 법이 없었기 때문에 자신과 다른 거주자들에게도 놀랍기 그지없는 사건이라고 말했다.[2]

나는 매우 중요한 사건을 목격했다고 생각했다. 배우들이 노인들의 삶을 극화하는 것은 오랫동안 잠들어 있던 젊은 날을 일깨워 노인들에게 자신감과 에너지를 주었다. 극화 과정에 참여하는 것은 처음에는 별로 흥미롭지 않다고 생각했을지도 모르는 그들의 이야기가 실제로 극화될 수 있고, 그들이 그에 대해 전문가이며, 그로부터 뭔가 매우 멋진 것이 만들어져서 많은 다른 사람들에게 선보일 것임을 알게 해 주었다.

형식 정하기

개별 장면 사이에 참여적 토론을 끼워 넣다

<세대교류>를 설립할 당시에, 나는 데본 달팅튼에서 작업하는 <페어 올드 타임즈(Fair Old Times)>라는 극단을 알게 되었다. 그 극단은 바즈 커쇼우(Bazz Kershaw)라는 연출자가 이끌었고 노인들의 집에서 공연을 했다(Langly and Kershaw, 1982). 그들은 회상 오브제와 영사된 이미지를 사용하여 짧은 장면을 여러 개 만들고, 그 사이에 관객을 대상으로 한 회상 회기를 진행하였다. 그 작업은 노령의 정신과 의사인 고든 랭글리(Gordon Langley)와 연극치료사인 그의 아내 도로시(Dorothy Langley)가 안내했다. 두 사람은 노인을 대상으로 함께 작업한 풍부한 경험이 있었고, 자존감을 자극하는 수단으로서 회상의 잠재적 가치를 이해하고 있었다. 프로젝트는 그 지역에서 잘 자리를 잡았고 많은 주민들에게 의미 있는 장소와 사건의 기억을 활용하였다. 그리고 그렇게 하면서 더욱 깊은 기억을 이끌어낼 수 있었다. 극단의 목표는 연극을 회상의 촉매로 사용하여 기숙 시설과 병원에 있는 노인들의 사회적이고 정서적인 필요를 충족시키는 것이며, 따라서 거기에는 <세대교류>의 예술적 방침에 비해 보다 강력한 치료적 방향성이 부여되었다.

공연 후 토론

그들처럼 관객과 함께 하는 회상 작업을 장면들 사이에 배치할지 아니면 공연을 마친 후에 비공식적인 대화를 하는 게 좋을지를 놓고 '50년 전 쇼'의 배우들과 의논을 했다. 당시 우리는 장면의 진행이 반복적으로 중단될 경우 공연의 힘과 긴장이 깨질 것이고, 노인들이 초점을 바꿔가며 서로 다른 이야기를 들여야 하며, 특히 좌석이 무대를 향해 집중된 '극장 스타일'로 배치될 경우에는 여러 가지 문제를 낳을 수 있다고 생각했다. 그런 문제는 <페어 올드 타임즈> 역시 힘들어하는 듯 보였다. 그들의 행정담당자이자 연구자인 자콜린 콜더(Jacolyn Corder)는 이렇게 썼다. '배우들은 직접적인 피드백을 자극하는 것이 주된 목표가 되어야 하는지를 심각하게 질문했다… 그들은 단순한 인식과 사실적 회상 너머 지적인 깊이가 있는 반응이 일어나기를 추구했다'(Langly and Kershaw, 1982: 19).

　　우리는 모두 공연이 독립된 예술적 이벤트가 되어야 한다고 생각했다. 특히 다양한 이해 수준을 지닌 광범위한 관객을 대상으로 할 때는 다양한 종류의 개입을 위해 중간에 공연을 끊음으로써 그 정서적이고 미학적인 영향력을 희생시켜서는 안 된다(8장에서는 페어 올드 타임즈 접근법에 바탕을 두고 변형을 시도한 클레어 서머스킬(Claire Summerskill)이 연출한 <세대교류>의 공연의 세부를 다루면서 이 접근법의 장단점을 살펴볼 것이다). 그러나 동시에 우리는 공연의 제기한 주제를 둘러싸고 관객의 의견과 개인적 경험을 나누는 것의 가치와 중요성을 알고 있었다. 그래서 창단 공연은 매 공연 때마다 상연 직후 최소 30분 동안 관객과 토론을 했다. 이것은 보통 배우와 관객이 둘러앉아 차를 마시며 이야기를 나누는 비공식적인 방식으로 이루어졌지만, 공연을 초대한 주최 측이 좀 더 공식적인 토론을 원할 경우에는 격식을 갖추어 연출자나 한두 명의 배우가 진행을 맡곤 했다.

음악의 핵심적 역할

　　맨 처음 집단 회기에서 음악이 회상을 자극하는 데 매우 효율적이라는 사실이 명확해졌다. 노인들은 이야기를 할 때 흔히 노래를

떠올려 조용히 함께 부르면서 그것을 처음 들었던 시절로 돌아가곤
했다. 우리의 공연은 모두 상당량의 음악을 포함하였고, 배우들은 음
악을 통해 노인들이 젊은 시절에 좋아했던 가수, 영화, 댄스 홀과 쇼
와 함께 관련된 추억을 불러낼 수 있었다. 극적 맥락에서 음악은 또
한 감정과 분위기를 강화할 수 있고 특히 고통스러운 기억을 다룰
경우에는 분위기나 속도에 변화를 줄 수 있다.

우리는 연습을 할 때 강도 높은 음악 회기를 배치하여 당시의
음악이 장면을 보완하고 배우들이 피아노와 바이올린과 함께 완벽한
화음으로 노래를 할 수 있게 했다. 맨 처음 집단 회상 회기에서 노인
들에게 어떤 노래가 좋을지를 물었다. 우리는 '우리는 돈 속에 있다',
'브로드웨이 자장가', '천국에서 온 동전', '언덕의 다른 쪽에서' 처럼
무대와 스크린에서 잘 알려진 곡을 주로 사용했다. 그 곡들은 모두
당시의 유행가로 그 시절의 가벼운 농담과 근본적인 희망과 불안을
표현하였다.

공연에서 배우와 노인의 관계

'정면을 향한(Out-front)' 연기 스타일

리허설 단계에서 노인들과 즉흥극을 한 경험에 근거하여 우리
는 서사적인 독백을 할 때는 물론 인물들이 서로에게 반응하는 자연
주의적인 장면에서도, 관객을 '향해 연기'할 것을 매우 일찍부터 결
정했다. 이것은 귀가 어두운 노인들이 배우의 얼굴을 보고 입술을
읽을 수 있도록 하기 위함이었다. 그리고 우리는 그와 똑같이 중요
하게 연극이 전하는 이야기를 관객이 자신과 배우들의 대화로 받아
들이기를 기대했다. 공연 중에는 말로 반응할 수는 없지만 막이 내
린 후에는 그럴 수 있으므로.

'오십년 전 쇼'의 배우들: (왼쪽에서 오른쪽으로) 다이
안 핸콕(Dianne Hancock), 존 패트릭 디어리(John
Patrick Deery), 안나 필폿(Anna Philpott), 톰 오스
틴(Tom Austin)

객석의 자발적 반응에 반응하기

관객에게 직접적으로 호소하는 이 같은 형식은 때로 극적 현실
에 과도하게 몰입한 관객으로부터 기대치 않은 반응을 이끌어내기도
했다. 예를 들어 한 배우가 '나는 오늘 새벽 5시까지 일자리를 찾느
라 밤을 꼬박 새웠다. 온 시내를 다 돌아다녔다…'는 독백을 하고 있
는데, 객석에서 한 할머니가 소리쳤다. '저런 정말 지쳐 보이네요, 이
리 내려와서 내 옆에 잠깐 앉았다가 또 나가봐요.' 물론 관객의 야유
에 반응해야 하는 카바레나 지역사회 기관에서 공연한 경험이 있는
배우들이 인물에 스타니슬라브스키 식으로 몰입한 배우들보다 회상
연극의 예상치 못한 환경에 더 잘 적응했다!

보이고 들리는 관객

처음 몇 회의 공연에서 배우들은 매우 긍정적인 경험을 했다.
그들 대다수에게 회상 연극은 관객과 매우 밀접하게 관계 맺는 새로
운 스타일의 작업이었다. 관습적인 연극의 규칙은 일체 적용되지 않

았다. 객석을 어둡게 하고 무대를 밝히는 대신 우리의 공연에서는 배우들이 관객이 장면에 어떻게 반응하는지를 또렷이 지켜볼 수 있었다. 그리고 침묵 대신 간간이 터지는 객석의 웃음이 공연에 끼어들었고, 조용할 때도 배우들은 '그래, 맞아' 혹은 '나도 기억나' 그리고 '나도 그랬지'라고 말하는 나직한 소리를 들을 수 있었다.

배우들은 직접 만나 이야기를 나눈 인물을 연기하는 데 감동을 받았다. 그리고 노인 최초로 인터뷰를 하거나 즉흥극과 무대에서 그 삶을 표현하는 노인에 대해 지속적인 책임감을 느꼈다. 그 공연에 참여한 배우 중 한 사람인 다이안 핸콕은 '나는 그 경험 전체가 너무나 황송했어요. 노인들은 알고 있죠. 그들은 그 이야기를 직접 살아냈지만 우리는 단지 재현할 뿐이죠'라고 말했다.[3]

공연 후 토론에서 관객과 연결하기

공연을 하는 동안 배우들은 누가 언제 감동을 받고 어떤 장면에 특히 강렬하게 반응했는지를 모두 볼 수 있을 정도로 관객과 가까웠다. 배우들은 그런 표시를 눈여겨 봐두었다가 공연 후 토론 시간에 해당 관객과 조용히 이야기를 나누었다. 개인적 만남을 위한 이 기회는 더욱 많은 기억을 이끌어냈고, 새로운 관객에게 그들 역시 공연에 기여했다는 느낌을 갖게 해주었다. 배우들은 또한 순회공연이 스토리텔러가 아닌 관객에게 확장됨으로써 그 같은 자극이 없었다면 일어나지 않았을 자발적인 회상의 교환이 일어나는 장면을 목격했다.

관객의 '특별한 필요'에 맞추기

우리가 방문한 일부 기관에서는 치매 노인이 많아서 공연이 지속되는 동안 집중을 유지하기 어려운 경우가 있었다. 그런 곳에서는 노래로 극적 행동에 잠시 사이를 두면서 관객이 이야기에 다시 연결할 수 있도록 하거나 적어도 공연의 분위기와 정서를 즐길 수 있도록 도왔다. 그 경험을 통해 우리는 그처럼 특수한 요구를 가진 관객에게 맞춘 특별한 프로젝트를 계발할 필요가 있음을 절감하게 되었다. 그것은 아마도 좀 더 적은 인원이 참여하여 관객이 회상 과정에 직접 참여할 수 있도록 하는 보다 유연한 구조 속에서 음악, 역할 연기, 강렬한 시각 이미지의 자극을 제공하는 형태일 것이다(이 접근법은 14장에서 보다 자세히 논의할 것이다).

순회공연 관련 사항

문제적 공연 공간

'오십 년 전 쇼'의 순회 공연지에는 배우들이 무대를 설치하고 공연하기에 쉽지 않은 곳이 꽤 있었다. 의자 등받이가 너무 높아 시야를 가리는 곳이 많아서, 때때로 '난 늘 이 자리에 앉아요!'라고 말하며 움직이기를 꺼리는 사람들의 자리를 조정해야 했다. 기관 담당자들은 배우들에게 의상을 갈아입고 분장을 하는 데 필요한 공간을 제공하는 데 익숙하지 않았다. 우리 측에서 제공한 정보가 그 날 근무하는 사람에게 전달되지 않아 공연이 있는 줄도 몰랐던 경우도 몇 번 있었다. 집과 낮 병동에서 공연을 한다는 것 자체가 상당히 새로운 아이디어였고, 한 번은 50명의 노인이 늘 사용하던 공간에서 쫓겨나 위층 방에서 빙고를 하는 동안 5명의 관객을 두고 공연해야 했던 끔찍한 경우도 있었다!(극장이 아닌 장소에서 공연하는 것에 대한 좀 더 자세한 논의는 7장에 있다)

기관 담당자와 협력하기

첫 번째 순회공연에서는 공연 시간에 다른 곳에서 차를 마시며 휴식을 취하는 기관 담당자가 더러 있었다. 그것은 배우에게뿐 아니라 기관에도 좋지 않은 일이다. 왜냐하면 그럴 경우 공연에 대한 노인들의 자발적인 반응을 모두 놓침으로써 적절한 후속 작업의 기회가 사라지기 때문이다. 극단 초기에는 회상의 치료적 가치가 널리 인식되지 않았고 그래서 기관 담당자에게 자발적인 회상 자극의 영향력을 최대화하거나 그들 스스로 그런 작업을 진행하도록 방침이 주어지지 않았다. 하지만 그 뒤에는 우리가 방문하는 기관의 담당자들이 모두 극단 운영진에게 회상 교육을 받았고, 그 덕분에 보호주택이나 낮 병동에서 진행된 공연에서 제공된 자극을 충분히 성공적으로 활용하게 되었다.

관객 반응

강한 동일시

대다수 관객은 공연에서 매우 감동을 받고 기쁨을 얻었다. 공연을 보며 오래 잊고 있던 기억을 나누면서 따뜻한 감사의 마음을 표현했다. 눈물을 흘리기도 하고 노래를 따라 부르거나 웃으며 맞장구를 치기도 했다. 때때로 우리가 '시간을 건너뛰는 거울'을 만들어 관객이 젊은 날의 자신을 거기에 비추어 보고 있는 듯 느껴지기도 했다. 관객은 배우들이 그들의 이야기를 진실하게 상연하는 것을 보면서 거짓말처럼 거기에 담긴 예전의 활력과 생명력을 흡수했다. 역설적이게도 과거를 탐험하는 회상 연극은 우리의 늙은 관객을 젊게 하는 효과를 발휘하여 지금 여기에 에너지를 북돋우고 지금 여기에서 서로 다시 만나게 해주었다.

우리의 연극이 풍부한 내용을 갖고 있었음은 틀림없다. 한 번도 만난 적 없는 사람들이 공연을 보고는 '딱 내 얘기였어요, 내 이야기를 어떻게 알았어요?'라고 물었을 정도이므로 관객이 얼마나 극에 동일시했는지는 두말할 필요가 없다. 그것이 극단을 시작할 때 우리가 품었던 희망이었고, 그것을 초점으로 연극에 어떤 내용을 담을 것인지를 선택했다. 공연이 수천 명의 삶을 관통하는 울림을 가지기 위해서는 구체적이고 독창적이면서 동시에 전형적이고 보편적인 이야기여야 했다.[4] 노인들과 기관 담당자들은 우리가 준비한 이야기와 사진 자료집을 구입했고, 그것을 공연 후에 열린 또 다른 소규모의 회상 집단을 시작하는 포인트로 사용했다.

우리는 첫 번째 순회공연에서 청소년이 회상 연극에 어떻게 반응하는지를 보기 위해 중학생을 대상으로 두 번 공연을 했다. 음악은 분명히 미적 장벽이 있어서 그들에게 낯설었지만 공연 내용은 교육적 가치가 뚜렷했다. 연극은 1930년대의 사회사에서 중요한 주제를 효율적으로 소개했다. 특히 공연이 끝나고 이야기의 원안을 제공한 노인들과 토론을 했을 때는 더욱 효과가 좋았다. 하지만 지역 학교를 위한 몇 회의 공연에도 불구하고, 회상 연극의 주된 관객층은 작품의 주인공이자 공연을 통해 조촐하게나마 위로를 받게 될 노인들이어야만 한다는 것을 느꼈다.

청사진이 나타나다

그렇게 우리의 첫 번째 공연인 '오십년 전 쇼'의 뼈대가 드러났다. 그것은 이야기를 귀 기울여 듣는 것, 이야기를 즉흥극으로 극화하는 것, 그것을 다시 노인들에게 보여주고 추가적인 자료를 얻거나 코멘트를 받아 수정하는 것, 그리고 대본을 쓰는 것을 통해 완성되었다.

이 첫 번째 공연의 제작 과정의 핵심 요소는 다음과 같다.
* 집단에서 노인들이 기억을 공유하도록 자극하는 것의 가치, 그리고 그 다음에 개별적인 인터뷰를 하는 것
* 공연에 참여하고 기여하는 사람들에게 널리 호소할 수 있는 주제를 선정하는 것의 중요성

* 극화 과정 전반에서 배우들과 노인들의 창조적 참여의 가치
* 공연 과정 내내 다양한 감정을 탐험하는 것의 중요성
* 형식면에서 본질적 요소로서 라이브 음악의 중요성에 대한 인식
* 배우의 입장에서 관습적이고 포괄적인 연기 스타일의 필요성
* 공연 후 토론에서 노인들의 참여의 중요성
* 후대를 위해 조사 단계에서 수집한 이야기와 사진을 책자나 그 밖의 보관 가능한 형식으로 묶는 것의 가치
* 관객이 공연을 기억하고 기관 담당자가 회상 작업을 지속할 수 있도록 토론을 위한 자극을 남길 것

이 같은 청사진이 나왔고, 이 요소들이 그 뒤 20년 넘게 이어진 작업에서도 유지되었지만, 그럼에도 불구하고 매 공연은 독창적이었고 제작과 상연에서 제 나름의 도전을 감당했다.

SUMMARY

이 장에서는 노인을 위한 재미있고 자극적인 활동으로서 회상의 가치를 발견한 시점부터 회상 연극 전문 극단을 설립하기까지, 아이디어의 발전 과정을 살펴 보았다. 여고생들이 노인들의 기억에 바탕을 둔 파일럿 공연을 만들었던 세대 간 작업의 출발과 거기서 시작하여 전문 순회 극단을 세우게 된 과정을 기술했 다. 그리고 '오십년 전 쇼'를 구상하고 연습하고 상연하는 단계마다에서 작업 방식이 어떻게 진화했고 이후의 회상 연극을 위한 청사진이 어떻게 나오게 되 었는지를 설명하였다.

Chapter

02

인터뷰부터 버배팀 대본까지

회상 연극은 새로운 연극 형식이었기 때문에, 극단과 관련된 모든 작업은 공연에 대한 서로 다른 접근법을 실험하는 시행착오를 거치며 배워야만 했다. 여기서는 우리가 시도한 다양한 제작 방식의 세부를 설명할 것이며, 이 분야에서 일하고자 하는 사람들에게 아이디어가 되리라는 바람으로 몇몇 공연의 내용과 형식을 기술할 것이다. 여러 형식과 내용의 공연을 관통하는 일반적인 원리에 대해서는 1장에서 말했고, 그것이 회상 연극의 방법론을 구축하는 동안 버팀대가 되어 주었다. 공연의 주제를 결정하는 것부터 인터뷰 자료를 수집하는 방법, 인터뷰이와의 관계, 녹취를 비롯해 대본을 쓰는 과정까지를 자세히 설명할 것이다.

회상 연극을 위한 조사

주제 정하기

회상 연극은 이야깃거리, 주제 혹은 경험의 영역을 선택하는데서 시작된다. 그것은 극단에게나 목표한 관객 모두에게 흥미롭고 의미 있는 것이어야 한다. 대개 특정 시기, 특정 지역의 시간에 따른 변화를 다루거나 현재에 영향을 미치는 특별한 사건에 대한 생생한 기억을 선보인다.

배경 조사

주제에 관한 배경 조사는 인터뷰이를 만나기 전에 실시하는 것이 좋다. 그렇게 해야 인터뷰어가 노인들이 제공하는 정보와 관련한 역사적이고 지정학적인 맥락에 친숙해질 수 있다. '숙제'를 하지 않은 인터뷰어는 인터뷰이가 말하는 내용을 정확히 알아듣지 못할 수 있고, 노인들에게 프로젝트에 대한 성실성을 의심받을 수도 있다. 하지만 거꾸로 백과사전적인 지식을 뽐내는 것도 노인들의 자신감과 동기유발을 저하시킬 수 있으므로 삼가야 한다.

장비, 소리 확인, 인터뷰 자료의 사용에 대한 동의와 관련된 자세한 준비 사항은 구술 역사 협회의 웹사이트(www.ohs.org.uk)의 실용적 조언과 저작권 관련 안내, 이스트 미드랜드 구술 역사 기록보관소(East Midlands Oral History Archive)가 제공하는 자료를 참고할 수 있다.

이야기를 수집하는 방법

노인들로부터 이야기를 수집하는 방식에는 일대일 인터뷰와 집단 토론의 두 가지가 있다. 노인에 따라 자신의 증언이 어떤 측면에서 부족할까봐 일대일 인터뷰를 부담스러워 할 수 있다. 이를 고려하여 개별 인터뷰를 하기 전에 집단 회기를 진행하여 참여자 전체가 회상과 토론의 흐름을 지지하고 책임을 공유하게 하는 것이 바람직하다. 집단 회기는 또한 특히 어떤 노인이 강렬한 기억을 갖고 있고 이야기를 생생하게 하는지를 알 수 있게 해준다. 그것이 파악되면 나중에 그들을 개별적으로 만날 수 있다.

집단 인터뷰

실질적 고려사항

집단 회상 회기가 결정되면, 인터뷰를 진행할 공간과 자리를 적절하게 안배하는 것이 중요하다. 방은 주의를 산만하게 하지 않을 정리된 곳이어야 하며, 사람들이 서로 잘 보고 들을 수 있도록 동그랗게 둘러앉는 것이 가장 바람직하다. 참여자들이 모두 모일 때까지 기다리는 동안 주제와 관련된 이미지나 오브제를 준비하여 자연스럽게 이야기를 이끌어내는 것이 좋다. 분위기는 딱딱하지 않고 친근하게 하되 인터뷰어가 회기를 계획했으며 능숙하게 진행하고 있다는 느낌을 줄 수 있도록 약간의 질서를 부여하는 것이 필요하다(Gibbson, 2006).

집단 회기 녹음하기

회상 연극을 위한 회상 회기는 녹음을 하는 것이 필요하다. 말하는 사람은 반드시 이야기를 시작하기 전에 이름을 말하도록 한다. 그것은 녹취하는 사람을 돕기 위함이며 회상 회기에 참여한 사람들 모두가 고루 기여할 것임을 설명하는 것이 좋다. 토론에 속도가 붙거나 이름을 말하는 것이 불편하고 자연스럽지 않아 잊을 경우에는, 진행자가 대신 말해줌으로써 녹취를 풀 때 정확성을 기하도록 한다.

집단 회상 회기 진행하기

집단 인터뷰에서는 가장 주도적인 노인이 천천히 이야기를 시작한 뒤에 갑자기 대화에 가속도가 붙는 경우가 흔하다. 이것은 긍정적인 반응이지만, 누가 토론을 이끌든지 한 번에 한 명씩 말을 하면서 시간을 합리적으로 나누어 쓸 수 있도록 조율하는 것이 필요하다. 집단이 초점을 잃을 경우에는 이미 나온 이야기들의 연관에 주목하여 토론 방향에 대한 감각을 되찾을 수 있도록 이끄는 것이 중요하다(Osborn, 1993).

사회적인 모임

성공적인 집단 회상 회기는 참여자들이 서로에게 불을 붙이는 일종의 사교 모임처럼 느껴진다. 누군가는 장소나 시간의 디테일과 관련된 이야기를 할 것이고, 또 누군가 지역 명사의 이야기를 하면서 그것이 오랫동안 잊고 있던 또 다른 누군가의 기억을 끄집어냄으로써 이례적으로 자발적이고 풍부한 새로운 이야기를 만나게 된다. 오랫동안 잃어버렸던 과거의 파편을 되살리는 것 그리고 그것을 현재 속에서 새롭게 곱씹어보는 것에는 언제나 놀라움과 기쁨이 있다.

'기억의 공동체'

집단 토론에서는 이런 말을 자주 들을 수 있다. '그게 그때쯤 아니었나?' 혹은 '그 뒤엔…', '오, 그건 어떤가?', '그러니까 또 생각나는 건데….' 이 같은 조심스러운 접근은 말수가 적고 자신감이 덜한 이들이 다른 사람들의 이야기에 고개를 끄덕여 수긍할 수 있게 해준다. 이런 방식으로 그들은 집단의 공통된 기억이 떠오를 때 그와 연결됨을 느낄 수 있다. 그리고 그렇게 자신감이 축적되면서 자신의 이야기를 꺼낼 수 있게 된다. 그것은 아마도 '…는 어때요?'라든가 '우리 집에서는 늘상 …했어요'고 시작될 것이며, '그렇지 않나요?'나 '그걸 기억하는 사람 또 없어요?'라며 확증을 구하는 말로 끝맺을 것이다.

이 같은 대화를 통해 집단의 역사적 정체성에 대한 감각이 살아나고, 사람들이 '나'가 아니라 '우리'로 말하는 '기억의 공동체'가 형성될 수 있다(Buchanan, 1997). 집단 회상을 통해 참여자들은 자신을 역사의 참여자이자 역사를 만드는 사람으로 인식하게 된다. 그들은 자신이 살아온, 잘 알고 있는 시간을 기억하면서 함께 재창조하는 것이다. 과거에 대한 주인의식은 심지어 집단이 떠올리는 경험이 그들을 역사의 피해자나 수동적인 수용자처럼 느끼게 하는 경우에도 생겨날 수 있다. 개인의 기억이 다른 사람들과 관련된 경험이라는 맥락 속에서 들려질 때, 그 과정은 포괄적이고 누적적이다. 집단 안에서 참여자들은 자신이 그 일부이기도 한 사회 경제적 역사의 본질과 만난다.

일대일 인터뷰

심층 탐구

개별 인터뷰에서 인터뷰이는 흔히 개인적 경험과 힘든 기억을 기꺼이 노출하려 들 것이다. 일대일 인터뷰는 회상의 흐름이 다른 사람들에게 방해받지 않기 때문에 특히 풍부한 스토리텔링이 가능하다. 말하는 사람이 이야기가 지나치게 길어지지 않을까 염려하거나 집단 토론을 좌우하여 평판이 나빠질까 걱정하지 않아도 된다. 개별 인터뷰는 해당 사건이나 시기와 관련된 감정을 보다 깊이 탐험하고 훨씬 더 상세한 정보를 얻을 수 있다.

경청하는 사람에게 말할 수 있는 드문 기회

인터뷰이는 진정으로 중요한 주제에 대해 젊은 사람들에게 이야기하고 그것을 녹음하는 일을 즐기게 될 것이다. 개별 인터뷰를 통해 사람들이 조언을 구하는 경험 많은 목격자가 되고 자신의 통찰과 경험이 많은 관객에게 선보일 연극이 될 것을 알기에, 노인들은 자신을 권위 있는 사람으로 인식하게 된다.

일대일 인터뷰는 그 사람에게 진정으로 힘을 부여할 수 있다. 왜냐하면 인터뷰어는 진심으로 흥미를 가지고 이야기를 귀 기울여 듣고 녹음하는 사람 앞에서 자신의 경험을 성찰할 수 있는 기회를 처음으로 가지기 때문이다. <세대교류>를 위해 몇 편의 희곡을 쓴 조이스 홀리데이(Joyce Holliday)는 이렇게 말했다.

끔찍하게도 많은 사람들이 목소리를 내지 못한다. 그들은 타당한 반응과 생각을 갖고 있지만, 아무도 그에 귀 기울이지 않으며, 가족조차 마찬가지다. 사람들은 인터뷰 도중에 갑자기 '이 얘긴 별로 듣고 싶지 않을 거예요'라고 말한다. 그것은 그들이 평생 동안 그 말을 들어왔고 아무도 기꺼이 들어주지 않았기 때문이다(텔레비전 역사 워크숍, 1985).

의도적으로 경청하기

인터뷰어는 바로 앉아 상대를 주의 깊게 바라보며 간간이 들은 것을 반영하여 잘 듣고 있음을 보여주고 더 자세한 내용을 질문하는 것이 좋다. 그것은 인터뷰이에게 자신의 이야기가 가치 있고 인터뷰를 위한 노력이 인정받는다는 강력한 신호가 될 것이다. 이야기의 세부에 대한 관심과 흥미를 드러내는 이 같은 표현은 인터뷰의 속도를 늦추어 듣는 이를 지루하게 할까봐 그냥 지나쳤을지도 모를 경험의 심층에 접근하게 한다. 그것은 또한 인터뷰이가 자신의 이야기를 이미 여러 번 했던 경우에도 효과적이다. 이야기에서 장면을 창조하는 데 필요한 상세하고 구체적인 질문은 화자로 하여금 기억의 새로운 가지를 뻗게 하고 회상에 새로운 차원을 부여하도록 이끌기 때문이다.

이야기에 생명을 부여하는 세부의 중요성

작가, 연출자, 배우는 보충적인 세부사항을 가능한 많이 묻는 것이 좋다. 관객을 위해 생생한 공연을 만들자면 디테일이 충분해야 하기 때문이다. 가령 이렇게 말할 수 있다. '이 이야기를 무대에 올리기에는 아직 정보가 충분하지 않은 것 같습니다. 그 일이 벌어졌을 때 어떤 반응을 보이셨나요? 실제로 했던 말을 혹시 기억하시나요? 그 분 옆에 어떻게 서 계셨죠? 그 다음엔 어떻게 되었어요?' 장면을 시각화하기 위해 좀 더 자세한 세부를 묻는 이 같은 접근은 후에 대본을 위해 필요할 뿐 아니라 인터뷰이가 창조 과정의 중요한 요소로서 자신의 기여를 확인하게 할 수 있다. 인터뷰이에게는 물론 공연 관련 저작물의 출판기념회에 초대하여 책자를 제공해야 한다.

회상 연극을 위한 녹취

고된 노동, 풍성한 보상

회상 연극 대본을 만드는 작업의 출발점은 대개 인터뷰 자료를 정확하게 녹취하는 것이다. 녹취는 극도로 시간이 많이 드는 과정이지만, 거기 투자된 노력은 자료를 한 눈에 꿰도록 하여 본래 형식을 빠르게 변형할 수 있게 해준다. 집단 토론의 경우에는 해당 회기를 진행한 사람이 작업 직후에 누가 무엇을 말했고 어디에 앉아 있었는지 등이 머릿속에 남아 있는 동안 가능한 빨리 녹취를 끝내는 것이 좋다. 경우에 따라서는 해당 회기에서 가장 기억할 만한 대화와 추후에 참고할 수 있도록 다른 화제에 대한 진행기록을 남기는 정도로 하여 녹취 원고의 양을 제한하는 것이 필요할 수도 있다.

조사 내용

회상 연극을 만들 때 자료를 녹취하는 것의 가장 큰 이점은 제작에 참여하는 사람들이 모두 조사 내용에 접근할 수 있다는 것이다. 물론 각자가 진행한 인터뷰 자료에 대해서는 잘 알고 있겠지만 다른 녹취본을 모두 볼 수 있고 접근할 수 있을 때 대본 작성과 형상화 과정이 좀 더 민주적일 수 있다. 공연을 위해 생산된 자료는 또 다른 장기적인 가치를 가진다. 책이나 프로그램에 인쇄된 인용구는 일종의 기념품이 되어 관객이 좀 더 쉽게 공연을 다시 떠올릴 수 있게 해주며, 이때 녹취본 전문이 있다면 가장 좋을 것이다.

언어와 분위기의 진정성

연극을 위해 인터뷰를 녹취할 때 화자의 문법을 정돈할 필요는 없다. 본래 형식에 담긴 이야기가 그것을 듣는 관객 대다수에게 공명을 일으킬 것이다. <세대교류>의 음악 감독 중 한 명인 산드라 커(Sandra Kerr)는 버배텀 시어터에 대한 채널 4 텔레비전 인터뷰에서 이렇게 말했다. '회상 연극의 구술 역사와 함께, 우리는 주로 노동 계급 화법에 관해 이야기 합니다'(텔레비전 역사 워크숍, 1985). 가령 우리가 인터뷰한 많은 런던 사람들은 '우린 그랬다네'라고 하기보다 '우린 그러했지'라고 말한다. 그러므로 화자가 한 말의 특별한 뉘앙스와 어절의 변화를 그대로 유지한다면, 관객은 그 말에서 본래 화자를 느끼면서 내용과 강렬하게 연결할 것이다. 만일 같은 내용을 글로 담는다면, 책에 본인의 이름이 인쇄되는 것에 강한 감정을 가질 수 있는 저자의 동의가 필요하다.

회상 연극 대본 쓰기

내용을 조합하고 형식을 찾다

회상 연극을 위한 대본쓰기를 시작하는 가장 분명한 방법은 녹취된 이야기를 전부 읽으면서 공연에 쓰고 싶은 것을 모아 그 이야기들을 묶어낼 수 있는 구조를 찾는 것이다. 그에 대해 조이스 할러데이는 이렇게 말했다. '당신은 온갖 종류의 사람들로부터 기억을 수집한다… 그 이야기들을 모두 녹취 한다… 그리고 엄청난 양의 종이 뭉치를 만나게 되고 그것으로부터 결국 공연이 만들어진다'(텔레비전 역사 워크숍, 1985). 제작팀은 절대 인터뷰를 하기 전에 머리에서 미리 대본을 써서는 안 된다. 가끔 작가나 연출자가 강력한 관점을 갖고 있고 회상 연극을 그것을 그려낼 도구로 쓰려는 경우에 불행하게도 이런 일이 벌어지곤 한다. 고백을 확증의 근거로 환원하는 그런 접근은 인터뷰 과정을 심각하게 왜곡한다.

즉흥극으로 대본 쓰기

회상 연극은 인터뷰 자료를 정리하지 않고 조사 기간에 수집한 자료에서 배운 것을 느슨하게 해석하면서 즉흥극만으로 만들 수도 있다(이 접근에 대한 예로는 1장을 참고할 수 있다). 상연까지 시간이 얼마 남지 않은 경우에는, 이것이 유일한 접근일 수도 있다. 일군의 예술가들이 해석적인 작품을 위한 영감으로서 '정보제공자'를 사용할 때, 특히 말보다 음악과 춤에 더 의존할 경우에도, 공연과 인터뷰 자료의 느슨한 연결은 정당화될 수 있다. 그런 경우 공연 제작자는 인터뷰이에게 최종 공연과 그들의 관계를 분명하게 전달하여 실망이나 오해가 없도록 해야 한다.

버배팀 회상 연극 대본 쓰기

노인들의 말로

버배팀 시어터에서 대본의 텍스트는 모두 인터뷰 자료에서 나오고, 무대에서 발화되는 것 역시 모두 자료에 있는 말이며 그것을 기록, 노래, 춤과 소도구로 보강한다. 버배팀 회상 연극은 사람들의 경험과 그들이 그것을 회상하는 방식을 활용하는 것으로서 그들의 말을 희곡에 직접 쓴다.

버배팀 시어터는 상상에서 이야기를 찾는 작가나 배우들에 관한 것이 아니다. 사람들의 이야기를 듣는 작가에 관한 것도 아니고 사람들이 그런 경험을 하면 어떨 것인가에 대한 상상을 쓰는 것도 아니다. 예술가와 정보제공자 사이에는 물론 공감이 있어야 하고, 그들의 경험을 효과적인 퍼포먼스로 재현하려면 풍부한 상상력이 필요하지만, 개인으로나 집단으로서 자신을 말하고 그 경험을 해석하는 것은 언제나 정보제공자 자신이어야 한다.

예술적 해석

녹음한 인터뷰 내용은 가공하지 않은 자료이고, 예술은 그것을 상상적으로 구조화하고 편집하고 형태를 부여하여 일관성 있고 공연 가능한 대본으로 만들어낸다. 그리고 그것을 연출자, 디자이너, 음악감독과 배우들이 해석하여 공연으로 바꿔내는 과정에도 예술이 관여한다.

관객에게 목소리를 들려주기

버배팀 회상 연극의 대본을 씀에 있어서 그것이 실제로 일어난 이야기임을 분명히 하는 것은 매우 중요하다. 이야기를 제공한 사람들은 나름의 표현 방식을 갖고 있어 사투리가 뚜렷하다거나 독특한 말투를 사용하곤 한다. 그 결과 그들의 말이 그대로 무대에서 발화될 때, 관객은 스토리텔러의 진짜 목소리를 듣고 있으며 그 이야기가 극단의 상상이 아니라 실제임을 느낄 것이다.

녹취된 이야기가 대개 '우리는 늘 그랬어요' 그리고 '난 그때를 기억해요'와 같은 말로 시작하기 때문에, 대본을 쓸 때 반복할 위험이 있다. 하지만 이런 '기억의 모드' 구절을 몇 번은 반복하는 것이 좋다. 그것은 공연이 회상에 바탕을 두고 있음을 상기시키고 공연 후 토론에 관객이 자연스럽게 참여하도록 촉진한다.

시간과 장소를 불러내는 언어

언어는 시간이 지남에 따라 변화한다. 특정 연령의 사람들이 기억을 기록할 때, 그들은 과거의 사건을 그 세대 특유의 방식으로 기술하는 경향이 있다. 특정 시기에 유행한 관용적인 표현과 말투가 있을 뿐 아니라 시대적인 분위기를 일깨우는 형용사들이 있다. 인터뷰이들은 오랫동안 들어보지 못한 단어를 사용하고, 공연이 목표로 하는 관객뿐 아니라 동년배에게 특정한 울림을 줄 활동, 장소, 상표, 물건을 언급할 수 있다. 그런 말을 듣는 것만으로도 관객은 또 다른 기억 보따리로 빠르게 옮겨갈 것이다.

직접적인 대사에서 기억하기

교육 기회가 제한되었거나 글쓰기가 익숙하지 않은 사람들에게는 이야기가 일반적인 소통 방식이다. 그들은 직접 화법으로 말할 것이고, 대화의 단편들 사이에 해설이 삽입된 형태로 기억을 할 것이다. 이렇게 회상된 대화는 인터뷰가 초점을 두고 있는 것을 정확하게 재현하지 않을 수도 있지만 그것만으로도 훌륭하다. 그것은 버배팀에 삽입되어 배우가 행동과 함께 대사로 말할 수 있다. 이런 방식으로 작가는 분위기의 절대적인 진정성을 성취할 수 있다.

녹음된 집단 토론에서 공연 가능한 대사 뽑아내기

특히 회상 연극 작가는 집단 회상을 녹취할 때 직접적이고 신선한 대사를 선물로 얻을 수 있다. 집단 회기에서 참여자들이 쏟아내는 기억의 폭포는 어렵지 않게 매끄럽게 이어지는 대본으로 변형될 수 있다. 만일 배우들이 무대에서 집단 회상에서 개별적인 기억이 갑자기 회복된 기쁜 순간을 재창조할 수 있다면, 관객으로부터 잊힌 더 많은 기억의 조각을 효율적으로 끄집어낼 수 있을 것이다.

이야기의 다양한 버전을 조합하기

만일 여러 인터뷰이가 특정 사건에 대해 말했다면, 뚜렷한 극적 호소력이 없다 해도 많은 관객에게 의미를 가질 것이므로 대본에 포함시킬 필요가 있다. 같거나 비슷한 경험에 대해서 서너 가지의 버전이 있다면, 작가는 이야기가 흘러가는 한 하나 이상의 자료에서 내용을 조합하여 일관성 있는 대본을 만들 것이다. 여러 버전 중 하나에서 인용할 만한 구절이 있는데 다른 데서는 그렇지 못하고, 또 다른 버전에 좋은 구절이 있다면, 두 개 이상의 버전을 합하는 것이다.

회상 연극의 독백

버배팀 대사를 가장 효과적으로 사용하는 방법 하나는 인물이 관객에게 전체 이야기를 직접 전하는 독백이다. 그렇게 할 경우 관객은 자신을 무대에서 기술되는 사건의 중요한 목격자라고 느끼면서 평소와 다른 경청 모드로 들어가게 된다. 독백은 관객이 그 이야기를 인터뷰이에게 일어난 것과 동일한 방식으로 경험하게 한다.

관객에게 직접 스토리텔링을 하는 독백의 또 다른 이점은 이야기가 시간의 순서와 상관없이 회상되는 경우가 많기 때문에, 드라마 역시 서사의 충동에 따라 시간을 거스르거나 따라가면서 움직일 수 있다는 것이다. 본래 이야기는 일어난 장소와 시간이 서로 다른 사건들을 묶어 말하는 경우가 많으며, 그런 측면에서 독백이라는 진정한 기억의 과정은 그 이야기를 다른 시기나 분위기로 바꾸는 것을 도와준다.

자연주의에서 벗어나기

앞서 말한 조립식 스토리텔링(set-piece storytelling)은 회상 연극 작가가 자연주의의 한계에서 벗어나기 위해 쓸 수 있는 여러 방법 중 하나다. 관객에게 부조화나 불연속성의 느낌 없이 축하, 희망, 슬픔이 고조되는 순간에 노래나 무대를 꽉 채우는 앙상블 안무가 들어간 장면을 삽입할 수 있다. 작가는 또한 연속성에 갇히지 않고 영화감독처럼 시간과 공간을 교차시키면서 '플래시 백'을 활용할 수 있다. 회상 연극 작가에게는 인터뷰이가 녹음을 할 당시에 그랬던 것처럼 기억이 이끄는 대로 탐험할 자유가 있다.

글로 된 자료를 통합하기

노인들은 가끔 자신의 경험을 글로 써주기도 하며, 그런 경우 자신이 말하고자 하는 바에 대해 많은 생각을 한다. 그들의 글은 어휘가 좀 거창하고 스타일도 더 공식적으로 느껴지며, 비공식적인 집단이나 개별 인터뷰에 비할 때 직접적인 대사의 양이 적고 자발성이 부족한 편이다. 그러나 그 글은 다른 것과 확실히 구분되는 '하나의 블록'으로 효율적으로 대본에 삽입될 수 있으며, 공연 제작 과정에 많은 사람이 다양한 방식으로 기여했음을 상기시킴으로써 상연의 속도를 적절하게 늦추어 더 집중하고 공감할 수 있도록 촉진할 수 있다.

작가의 취향

나는 공연마다 다른 작가와 함께 작업했고 그들은 모두 저마다 독특한 방식으로 버배텀 대본을 만들었다. 어떤 작가는 녹취된 인터 뷰를 선택적으로 사용하여 자기가 쓴 대본에 좀 더 자유롭게 색깔을 입혔고, 어떤 작가는 세부사항을 명료하게 하기 위해 녹음 시점과 대본 쓰는 동안 진행된 추가적인 통화 내용까지 녹취할 만큼 노인들 의 말 외에 다른 것을 거의 덧붙이지 않았다.

어떤 작가는 빠른 속도로 대사 작업으로 들어가 녹취된 이야기 를 '자연주의적인 느낌'의 더 작은 장면으로 나누는가 하면, 또 다른 작가는 한 사람이 이야기 전체를 말하도록 하면서 나머지 배우들이 시각적인 장면으로 그를 지지하도록 하기도 했고, 다큐멘터리 배경 을 가진 작가는 당대의 광고, 정부 선전물이나 법적 기록을 '보강하 는' 자료를 덧붙이는 방식으로 개인적인 차원에서 회상된 경험을 맥 락화하고 지지하였고, 그렇게 대본에 역사의 '공식적인' 버전과 '비공 식적인' 버전을 병치하면서 거대한 역설의 가능성이 발생하기도 했 다. 나는 개인적으로 버배텀 녹취록을 이용하여 공연을 구축하는 방 식의 효율성을 발견하였고, 그것은 그 뒤 몇 년 간 내 연극의 방향을 결정할 만큼 큰 영향을 미쳤다.

대본에 음악을 통합하기

음악은 매우 강력한 회상 도구로서 기억과 연상을 지극히 효율 적으로 촉발한다. 처음에는 드라마에 빠져들지 못하는 것처럼 보이 던 관객도 노래와 함께 극에 흡수되기 시작하는 것을 흔히 본다. 전 형적인 회상 연극에서 음악적 내용은 극의 4분의 1가량을 차지하며, 따라서 공연에 쓰일 노래는 대본 완성 단계에 추가하기보다 대본을 쓰기 시작할 때부터 고려하는 것이 중요하다. 음악은 장면의 감정을 강조하거나 분위기를 깨기도 하며 이야기의 한 부분을 다음과 연결시킬 수 있다.

유행가와 의상은 기억과 연상을 촉발한다. '엄마, 전쟁 때 뭘 했어요?'의 배우들. (왼쪽부터) 멜라니 월터스(Melanie Walters), 안나 필포트(Anna Philpott), 셰일라 타이트(Sheila Tait), 안나 스키예(Anna Skye), 수잔 베트(Susan Betts)

유행가

회상 연극의 노래 대다수는 공연에서 다루는 시절의 노래다. 어떤 노래가 적절한지를 가장 잘 아는 것은 기억을 제공한 노인들이다. 유행가를 사용하는 의도는 관객이 그 노래를 듣고 불렀던 상황, 그때 누구와 있었는지, 거기에 맞춰 춤추고 구애했던 장소, 하이킹을 가거나 일했던 곳의 기억을 자극하기 위함이다. 또 가사의 내용과 특정 주제와의 관련성이 선택의 근거가 되기도 한다.

배우들은 공연에서 크루닝(crooning)처럼 과거의 대중적인 퍼포먼스 스타일을 보여줄 수 있고, 관객에게 앨 보울리(Al Bowley), 앤드류 시스터즈(Andrew Sisters)나 조지 폼바이(George Formby)와 같은 유명한 예술가를 연상시킬 수 있다. 가끔 공연을 위해 곡을 새로 쓰는 것도 좋은데, 그때도 특정 효과를 위해 그 시절의 스타일을 활용할 수 있다. 음악 감독은 BBC 아카이브의 도움을 받거나 적절한 노래를 찾아 작가와 연출자에게 제안한다(이 주제에 대해서는 7장에 더 자세한 내용을 참고하시오).

SUMMARY

정리하자면 버배텀 시어터는 사람들이 자신의 기억을 자신만의 독특한 방식으로 말하는 직접적인 스토리텔링의 풍부함을 위한 것이다. 그것은 작가가 표현을 정교하게 다듬는 것이 아니라 노인들이 제공한 것의 특별한 가치와 특성을 인식하여 그것을 대본에 탁월하게 담아내는 작업이다. 물론 작가는 그들이 들은 것을 가지치고 편집하고 형태를 부여하고 적절한 노래로 강조함으로써 선택된 자료로서의 파괴력을 다져야 한다. 하지만 관객에게 진정한 작가는 노인들이라는 사실이 명확하게 전달되어야 한다. 관객은 자신처럼 나이든 사람들이 평범하고 특별한 주제를 친숙하고 정감 가는 그날의 말로 기억하는 것을 듣는다. 이것은 그들에게 공연 후 토론에 함께 참여하여 비슷한 말로 자신의 이야기를 하고 싶은 기분이 들게 하며, 그들의 경험 역시 똑같이 가치 있다고 생각하게 해준다.

• 국외의 버배텀 시어터에 대한 노트 •

지난 20년 동안, 버배텀 녹취본을 바탕으로 한 연극은 포터스 바 열차 충돌에 관한 '영원의 길(The Permanent Way)'(Hare, 2003), 이라크 전쟁에 관한 '별 일도 다 있네(Stuff Happens)'(Hare, 2004)와 같은 다큐멘터리 작품과 함께 국립 극단을 포함한 주류 극단에서 점차 널리 알려져 왔다. 전후 영국에서 서인도 퇴역 군인의 처우 문제를 다룬 '검은 강아지들(Black Poppies)'(시어터 로열, 스트랫포드 이스트 1991)이나 북아일랜드의 '피의 일요일(Blood Sunday)'(Kent, 2005), 트라이시클 시어터의 '관타나모(Guantanamo)'(Brittan and Slovo, 2004)와 같이 기성 작가들이 주로 정치적 쟁점을 조명한 이들 작품은 서로 견인하며 관객에게 '상연'되면서 하나의 증언을 형성하였다.

연극에서 버배텀을 활용한 보다 최근의 사례는 한 실험적인 집단으로부터 나왔다. 그들은 미니디스크에 녹음한 말을 배우들이 이어폰을 꽂은 상태에서 들은 직후에 바로 전달하는 방식을 취했다. 펜타버스 시어터의 '딸기밭(Strawberry Fields)'(Blythe, 2005)이 한 예다. 이 방식은 관객이 배우들의 입에서 나오는 이야기에 진지하게 귀 기울이게 만든다. 그것이 병원 대기실에서의 시시한 잡담이건 좀 더 무거운 주제에 대한 대화이건 상관없이, 지금 무대에서 배우들이 주고받는 연극의 텍스트가 되기 때문이다.

이런 연극적 제시가 갖는 의식 고양의 특성은 회상 연극에서 버배텀 대본을 사용하는 것과도 유사하다. 그것은 배우가 정보제공자와 관객을 연결하는 채널임을 지속적으로 상기시키며, 그 같은 형식은 본래 이야기에 무게를 더함과 동시에 작가가 그것을 대조적인 진술과 병치함으로써 아이러니를 강조할 수 있도록 허용하기도 한다.

버배팀 시어터 기반의 공연

이 장에서는 버배팀 대본을 공연으로 발전시킨 방식과 그런 방식으로 얼마나 다양한 주제를 극화해왔는지를 보이고자 한다. 이 장에서 버배팀 대본의 활용을 설명하기 위해 선택한 작품들은 일(노동), 전쟁과 건강이라는 '큰 주제'를 다룬다. 이들 공연은 노인들의 '평범한' 삶을 극화하여 비슷한 배경을 가진 다른 사람들에게 선보임으로써 관객이 공연에서 본 사건과 상황에 자신만의 '기억'을 덧붙이도록 초대한 회상 연극의 주류를 반영한다.

온 마음으로 희망을

기념으로서의 회상 연극

기념적 프로젝트는 기념일에서 출발하는 경우가 많다. 그도 그럴 것이 기념일은 연구자, 지역사회 예술가, 역사가에게 점차 줄고 있지만 아직은 접근 가능한 노령의 증인 집단의 기억을 기록해야 할 필요성을 일깨운다. 기념일은 특정한 역사적 사건의 의미나 지역사회의 삶에 기여한 조직의 성취를 재평가하는 계기를 마련할 수 있다. 100년제나 그 밖의 기념일은 또한 기금 마련을 위한 유인을 제공하여 기록하고 기념하지 못했던 집단과 개인의 업적을 기릴 수 있게 해준다.

사라지는 역사

여성 협동 길드 100주년을 기념하는 '온 마음으로 희망을(Of whole heart cometh hope)'은 100% 버배텀 대본을 바탕으로 한 <세대 교류>의 첫 번째 작품이었고, 협동 소매협회(CRS, 협동 운동의 무역 조직)의 위탁을 받아 인터뷰과정을 거쳐 웨스트민스터 중앙 홀에서 올려졌다. 그리고 지역 조직의 탄생 100주년을 기념하기 위해 영국 남동부 길드를 순회하였다. 그 기획은 조사 기간에 수집한 이야기를 선별하여 그림책으로 만들기도 했다(Salt, Schweitzer and Wilson, 1983). 가장 큰 목적은 후대를 위해 나이 많은 길드 조합원의 기억을 기록하고, 비록 지금은 그 수와 활기가 줄어들고 있기는 하지만 길드가 20세기 전반부에 영국 노동계급 여성의 교육과 건강을 함양하는 데 핵심적인 역할을 했음을 널리 알리고자 함이다.

보통사람들 지지하다

길드의 여러 지점이 집단 회상 회기의 진행을 도와주었고 자발적으로 인터뷰에 응할 사람들을 소개해주었다. 대본은 하나의 기관으로서 협동조합과 그것이 개인과 가족에게 어떤 영향을 주었는지를 술회하는 사람들의 기억으로부터 만들어졌다. 하지만 조직원들이 20세기의 주요 투쟁에서 주도적인 역할을 담당했기 때문에, 길드의 조직적 역사보다 훨씬 광범한 내용을 다루었다. 그들은 길드를 통해 여성의 권리, 특히 모성과 산아제한 운동을 펼쳤을 뿐 아니라 국제주의를 포용하여 평화 운동의 일환으로서 1930년대의 단식 행진을 지지하고 스페인 내전을 피해 온 바스크 어린이를 돌보기도 했다.

지역적인 차원에서는 노동계급 여성을 위한 무료 성인 교실을 운영했고, 저소득층 가정의 제한된 예산에 맞는 영양 식단을 위한 캠페인을 벌였으며, 아이들에게 높은 도덕적 가치와 협동 운동의 이상을 심어주기 위해 노력했다. 그렇게 하면서 축적된 기억과 전문화된 지식은 조합원들을 전쟁 전후에 영국에서 일어난 변화의 중요한 목격자로 만들었다.

인터뷰를 대본에 사용하기

크리스 솔트(Chrys Salt)는 녹취된 인터뷰에서 대본을 만들 수 있음을 확신했고, 배우들이 녹취된 기억으로부터 직접 따온 텍스트를 말하는 버배팀 접근법의 순수한 버전을 산출해냈다. 그리고 거기에 여성 협동조합의 역사와 당시 주도적 관점에서 쓰인 연설의 기록 자료 일부를 대본에 포함시켰다. 다음 발췌문은 녹취된 이야기가 공연 가능한 대본으로 어떻게 전환되는지를 보여준다.

인터뷰 발췌

만약 누군가 지금까지 살면서 가장 당황스러웠던 일이 뭐냐고 묻는다면, 내 인생에서 가장 당황스러웠던 것은… 한 번은 길드 회의에 간 적이 있었는데 그때 누군가 어떤 문제에 대한 대안을 제안했고 또 누군가가 '좋아요, 재청합니다!'라고 말했어요. 그리고 내가 펄쩍 뛰면서 '난 삼청합니다!'라고 했지요. 그러자 의장이 나를 진정시키면서 말했어요. '걱정 말아요, 그건 당신이 여기 있는 누구보다 깨어있다는 증거니까요!' 나는 끔찍했어요. 정말로 끔찍했죠. 정말이지 난 그때 열정으로 가득했어요.

희곡 발췌

애니: 　내 인생에서 가장 당황스러웠던 것. 만일 누군가 살면서 가
　　　장 당황스러웠던 일을 묻는다면… 누군가 대안을 제시하자
　　　어떤 사람이 말했어요.

제시: 　재청합니다.

애니: 　그리고 난 펄쩍 뛰며 말했죠(점프하며), '난 삼청할래요!'
　　　(다른 배우들 키득거리며 웃는다)

애니: 　끔찍했어요, 정말 엉망이었죠.

앨리스: 　걱정 말아요, 그건 당신이 여기 있는 누구보다 깨어있다는
　　　걸 보여줄 뿐이에요!

애니: 　(관객에게) 보신 것처럼, 난 열정으로 가득 차 있었어요.

　　공연은 말하는 스타일의 단순성과 전통적으로 길드의 회합이 있
었던 지역 회관의 다소 스파르타적인 환경을 반영하였다. 하지만 우
리가 공연에서 보여준 길드들 대부분은 벨벳과 실크에 조합원들이
손수 수를 놓은 매우 아름다운 배너를 갖고 있었고, 그래서 그것을
무대배경으로 활용
하기도 했다.

'온 마음으로 희망을': (왼쪽에서 오른쪽으로) 캐서린 찰튼
(Catherine Chalton), 크리스 힐리(Cryss Healey), 제시
카 히그스(Jessica Higgs)

대중의 관심 끌기

공연은 길드에 대한 지역사회의 관심을 높여주었다. 거기에는 운동의 역사를 처음 접하는 청년들이 포함되었다. 희곡에 도움을 주고 기념일에 공연을 본 할머니들은 거기에서 큰 자부심과 기쁨을 느꼈고 예전에 그랬듯이 공연이 준 메시지로 한껏 고양되었다.

극단에게는 그러나 애초의 기획과 순회공연이 다소 제한적이었다. 공연이 다룬 주제가 광범위했음에도 불구하고 특정한 조직을 다루면서 조합원의 관점만을 반영한 측면이 있었기 때문이다. 나는 그래서 우리가 해야 할 다음 공연은 이 공연의 정보제공자이자 관객이 되어주는 점심 클럽, 낮병동, 보호주택, 병원과 케어 홈의 더 많은 노인들의 좀 더 보편적인 요구를 담아내야겠다고 생각했다.

우리 모두의 크리스마스

보다 광범한 호소력을 가진 주제

크리스마스는 우리가 기획한 다음 공연을 위해 보다 보편적인 주제와 함께 다양한 노인들을 인터뷰하고 그들을 위해 공연할 수 있는 기회를 제공해주었다. 성탄절이 가까워지면 노인 돕기와 미드랜드 은행 등의 지방 단체와 기금이 기꺼이 지원을 해주었고, 그래서 공연을 무료로 진행할 수 있었다. 우리는 그것이 가장 중요하다고 느꼈고 이야기책의 제작을 시도했다. 지금은 우리의 프로젝트가 생산해낸 풍부한 자료를 출판하여 영구적인 생명을 부여하는 작업을 꼭 실행하고 있다(Schweitzer, 1983b).

시간과 공간의 일치

처음에는 버배팀 형식이 크리스마스라는 주제와 잘 어울릴 수 있을지 확신이 없었다. 왜냐하면 크리스마스는 일반적으로 가족과 연관된 사적인 일이기 때문이다. 그렇게 서로 다른 상황에서 나온 사적인 이야기를 어떻게 만족스러운 전체로 결합할 것인가? 나는 크리스 솔트에게 다시 한 번 도움을 청하여 함께 조사를 하고 대본을 쓰면서 버배팀 방법론에 대한 실험을 진전시켜보자고 했다. 우리는 런던 남부 일반 가정의 크리스마스 24시간의 이야기에 이웃, 친척(살아있거나 고인이 된), 배달원 등의 부수적인 인물들의 이야기를 연결하기로 했다. 우리는 극의 배경을 정보제공자들이 어린 시절이거나 막 청년기에 들어선 양차 대전 사이로 정했다. 당시는 경제적으로도 많은 사람들에게 불확실한 시기여서, 당시를 배경으로 하는 것이 그저 단순하게 즐거운 크리스마스 파티보다 많은 것을 말할 수 있다고 보았다.

집단 회기가 내용을 제공하다

이 프로젝트를 위한 인터뷰는 대부분 최종 공연이 열리게 될 낮병동, 보호주택, 연금수령자 클럽에서의 집단 회상 회기의 형식으로 진행되었다. 집단 회기의 참여자들은 70대와 80대 이상이었고, 우리는 거기서 나온 이야기가 나중에 무대에서 보여질 것임을 설명했다. 주제의 축제적인 성격 때문인지 한 사람의 기억이 다른 사람의 기억을 촉발하면서 힘들이지 않고 여러 이야기가 나와서인지, 회상 회기의 분위기는 전반적으로 자발적이고 유쾌했다. 사람들은 종잡을 수 없는 아버지, 이상한 이웃, 망해버린 음식과 끔찍하게 변해버린 파티에 관한 이야기를 들려주었고, 그 단편들이 연결되면서 참여자들은 매우 고양되었고 이야기 역시 놀랍도록 극적인 내용을 갖게 되었다.

정기적인 회상 집단에서 크리스마스의 기억을 나누고 있다.

노인들의 창조적 몰입

또 다른 인터뷰는 그리니치에 있는 지역 성인학교에서 정기적인 회상 집단을 열어 진행하였다. 그곳에서는 그 뒤로도 몇 년 동안 같은 집단을 유지하면서 소중한 회상 작업을 이어갔다. 모두 60대 이상인 참여자들은 소집단으로 기억을 나누고 그 이야기가 리허설과 마지막 상연으로 어떻게 통합되는지를 확인하는 데 진정한 관심을 보여주었다. 그 집단의 두 참여자가 1984년 ITV의 "도움"이라는 프로그램에서 그 경험에 대해 인터뷰를 했다.

마가렛 키핀(Margaret Kippin)은 이렇게 말했다.

우리는 생각나는 것을 말하기 시작했어요. 그리고 배우들이 와서 대본을 처음부터 끝까지 보여줬지요. 그래서 이런저런 아이디어를 내고 노래를 제안 했어요. 그 과정은 아픔과 웃음이 뒤섞여 있었지요. 약간의 비극이 있긴 했지만, 그것을 되돌아 볼 수 있었고 웃을 수 있었어요.

조안 웰치(Joan Welch)는 이렇게 말했다.

연금생활자인 우리들한테, 사는 건 꽤나 팍팍한 일이랍니다. 그런데 여럿이 함께 옛날을 떠올리는 건 아주 신났어요. 물론 힘든 시간도 있었지만, 우리는 그 시절을 이야기하면서 아주 재미있었어요.

이들 중 약 8명은 기억을 글로 적어왔고 그것이 집단 토론의 출발점이 되기도 했다. 그리고 그 중 일부는 공연에 '고정 부분'으로 삽입되어 크리스마스의 추억 자료집에 실렸고 순회공연의 시작과 함께 출간되었다.

이야기를 정리하기

이야기를 대본 형식으로 구조화하는 것은 놀랍도록 간단했다. 크리스마스는 비용 모으기와 계획하기로 시작하여 케익과 푸딩 준비, 쇼핑과 싸구려 찾아다니기로 이어지는 변동의 여지가 없는 순서를 갖고 있다. 대본은 그 뒤로 크리스마스 장식 만들기, 캐롤 부르기, 자정 예배, 선물 개봉 의식과 저녁 전 술 마시기, 결혼 순서에 따라 앉아 늦은 식사하기, 국왕의 연설, 꼭 필요한 식후 낮잠, 그리고 모두가 장기를 선보이는 파티를 그렸다. 우리가 녹취한 이야기는 이 순서에 어렵지 않게 맞았고, 네 명의 배우가 주요 가족 역할을 맡아 그들 사이에서 벌어지는 이야기와 함께 관련된 인물들까지 모두 연기했다.

다음 발췌문에서 장면은 1930년대의 현재에서 엄마의 어린 시절인 1900년대 초반의 과거를 이야기한다. 엄마가 독백(관객에게 직접 말하는)을 하는 사이사이에 아이들의 움직임이 삽입되었고 그녀는 그것을 만족스럽게 지켜본다.

엄마: 제가 어릴 적에 아버지가 실직을 했어요. 우리는 망했죠, 남
은 게 하나도 없었거든요. 게다가 우리는 8명의 대식구였어
요. 그래도 전 아래층으로 내려가 선물을 찾아봤어요. 그런데
양말에 아무것도 없잖아요! 그때 엄마가 눈에 눈물이 그
렁해서는 '아냐, 산타클로스는 없어, 그건 엄마랑 아빠란
말이야. 그런데 너희 아빠가 직장에서 쫓겨났단다'라고 말
했던 걸 기억해요. 그래서 우리는 저녁거리로 스튜를 끓여
먹었죠. 그래서 요즘 돌아가는 것을 볼 때면 마음속에 항
상 그 장면이 떠올라요.

(엄마는 아이들이 선물을 가지고 노는 것을 지켜본다)

버트: 크리스마스 아침에는 선물을 가지고 놀았어요. 남자애들은
늘 메카노5)를 받았죠.

시씨: 난 나무 손잡이가 달린 줄넘기를 갖고 싶었어요.

버트: 넌 그걸로 포스 다리를 만들 수 있었어.

시씨: (친구를 만나) 우린 길에서 줄넘기를 했죠. 거리에 있는 다른
아이들에게 자랑하면서.

버트: 아니면 증기 크레인.

시씨: (줄넘기를 하며) 얘들아 같이 줄을 넘자,
쌀쌀한 날씨에 얘들아
창문에 권총이 매달려 있는 걸 보았지
발사! 빵! 빠방!
(숨을 헐떡이며) 우리는 줄넘기를 뽐내면서 콩콩 뛰었어요.
그러면 바지가 다리 아래로 흘러내렸죠. 그러다 바닥으로
떨어지기도 했어요. 그래도 우린 멈추지 않았어요!

엄마: 가족을 꾸리면서 난 마음에 한 가지를 새겼어요. 적어도 내
가 겪었던 것보다는 좋은 것을 주자. 내가 견뎌야 했던 것
을 똑같이 견디게 하지는 않겠다. 아이들은 그래서 우리가

들어본 적도 없는 것을 가졌죠.

시씨:　　　　(줄넘기를 하며) 레드커런트, 블랙커런트, 딸기 타르트, 네 달콤한 이름을 말해보렴.

보다 정교한 공연

이 대본은 여성 협동조합 공연과 매우 다른 시각적 효과가 필요해보였다. 우리는 처음부터 시내에 가기로 결정했다. 그래야 크리스마스의 여러 가지 용구를 제대로 반영할 수 있기 때문이다. 아이들이 뛰어오르고 내릴 침대, 탁자와 의자, 칠면조와 거대한 크리스마스 푸딩을 포함한 갖가지 소품을 구해야 했다! 사람들의 성탄절 기억 속에는 피아노가 중심에 있었기 때문에 연극에서도 피아노가 주요 장치였다. 하지만 연주 가능한 악기를 기관에 의존한 것은 그것이 마지막이었다. 당시에는 집과 낮 병동에서 갖고 있던 피아노를 내다버렸고 남아있는 것도 너무 오래되어 어찌될지 몰랐다. 배경막은 세 개의 스테이지 플랫에 당시의 가정용 내부 장식으로 칠을 했다. 거기에 극이 진행되는 동안 인물들이 장식을 했다. 그리고 뒷 무대 공간을 확보하기 위해 플랫 사이에 커튼을 걸었다. 의상은 계속해서 전환되었는데, 언제 어디서나 쓸 수 있는 모자 스탠드를 이용해 무대에서 의상을 갈아입었다.

'우리 모두의 크리스마스(Our all Christmas)'는 대개 기숙 시설이나 지역사회 센터에 모인 노인 관객을 위한 크리스마스 파티에서 공연되었다. 그래서 세트와 도구를 공연 공간으로 옮기는 데 복잡한 문제가 발생할 수밖에 없었다. 하지만 반대로 좋았던 것은 관객이 주제에 매우 잘 흡수되어 셰리주와 고기 파이 혹은 정식 크리스마스 만찬을 들면서 아주 자연스럽게 공연 후 토론이 일어났다는 점이다.[6]

극단과 순회공연의 입지다지기

이 공연은 극단이 '오십 년 전 쇼'로 방문했던 지역의 노인들과
관계를 돈독하게 하고 정규 순회 여행의 시작을 가능케 해주었다.
그리고 우리의 작업을 발전시킬 수 있는 다양한 재능을 갖춘 배우－
음악가를 배출해냈다. 배우들은 스스로 다음 공연을 위한 인터뷰를
진행하는 데 열심이었고 버배팀 자료를 구조화하는 기술을 익혔다.
우리는 1910년대부터 1930년대까지 14살에 일을 하기 시작했던 것
을 다루기로 했고 그 프로젝트를 '나의 첫 일자리(My first job)'라고 불
렀다.

나의 첫 일자리

우리가 만난 사람들은 모두 이 주제에 대해 흥미로운 이야기를
가지고 있었다. 그 중 많은 이야기가 고통과 분노할 만한 착취를 담
고 있었지만, 유머와 철학적인 수용으로 그 경험을 바라보기도 했다.
젊은이를 수 년 간 회사에 두고 부리면서 평생 기술을 가르쳐준다는
구실로 임금의 일부만 지급하다가 국가에서 임금 지급을 규정한 16
세가 되면 해고해버리는 도제 체계에 대한 증언이 가장 많았다. 장
시간 노동과 잡무, 호랑이 같은 주부 밑에서의 가사 노동, 주 60시간
의 공장 노동, 고참들의 농담에 속아 엉뚱한 일을 저질렀던 순진한
건축설비업종의 청년들(Schweitzer, 1984a).

네 명이 수천 명의 역할을 연기하다

배우들은 짧고 격렬하게 이어지는 다양한 노동의 현장에서 성
별과 나이를 무서운 속도로 바꿔가며 엄청난 수의 인물을 연기했다.
이 공연에서 음악 감독을 맡은 마릴린 고든(Marilyn Gordon)은 장면을

이어주고 관객이 한 인물의 이야기에서 또 다른 인물의 이야기로 넘어가는 것을 돕기 위해 연결 음악과 특별한 노래를 작곡했다.

루시:	(다른 배우들의 도움을 받아 노래한다)
	공장에서 일하기 시작했네
	난 뭘 해야 할지 몰랐지
	'루시 이거 해, 저거 가져와, 저리로 가'
	난 마음을 졸였지
	그건 세상에서 가장 훌륭한 일자리가 아니었어
	그래도 월급은 주었지만
	14살의 너에겐 선택권이 없었어
루시:	우리는 마땅한 일자리를 찾을 수가 없었어. 나의 첫 직장, 나는 엘레펀트의 딘스에서 일했어. 누더기 같은 사람들. 그들은 누더기로 인형과 책을 만들었지. 내가 맡은 건 허드렛일. (루시는 남자들을 포함해 나머지 배우들처럼 오버롤과 머리망을 쓰고 있다) 무엇을 겪게 될지 모른 채 말이야. ('소녀들'이 바느질과 가위질 동작을 하면서 윙윙거리며 돌아가는 기계(음향 효과도 배우들이 목소리로 낸다)를 마임으로 한다)
필리스:	루시, 이리 와서 이거 해.
마벨:	루시 저리로 가.
	(루시는 그들의 고갯짓과 부름에 따라 이리저리 뛰어다닌다)
루시:	난 그들의 시중을 들었어.
마벨:	내가 자스민이라고 했잖아.
루시:	잘못 가져왔나요? 전 재단은 잘 하는데.
마벨:	이게 라일락이니?
루시:	전부 이상한 색깔들뿐이에요. 창고에 갔을 때는 무슨 색을

	찾아와야 하는지 잊어버렸어요. (한 천을 손에 쥐고 바라본다) 상추는 노리끼리한 색이죠? 노란 상추 본 적 있으세요?
마벨:	루시, 넌 다림질을 해야겠다.
루시:	인형 옷 다리기. (마임으로 다림질을 한다) 이건 한 주를 꼬박 하고 토요일 한 시까지 해도 5실링 밖에 못 받아.
필리스:	가서 가져 올래?
마벨:	아까 말한 상자 어디 있니?

루시는 다리미를 내려놓고 심부름을 하러 간다. 곧 옷감이 타는 냄새가 난다. 마벨과 필리스는 무서운 자세로 동상처럼 버티고 있다. 루시는 집으로 도망간다.

루시:	엄마가 말했어요.
엄마:	그 사람들에게 가서 얘기해야겠구나.
루시:	엄마, 머리가 너무 아파요.
엄마:	가서 봉급을 못 받았다고 말해. ('루시'를 합창하는 코러스)
루시:	(갑자기 관리자에게 소리친다) 봉급 올려주세요. (모두가 그 자리에 멈춘다. 그리고 위엄 있는 관리자가 서류에 손을 뻗는다)
관리자:	서류 받아요.
루시:	(얼굴을 찌푸리며) 당신 서류는 당신이 챙기세요. 당신은 그걸 한 번도 봉투에 넣어 준 적도 없죠?

다큐멘터리 이미지를 끼워 넣기

다양한 기억을 각색하면서 대본에는 여러 가지 속도, 분위기,

주제가 모였다. 무대와 의상은 인터뷰 자료에 나타난 청년 고용의 기록을 반영하여 다양한 직업과 장소를 신속하게 이동하는 데 중점을 두었다. 우리는 무대 뒤쪽 스크린에 각 이야기를 위한 이미지를 영사하는 것을 실험했다. 영상은 노인들의 수집품이나 일터 기록보관소에서 구했다. 슬라이드는 강력한 시각적 단서와 함께 각 이야기가 전개되는 시대의 분위기를 잡아냈다. 그러나 영사기를 작동시키기 위해서는 암전을 시켜야 했기 때문에, 낮에 야외에서 하는 공연에서는 그 이미지를 충분히 활용할 수가 없었다.

배우들은 당시의 기본적인 의상에 필요할 때마다 오버롤, 머리망, 모자를 덧입었고 의상 전환은 관객에게 노출시켰다. 이 '덧입는 의상'은 무대 한쪽에 후크를 한 줄로 박아 걸어두고 실제 광고를 장식하여 공장 탈의실처럼 연출했다. 새로운 인물과 상황으로 바뀌는 것을 공개하는 이 같은 접근 방식은 자유로운 느낌과 함께 다양한 일터를 실제로 순회하는 듯한 인상을 주었다.

배경막에 투사된 이미지가 '나의 첫 일자리'의 이야기를 보강한다. (왼쪽에서 오른쪽으로) 필립 저지(Philip Judge), 안젤라 베인(Angela Bain), 아만다 칼톤(Amanda Carlton)

엄마, 전쟁 때 뭘 했어요?

기억해야 할 시간

1985년 제2차 세계대전 종전 40주년 기념식은 우리의 정규 관객이 된, 여성 노인 대다수에게 매우 중요한 사건이었다. 전쟁에 대한 여성의 기여는 기록된 전례가 거의 없었고, 따라서 여자 배우들이 전쟁에서의 여성을 보여주는 새로운 회상 연극을 제작하는 것은 의미가 있었다. 두 명의 조사원을 고용하여 인터뷰 진행을 도왔다. 지역 신문에 전쟁과 관련한 이야기를 들려줄 여성을 찾는 광고를 냈고, 많은 사람이 나서주었다. 그들은 전시에 세운 공을 스스로 뒤늦게 알아차린 것을 안타까워했다. 50명을 개별적으로 인터뷰했고, 몇 차례 집단 인터뷰를 열기도 했다(Schweitzer, Hilton and Moss, 1985; Summerfield, 1998). 그 녹취 내용을 모두 풀어 작가인 조이스 홀리데이(Joyce Holliday)에게 넘겨주었다. 그녀는 남편 피터 치즈먼(Peter Cheesman)과 함께 시어터 로얄에서 몇 년 동안 지역 산업과 사건을 둘러싼 사회적 다큐멘터리 대본을 쓰고 있었고, 우리가 모은 자료를 바탕으로 한 버배팀 시어터 대본 집필을 기꺼이 받아들였다.

이야기를 연대기로 정렬시키기

전시의 이야기는 주로 군대나 농업지원부인회 그리고 군수공장에서 일했던 여성들로부터 나왔다. 조이스의 과제는 그 많은 개별적인 이야기를 하나로 엮어내고 전쟁의 발발부터 종전까지의 연대기적 순서에 따라 배치하는 것이었다. 대본은 여성의 소집이 처음 몇 년 동안은 반(半)자발적이었지만 뒤로 가면서 강제적으로 변한 과정과 전쟁이 지속되면서 나이든 여성들이 다시 노동 시장으로 끌려간 것을 보여주었고, 돈과 새로운 기술의 획득이 여성 노동자의 삶과 태도에 어떤 영향을 끼쳤는지 말하고자 했다.

다큐멘터리 자료가 기억을 지지하다

조이스는 본능적으로 이야기의 진행을 돕기 위해 다큐멘터리 자료에 상당히 의존하였다. 이것은 당시 정부의 발표가 종종 의도와 상관없이 매우 희극적이어서 극에 재미를 주었다. 특히 공상적이고 박애주의적인 라디오 방송이 그랬다. 그런 다큐멘터리 기록을 당시 스타일로 재연하면서 그것을 우리가 기록한 여성들의 실제 삶과 병치함으로써 하이 코미디가 만들어졌다.

공무원들이 들어와 서류를 나누어준다.

공무원:　　　모든 세대에 서류가 발급됩니다. 세대주는 서류를 받는 즉시 동거인이 누구인지 일시적인 동거인지 아닌지를 표기해 주십시오.

　　　　　　(여성들은 서류를 개별적으로 공무원들에게 제출한다)

루스:　　　 일시적인지 항구적인지 헛갈려요.

공무원:　　　항구적이라는 것은 '거기 언제까지나 머무른다'는 뜻이지요.

루스:　　　 그 뜻은 저도 알아요. 우리 시어머니가 문제죠. 시어머니가 막 우리 집에 오셨거든요. 어머닌 영원히 우리와 살 거라 생각하세요. 하지만 전 당분간만 같이 지내는 거라고 생각하죠.

헬렌:　　　 우리 아들 둘은 시골로 피난 보냈어요. 거기 사람들은 아이들이 항구적으로 거기 있을거라고 생각했죠. 하지만 전 아이들이 너무 그리워서 다시 데리고 왔어요. 그러니까 우리 아이들은 거기에서 항구적이었지만 지금은 여기에서 항구적이랍니다.

진:　　　　 남편이 포함되어 있어요.

공무원:	당신 남편은 군대에 있지 않나요?
진:	군대에서 휴가 나왔을 때 작성했거든요.
공무원:	그렇다면 남편은 항구적이라 기입하면 안 되지요.
진:	무슨 소리예요? 당연히 항구적이어야죠, 그렇지 않으면 내가 가만히 있지 않을 거예요!

전시 배급의 문제를 다룬 당시의 유행가들이, 정부의 공식적인 목소리와 배급으로 조금이라도 오래 버티려고 애쓰는 주부들의 고충이 빚어내는 마찰과 역설을 보여주었다.

공무원:	우리 식량의 절반 가량이 바다를 건너옵니다. 유보트가 우리 배를 공격하지요. 이제 여기서는 승리를 위해 여러분이 싸울 차례입니다. 어떤 음식이 마땅치 않으면, 기꺼이 다른 것을 받아들이십시오. 가능하다면 집에서 만드는 것도 적극 권장합니다.
	(공무원들은 조리법이 인쇄된 종이를 나누어준다)
헬렌:	전 우리 아이들에게 방풍나물로 바나나를 만들어 주곤 했어요. 그걸 끓인 다음에 바나나 에센스를 넣으면 되죠. 아이들은 바나나인 줄 알고 먹었어요. 그것 말고도 여러 가지를 그렇게 만들어냈죠.
노래:	그래요, 우린 바나나가 없어요.
	오늘은 바나나가 없어요.
	누에콩과 땅콩
	양배추와 양파,
	갖은 과일과
	신선한 토마토
	옛날 감자가 있지요.

하지만, 그래요, 바나나는 없어요.

오늘은 바나나가 없지요.

공무원: 배급 규정을 충실하게 지켜주십시오. 쇼핑을 하든, 요리를 하든, 음식을 먹든 항상 음식은 전시의 군수품이라는 사실을 기억해야 합니다. 절대 낭비해서는 안 됩니다!

진: 한 주에 고기가 나오면, 그 다음 주에는 쿠폰이 충분하지 않으니까 고기를 받을 수 없죠. 고작해야 달걀 한 개 밖에 없어요. 우리는 그래서 달걀 없이 케익을 만들곤 했죠.

노래: 헤이, 작은 암탉아, 차에 넣어 먹게 달걀 한 개 낳아줄래, 언제, 언제, 언제쯤에나?

공무원: 달걀을 연기하십시오. 반죽을 만듭니다. 토마토를 반으로 갈라 반죽에 넣어요. 숟가락으로 동그란 쪽이 위로 올라오게 반을 떠서 뜨거운 기름에 넣어요. 그러면 토마토가 반짝이면서 달걀 노른자처럼 보입니다. 베이컨 기름에 요리하면 베이컨도 있다고 상상할 수 있을 겁니다.

노래: 헤이, 작은 암탉아, 차에 넣어 먹게 달걀 한 개 낳아줄래, 언제, 언제, 언제쯤에나?

공무원 2:   네 가지 과일 잼. 익힌 비트뿌리와 당근 4온스를 씻어 껍질을 벗긴다. 잘게 자른다. 딸기 젤리와 블랙커런트 젤리를 넣는다. 가만히 놓아둔다. 사흘 안에 먹는다.

공무원 3:   똑바로 처신하십시오, 여성 여러분! 여러분들 손에 전투가 달려 있습니다. 이 엄중한 시국에는 누구나, 남녀노소를 가리지 않고 전투능력이 떨어지는 사람은 전체 전쟁에 걸림돌입니다. 음식은 여러분의 전투 군수품입니다!

공헌자를 리허설에 초대하기

많은 여성들이 전시의 공헌을 몹시 자랑스럽게 여겼기 때문에, 공연에 앞서 그 세부를 확인하는 과정이 필요하다고 느껴졌다. 그래서 배우들의 동의를 얻어 핵심적인 공헌자 몇 사람을 리허설에 초대했다. 그들은 리허설을 통해 자신의 경험이 가치 있게 쓰이는 것을 보면서 공연에 더욱 지대한 관심을 갖게 되었다.

정보제공자와 배우들의 진정한 협업

최초의 스토리텔러들이 연출자와 배우들이 만든 장면을 상연하는 자리에 함께 하는 것은 언제나 효과적이었다. 그들은 '연출자'가 되어 무대로 올라와 배우들이 당시의 상황과 감정에 접촉할 수 있도록 도와주기도 했다. 많은 노인들이 배우들과 친숙해지고 그들이 잘 표현할 수 있도록 돕는 데서 큰 기쁨을 느꼈다. 아이리스 갠지(Iris Gange)는 글래스고우 대학의 그렉 지세컴(Grek Giesekam)과의 인터뷰에서 이렇게 말했다.

하루는 지역 신문을 읽다가 전쟁 때 여성으로서 어떤 일이라도 했던 사람을 찾는다는 기사를 보았어요. 난 공군여자보조부대에서 일했었기 때문에, 팸 슈바이처에게 전화를 했고 그녀가 와서 나를 인터뷰했어요. 난 평소에 희극적인 시를 써왔는데, 팸이 내 스크랩북에서 '구멍의 플러그'라는 제목의 시를 보았어요. 잭 워너(Jack Warner)가 전시에 발표한 '난 구멍의 불꽃이라네'라는 곡에서 착안한 것이죠. 시의 내용은 이래요.

나는 매일 나의 의무를 수행하네.
나는 명령을 전기 신호로 바꾸는 사람이라네.
배전반에 앉아 작은 구멍에 플러그를 꽂아 넣지.

선장과 파일럿들이 모두 내가 마음으로 말하는 것을 들으러 온다네.

만일 내가 잘못된 번호를 전달하면, 그들은 꼼짝 못하게 되지.

'제 번호를 갖고 계신가요? 그렇다면 제발 서둘러주세요.

그건 진짜 우선 명령이거든요.' 퇴짜 놓고 싶은 그 남자는,

자기 명령을 위해 다른 명령을 잘라버리려고 하는 그 남자는,

'안녕 내 사랑'하고 입을 열고, 난 그제야 그가 농담을 했다는 걸 알지.

다른 시들은 이렇게 끝난다.

그러니까 다음번에 전화기를 들 때는 꼭 기다리세요.

나를 생각해주세요.

모든 구멍에 플러그를 꽂는 작은 공군여자보조부대원을 말이에요.

내가 '안락함'을 뜨개질하고 있다거나 차를 마시고 있다고 생각하지 마세요.

그저 흘깃만 봐도 내가 얼마나 바쁜지 알 수 있을 거예요.

기쁘게도 블래키스에서 연습을 보게 되었어요. 그들은 내 시를 옛날 앤드류 자매(Andrews Sisters)처럼 노래로 불렀어요. 난 그저 서서 웃을 수밖에 없었죠. 어릴 적에 춤추는 동아리에 들었을 때 이후로 뭔가에 그렇게 빠져들었던 적이 없었어요. 지금 또다시 그런 흥미를 느끼고 있고 도움이 될 수 있다면 언제라도 참여하고 싶어요.

마지막 공연을 볼 땐 정말 흥분되었어요. 엄마와 할머니가 살아서 그 공연을 볼 수 있었다면 얼마나 좋을까 싶었죠. 공연은 손녀가 다니는 학교에서 했어요. 거긴 내가 다닌 학교이기도 하죠(캣포드의 프랜더가스트 여학교). 손녀와 그 애 친구들이 공연을 아주 흥미롭고 재미있게 보았대요. 그 아이들은 전쟁 당시의 노인네들을 이해하지 못했거든요.

배우들과 연출자에게도 노인들의 참여는 당시 여성들이 감당했던 복합적인 일을 이해하는 데 도움이 된다는 점에서 극히 중요했다. 가령 남아있는 기록이 거의 없는 농업지원부인회와 관련된 장면에서는 노인들이 옆에 있는 게 너무나 결정적이었다. 우리는 처음 이야기를 들려준 프랜시스 크레인(Frances Crane)에게 그녀들이 운전했던 위험한 탈곡기의 복잡한 작동 방식에 대한 설명을 듣기도 했다.

극적 효과를 위해 버배팀 텍스트를 쪼개기

녹취한 인터뷰를 그 서사와 단어와 구절 그대로 사용하기보다는 작가가 그 중 일부를 발췌하여 고함소리와 반응의 빠른 시퀀스로 재구성하여(새된 바이올린 소리를 배경음악으로 사용하여) 기계와 그것이 젊은 여성들에게 불러일으킨 악몽 같은 두려움을 표현했다. 그렇게 만들어진 장면은 소름끼치게 무서웠고 매우 사실적으로 느껴졌다. 그도 그럴 것이 그 장면은 그 움직임과 소리를 잘 알아서 배우들에게 정확하게 전달해 줄 수 있는 노인들이 직접 안무를 구성했기 때문이다. 장면은 다음과 같다.

사장: 탈곡기. (탈곡기를 재현할 탁자를 가리킨다. 엔진의 진동음은 배우들이 목소리로 표현한다)

프랜: 쓰레기차 같네.

사장: (프랜을 찌르며) 당신. 거기 올라가요.

프랜: 저 꼭대기에요?

사장: 빌어먹을 올라가라고.
        (프랜은 탁자 위로 올라간다. 사장은 곡식 한 단을 들어 올려주는 마임을 한다)

사장: 칼을 써. 실을 잘라. 통에 넣어.
        (사장은 실을 자르고 곡식 단을 안으로 던지는 시늉을 한다)

아이리스 갠지(Iris Gange)의 시를 '엄마, 전쟁 때 뭘 했어요?'의 음악에 넣기 위한 리허설. (서있는 사람 왼쪽에서 오른쪽으로) 애나 필폿(Anna Philpot), 멜라니 월터스(Melnie Walters), 수전 벳(Susan Betts), 셰일라 테이트(Sheila Tait); (앉아있는 사람) 아이리스 갠지와 애나 스키예(Anna Skye)

프랜: 보호장치가 있어야 하지 않나요? 통 안으로 떨어질 수도 있

         잖아요?

         (사장은 웃는다. 그리고 칼로 목을 긋는 시늉을 한 뒤 그녀

         에게 던진다. 그는 다시 아래로 내려간다)

사장: (모드에게) 당신. 바닥에서 찌꺼기를 긁어내요.

         (모드는 긁어낸다. 프랜은 줄을 끊지 못해 끙끙거린다)

사장: 넣으라고!

         (기계음을 나타내던 소리가 바이올린의 날카로운 음향으로

         바뀐다)

사장: 저 소리 들려? 제기랄 집어넣으라고!

         (프랜은 곡식 단을 통에 던진다. 바이올린의 날카로운 소리

가 다시 기계음으로 바뀐다. 사장은 또 다른 곡식단을 던진다. 프랜은 그것을 전보다 잘 잡아채지만 자르지 못한다)

사장: 빌어먹을! 잘라. 자르라고!

프랜: 못하겠어요!

(기계음은 다시 날카로운 소리로 바뀐다)

사장: 시간만 낭비했군.

프랜: 못 자르겠다고요.

사장: 당신은 내 돈을 축내고 있어.

(프랜은 곡식단을 잘라 던진다. 날카로운 소리가 허밍으로 돌아간다. 날카로운 소리와 허밍이 번갈아가며 들리고 배우들의 동작은 기계적으로 단순화되어 점점 빨라지면서 끝을 향해간다)

프랜: 머리엔 짚이 가득하고, 눈엔 먼지투성이, 살갗엔 거미들. 오줌보는 터질 듯 부풀고, 팔 아프고 등 아프고 눈 따갑고 다리는 후들거려. 미끄러지면 안 돼!

(사장이 엔진을 끈다)

사장: 좋아. 저녁시간이다.

프랜: 정말 더러운 일이야. 손은 어디서 씻죠?

사장: 빌어먹을 깔끔한 척은.

옛날 노래의 힘

20세기에 전쟁은 아주 감동적이고 많은 사랑을 받은 노래들을 생산했고 우리의 타깃인 관객은 그것을 잘 기억하고 있어 거기서 수많은 연상을 이끌어냈다. 이 공연의 음악 감독이었고 그 뒤로도 몇 년 동안 함께 했던 폴라 가디너(Paula Gadiner)는 노래를 배우들이 몇 가지 악기를 이용해 연주할 수 있도록 편곡했다. 전자키보드, 바이올린, 플루트, 클라리넷, 색서폰으로 지금보다 라이브 음악이 훨씬 보편적이었던 당시의 기억을 불러냈다. 폴라는 또한 가재도구를 활용하는 데 매우 창의적이었고, 그래서 양동이, 대야, 솔이 훌륭한 타악기로 변모했다. 당시의 관계와 경험에 밀접하게 연관된 노래는 공연의 분위기와 정서를 위한 완벽한 도구가 되어주었다. 배우들은 80살의 노인들이 잘 정돈된 화음을 뽐내며 노래를 따라 부르는 다소 걸걸한 목소리에 감동을 받곤 했다.

시각적 소도구

무대 역시 전시의 기억을 불러일으키는 것을 목적으로 제작되었다. 여군, 공군여자보조부대(WAAF), 영국해군여자부대(WRNS), 영국여자국방군(ATS)을 모집하는 포스터를 엄마들에게 자녀를 안전한 시골로 대피시키기를 권장하는 포스터와 나란히 부착했다. 무대의 주요 요소는 반원형 막사(제2차 세계대전 당시 군대에서 널리 사용되었던 철제 조립식 구조물)였다. 그것이 오늘날의 보다 엄격한 건강과 안전 요건에 미치지 못할 것이 확실하지만, 무대에 진짜 막사를 세우는 것만으로도 당시를 살았던 우리의 관객에게는 강력한 회상의 도구가 되었다. 장면이 뮤지컬 양식으로 바뀔 때는, 무대에 설치된 빨강, 하양, 파랑의 반짝이는 전구가 관객에게 경고의 빛이자 동시에 당시에 유행한 라이브 엔터테인먼트를 연상시켰다. 방공호 생활의 고난과 당대 뮤지컬의 생생한 즐거움의 혼합은 무대의 효율적인 사용에 의해 잘 표현되었다. 그리고 그것은 우리가 공연한 100개의 장소에서 30분 동안 세울 수 있도록 디자인되었고, 그래서 공연장에 일찍 도착한 노인 관객은 무대가 세워지는 것을 보면서 공연이 시작되기도 전에 당시의 기억이 쏟아져 나오기 시작하는 경험을 보너스로 얻게 되었다.

'위험한 주제'

요양시설 관리자들은 간혹 공연이 잠재적으로 '위험한 주제'인 전쟁을 다루기 때문에 노인들에게 스트레스를 줄까 염려하기도 했다. 우리는 무대에서 폭력적인 장면이나 극단적인 감정을 표현하지 않을 것이라고 설득했다. 그리고 실제로 전선에서 돌아오지 못한 아버지와 오빠를 비롯하여 슬픈 장면이 있었지만, 인터뷰에서 노인들이 고통을 호소했다는 보고를 받은 적은 거의 없다. 사실상 감정을 자극하는 것에 대한 이 같은 염려는 빗나간 것임이 입증되었다. 우리는 당시의 기억을 조사하고 순회공연을 하면서 한 번도 노인들에게서 전쟁을 회상하는 데 저항을 만난 적이 없다. 오히려 많은 사람들이 전쟁 당시를 애정을 가지고 기억했다. 그때가 그들이 가장 활동적이고 활기 넘치며 뚜렷한 목적의식으로 친밀한 관계를 풍성하게 누렸던 황금기였기 때문이다. 관객이 공연을 보면서 눈물을 흘리기도 했지만, 그것은 주로 노래가 불러일으킨 과거의 인연과 장소의 기억들 그리고 음악의 힘에 감동받아서였다.

병원에 갈 돈이 있나?

'엄마, 전쟁 때 뭘 했어요?'의 전문성과 보편적 호소력 덕분에 극단은 새로운 지지자를 다수 확보할 수 있었고 순회 지역도 영국 남서부, 웨일즈, 스코틀랜드, 맨체스터, 리버풀, 요크셔 등지로 확장되었다. 1985년 즈음에 극단은 자리를 잘 잡았고 당시, 특히 잘 나가던 다큐멘터리 채널인 채널 4의 텔레비전 역사 워크숍의 90분짜리 프로그램의 주제로 채택될 만큼 높은 평가를 받았다. 프로그램은 우리의 다음 작품인 '병원에 갈 돈이 있나?(Can we afford the doctor?)'를 인터뷰에서부터 리허설과 공연까지 모두 촬영하였다(Television History Workshop, 1985).

극단의 입지가 탄탄해져서 여러 지역의 예술 기금과 자선단체에서 지원을 받을 수 있었고, 이 작품은 지역 보건 단체의 지원을 받았다. 당시에는 우리의 작품을 원하는 더 많은 노인 집단과 만날 수 있도록 좀 더 '적절한' 극장에서 공연하는 것이 좋겠다는 압력이 증가했다. 그러나 나는 순회공연을 위한 훌륭한 '이륜 마차'로서 극장 공간을 사용하는 것이 갖는 이점을 알고 있었지만, 그럼에도 극단의 설립 배경이자 우리 외에는 아무도 주목하지 않는 장소를 고수해야 한다는 신념에는 흔들림이 없었다. 우리는 경비나 이동상의 문제로 극장을 찾지 못하고 집에 있는 노인들에게 공연을 배달하는 매우 특별한 문화적 서비스를 제공하였다.

노인들의 주된 관심사를 주제로 선택하기

조이스 홀리데이와의 성공적인 협업에 이어 그녀에게 새로운 버배팀 시어터를 제안하면서 그녀가 직접 노인들을 인터뷰하는 것을 기획했다. 주제는 보건복지부가 등장하기 전의 의료복지를 다루었고 작품의 제목은 '병원에 갈 돈이 있나?'로 정했다(Schweitzer, 1985). 이 주제는 우리의 관객 대다수에게 언제나 건강이 주요 관심사이기 때문에 선택되었다. 많은 노인들이 도움이 가장 필요할 때 보건복지 서비스를 받는 것이 여의치 않을까봐 걱정했다. 1980년대에는 당시 제공된 무료 건강복지의 지속가능성에 대한 우려가 증가하고 있었다. 보수 정권은 보건 복지비용에 일정한 제한을 도입하려 했고, 많은 병원이 대량 합리화 프로그램의 일부로 문을 닫게 되었다. 그 중에는 건립 비용을 위해 전쟁 전 몇 년 동안 가가호호 돌아다니며 기부금을 걷었던 몇몇 병원과 수십 년 동안 여성과 아동의 진료에 최우선의 노력을 기울였던 병원도 있었다.

정치적 함의

대본은 직접적으로 정치적인 선전을 겨냥하지 않았다. 하지만 관객이 아픈 아이를 보면서 '병원에 갈 돈이 있나?'라고 자문해야 했던 당시의 엄마들에게 삶이 어땠을지 생각해보는 기회가 되기를 원했다. 정치적인 함의를 가진 이 공연은 매우 활기 넘치는 토론으로 연결되었다. 노인 관객은 그들이 싸워 지켜내야 했던 욕망에 관해 그리고 지역 병원의 미래가 얼마나 불안한지에 대해 열띤 토론을 했다. '병원에 갈 돈이 있나?'는 영국 전체를 순회했다. 공연은 런던의 특정 병원과 지역 상황을 언급했지만, 그럼에도 우리가 공연한 모든 지역에서 너무나 쉽게 공감을 얻었고 노인들은 런던 연금생활자들의 관심사를 공유했다.

공헌자들이 리허설에서 이야기를 다시-연기하다

이번에도 공헌자들을 리허설에 초대했다. 거기에는 구인광고에 응하여 인터뷰에 참여한 퇴직 의사와 간호사들이 포함되었다. 잊지 못할 그 리허설에서 두 명의 노인 간호사(각각 1923년과 1939년에 자격증을 받은)는 리허설 공간을 병원 병동으로 바꾸어 놓았다. 그들은 당시에 디프테리아나 폐렴에 걸린 아이들을 어떻게 돌봤는지를 보여주었다. 퇴직 간호사 중 한 사람인 사라 페레(Sarah Ferre)는 수간호사가 얼마나 무서울 수 있는지를 얘기해주었다. '병동 담당 간호사가 기분이 좋으면 만사형통이에요. 하지만 그렇지 않을 땐 "더, 더, 더"예요. 병상을 모두 다시 정돈해야 하는데 한 병동에 침대가 30개씩 있답니다.'(Television History Workshop, 1985). 즉흥으로 진행된 리허설을 녹화한 데서 발췌한 다음 부분은 사라가 병동 담당 간호사 역할을 연기하고 또 다른 공헌자인 벌타 바렛(Bertha Barret)이 젊은 시절의 자신을 연기한다.

옆으로 비켜나 있겠어요, 페레 간호사? 난 여기 있는 당신이 도대체가 마음에 안 들어요. 오늘 아침에 급하게 왔죠. 캡은 비뚤어져 있고 앞치마는… 십자가도 바르지가 않아요. 하얀 앞치마 밑으로 감청색이 보이네요. 주머니에 뭔가 들어있군요. 그러면 안 된다는 걸 알고 있지요? 당신은 아침에 수간호사님께 다녀와야겠어요. 난 도저히 18개월 동안 훈련받고 나온 당신 머리에 유니폼 입는 법을 주입시킬 수가 없네요. 그래도 수간호사님은 하실 수 있겠죠(Television History Workshop, 1985).

배우들 노인에게 배우다

그런 즉흥극을 보는 것은 배우들에게 재미있고도 즐거운 일이었다. 동시에 그것은 간호사가 직업에 대해 갖고 있는 자부심, 그들이 제공한 전방위적 돌봄과 고된 훈련을 배우들에게 고스란히 전달해주었다.

우리는 하루에 10시간씩 일했어요. 그리고 처음 일 년 동안은 40파운드, 그 다음 해에는 45파운드를 받았죠. 감염의 위험을 안고 열이 나는데도 시간 외 근무를 했던 적도 있었고요. 담당구역에 폐렴 환자가 입원하면 그 환자를 회복시키는 것이 가장 엄청난 스릴이었죠.

대본에서는 발췌한 내용에 나타나듯이 배우들이 대사를 주고받는 방식으로 간호사와 환자들의 기억을 병치했다.

에드워드:　　전 브룩 병원에 입원했었어요. 거긴 외진 곳에 있었죠. 성홍열에 12개 병동, 디프테리아에 10개 병동. 병동이 엄청나게 컸어요. 천정이 높아서 저 멀리에 있는 것처럼 보였죠. 집을 떠난 게 그게 처음이어서 엄청 무서웠어요.

간호사:　　지금은 어떠세요?

(에드워드는 간호사에게 속삭이고 간호사는 고개를 끄덕이
고는 퇴장한다)

에드워드: 침대에 오줌을 쌀까봐 무서웠어요.

(간호사가 환자용 변기를 들고 들어온다)

간호사: 그 당시에 간호사로서 우리의 중요한 일 중 하나는 환자들
에게 말을 거는 것이었어요. 그들을 진심으로 보살펴야 했
지요. 그땐 항생제도 없고, 기적의 신약도 없었어요. 환자의
유일한 희망은 간호사들뿐이었죠.

에드워드: 그냥 침대에 누워 쉬는 게 다였어요. 누워 있다가 잿물의
과망간산염으로 가글링하기.

간호사: 아침 첫 업무는 모든 침대를 병동 가운데로 끌어내서 먼지
를 털어낸 후 쓸고 제자리로 돌려놓는 것이었어요. 우리는
환자의 로커를 닦고 물을 갈아주고 꽃병에 꽃을 꽂았어요.
하지만 그 일을 하는 동안 침대에 있는 환자와 이야기를
나눌 수 있었지요. 그런 식으로 접촉했어요. 우리가 환자를
알게 되듯이 환자도 우리를 알게 되었지요. 환자들은 병원
에 수주일 동안 있었고 간호사들은 회복되기까지의 모든
시간을 그들과 함께 했어요.

모든 주제를 위한 노래

가정 치료법과 당시 아이들의 생명에 대한 무지와 같은 주제가
극에서 큰 웃음거리를 주었고, 공연 후 토론에서는 많은 기억을 공
유할 수 있도록 일깨워주었다. '돌팔이 의사'('어떤 병도 낫게' 해주는 만
병통치약을 파는)와 '무어 부인은 더 이상 가진 게 없다'(피임의 바람직
함과 불가능성에 대한)와 같은 노래를 직접적인 증언 사이에 삽입하였
고, 관객은 그 노래들이 인기를 끌었던 당시를 떠올리며 열정적으로

'병원에 갈 돈이 있나?'에서 스티브 포춘(Steve Fortune)과 사라 파크(Sarah Park)가 디프테리아에 걸려 오랫동안 입원해 있는 어린이를 연기하고 있다.

따라 불렀다. 공연에서 다루는 주제와 관련된 노래가 빠짐없이 전부 있다는 것은 기분 좋은 놀라움이었다. 포크와 뮤직홀 전통의 전문가인 음악 감독, 산드라 커(Sandra Kerr)는 BBC 아카이브를 샅샅이 뒤져 건강과 관련된 오랫동안 잊힌 노래를 찾아냈고, 노인들의 말을 살려 전통적인 스타일의 새로운 곡을 작곡하기도 했다.

산드라 커는 공연에서 음악의 역할에 관해 이렇게 말했다.

음악은 사람들의 삶, 특히 이 공연이 다루는 1920년대의 삶에서 중요한 부분을 담당합니다. 노래는 연극적 표현의 초점을 변화시킬 수 있고, 긴장을 풀어주고 분위기를 전환시키지요. 좋은 노래는 주제와 전달의 스타일이 긴밀하게 관련될 뿐 아니라 우리가 본 장면의 바탕에 깔려있는 사회적 조건을 일깨워줍니다. 가능한 한 노래는 공연이 다루는 시대의 것으로 기존의 음악을 사용하는 것이 최선이지요. 1929년까지는 모든 것, 모든 주제에 대한 노래가 있었는데 그 뒤에 나온 노래들은 전부 사랑에 관한 것이 되어버렸어요!(Television History Workshop, 1985)

'병원에 갈 돈이 있나?'의 배우들이 산드라 커(음악 감독)와 작업하고 있다. 그녀의 왼쪽에서 오른쪽으로 하워드 리더 (Howard Leader), 스티브 포춘, 니키 골디(Nicky Goldie), 사라 파크스, 앤 해이든(Anne Hayden).(무대 디자인은 사라-제인 애쉬(Sarah-Jane Ash)

버배텀 대본에서 공연의 함의

특정한 공연 스타일

버배텀 접근 방식의 대본은 배우들의 연기 스타일에 급진적인 영향을 미친다. 인물들 사이에서 진정한 상호작용이 일어나도록 하는 것이 절대적으로 중요한 반면, 배우들은 버배텀 대본을 '전달하도록' 다시 말해 관객에게 직접 이야기하도록 촉진된다. 이런 방식의 대본은 마치 관객이 아무도 없는 듯 배우들이 서로에게만 반응하는 '제4의 벽' 연기 스타일에 불리하게 작용한다. 이 '제4의 벽' 스타일은 어떤 경우에도 우리가 목표로 하는 70대와 80대 관객층에 적절하지 않다. 그들은 무대에서 일어나는 것을 듣는데 도움이 필요하고, 거기에는 배우의 얼굴과 입술을 보는 것뿐 아니라 가능하다면 무대 조명을 밝혀 관객이 배우의 행동에 집중하도록 하는 것이 포함된다.

관객을 향해 연기하는 스타일은 또한 뮤직홀 전통과 버라이어티 쇼를 기억하는 많은 노년 관객에게 매우 친숙하게 느껴진다. 거기서는 연기자들이 마치 여러 친구들 앞에서 얘기하는 것처럼 음악에 맞춰 노래하고 춤추는 순간 외에는 모든 것을 '전면을 향해(out front)' 보여주었다. 우리 극단을 위해 세 편의 강렬한 작품을 써 준 조이스 홀리데이는 노년 관객층을 위한 버배텀을 바탕으로 한 대본 쓰기에 대해 이렇게 말했다.

> 그들은 오랫동안 극장에 가지 않았기 때문에 작가로서는 매우 흥미로운 관객입니다. 그들은 뮤직홀이나 판토마임 관습에 친숙하지요. 거기에는 노래가 등장하지만 그들은 어떤 기대나 선입견도 갖고 있지 않기 때문에 작가가 어떤 것이든 시도할 수 있습니다(Television History Workshop, 1985).

배우들이 형식을 파악하다

일부 배우들은 공연 스타일이 드라마의 힘을 제한하거나 공연에서 드라마가 성취할 수 있는 것을 깎아내릴까봐 두려워하며, 버배텀 대본을 연기하기를 조심스러워하기도 했다. <세대교류>에서 많은 공연을 함께 한 앤젤라 베인(Angela Bain)은 이렇게 말했다.

> 때때로 당신이 다시 말하는 회상은 극적인 흐름이나 '핵심 대사'가 없을 수도 있습니다. 배우는 본능적으로 매혹적인 이야기를 하고 싶어 하지요. 그런 면에서 회상을 존중하는 것과 관객이 따라올 수 있는 한 편의 서사를 만들어 내는 것 사이에서 균형을 취하는 것이 중요합니다.

대부분의 배우들은 노년층 관객을 몰입시키는 수단으로서 버배텀 시어터의 독특한 형식적 가치에 주목한다. 그리고 실제로 회상연극의 관객은 눈에 보이고 귀에 들리는 몰입의 증거를 제공한다. 그들은 찬성을 외치기도 하고, 조심하라고 주의를 주거나 관습적인 연극 무대에 선 배우들이라면 깜짝 놀랄 수도 있는 방식으로 인물에게 연민을 표현하기도 한다. 버배팀 회상 연극의 배우는 집중을 잃지 않으면서 그리고 본래 대본에 없는 것을 지나치게 많이 덧붙이지 않으면서 이 같은 관객의 호응에 반응할 필요가 있다. 1980년대 초반에 <세대교류>의 배우로 오랫동안 함께 했던 또 다른 연기자 맨디 칼튼(Mandy Calton)은 1984년 ITV의 '도움(Help)'을 위한 인터뷰에서 관객과의 밀접한 접촉을 긍정적으로 언급했다.

연기를 하면서 관객 얼굴에 떠오르는 인식을 지켜볼 수 있습니다. 그것은 정말로 보람 있는 일이지요.

배우들 중 일부는 이들 버배팀 공연에서 그들이 연기한 사람들과 실제로 친밀한 관계를 맺기도 했다. 배우가 그들의 '인물'과 말을 하고, 특정한 사건과 사람들을 재현하면서 그것이 실제로 어떤 느낌인지를 질문할 수 있는 기회는 흔치 않다. 또한 살아있는 인물이 자신의 연기를 지켜본다는 것은 배우들에게 놀라운 경험이 될 것이다. <세대교류>의 여러 작품에서 연기한 스티브 그리빈(Steve Gribbin)은 같은 텔레비전 프로그램에서 이렇게 말했다.

우리가 실제로 만나 대화를 나눈 사람들의 이야기를 연기하는 기분은 상당히 묘합니다. 애초에 인터뷰했던 사람에게 '저게 맞나요?'라고 묻고 대개 그렇다는 답을 듣는 것은 정말 이상한 경험이지요.

SUMMARY

이 장에서는 특정한 공연에서 버배텀 대본 쓰기가 어떻게 진행되었는지 그리고
노인들이 이야기의 제작 과정에 얼마나 밀접하게 연관되었는지를 보이고자 했
다. 그리고 이 밀접한 관계가 배우들에게 미치는 영향과 버배텀 접근 방식의
대본이 연기 스타일에 어떤 영향을 주는지를 살펴보았다. 그리고 이에 대해서
는 이어지는 장에서 더 언급할 것이다.

나는 버배텀 대본을 통해 성공적으로 다뤄진 다양한 주제와 더불어 그 결과로
서 만들어진 공연이 다양한 관객에게 어떤 반응을 불러일으켰는지도 설명하려
노력했다. 여기에 포함된 공연은 기념일과 계절을 축하하고 일을 하기 시작한
시점의 기억을 탐험하며, 전시(戰時)로 돌아가기도 하고 빈곤한 생활 여건 속에
서 건강을 위해 애썼던 경험을 돌아보았다. 이어지는 다음 두 장에서는 소수
민족의 노인을 대상으로 한 회상 연극과 그 프로젝트의 사회문화적 영향력에
대해 논하고자 한다.

04

다문화 사회 들여다보기

다문화적 런던

　1980년대 초반 대책위원회에서 일하는 동안, 학교에 다니는 청소년에게 쓸 교육 자료로 소수 민족 노인 몇 명의 기억을 녹취한 적이 있었다. 그를 계기로 나는 그들이 동시대의 백인과 매우 다른 삶을 살았으며 의미 있는 이야기를 갖고 있음을 알게 되었다. 많은 사람들이 전후에 카리브 해 연안, 인도, 아프리카와 그 밖의 대영제국의 여러 지역에서 '모국'의 재건을 돕기 위해 영국으로 이주해왔고, 이제 은퇴할 나이가 된 것이다. 극단이 노년의 런던 시민의 관심사와 과거 경험을 돌아보려 했을 때, 소수 집단을 그 과정과 결과에 모두 포함시키는 것이 중요했다. 위대한 런던 이사회의 소수민족분과와 인종평등위원회는 1984년 다문화 주제에 관한 회상 연극을 지원하는 데 동의했다. 그 프로젝트는 특정한 인종 집단에 초점을 맞추기보다 다양한 배경을 가진 노인들의 기억을 탐험하고자 했다.

차이를 제시하기

당시 파리로 문화적 망명을 떠난 영국의 연극 연출가 피터 브룩 (Peter Brook)은 국적과 인종이 서로 다른 사람들과 극단을 만들어 흥미로운 작업을 하고 있었다. '이크(The Ik)'를 준비하면서, 그들은 전혀 다른 문화를 가진 아프리카의 한 마을로 들어가 생활하면서 거기 부족과 작업을 했다. 그들은 느리지만 종국에 기아로 인한 절멸을 맞을 수밖에 없었고 극단은 그들의 사라져가는 삶의 방식을 연극적으로 기록했다. 서구에서 머나먼 세상에 사는 공동체가 처한 곤경을 전하는 새로운 연극을 만든 것이다. 부족의 경험을 예술이라는 미명 아래 착취했다는 비난을 받기도 했지만(Bharucha, 1993), 작품의 힘은 정지 이미지, 춤, 소리, 음악과 서구 관객이 쓰지 않는 언어로 내레이션하는 것을 조합하여 관습적인 연극의 경계를 깨뜨린 연출가의 자신감에 있었다.

당시의 많은 젊은 연출가들처럼 나는 이 과감한 혼합에서 영감과 자유를 발견했고, 특히 그것이 배우를 『빈 공간』(Brook, 1968)으로 데리고 들어간 독특하고도 강력한 마법에 매료되었다. 나는 브룩의 작업에서 다문화적 회상 연극의 모델을 보았다. 다양한 인종의 배우들이 노인들에게서 서로 다른 언어로 들은 이야기를 함께 표현하는 것이다. 그들은 부자가 되어 집으로 돌아가리라는 다소 비현실적인 꿈을 좇아 바다 건너 지구를 횡단했지만 지금은 다문화적인 런던에 정착해 전혀 다른 현실을 살고 있다.

잠시 머무는 곳

다문화 극단

<세대교류>의 근거지인 블랙히스 동쪽에 위치한 집합도시인

울위치와 벨베데레에는 펀자브어나 구자라트어를 사용하는 대규모 아시안 지역사회가 있었다. 거기서 영어를 함께 할 줄 아는 배우 두 명을 모집했다. 그리고 그 집단에서는 회상 회기를 성별에 따라 따로 진행해야 해서 남녀 각각 한 명을 뽑았다. 카리브 해 출신 배우가 루이셤에 인접한 대규모의 인도 서부 소수 민족을 대표하고, 두 개의 언어를 쓰는 그리스의 사이프러스 출신 배우가 백인 소수 민족 노인의 경험을 재현하였다. 이들뿐 아니라, 여러 언어를 구사하는 또 다른 연구원들이 극단을 대표하여 각 공동체의 노인을 인터뷰했다. 그래서 우리는 중국, 터키, 폴란드, 이탈리아에서 온 사람들의 경험을 프로젝트에 반영할 수 있었다.

인터뷰이 찾기

우리는 소수 민족 노인을 만나는 클럽과 낮병동 관리자와 계약을 맺었고, 그들이 우리와 함께 작업할 사람들을 찾는 데 도움을 주었다. 하지만 그 중 일부는 인터뷰가 노인들에게 심문의 느낌을 줄 수도 있음을 염려했다. 1980년대 초반 이민법이 강화된 탓에 인터뷰를 녹음하는 것을 둘러싸고 어느 정도 예민한 분위기가 있었다. 그래서 가능한 한 노인들과 같은 민족의 인터뷰어를 구하는 것이 매우 중요했다. 그런 경우에는 신뢰와 이해를 구하는 것이 좀 더 쉬웠기 때문이다.

배우에게는 자신과 같은 민족의 노인을 만나되 필요하다면 모국어로 인터뷰해야 할 책임이 지워졌다. 배우들은 녹음기와 미리 준비한 질문지를 가지고 갔다. 질문은 고국에서의 삶, 영국으로의 이주 여정, 런던에서 가족과 재회하게 된 과정, 그리고 영국에서 늙어가는 것에 대한 소회를 모두 담았다. 그 밖에 노인들의 관심사에 따라 고국에서 가장 그리운 것, 지금은 어떻게 지내고 있는지, 이민자에 대한 이 곳의 문화를 어떻게 느끼는지를 포함하여 또 다른 주제에 대

해 이야기를 나누기도 했다. 인터뷰를 진행한 배우는 그 내용을 본
래 언어와 영어로 정리했다. 우리는 그것을 전부 번역하는 대신 눈
에 띄는 부분을 골라냈다. 배우들 중 일부는 모국어를 말할 수는 있
지만 글로 쓰지는 못해서 부분적으로 전문가를 고용하여 인터뷰 내
용을 번역하기도 했다.

첫 출간

우리는 모두 60명을 인터뷰했고, 주로 개별적으로 만났지만 경
우에 따라서는 집단회기를 진행했고 그들의 이야기를 처음으로 기록
했다. 중요한 삶의 경험을 재현한 이야기가 넓은 독자층의 흥미를
끌 것이라 보였다. 당시에는 영국으로 이주해 온 소수 민족의 경험
을 담은 출판물이 전무했으며, 그래서 위대한 영국 이사회와 인종평
등위원회가 이들의 인터뷰를 다양한 모국어와 영어로 편집한 책자를
발간하는 비용을 모두 지원해주었다. 책에는 노인들의 기억뿐 아니
라 그와 관련된 사진을 실었다. 시기적으로 매우 늦게 도착했음에도
불구하고, 책을 만드는 과정은 매우 복잡했다. 네이티브 스피커가 아
닌 사람에게는 원고가 판독 불가했기 때문에, 편집 과정에서 본래
언어로 된 문단과 영어 상응구를 짝짓는 것과 페이지를 편안하게 배
치하는 것이 매우 어려웠고 그래서 여러 번 대조 검토 해야 했다. 그
러나 그 결과로 출간된 책은 몇 년 동안 이 상대적인 미답의 영역에
서 회상 작업을 하고자 하는 사람들에게 바이블처럼 사용되었다. 영
국 여권을 올린 표지는 맨 처음 영국에 이민자를 끌고 온 식민주의
의 과거와 함께 그들이 여기에 있을 수 있는 절대적 권리를 상징했
다(Schweitzer, 1984b).

보편적 주제, 특정한 문화

이 공연을 제작하는 것은 나에게 새로운 출발점이 되었다. 내가

작업 전체를 총괄하는 연출자였지만, 제작 과정은 전적으로 민주적이었고 배우들은 자발적으로 자신이 진행한 인터뷰를 극화하고 연출하였다. 우리의 대본은 이민, 여행, 정착 그리고 '집'에서 먼 곳에서 늙어가는 것의 보편적인 주제를 다루었다. 그러나 물론 '집'도 관객에 따라 서로 다른 것을 의미할 수 있기에 다양한 나라의 문화와 이미지를 반영할 필요가 있었다.

배우들이 장면을 만들다

배우들은 특히 자신의 인터뷰이가 속한 문화에 대한 중요한 정보와 아이디어를 나머지 단원들에게 소개했다. 작품을 구상하는 단계에서 배우들은 여러 가지 음식을 준비하면서 서로의 세계에 진입하여 그 문화에 친숙해지기 위해 노력했다. 각 배우에게 일정 시간을 주어 그가 들은 이야기를 장면으로 만들고 그 장면에서 나머지 배우들을 연출할 수 있도록 했다. 나의 과제는 그 장면들과 이야기를 담아낼 수 있는 구조를 찾는 것 그리고 음악 감독과 디자이너와 밀접하게 협업하면서 최종 결과물이 예술적 통일성을 갖도록 하는 것이었다.

다양한 언어를 가로지르기

공연은 다양한 민족의 노인 집단을 대상으로 순회할 예정이었다. 그런데 클럽, 낮병동, 교회에서 우리가 만나는 노인들 중 다수가 거의 영어를 사용하지 않았기 때문에 이야기를 전달하는 데 말에 의존하는 대신 연극적인 창의성을 발휘할 필요가 있었다. 영어는 우리가 공통적으로 사용할 수 있는 가장 손쉬운 언어였고 대본에서도 공통어 역할을 했다. 그러나 인터뷰에서 사용된 언어의 다양성을 반영하기 위해 공연에서도 일부 모국어를 포함시킴으로써 그 언어를 쓰는 노인들이 해당 장면에 충분히 몰입할 수 있기를 바랐다. 그래서 하나의 시스템을 개발했다. 중요한 인물이 펀자브어나 구자라트어나 그리스어로 말할 경우에는 장면에 나오는 다른 인물들이 그 내용을 영어로 소통하도록 돕거나 동작, 이미지, 노래로 동시에 의미를 표현하는 것이다.

노인들의 말로 된 노래

처음으로 공연을 위해 우리가 표현하는 소수 민족의 다양한 음악적 스타일을 반영하여 많은 노래를 작곡했다. 음악 감독이었던 조 리츨러(Jo Richler)는 소형 오르간, 인도와 카리브 해의 전통 타악기 그리고 목소리를 위한 음악을 편곡했다. 몇몇 장면에서는 배우들이 리허설에서 내놓은 인도와 사이프러스의 옛 노래로 강렬한 감정을 표현했다. 새로 작곡한 노래의 가사는 노인들의 인터뷰에서 인용하거나 변형했다. 예를 들어 고국을 떠나 낯선 나라에서 오랫동안 살아온 것에 대한 노래가 있었다.

> 당신은 편도 티켓을 가지고 옵니다
> 얼마나 오래 머무르게 될지 모르지요
> 이 곳을 집이라 생각해 본 적은 꿈에도 없어요
> 언젠가는 집으로 돌아갈 테니까요
>
> 그리고 시간은 그림자처럼 속히 지나지요
> 얼마나 많은 날들이 지났는지 당신은 잊었어요
> 하지만 여기는 아직도 집이 아니죠
> 그저 잠시 머무는 곳일 뿐이지요
>
> 친구들, 식구들이 생겼어요
> 직장도 있지요, 맞아요

하지만 당신을 여기 타국으로 데려온 꿈들은
모두 날아가 버렸어요

이제 우리를 찾을 수 있는 곳은 여기에요
우리가 숨을 거둘 곳도 여기지요
하지만 여전히 우리에게 여기는 집이 아니에요
그저 잠시 머무는 곳일 뿐이지요

이 가사는 카리브에서 온 여성의 인터뷰에서 따온 것이다. 그녀
는 '영국은 나에게 집이 아니에요, 그저 잠시 머무는 곳일 뿐이지요'
라고 말했다. 그리고 그것은 우리 공연의 제목이 되었다. '잠시 머무
는 곳(A Place to stay)'. 많은 사람들이 영국에 처음 도착했을 때 얼마
나 춥고 비참하고 외로웠는지를 회상했고, 배우들은 그 감정을 짧은
음악으로 표현하였다. 그것은 마치 장면 사이에서 드라마를 논하는
그리스 연극의 코러스와도 같았다. 음악은 또한 장면의 강렬한 감정
과 유머와 분위기의 전환을 위해 사용되었다.

이미지와 행동으로 작업하기

이 작품은 이전의 공연들보다 훨씬 이미지에 의존했다. 배우들
은 정지 이미지를 만들어 그 상황의 말과 감정을 표현했다. 이미지
는 '정지 상태에서 풀려나' 노래나 악기 연주에 맞춘 일련의 동작으
로 확장되기도 했다. 예를 들어 런던에서 집을 찾는 장면에서 배우
들은 가방을 들고 종과 고리쇠가 내는 리드미컬한 소리에 맞추어 떼
지어 움직이면서 무대를 돌아다녔다. '조각상'으로 있을 때 한 인물
이 거기서 빠져나와 관객에게 자신의 경험을 말하면 그 다음에 다시
다른 배우들이 움직였다. 그 장면을 보는 사람이라면 누구든지 말이
서툴고 돈이 없는 상태에서 심한 인종적 편견과 외국인 혐오증에 맞

서 머물 곳을 찾는 것의 어려움을 느낄 수 있었다.

목소리 타악기

이민자들이 영국에 처음 와서 했던 일과 관련한 장면에서, 배우들은 공장의 기계인 것처럼 리듬에 맞춰 함께 움직였다. 이것은 우리가 들은 여러 이야기, 곧 아무리 고도로 숙련된 기술을 가진 이민자라도 전문적 경험을 쓸 수 있는 기회는 거의 얻지 못했고 그래서 무조건 공장에서 일해야 했던 상황을 반영하고자 한 것이었다. 배우들이 공장 생산 라인을 반복적인 이미지와 소리로 표현했고, 거기에 타악기 연주자가 도움을 주었다. 소리와 행동이 '멈추면' 누군가 말을 하거나 수집한 이야기에서 따온 짧은 장면을 보여주었고 그런 후에 다시 '기계'가 가동되었다.

소리를 듣고 말하다, 이미지를 읽다

관객에게 주는 대사 사이에 삽입된 양식화된 행동과 정지 이미지의 또 다른 사례에서 우리는 카리브의 할아버지들 사이에서 인기가 있는 도미노를 보여주었다. 배우들이 타악기 연주에 따라 탁자에 있는 도미노를 번갈아가며 탁 내리치면, 도미노 게임이 일순 '멈추고' 카리브 출신의 배우가 인물로서 그 사이에 말을 했다. 대사는 작은 부분으로 나뉘어, 각각을 다른 배우들이 움직임과 타악기 소리와 또 다른 정지 이미지로 표현했다. 이 양식적인 접근방식은 해당 언어를 이해하지 못하지만 이미지는 어려움 없이 읽을 수 있는 관객에게 도움이 되었고, 게임의 물리적인 힘을 전달하였다.

> 남자:　서인도에서는 도미노를 사랑합니다. 나도 어떻게 시작했는지 모르겠어요. 아무도 게임하는 법을 가르쳐주지 않았죠. 그냥 어깨너머로 보면서 배웠어요. 여기서는 도미노를 세게

치면 안 되죠. 아무도 그 소리를 좋아하지 않으니까요. 하지만 서인도에서는 도미노를 할 때면 세게 쳐야 합니다. 큰 소리를 내는 게 게임의 재미랍니다. 조용하게 하면 재미가 없어요. 게임에 집중해야 하죠. 게임을 할 때는 지는 건 싫으니까. 상대를 잘 지켜보세요. 그러면 그가 무엇을 갖고 있는지 알게 되죠. 당신은 그가 노는 것을 갖고 놀고 그도 당신이 노는 것을 갖고 놀지요. 그래서 도미노는 아름다운 게임입니다.

'잠시 머무는 곳'에서 도미노 게임의 '정지 이미지': (왼쪽에서 오른쪽으로) 디렌드라(Dhirendra), 켄 브레인버그(Ken Breinburg), 조지아 클라크(Georgia Clarke), 라빈더 발리아(Ravinder Valia)

현관 뒤의 현실

양식적인 장면과 연극적인 이미지를 교차시켰지만, 노인들의 가정을 들여다보는 자연주의적인 장면도 있었다. 그때는 양식적으로 처리된 장면에서 관객에게 직접 대사를 준 것과 달리 인물들 사이에 대화가 많았다. 이런 대조는 노인들의 집 현관 뒤에 숨겨진 사적인 가정사를 드러낸 프로젝트 자체의 과정을 그대로 비추었다.

인종차별주의 표현하기

한 장면은 카리브 출신의 남자가 하이드 파크의 벤치에 앉아 어린 시절을 회상하는 것으로 시작했다. 그는 집안의 아이들 모두를 위해 전통적인 식사를 준비하는 할머니에 관한 이야기를 꺼냈다. 그리고 그것을 귀뚜라미와 여러 동물과 바다 소리를 내는 타악기의 도움을 받아 다른 배우들이 다양한 역할을 연기하며 극화했다. 드라마는 다시 현재로 돌아와 공원에서 아이들에게 놀림과 조롱을 당하는 늙은 그를 보여준다. 이 장면에서 아이들의 라임과 게임을 사용하여 노인들이 당하는 협박을 아주 위협적인 방식으로 표현했다. 그렇게 한 이유는 노인들이 경험한 인종적 학대의 상당수가 젊은 사람들에 의해 행해졌다는 사실을 인터뷰를 통해 알아냈기 때문이다. 다음 발췌문은 우리가 인터뷰에서 어떻게 감동을 받았는지, 연극적 긴장감을 고조시키기 위해 아이들의 자장가와 놀이를 어떻게 적용시켰는지를 보여준다.

남자:　　화창한 여름날의 하이드 파크를 사랑해. 나는 늘 나무 그늘에 앉아 책을 읽으며 지나는 사람들을 바라보지. 사람들 그리고 노는 아이들. 그건 아주 기분 좋은 광경이고 어릴 적 구야나의 집으로 나를 데려다 주지. 구야나에서는 아침 5시가 되면 수탉이 울고 암탉들이 꼬꼬거려. 마당에는 비둘기 콩, 오크라, 망고, 별사과, 커스터드 사과, 사포딜라, 파파야가 자랐지. 저녁 때가 최고로 좋았어. 뉴 암스테르담에서는 집들이 전부 각주 위에 지어져서 우리는 저녁을 먹고 나면 뒷마당에서 무당벌레 우는 소리, 아이들 고함소리, 개 짖는 소리, 누군가 외치는 소리를 들으며 작은 현관에 앉아 있었어. 보다시피 나는 하이드 파크에 앉아 구야나에서의

좋았던 시절을 떠올리곤 하지. 그런데 때때로 여기 앉아서
끔찍한 외로움에 대해 생각하기도 해.

(아이들을 연기하는 배우들이 그의 주변을 감싸며 그에게
손가락질을 하고 괴롭힌다)

나머지: 막대와 돌멩이가 네 뼈를 부러뜨릴 거야.

그래도 이름은 절대 너를 해치지 않을 거야.

(또 다른 배우가 원 가운데로 들어온다, 나머지는 그녀를
강탈하듯 잡아채는 몸짓을 한다)

나머지: 노인의 모자에 한 푼만 넣어줘쇼.

한 푼이 없으시면 한 냥도 좋습니다.

너 줄 돈은 한 푼도 한 냥도 어림없다.

(세 번째 배우가 가운데로 밀쳐지면 나머지는 그녀를 위협한다)

나머지: 네 집을 훅 불어서 날려버릴 테다.

(네 번째 배우가 가운데로 밀려들어오고 나머지는 그에게
손가락질을 하며 총쏘는 시늉을 한다)

나머지: 패키, 패키, 패키, 패키, 패키, 패키, 패키, 패키

패키 나가, 패키 나가, 패키 나가, 나가, 나가.

(사이렌이 울리고 상처를 입고 바닥에 쓰러진 남자를 두고
노상강도들이 사라진다. 한 명이 나타나 경찰에게 무고함
을 항변하듯이 말한다)

나쁜 놈: 그 사람이 쓰러졌어요. 전 그를 도우려고 했어요. 그래서 여
기 피가 묻었죠. (그는 비열한 표정으로 윙크를 한다) 경찰
관님, 고맙습니다.

'잠시 머무는 곳'에 나오는 인종차별주의의 이미지. '네 집을 훅 불어서 날려버릴 테다.' (왼쪽부터 오른쪽으로) 켄 브레인버그, 라빈더 발리아, 조지아 클라크, 디렌드라

공연의 단순성

무대는 기하학적 모양으로 잘라 같은 색을 칠한 얇은 합판과 파란 천을 매달아 추상적인 디자인으로 구축했다. 무대에는 따뜻한 금빛으로 빛나는 구역이 있었고 그 주변을 푸른색으로 칠해 멀리 있는 따뜻한 '집'을 나타냈다. 그리고 영국은 회색으로 표현하여 이민자들의 첫인상을 담아냈다. 배우들은 각 나라의 단순하고 기본적인 전통 의상을 입었다. 모두 흰색 옷을 입고 그 위에 간단한 색깔 있는 아이템을 걸치는 식이었다. 소도구는 가방과 차 상자로 제한했고, 나머지는 배우들이 마임으로 표현했다. 그렇게 그 작품은 배우들의 단순하지만 극도로 제어된 연기를 바탕으로 매우 연극적이고 경제적인 공연으로 제작되었다.

양식적 자유

여러 스타일을 혼합하기로 한 결정은 매우 도전적이었다. 하지만 그것은 또한 각 장면에 어울리는 대로 연기를 공식적인 것에서 비공식적인 스타일로 자유롭게 전환할 수 있다는 점에서 자유롭기도 했다. 이미지가 많은 장면일수록 기나긴 추위, 일자리 찾기, 고국과 가족과 친구에 대한 그리움, 인종적 편견과 모욕에 맞서 싸우기와 같은 공통된 경험을 전달했다. 그에 비해 자연주의적인 장면에서는 집안으로 들어가 각자의 어려움을 헤쳐 나가는 다양한 모습을 보여주었다. 그렇게 하다 보니 4명의 배우가 50명 이상의 인물을 표현해야 했고, 한 인물이 중심이 되어 이야기를 하면 민족적 배경이 다른 배우들은 거기에 필요한 여러 역할을 연기하는 방식으로 문제를 풀어냈다. 그 통합적인 접근방식이 일부 관객에게는 다소 혼란스러웠을지도 모르지만, 이 통합된 접근방식이 우리가 표현한 경험을 보편화하고 여러 이야기와 문화를 하나의 태피스트리로 엮어내는 효과를 가져다주었다.

문화를 가로질러 작업하기

'잠시 머무는 곳'은 다양한 문화에서 비롯된 이야기를 병치하고 그들 사이의 공통기반을 강조함으로써 이민과 고국에서 멀리 떨어진 곳에서 늙어가는 경험을 탐험하였다. 우리의 공연을 본 다양한 관객 역시 범문화적 연관을 형성했고, 자신의 이민과 정착에 관한 경험을 공유하였다. 나는 이 공연이 의식을 고양시키는 효과, 곧 우리 사회에서 아마도 가장 보이지 않고 주변부에 있는 소수 민족 노인에 관한 대중의 관심을 끌어올리는 데 기여했다고 생각한다.

루트

단일 소수 민족과 작업하기

'잠시 머무는 곳'이 성공을 거두기는 했지만, 그 경험으로부터 여러 민족이 섞인 공연의 난점이 분명해졌다. 관객에게 문화 간 연결을 독려하고 이민의 경험을 둘러싼 공감을 촉진했지만, 현실에서는 객석에 앉은 서로 다른 소수 민족 집단이 '우리 분량'이 나오기를 기다렸고, 어쩔 수 없이 자신들의 언어와 문화를 표현한 장면에 더 관심을 가질 수밖에 없었다.

그래서 나는 물론 각 민족 내에서도 다양한 하위문화와 계급과 언어가 있지만 단일한 민족 집단의 이야기를 다루는 것이 좋겠다고 생각하게 되었다. 그 첫 번째 시도로 인도 노인들과 함께 하면서 지역 아시아인들이 주로 소통하는 펀자브어와 영어 두 가지만 가지고 공연을 하기로 결정했다.

우리는 먼저 인도가 배경인 배우 4명을 캐스팅했다. 그 중 한 사람은 인도 말을 하지 않았지만 부모가 인도인이었고, 아프리카에서 태어나 가족과 함께 어린 시절에 이곳으로 이주했다. 나머지 세 사람은 펀자브어를 사용했고, 일부는 약간의 힌디어와 우르두어를 할 수 있었다. 그것은 펀자브어를 쓰지 않는 노인을 인터뷰할 때 매우 유용했다.

공연 주제는 집단 회상 회기와 배우들, 특히 해당 노인이 사용하는 언어를 할 줄 아는 배우가 진행한 개별 인터뷰에서 나왔다. 나는 연출자로서 배우들이 인터뷰에서 가지고 오는 것과 그들의 경험을 하나로 통합하고, 내용에 어떤 형식을 부여할 것인지를 함께 고민하며, 인도의 언어를 쓰지 않는 관객에게도 극의 내용이 전달될 수 있도록 손보는 역할을 했다.

우리는 그 공연을 '루트(Route)'라 부르기로 했다. 그 단어는 발음을 할 때 이중의 의미를 가졌다. 한편으로는 한 대륙에서 다른 대륙으로 이주해 온 노인들의 중요한 여정을 뜻하기도 하고, 다른 한편으로는 또 다른 문화에 뿌리를 내려야 하는 그들의 상황과 고국에서 먼 땅에서 늙어가는 사람들을 위한 뿌리가 중요함을 말해주기도 했다.

조사 기간의 지지와 신뢰

이 프로젝트는 시크 사원에서 진행된 일련의 회상 회기와 함께 1992년에 시작되었다. 그 작업은 <세대교류>에서 회상 훈련을 받은 아시아인 사회복지사인 로지 베디(Rosie Bedi)가 도와주었다. 로지는 회상 프로젝트를 통해 사원의 점심 클럽에 다니는 노인들의 자신감과 창의성을 향상시키는 데 관심이 있었다. 그녀는 자신의 이야기를 할 수 있는 것은 노인들에게 매우 치료적인 경험이 될 것이며, 배우들이 그 이야기를 보다 많은 관객에게 전달할 때 노인들의 자존감이 향상될 것을 확신했다. 프로젝트에 대한 그녀의 확신과 헌신은 매우 중요한 요소로 작용했다. 그녀가 아니었다면 폐쇄적인 공동체가 우리를 믿고 마음을 열기가 어려웠을 것이다. 사원에서 남녀가 서로 다른 공간을 사용했기 때문에, 우리도 각 집단이 편안하고 솔직하게 이야기를 할 수 있도록 그들의 방식을 따르기로 했다.

노인들과 함께 기억상자 만들기

회상 작업은 노인들에게 기억상자를 함께 만들자고 부탁하는 것으로 시작했다. 상자는 장차 공연에서 다른 아시아 관객의 기억을 자극하기 위해 쓰일 것이었다. 그리고 그게 어떤 것인지 쉽게 알 수 있도록 주제와 관련된 회상 물건과 이미지 몇 가지를 보여주었다. 예를 들어 장난감과 게임 도구가 가득한 상자를 보여주며 말했다.

"여기엔 옛날에 영국 아이들이 했던 놀이와 관련된 물건들이 들어있어요. 만약 여러분이 어릴 적에 인도에서 했던 놀이에 관한 기억상자를 만든다면, 그 안에 무엇을 집어넣어야 할까요?" 그에 자극을 받아 사람들은 어린 시절에 했던 비슷한 놀이를 꺼내기 시작했다. 집에서 물건을 가져 오기도 했고 할아버지들은 예전 기억을 떠올려 작은 쟁기나 연을 만들어오기도 했다. 이런 방식으로 결혼식, 축제, 요리와 같은 다양한 주제를 탐험했고, 순회공연에서도 공연 전후에 우리가 함께 만든 기억상자를 이용해 관객의 토론을 촉발했다.

배우들이 회상을 자극하기 위해 즉흥극을 하다

우리는 더 심도 있는 토론을 이끌어내기 위해 맨 처음 만남에서 나온 이야기 중 일부에 근거하여 거칠지만 몇 장면을 즉흥극으로 준비해서 집단에게 보여주었다. 특히 감동적인 한 장면은 히드로 공항에서 영국에 먼저 들어와 있던 남편과 그의 아내가 몇 년 만에 상봉하는 것이었다. 배우들은 아내를 반기는 남편과 그들 사이의 수줍음 그리고 고국에서 그녀를 기다리는 영국의 춥고 낯선 집으로의 긴 여정을 보여주었다. 노인들은 그 장면에 매우 강렬하게 반응했고, 할머니들은 아내의 슬픔, 두려움과 고립감에 동일시했으며, 할아버지들은 남편의 입장에서 씁쓸하기도 하고 좋기도 한 감정에 공감했다. 열심히 일해서 아내를 위해 집을 마련했다는 자부심과 아내의 첫 반응에 대한 실망이 공존하는 것이다.

노인들이 스토리텔링과 즉흥극으로 참여하다

그 방의 할머니들 또한 영국으로 오기까지 여러 이야기를 갖고 있었다. 그래서 나는 당시로 돌아가 영국에 처음 도착했을 때 느꼈던 것을 말해보자고 했다. 어떤 할머니는 자리에서 일어나 오랫동안 떨어져 있던 남편과 재회하면서 얼마나 불안했는지, 이곳이 얼마나 춥고 외로웠는지, 아이들이 새 나라에 잘 적응할까 걱정했던 것과 고국에 대한 그리움을 장면으로 직접 보여주기도 했다. 그런 장면은 노인들이 모국어를 사용하여 연기했고 덕분에 집단에서 깊은 논의가 일어났다. 그들은 펀자브어를 할 줄 모르는 <세대교류>의 단원들을 위해 통역을 해주었다.

개별 인터뷰

배우들은 로지 베디의 소개로 시크 사원에서 만난 노인들 중 일부의 집으로 찾아갔다. 사회복지사로서 그녀는 인터뷰를 진행하고 필요한 부분에서 통역을 하고 연극 제작 과정에 노인들의 참여를 독려하는 큰 도움을 주었다. 어떤 배우들은 가족 중에 적당한 대상을 만나 따로 인터뷰를 하기도 했다. 아주 가까운 가족을 인터뷰한 경우도 있었는데, 그 과정이 매우 감동적이었고 덕분에 새로운 사실을 알게 되었다.

배우들이 개발 과정에 참여하다

개발 단계에서 배우들이 인터뷰 자료와 그들의 관계를 스토리텔링과 즉흥극으로 탐험하는 시간을 가졌다. 그들은 이민과 적응과 가족 대변동에 관한 기억을 표현했고, 덕분에 리허설 과정은 매우 개인적이어서 때로는 사이코드라마처럼 진행되기도 했다. 배우들의 경험과 노인들의 상관성은 그들이 노인들의 삶을 성공적으로 표현하는 데 결정적이었다. 그리고 공연은 배우들이 저변의 주제에 얼마나 민감한가에 지대한 영향을 받았다.

정지 이미지가 장면을 낳다

리허설을 시작하면서 나는 배우들에게 인터뷰를 했을 때 집 안에서 어떤 사진과 이미지를 보았는지 물었다. 한 배우가 노인의 아버지가 군복을 입고 매우 딱딱하고 자부심어린 표정으로 서 있고 그 주변을 아내와 아이들이 둘러싸고 있는, 아주 신중하게 구성된 오래 된 사진을 보았다고 했다. 즉흥극을 위한 출발점으로, 나는 그에게 다른 배우들을 사용하여 그 모습을 재현해보라고 했다. 군인 아버지 가 가장 먼저 프레임에 들어왔고 아내와 아이들이 결합했다. 그리고 조각상을 즉흥적인 스토리텔링으로 확장했다. 대본의 몇몇 시퀀스가 이와 비슷한 방식으로 만들어졌다. 그리고 이 '조각상들'은 마지막까 지 공연과 함께 했다. 장면에 구두점을 찍기도 하고, 노인들이 갖고 있던 몇몇 사진에 기록된 냉혹한 순간처럼 잠시 암전을 준 다음 밝 게 비춰지기도 하고, 다음 장면의 행동이 거기서 시작되기도 했다.

시나리오 구축하기

우리는 조사 단계에서 수집한 자료를 대본으로 개발하는 과정 에서 꽤 일찍 키타르라는 가상의 인물을 만들기로 결정했다. 그의 이야기를 어린 시절부터 노년까지 따라가면서, 나머지 세 배우들이 어머니와 아버지, 아내, 아이들을 비롯해 부수적인 인물을 연기하는 것이다. 대본의 첫 부분은 인도의 농촌에서 시작하고 홍수와 가뭄이 번갈아 오는 땅에서의 불안정한 생계, 가족과 결혼 준비, 빚의 위험 등 주인공의 어린 시절을 그린다. 중심 부분에서는 주인공이 고국을 떠나기로 결정하는 것과 영국에서의 첫 경험들을 보여준다. 그리고 곧 부자가 되어 영국에서 금의환향하겠다는 아들의 꿈을 믿지 못하 면서도 아들이 가족을 떠날 것을 예견하는 어머니의 슬픔이 청년의 용기와 낙관주의와 대조를 이룬다. 청년은 위대한 여정에 오르고 매 일 녹초가 되도록 일하면서 젖 먹던 힘까지 짜내어 환경에 적응하려 애쓴다. 대본의 마지막 부분은 나머지 가족이 영국에 도착하여 정착 하는 것을 다룬다. 자녀들의 입학과 성장, 그리고 주인공이 결혼, 가 족생활, 노년에 대한 영국의 낯설고 이해할 수 없는 문화에 적응하면서 받는 상처를 보여준다.

이야기를 증류하기

인터뷰 자료를 극화하고 성찰하면서 우리는 여러 이야기의 본질적 요소를 만나게 되었고, 그 원형적인 삶의 여정을 가급적 언어의 장벽을 넘어 보고 듣는 것만으로도 감각과 감정에 직접 호소할 수 있도록 소리와 행동과 이미지로 재현하기로 했다.

중요한 드라마가 전개되는 시점에서 뭔가를 영어로 전달했다면, 그 대사에 깔린 감정을 곧바로 펀자브어로 된 노래로 불렀다. 그런 의미에서 음악이 언어의 장벽을 초월하는 또 다른 수단이었다.

음악과 춤의 역할

우리는 발리우드 영화의 관용적 표현 몇 가지를 빌려오기로 했다. 관객이 쉽게 알아볼 수 있을 뿐 아니라 펀자브어를 쓰지 않는 사람들도 이야기의 감정이 고조되는 대목에서 강렬한 몸짓과 음악과 춤을 통합하는 관습에 의지하여 극을 따라올 수 있기 때문이다. 가령 슬픔에 빠진 어머니는 아들이 인도를 떠나 영국으로 향할 때 극적인 몸짓을 하면서 전형적인 슬픔의 노래를 부른다. 또 다른 장면에서 네 배우는 수확기의 풍성함을 축하하는 전통 춤과 펀자브 지방 고유의 노래를 부른다. 대금업자처럼 작은 역할에는 희극적인 전형적 인물의 발리우드 장치를 사용하여 특징적인 몸짓과 인장이 되는 음악을 부여했다. 결혼식과 사원 장면에서는 관객이 참여할 수 있도록 유명한 노래를 사용했다. 그리고 타깃 관객층이 알아보고 기억하도록 사원에서 타블라, 도룩, 춤타와 같은 악기를 빌려 연주했다.

제작비용 아끼기

첫 프로덕션에서는 이것이 순회공연 때 가져간 유일한 아이템이었다. 아기 역할을 대신한 침낭을 제외하고는 소도구도 거의 없었고 의상도 마찬가지였다. 이후 공연에서도 이 같은 최소한의 접근을 유지했지만, 거기에 배경막을 추가했다. 그것은 재능있는 인도 디자이너인 수레시 베닥(Suresh Vedak)이 제작한 것으로, 주로 갈색과 흰색을 써서 인도 마을을 양식화된 이미지로 표현하였다. 그것은 집의 똥 벽에 곡식가루를 발라 그린 그림에서 영감을 받았다. 우리는 또한 다재다능한 파키스탄 출신 연주자를 영입했다. 그는 타블라와 소형 오르간을 연주했고, 그의 연주와 아름다운 노래는 극에 정서적 깊이와 연속성을 더하고 관객에게 더 많은 기억을 불러일으켰다.

소리와 행동으로 재현된 이민

다음의 짧은 보기로 젊은 주인공이 가족에게 작별을 고하고 짐수레를 타고 가장 가까운 시내로 가서 다시 기차를 타고 큰 도시로 나간 다음 육지, 바다와 하늘을 지나 드디어 영국에 도착하는 긴 여정을 어떻게 표현했는지 알 수 있을 것이다.

'루트'에서 발췌한 부분: 생애의 여정

키타르는 어머니와 아내와 아이들에게 손을 흔들며 집을 떠난다. 아내와 어머니도 손을 흔들며 전통적인 작별의 노래를 부른다.

노래:　　　'Ja Way Pradesia'
　　　　　(노래가 끝나면 배우들이 동작을 멈추고 조각상이 된다)
키타르:　　(관객을 향해) 무거운 마음으로 저는 여정을 시작했습니

다. 큰 길에서 이륜마차를 탔지요.

(배우들은 황소가 끄는 수레를 목소리로 표현한다. 키타르
는 리듬에 맞춰 뛰면서 관객에게 계속 말을 한다)

'루트'의 작별 노래 : (왼쪽에서 오른쪽으로) 로잘린 딘
(Rosaline Dean)과 로비나 미르(Robina Mir). 배경막은
수레시 베닥이 제작함.

키타르: 옆 사람에게 영국에 가서 일할 계획을 말해주었어요. 그들
은 내 계획이 아주 훌륭하다고 했죠. 우리는 금세 가장 가
까운 기차역에 도착했어요.

(배우들은 증기를 내뿜는 기차, 호루라기, 시장 상인들, 외
치는 소리 등 기차역의 모습을 소리로 표현한다)

키타르:　　　　델리로 가는 표를 사서 기차에 올라탔어요.

　　　　　　　(기차 소리가 계속해서 나고, 키타르는 차창 밖으로 지나가는 풍경을 바라보는 시늉을 한다)

키타르:　　　　익숙한 풍경이 빠르게 멀어졌죠. 델리에서 무엇이 나를 기다리고 있을까 궁금했어요. 기차는 이내 델리 역으로 미끄러져 들어갔죠.

　　　　　　　(배우들이 델리의 아수라장을 표현하는 소리와 행동을 하는 동안 키타르는 그들을 뚫고 앞으로 나아간다)

키타르:　　　　가까스로 직원과 만났네요. (키타르는 필요한 서류를 확인하는 연기를 하면서 계속해서 관객에게 말한다) 여권, 비행기표, 보증서. 불안해하면서, 전 영국 런던 행 비행기에 올랐습니다. 인도가 수평선 너머로 사라졌어요.

　　　　　　　(배우들은 바람을 가르고 비행기가 이륙하는 소리를 낸다. 키타르는 비행기 날개처럼 양 팔을 벌리고 회전하면서 무대를 둥글게 돈다. 그렇게 움직이면서 관객에게 말을 한다. 비행기가 도착하면 배우들은 조용해진다)

두 개의 언어를 쓰는 연극적 도전

배우 중 한 사람의 아버지의 경험에서 따온 또 다른 장면에서, 키타르는 영국에 도착하여 기분 좋게 할 수 있는 유일한 일을 시작한다. 그것은 다림질 공장에서 불을 때는 것이고 잠은 사촌 라비의 집에서 자는데, 그곳은 터질 듯 복잡해서 노동 시간에 따라 침대를 번갈아가며 써야 했다. 다음 발췌문에서는 펀자브어로 된 대사를 독자를 위해 번역하였다. 공연에서는 펀자브어와 영어 대사가 그 언어를 이해하지 못하는 관객을 위해 몸짓과 행동으로 지원되었다.

'루트'에서 키타르가 새로운 생활방식을 배운다. (왼쪽에서 오른쪽으로)
레즈 켐튼(Rez Kempton)과 세바 달리발(Seva Dalival)

라비:	키타르 chal day shift te teri gal ay. Main tenu kum sikha ke shift te la aaoon. (뜻: 네가 일할 시간을 예약해 두었어. 이제 나한테 배우면 일을 시작할 수 있을 거야)
	(두 사람은 무대를 가로질러 공장 구역으로 걸어간다)
라비:	공장장님 안녕하십니까. Eh nawan bunda mein training deynda haan aetheron chukaya vich paya otheron chukia vich paya te button button hun toon kar. (뜻: 얘기한 대로 이 사람을 데리고 왔어요. 제가 뭘 해야 하는지 가르칠게요)
	Hoon hoon, 삽질 삽질… 아궁이로. 훈 훈. 아궁이로. 삽질 삽질. 단추 단추…
	(라비는 무거운 것을 아궁이에 넣고 기계 단추를 누르는 시늉을 한다. 그는 키타르에게 일을 가르쳐준다)
공장장:	ji theek kum kar reha hai.(뜻: 저 공장장님, 키타르가 잘 하고 있나요?)

키타르:	고맙습니다. 공장장님 그리고 라비.
	(라비는 집에 가 침대에 눕는다. 키타르는 엄청난 에너지로 삽질을 하고 기계 단추를 누른다)
	단추 단추. 난 할 수 있어. 단추 단추.
	(그는 피곤함에 점점 느려지고 집으로 간다)
	일어나, 라비, 일할 시간이야.
라비:	Sat sri kai 공장장. 단추 단추.
	(라비가 일하러 나가면 이번에는 키타르가 잠든다)
키타르:	(잠을 자면서 던지고 몸을 돌리며 중얼거린다) 단추. 단추.
라비:	(키타르를 깨우며) 일어나, 월급날이야, 월급날!
키타르:	(아궁이에서 열심히 일하며) 일은 힘들었지만, 월급 봉투를 받을 때는 피로가 싹 가셨습니다.
	(키타르는 손을 뻗어 상상의 봉투를 받아 연 다음 의심스럽게 지폐를 센다)
	7파운드. 아내와 가족에게 절반을 보내야. 그러면 100 루피는 되겠지.
	(그는 라비를 깨우러 간다)
키타르:	라비, 라비, 일해야지. 봐, 7파운드야.
	(집세로 2파운드를 가져가며) Bachey tera khat aaya ey. 너한테 편지가 왔어, 키타르.
	(라비는 상상의 편지를 키타르에게 건네준다)
키타르:	사랑하는 여보, 당신 편지를 받았어요.
아내:	(키타르에게 계속 편지를 읽어준다) 보내주신 돈 잘 받았어요. 그 돈으로 전당포에 맡겼던 보석을 찾아왔어요. 기쁘시죠? 당신이 너무 그리워요. 마지와 아이들은 잘 있어요. 여보, 언제 돌아오세요? 당신의 사랑하는 아내, 반토 드림.
	(그녀는 상상의 편지에 입을 맞추고 남편에게 불어 보낸다.

아내는 사랑하는 사람을 그리워하며 기다린다는 내용의 전통적인 노래를 부른다)

노래: Jana tha hum se door…

키타르: (그녀의 노래를 듣다가 일어서서) 5년은 너무 길었어. 당장 아내와 아이들에게 편지를 써야지. (상상의 편지를 쓴다) 사랑하는 아내, 난 건강히 잘 있어요. 일은 힘들지만 그래도 잘 지내고 있어요. 당신과 아이들을 위해 돈을 보내려고 해요.

(키타르는 편지에 입을 맞추고 바다 건너에 있는 아내에게 보낸다)

이 전보문에 가까운 형식으로 대본은 이민자 관객이 공감할 만한 적응, 고립된 시간들, 답답하기 그지없는 생활, 돈 모으기와 외로움으로 보낸 긴 세월을 담아낼 수 있었다.

이중 언어의 맥락에서 작업하면서 우리는 정돈된 서사로부터 자유로운 해석으로 긴 여정을 떠날 수 있었다. 각 이야기에서 핵심 요소를 뽑고, 하나 혹은 두 개 언어의 서사를 움직임과 몸짓과 목소리로 지원하고, 음악과 리드미컬한 소리로 분위기와 정서를 강조하였다. 그 결과 공연은 오페라와 춤의 요소를 갖게 되었다.

가족의 긴장을 표현하는 자연주의를 강화하다

후반부에는 영국의 삶에 익숙해지는 가족을 다루었고, 거기에 한 명 정도가 펀자브어로 말하고 다른 대화는 영어로 이뤄지는 좀 더 자연주의적인 장면을 포함시켰다. 이것은 둘 중 한 언어로만 말하는 사람들에게도 의미를 전달할 수 있고, 또 한편으로는 서로 다른 언어를 쓰는 이민 세대가 점점 더 소통에 어려움을 겪는 현실을 반영하였다.

그리고 아이들이 교실에서 겪는 괴롭힘과 노골적인 인종차별에 관한 장면이 있었는데, 인도 출신 교사와 학생이 거의 없어 긍정적인 역할 모델이 부재한 상황에서 부모들은 그 상황을 어떻게 다루어야 하는지를 놓고 서로 대립했다. 좀 더 서정적인 장면도 있었다. 엄마가 전통적인 인도의 가치를 배우고 그것이 딸의 정체성에 긍정적인 영향을 미치리라는 기대를 가지고 십대가 된 딸을 고향에 계신 할머니에게 보내는 것이다.

그러나 우리가 들은 이야기에서 부모는 대체로 젊은 세대가 영국 문화에 빠르게 적응하면서 먹는 것, 입는 것, 이성을 대하는 태도, 공식적인 규범에서 부모의 가르침을 벗어나는 것에 실망을 느꼈다. 그래서 우리는 아들이 점점 더 반항적으로 변하면서 부모를 존경하는 전통에 등을 돌려 결국 집에서 쫓겨나는 장면을 만들었다.

키타르:　　 아들에게 문제가 생겼어요. 어떻게 해야 좋을지 모르겠어요.

반토:　　　 Kithey ja rehanen. (뜻: 어디 가니?)

세바:　　　 밖에요.

반토:　　　 Kis wailey vapis aawaynga. (뜻: 언제 들어올 거야?)

세바:　　　 몰라요. 나중에.

반토:　　　 Khana kha ke ja. (뜻: 뭐라도 먹고 나가야지)

세바:　　　 커리 안 먹고 싶어요. 나가서 햄버거 먹을래요.

반토:　　　 Dekho menu ki khenda ey. (뜻: 제 말하는 것 좀 봐요)

키타르:　　 야, 나가냐? 엄마가 만든 저녁이 어떻다구?

세바:　　　 마늘 냄새가 싫다구요.

키타르:　　 마늘 냄새가 싫다구? 창피해?

세바:　　　 네, 그래요.

키타르:　　 좋아. 넌 우리를 존경하지 않는구나. 그럼 아예 집을 싸서 나가라.

세바:	좋아요. (세바가 짐을 싼다)
반토:	(키타르에게) Tussi ki keh rehey ho. (뜻: 그러면 어떻게 해요?)
	(반토는 나가려는 세바를 막으려 한다)
세바:	(그녀를 한쪽으로 밀치며) 엄마… 비켜주세요.
키타르:	다시 들어오면 목을 부러뜨려 버릴게다.
	(세바는 그의 어깨를 밀치며 가방을 가지고 나가버린다)

희망과 실망

한 회상 회기에서 어떤 할아버지가 했던 말이 기억난다. 그는 영국에서 그가 가졌던 희망과 기대를 이야기했고, 그것을 번역하면 이렇다.

젊은 시절에는 씨를 뿌리고 시간이 가면서 그것이 커다란 나무로 자라 늙었을 때 그 그늘에 앉아 쉴 수 있기를 바라지. 그런데 내 나무는 어디 있나?

그의 말에서 자신을 실망시킨 자식들, 달아난 꿈과 희망에 대한 배신감과 실망이 절절하게 느껴졌다. 우리는 그의 말을 버배팀으로 사용하기로 했다. 그것은 갖은 종류의 문화적이고 개인적인 상실을 겪은 노인들에게 반향을 일으켰다. 그 감정은 힘이 떨어지면서 창창 했던 젊은 시절의 기억이 급격하게 사라지는 것을 느끼는 노년에 더욱 생생할 수밖에 없었다. 그들은 모국이 얼마나 멀리 있는지 그리고 다시 돌아갈 수 없음을 절감하며 상실감을 느꼈고, 그것은 종종 감정적으로 소원해진 듯 보이는 자녀에 대한 상실감과 겹쳐졌다. 이를 고려하여 런던의 집에 홀로 남은 늙은 부모와 길을 잘못 든 아들의 소식을 애타게 기다리는 어머니를 보여주면서 극을 맺기로 했다.

노인들이 리허설에서 우리의 발전을 확인하다

대본의 형태를 결정하고 몇 장면을 준비했을 때, 우리는 아시아 노인들(그들과 리허설 기간 내내 지속적으로 접촉했다)을 초대하여 만들어진 것을 처음부터 끝까지 보여주고 피드백을 받았다. 그들은 그 순간을 매우 기대하고 있었고 공연에 큰 기여를 했다는 자부심을 느꼈다. 이야기가 잘 엮어진 것을 기뻐했지만, 마지막 장면에 대해서는 우려를 표하면서 결말이 좀 더 긍정적이면 좋겠다고 강력하게 요구했다. 그들은 자녀들이 실제로 가족의 품으로 돌아오기도 하고 때로는 인도 사람이 아닌 배우자와 결혼을 해서 어려움을 겪기도 하지만 어쨌든 모두가 다시 화해하게 된다고 말했다. 그들은 돌이킬 수 없이 분열된 가족의 이미지를 무대에 올리고 싶어 하지 않았다. 자녀와 지속적으로 접촉하면서 달라진 삶의 방식에 적응하기 위해 노력하고 있다고 느꼈기 때문이다. 우리는 그들의 의견에 따라 마지막 장면을 좀 더 긍정적으로 바꾸기로 했다. 하지만 잃은 만큼 다시 얻게 된다는 의미에서 아버지의 상실감은 그대로 남겨두기로 했다.

리허설에 노인들을 초대한 것은 개발 중인 작품에 대한 그들의 반응을 들을 수 있게 해주었을 뿐 아니라 몸짓, 마임, 음악의 도움을 받아 영어와 펀자브어, 두 개의 언어로 전개되는 이야기를 그들이 따라올 수 있는지 확인할 수 있는 기회가 되었다. 우리는 그들이 할 수 있다는 것에 만족했고 그래서 기쁜 마음으로 아시안 낮병동과 사원의 전국 순회공연을 시작했다.

순회공연에 오른 '루트'

우선 런던에 있는 아시안 낮병동, 클럽, 사원과 지역 센터에서 공연을 했다. 그리고 웨스트 미드랜드, 리드, 맨체스터, 리버풀 등을 포함하여 대규모 아시아의 소수 민족이 있는 곳을 중심으로 다른 지역을 순회했다.

공연은 재상연 요청에 따라 여러 차례 다시 무대에 올려졌다. 나는 이 공연이 유럽 다른 지역의 영어나 펀자브어를 쓰지 않는 이민자 집단의 노인들에게도 반향을 일으킬 수 있을지 궁금했다. 그래서 벨기에와 네덜란드와 독일의 다양한 곳을 찾아가 공연했다. 그 시도는 매우 따뜻한 반응을 받았고 그 나라에 사는 소수 민족 노인들에 관한 그리고 그들에 의한 많은 새로운 작품을 촉발시켰다. 로테르담에서는 수리남과 말루쿠 제도에서 온 노인들을 찾아갔는데, 비슷한 경험을 갖고 있는 그들은 공연 후 토론에 매우 활기찬 태도로 임했다. 브뤼셀에서는 모로코 사람들에게, 독일 전역을 다니면서는 터키인을 상대로 공연했다. 나는 특히 카젤에서 터키인이 대부분인 관객에게 상연을 했을 때가 기억에 남는다. 그들은 공연에 깊이 감동하여 눈물을 흘리기도 했고, 말을 전혀 알아듣지 못하면서도 드라마에서 자신의 이민 경험을 명확하게 인식하였다. 한 노년의 신사가 객석에서 말했다. '말은 한 마디도 못 알아들었소만, 전부 이해가 되었소.'

공연하는 곳마다 '루트'는 엄청난 공감적 반응을 불러일으켰고, 공연을 본 사람들은 지금도 그와 관련된 감정을 생생하게 기억하고 있다. 조연은 코믹한 스테레오타입을 사용하고 관객이 동일시하는 주인공은 좀 더 자연주의적이고 섬세하게 표현한 것, 텍스트에 두 가지 언어를 함께 쓴 것, 그리고 인도의 음악과 춤을 사용한 것이 많은 관객에게 직접적으로 호소하는 강력한 연극적 경험을 창조했다.

SUMMARY

이 장에서는 소수 민족 집단 노인들의 삶에 근거한 회상 연극을 살펴보았다. 첫 번째 사례는 세계 각지에서 온 노인들이 들려주는 이민 이야기를 다양한 인종적 배경을 가진 연기자들이 모국어와 영어를 함께 사용하여 옮긴 다문화적 모델을 보여주었다. 두 번째 보기에서는 인도에서 온 노인들의 이야기에 근거하여 플롯과 인물을 창조하고, 펀자브어와 영어로 된 대본을 인도 출신 배우들이 연기하는 과정을 살펴보았다. 두 프로젝트 모두 배우들이 자신의 경험과 직접 진행한 인터뷰를 바탕으로 장면을 발전시킬 책임을 맡아 진행한 과정중심의 접근이었다. 또한 두 공연 모두 처음으로 공연하는 장소가 많았고, 그 중 대다수는 공연에 매우 우호적으로 반응하여 이후 소수 민족 노인을 대상으로 한 또 다른 회상 작업의 창조적 가능성을 열어주었다. 이것은 당시로서는 매우 드문 시도였다. 하지만 그들 공동체의 젊은 세대뿐 아니라 주류 사회 역시 노인들의 과거와 현재 경험을 기록하고 귀 기울여야 한다는 사실을 깨닫고 있다.

유태와 아일랜드 노인의 기억을 극화하기

회상 연극 '잠시 머무는 곳'과 '루트'는 한눈에 구별되는 문화적이고 민족적인 정체성을 가진 소수 민족 노인의 과거를 다루었다. 피부색, 언어, 종교, 의복과 관습에서 그들은 영국의 주류와 뚜렷한 차이를 보였다. 그런데 전후에 영국으로 이주한 또 다른 이민 세대의 경험을 기록하는 것이 중요했다. 도시에 사는 그들의 후손은 여전히 눈에 띄게 다르지만, 시간이 지남에 따라 주류 문화로 흡수되면서 역사에 대한 감각이 희미해진 사람들의 이야기를.

문화적이고 종교적인 차이에 주목하기

아일랜드와 유태 노인들의 기억을 기록함에 있어, 차이는 여하한 시각적 유산보다는 문화와 종교 문제에 가까웠다. 결혼과 공동체의 지정학적 분산을 통한 통합이 노인 세대가 중요시하는 강력한 정체성과 공동체감을 희석시키고 있는 사회에서, 회상 연극은 그 차이에 주목하는 것이다. 흑인, 아시아인, 아일랜드인과 유태인을 막론하고 소수 민족 노인들은 공통적으로 삶의 여정을 통해 근본적인 변화를 만들어낸 특정 소수 민족 집단의 마지막 대표자로서 자신의 경험을 후세에 전하는 것이 중요하고 긴급하며 그것이 젊은 세대에게 흥미와 의미를 지닐 것이라 생각했다.

인터뷰에 응한 노인들은 예외없이 녹음 과정뿐 아니라 자신의 삶을 많은 관객 앞에서 연극적으로 재현한다는 것에서 지지를 경험했다. 공연은 그들의 청춘을 다른 사람들과 함께 다시 경험할 수 있게 해주었고, 공유된 과거와 함께 개인의 현재 또한 중요함을 강조함으로써 노인들의 자존감을 상승시켰다(Myerhoff, 1980[7]); Strimling, 2004[8])).

스테프니 그린에서 골더스 그린까지

사라지는 공동체

20세기 초반에는 런던 동쪽에 유대가 긴밀하고 자족적인 유태인 공동체가 있었다. 나 역시 유태인이지만, 나는 맨체스터에서 자랐기 때문 유태 이스트 엔드로 알려진 곳의 역사를 잘 몰랐다. 나는 특히 이 활력 넘치는 공동체의 일부로 사는 것이 어땠는지를 알고 싶었고 거기서 자란 노인 세대의 삶을 기록하고 싶었다. 그런데 이 공동체가 런던 전체와 녹지가 많은 교외로 빠른 속도로 흩어지고 있었고 전성기의 이스트 엔드를 회상할 수 있는 사람들이 이미 70대와 80대가 되었기 때문에, 1987년에 이 문제는 긴급한 사안이었다. 나는 낮병동과 요양원에 있는 유태 노인 집단과 가족과 친구를 통해 알게 된 노인을 대상으로 여러 차례 인터뷰를 했다. 또한 유태인 친구들에게 회당과 가족 모임에 참석한 노인을 상대로 더 심도 있는 인터뷰를 하도록 부탁했다. 인터뷰를 진행한 사람들은 모두 노인들과 어떤 식으로든 관계가 있었기에 일정 수준의 이해와 신뢰가 있는 상태에서 이야기를 들을 수 있었다.

신뢰 구축하기

자신감과 신뢰감을 구축하는 것은 개인적으로 중요한 의미가 있는 이야기를 처음으로 꺼내 놓을 수 있는 자리라는 점에서 어떤 회상 프로젝트에서나 중요하지만, 특히 소수 민족 집단에서는 더욱 유념해야 한다. 여기 기록된 공연은 해당 공동체와의 상당량의 사전 준비작업과 노인들과 밀접한 관계를 갖고 일하는 분들의 자발적인 협조가 없었다면 가능하지 않았을 것이다. 소수 집단이 외부 대상에게 처음에 보이는 불신과 경계는 전적으로 자연스러우며, 그것을 극복하려면 우리의 진지한 의도를 설명하고 프로젝트가 노인들에게 어떤 도움을 줄 수 있는지를 강조함으로써 '열쇠가 되어주는 사람들'에게 먼저 신뢰를 얻는 것이 매우 중요하다.

자부심 있고 위풍당당한 인터뷰이

또한 회상에 접근하는 방식과 노인들이 기억을 나누고 녹음하는 태도 역시 문화에 따라 다를 수 있음을 알아 그것을 존중하는 것이 중요하다. 예를 들어 인도 공동체에서는 남녀가 함께 있는 자리에서 노래를 부르거나 말하는 것을 매우 불편하고 제한적으로 느꼈기 때문에 인터뷰를 남녀 집단으로 나누어 진행했다. 유태 노인의 경우에는 일반적인 '회상 규칙'의 일부가 적용되지 않는 듯 보였다. 기존의 방식에 따르자면 회상 집단의 규모는 8명에서 10명 사이가 적절하며 그 이상은 권할 만하지 않다고 믿었다. 그래서 런던 북동 구역의 유태인 회당에서 회상 집단을 열었을 때, 마이크가 설치된 무대에 랍비가 있고 객석에 200명이 기다리고 있는 광경을 보고 놀라지 않을 수 없었다. 그런 상황에서는 아무도 나서지 않을 줄 알았다. 그런데 마이크 앞에 순식간에 줄이 늘어섰고 사람들은 자신의 경험을 이야기하는 데 거리낌이 없었다. 거기에는 모종의 쇼맨십도

있었다. '슬픈 얘기가 좋을까요, 행복한 얘기가 좋을까요?' 주로 80대
인 그들은 특히나 수용적이고 '안성맞춤인' 동년배의 관객에게 말할
수 있는 기회를 즐겼다. 물론 이들 중 다수가 개별이나 소규모의 집
단 회기를 추가로 진행하면서 좀 더 자발적인 회상을 주고받았지만,
회당에서의 대중적인 연설 역시 나름의 역할이 있었으며, 그것은 개
인과 집단으로서 그들이 갖고 있는 자부심과 당당한 태도를 보여주
었다.

　　많은 노인들이 이스트 엔드에서 지낸 어린 시절보다 어른이 되
어 정착한 골더스 그린과 헤돈의 부유한 지역(나중에 공연의 제목은 '스
테프니 그린에서 골더스 그린까지(From Stepney Green to Golders Green)'로 정
해졌다)을 더 많이 떠올렸다. 그들은 성년의 날을 기억하는 것을 더
편안하게 느꼈지만 가난했던 시절 역시 매우 자랑스럽게 여겼고, 그
공동체의 친밀함과 활력에 대한 따뜻한 기억을 간직하고 있었다. 실
제로 노인들 사이에는 이스트 엔드에서 보낸 젊은 시절을 낭만적으
로 과장하려는 경향이 있었지만, 그때마다 당시의 힘들었던 현실을
상기시키는 사람들이 나타나 전체 그림의 균형을 확보해주었다.

시나리오가 나오다

　　집단 인터뷰와 노인들의 집에서 진행한 개별 회기를 통해 공연
을 위한 시나리오가 모습을 드러내기 시작했다. 20세기 전반부에 이
스트 엔드에서 어린 시절을 보낸 70대와 80대 노인들 삶의 추이를
따라가는 식이었다. 먼저 부모 세대로 거슬러 올라가 1880년대 폴란
드, 리투아니아, 루마니아의 유태인 학살을 피해 런던으로 옮겨온 데
서 시작할 필요가 있었다. 그 위대한 여정을 함께 한 것은 이불 보따
리와 간신히 챙긴 몇 가지 소품이 전부였다. 어떤 노인들은 어릴 때
부터 이디시어 밖에 하지 못하는 부모를 위해 통역을 하기도 했다.
많은 망명자들이 지역사회가 제공하는 영어 강좌를 들었지만 영어를

잘 못하는 경우가 많았기 때문이다. 노인들은 또 그들이 자란 혼잡하기 그지없었던 주거시설에 대해서도 이야기했다. 아무리 어려도 식구들마다 생계에 보탬이 되도록 일상적인 집안일은 물론 바느질, 다리미질, 담배말기를 비롯해 집안에서 할 수 있는 다양한 '부업'을 해야 했다.

대본을 쓰는 과정에서 노인들 다수가 과거로부터 비슷한 이야기나 장면을 회상할 경우에는 공연이 목표로 하는 관객에게도 역시 반향이 있을 것이므로 그 내용을 반드시 시나리오에 포함시킨다는 회상 연극의 규칙을 따랐다. 학창 시절의 즐거운 기억과 엄격한 종교 관습을 돌아본 다음에는 청소년들이 푼돈을 벌기 위해 혹독한 육체 노동을 해야 했던 견습생 시절의 이야기로 넘어갔다. 올드 이스트 엔드에서의 삶, 시장과 상인들, 그리고 당시만 해도 번성했던 권투와 이디시 연극을 포함한 스포츠와 문화 생활은 관객을 그 활기 넘치던 시절로 데려다 줄 것이었다. 우리는 1930년대에 있었던 로맨스와 핑크빛 구애의 이야기를 여러 개 포함시켰다. 그때가 바로 우리의 관객 대다수가 결혼을 했을 시기였고, 당시에는 세련된 연회와 헐리우드 스타일의 웨딩 사진(물론 촬영은 유태 이스트 엔드의 사진사들이 했지만)을 찍는 것이 유행이었다. 유태식 결혼식보다 공연을 잘 마무리하는 방법이 무엇일까?

트라우마의 기억과 회상 연극

여러 측면에서 유태 이스트 엔드가 와해되기 시작한 1938년 즈음에 드라마를 마무리하는 것이 적절해 보였다. 전쟁의 기미가 짙어지면서 사람들은 피난을 가거나 군대나 군수 공장에 소집되거나 폭격을 당하거나 좀 더 살기가 나은 지역으로 이사를 갔다. 우리의 공연은 홀로코스트를 피한 사람들의 이야기나 당시에 가족을 잃은 경험을 다루지 않았다. 그 결정에는 두 가지 이유가 있었다. 하나는 이 프로젝트를 위해 만난 사람들은 전반적으로 영국에서 성장했고 그래서 나치 독일이나 다른 점령국에 있던 가족과 거의 접촉이 없었다. 또 다른 이유는 우리의 공연은 유태인 회당의 클럽, 낮병동, 요양원에 사는 유태 노인들에게 주로 공개될 텐데 거기에는 분명히 홀로코스트 생존자가 있을 것이며 그중 일부는 이런 저런 이유로 그 기억을 영원히 봉인했을 수 있기 때문이다. 그런 경우에 트라우마의 경험을 무대에서 보게 된다면 매우 혼란스러울 수 있을 것이다. 잔학행위를 극적 형식으로 표현하는 것에 대해서는 항상 불안이 따라다닌다. 이러한 우려는 조슈아 소볼(Joshua Soboll)의 '게토(Ghetto)'(1989)와 마틴 셔먼(Martin Sherman)의 '벤트(Bent)'(1979)와 같이 홀로코스트를 다룬 훌륭한 연극이 나왔고, 두 작품 모두 그 공연을 보기로 선택한 관객일반에게 지대한 영향을 미쳤음에도 불구하고, 누그러지지 않았다.

물론 생존자의 증언을 기록하는 것은 점점 더 중요해져왔다. 기억하는 이들이 계속 늙고 있을 뿐 아니라 특히 악의적으로 '왜곡하는 사람들'에 맞서 역사를 바로 기록해야 한다는 절박한 주장이 더 강해지고 있다는 점에서 그렇다. 그러나 그 같은 고통스러운 경험을 공유하는 것은 적절한 지지가 보장되는 상태에서 개인적인 차원에서 자발적으로 선택되어야 한다. 원안제공자가 동의한 경우에는 개인의 이야기를 연극으로 제작한 사례가 있다. <세대교류>에서도 유태인 할머니 헬렌 아론슨(Helen Aronson)의 이야기를 그런 방식으로 제작한 적이 있다. 폴란드의 로츠 게토에서 살아남은 그녀의 유명한 이야기는 청소년 연극에 영감을 주어 일반 연극으로 먼저 상연된 후에는 유태인이 아닌 13살 어린이들이 공연하였다. 연출자 데이빗 사빌(David Savill)과 어린이들은 헬렌과 밀접하게 작업하면서 과거에 대해 많은 것을 배울 수 있었고 그 배움은 현재에도 여전히 중요하다. 헬렌의 가족은 공연에 참여하면서 엄청난 자부심을 느낄 수 있었지만,

그처럼 적절한 환경 속에서조차 공연은 헬렌에게 끔찍했던 경험과 아슬아슬한 탈출을 상기시켜 여러 날 동안 잠을 이루지 못할 만큼 큰 고통을 안겨주었다. 헬렌의 이야기를 극화한 청소년 연극과 <세대교류>의 공연 사이에 종전(終戰) 50주년 기념일이 있었다. 그것은 지금까지 기록되지 않은 회상을 위한 행사였고, 스티븐 스필버그(Steven Spielburg)와 그 밖의 사람들이 체계적인 기록을 위해 많은 노력을 기울였다. 하지만 그것은 우리가 '스테프니 그린에서 골더스 그린까지'를 제작한 1987년 이전에는 상상하지 못했던 시도였다.

유태인 배우들과 작업하기

경험 많은 유태인 배우 세 명이 <세대교류>에 결합했다. 그들 중 한 명은 예비 인터뷰에도 참여했다. 그들이 유태인이라는 사실은 여러 측면에서 중요했다. 노인들의 기억과 연관을 가지고 통찰할 수 있었고, 특히 이 공연에서 매우 길고 활기차게 진행되었던 공연 후 토론에서는 관객의 기억에 공감하고 반응할 수 있었다. <세대교류>라는 극단의 명칭에서도 드러나듯이, 젊은 사람들이 노인들의 삶을 재현하면서 배우는 것은 우리가 목표한 바의 일부였다. 공동체를 지속시킨다는 이 같은 느낌은 배우들에게 개인적인 만족감을 주었다. 공연 대상과 같은 배경을 가진 배우를 선택하는 보다 중요한 이유는, 배우들이 자신과 다른 인종의 인물을 표현하는 경우 공헌자와 관객의 민감한 부분을 건드려서 자극하기가 쉽기 때문이다. 앞서 언급한 '잠시 머무는 곳'의 경우에, 서로 다른 민족적 배경을 가진 배우들이 서로의 이야기를 재현하는 것에 도움을 주었지만, 각 장면에서 관객과 주된 소통을 하는 역할은 늘 해당 민족 집단에서 온 배우가 맡았다.

즉흥극에서 버배팀 대본까지

인터뷰 내용을 바탕으로 즉흥극을 하면서 리허설 과정을 시작했다. 배우들의 즉흥연기는 이례적으로 훌륭하여 그것을 보면서 엄청나게 감동했고 대본을 어렵지 않게 쓸 수 있을 것 같았다. 그러나 즉흥극을 사나흘 정도 하고 나서, 배우들은 본래 인터뷰의 극적인 힘이 우리가 한 어떤 즉흥극보다 강력하게 느껴진다고 말했다. 그래서 우리는 만장일치로 기록된 내용으로 돌아가 버배팀 공연을 만들기로 결정했다. 오직 그 방식으로만 유태 노인들의 목소리의 진정성과 이야기를 풀어내는 다양한 색깔, 독특한 표현 방식과 특별한 유머감각을 담아낼 수 있었다. 예를 들어 다음 발췌문에 있는 대사는 모두 스토리텔러가 주말마다 집에 득실거렸던 사람들을 추억하며 들려준 것이다.

소녀:	어른들이 카드 놀이를 하고 있었어요. 솔로 게임 (혼자 여러 사람을 상대로 하는 카드놀이).
카드놀이 하는 여자:	아직 자릿값 안 낸 사람이 누구지?
카드놀이 하는 남자:	목숨 걸고 난 벌써 냈어요.
카드놀이 하는 여자:	덤벼, 덤벼, 난 지금 에이스와 잭을 손에 들고 골렘처럼 여기 앉아 있지.
카드놀이 하는 남자:	정말이라니까, 큰 적들은 그런 짝을 데리고 다녀야 해. 다음 주에는 영화를 보러 가는 게 낫겠네.

공통의 유산을 가진 관객을 일깨워 현재에서 서로 소통할 수 있도록 우리의 공연은 그들의 언어와 어휘를 사용해 그들만의 세계를 표현했다.

집단 토론에서 취한 버배텀 자료를 사용하기

월섬 포레스트 우정 클럽에서 가진 한 집단 회상 회기를 나는 이런 말로 시작했다. '이스트 엔드에서 생각나는 사람들에 대해 얘기해 주시겠어요?' 노인들은 서로 거들어가며 모두의 이름을 생각해냈다. 우리는 기억을 소환하는 이 전형적인 방법을 대본 초반에 사용했고, 배우들은 녹음 당시의 자발적인 회상의 느낌을 정확하게 재생했다. 사람에 대한 추억은 매우 빠른 시간 안에 그 시대와 장소를 구체화할 수 있도록 했고, 공연 후 토론에서는 각자의 다양한 기억을 가지고 그 목록을 확장할 수 있었다. 오프닝 음악이 끝나면, 배우들이 한 사람씩 집단 인터뷰에서 직접 따온 대사를 말했다. 일부는 짧은 감탄사를 내뱉고 좀 긴 이야기를 하기도 했는데, 그 모두는 인물이면서 동시에 인물에 대해 이야기하는 행동과 몸짓으로 강조되었다.

린다: 내가 자란 화이트채플 지역에는 온통 유태인뿐이었어. 정말로 온 거리가 유태인들로 가득 찼지. 그리고 사람들! 어떤 사람들이 있었지?

찰리: 말과 수레를 옮기던 코크 맨 슬럼피가 있었지. 키는 작지만 엄청나게 강하고 거친 남자였어. 슬럼피는 권투를 하던 프리미어 랜드에서 늘 무대 바로 앞자리에 앉곤 했지. 우리는 일요일마다 키드 루이스, 해리 미즐러, 베니 카플란의 큰 경기를 보러 갔어.

린다: 우리 골목에는 유리 장수 벤자민이 있었어요. 그는 유리를 등에 지고 다녔죠.
            (찰리가 커다란 유리판을 등에 진 시늉을 하며 비틀거리며 무대를 가로지른다)

린다: 그는 주정뱅이였어요. 그래도 유리를 끼울 때 한 번도 깨뜨

린 적은 없었죠. 그리고 회당에서는…

(찰리가 탈리스(기도할 때 쓰는 숄)를 걸친다)

린다: 아시다시피 그의 목소리는 다른 사람들보다 훨씬 커서 기도
할 때나 찬송을 할 때도 다 들렸죠.

찰리: (노래 부른다) Baruch Atah Adoshem…

린다: 안식일에는 술을 입에도 대지 않았어요.

(바이올린 연주가 시작되면 찰리는 노래를 부르며 셔플 댄스
를 춘다)

찰리: (노래를 부른다) 올드 솔로몬 레비. 트랄랄랄라 트랄랄랄라…

린다: 올드 솔로몬 레비, 아마도 다들 한 번쯤 들어보셨을 거예
요. 그는 여러 거리를 돌아다녔어요. 싸구려 피리를 부는
친구를 데리고 다녔죠. 이층에 살던 우리는 동전을 던졌어
요. 장난으로 반페니짜리 동전을 삽에 올려놓고 불을 붙여
뜨겁게 한 다음 그들에게 던졌어요. 그러면 그는 모자를 벗
어 떨어지는 동전을 받곤 했죠. 그의 모자는 동전에 탄 구
멍이 가득했어요.

(이 장면은 내레이션과 함께 진행된다)

'스테프니 그린에서 골더스 그린까지'에서 안식일
을 축하하기: (왼쪽에서 오른쪽으로) 린다 폴란
(Linda Polan), 찰스 웨그너(Charles Wegner),
질리안 갈란트(Gillian Gallant)

감각을 자극하기

많은 회상 회기에서 음식과 요리에 대한 이야기가 유태인의 가족생활과 종교 관습과 공동체 문화의 여러 기억을 불러냈다. 음식은 회상 집단에서 즐겨 등장하는 화제로 그 이야기를 하다보면 가족 관계에 대한 기억이 함께 불려나오고, 자연스럽게 어린 시절의 가정환경으로 돌아갈 수 있도록 해준다. 특히 소수 민족 집단의 문화를 탐험하는 공연에서 그런 감각적 기억을 다루는 것은, 관객이 공유하는 경험과 배경으로 속히 빠져들 수 있는 통로를 제공한다. 조리법을 나누고 그 놀라운 맛과 부엌에서 뿜어져 나오는 냄새를 회상하면서 빠르게 과거로 옮겨가는 것이다. 어떤 공연은 그 아이디어를 끝까지 밀고나가기도 했다. 연출자 에이제이 차브라(Ajay Chhabra)와 함께 작업하는 아시아 노인 집단 <엑타(Ekta)>는 몇 년 후인 1997년에 실제로 인도 음식을 주제로 주인공이 영국에 인도 식당을 차려 성공을 거두는 환상적인 이야기를 만들었다. 드라마를 지켜보는 강렬한 기쁨과 함께 작은 스튜디오 극장에서 음식을 조리하면서 나는 냄새를 맡는 독특한 경험은 민족적 배경을 막론하고 공연을 보는 누구에게나 잊지 못할 경험이었을 것이다! '스테프니 그린에서 골더스 그린까지'는 그것을 대사에 한정했다.

찰리:	난 그 냄새가 기억나, 오이 냄새, 오이 피클 냄새 말이야.
길리언:	난 (커다란 베이글 봉투를 들고) 페티코트 거리를 걸었던 기억이 나. 빵은 뜨겁고 근사한 향기가 났지.
린다:	그리고 막스 부인 – 그녀는 청어를 팔았지. 거리에 10통이나 12통을 늘어놓고 서 있었어. 겨울이나 여름이나 하루같이. 청어 껍질을 벗기고 토막 내면서 말이야.
찰리:	내가 대여섯 살 때는 이렇게 커다란 부대에 땅콩을 넣고 삶

	앉어. 땅콩을 손에 한 줌 쥐면 따뜻하고 정말 예뻤는데.
린다:	아직도 그 땅콩 냄새와 맛이 기억나.
길리언:	특히 금요일에는 치킨 매대들이 늘어섰어.
찰리:	한 여자가 와서 치킨 한 마리를 들고는 여기 저기 냄새를 맡지.

(찰리가 치킨 파는 사람이 되어 손님 역할을 하는 린다를 향해 선다)

당신을 보니 내 딸이 생각나네요, 그 애는 여기 저기 조금씩 냄새만 맡고 절대 사지는 않는 친구들과 어울려 다녔죠.

아시아와 카리브해 연안에서 온 노인들은 1950년대와 1960년대 런던에서의 사회적이고 문화적인 고립에 관한 이야기를 들려주었다. 굳게 닫힌 그들의 문 뒤에서는 가족 전체에 커다란 드라마가 출렁이고 있었다. 그런데 유태인들은 1920년대와 1930년대를 배경으로 함에도 불구하고, 집안의 문은 훨씬 더 열려있고 거리는 거대한 만남의 장소였으며 집집마다 이웃에 대해 소상히 알았다. 너 나 할 것 없이 매우 가난했지만, 신세진다는 느낌을 받지 않도록 신경 써서 더 형편이 좋지 않은 이웃을 현명하게 돕곤 했다. 대본의 한 장면은 작지만 관대한 행동으로 경험된 유태 이스트 엔드의 끈끈한 유대감을 보여준다. 우리는 감상적인 것을 피하고 싶었고, 그래서 한 할아버지가 들려준 소년시절의 재미있는 기억을 선택했다. 그는 이웃에 살던 노인의 대담함을 즐겁게 회고했다. 기본적인 줄거리를 관객에게 직접 전달하면서 중간 중간 대사와 행동이 있는 장면을 삽입했고, 그런 식으로 회상과 현재의 장면을 동시에 진행했다.

린다:	물론 가진 게 없는 사람들에게는 싼 것이라곤 없었죠. 우리는 모두 찢어지게 가난했으니까요.

길리언: 하지만 사람들은 관대했어요. 서로서로 도왔죠.

린다: (엄마를 연기하며) 이삭, 생선을 너무 많이 요리했구나. 이 것 좀 가져가 먹어라.

길리언: 엄마는 항상 요리를 너무 많이 했다거나 그 비슷한 핑계를 댔어요.

찰리: 우리 거리에 살았던 프리드랜더 부인은 토요일 한낮이 되면 항상 집 문 밖에 서 있었어요.

(린다는 프리드랜더 부인으로서 팔짱을 끼고 심부름을 가는 찰리를 바라본다)

찰리: 그때 빵집에 춀른트(캐서롤9)을 안식일 전에 준비하여 안 식일에 회당에서 점심을 먹은 후에 가까운 빵집의 오 븐에서 요리하였다)를 가지러 가는 건 내 담당이었어요. 그 리고 프리드랜더 부인은 내가 춀른트를 가지러 간다는 걸 알고 있었죠.

(찰리는 어린 아이처럼 프리드랜더 부인을 빠르게 지나쳐 달려간다)

린다: (프리드랜더 부인을 연기하며) 춀른트 가지러 가니?

찰리: 돌아올 때도 부인은 계속 거기 서 있었죠. (소년을 연기하 며, 엄마에게 속삭인다) '엄마, 프리드랜더 부인이 아직도 밖에 있어요.' 그리고 우리는 몇 개를 꺼내 부인에게 주었죠.

린다: (프리드랜더 부인으로서, 춀른트 접시를 받으며) 고맙구나.

찰리: 그녀는 항상 전혀 기대하지 않았다는 듯이 말하곤 했어요.

연극으로 시청각적 기억을 깨우다

무대 배경에는 지역 역사도서관과 공헌자의 사진에서 따온 이 미지, 영어와 이디시어로 야물커(유태인 남자들이 정수리에 쓰는 작고 동글납작

한 모자), 탈리스(기도 쇼올), 우아한 모자와 깃발 등의 물건을 광고하는
상점들의 전경을 그렸다. 그리고 연기 구역에 모자걸이와 작은 탁자
를 두고 소도구를 걸어놓았다.

늘 그렇듯이 음악은 공연의 매우 강력한 요소였다. 이 경우에는
어린 시절을 떠올리는 노래를 이디시어로 불렀다. 극중 인물이 자라
면서 주류 문화에 통합되는 것은 1930년대 영국과 미국의 대중적인
로맨틱한 음악으로 표현하였고, 그 노래들은 그들의 연애 시절과 연
결되었다. 가정적이고 종교적인 장면에서는, 모든 음악을 바이올린
과 클라리넷처럼 문화적으로 적합한 악기를 사용하여 동유럽 유태인
의 클레즈머 스타일로 연주했다. 그것은 요즘에 다시 인기를 얻고
있고 많은 노인들에게 정서적인 감흥을 불러일으켰다.

'스테프니 그린에서 골더스 그린까지': (왼쪽에서 오른쪽으로) 찰스 웨그너,
린다 폴란, 길리언 갈란트

공헌자들, 공연을 자신의 것으로 느끼다

유태인 관객은 공연을 보고나서 그들의 정체감과 한때 활기차고 친밀한 공동체에 속했다는 유대감을 매우 강렬하게 느꼈다. 많은 이들이 부유해졌음에도 불구하고 다른 데로 거주지를 옮기면서 소중한 것을 잃어버렸다고 느꼈다. 회상연극은 매우 특별한 문화를 재현하였고 관객은 사라진 시간과 장소를 생생하게 불러낸 데서 엄청난 기쁨을 발견했다.

인터뷰를 했던 지역에서 공연을 하면 공헌자들은 객석에서 일어나 주변을 둘러보며 다른 관객에게 말했다. '이건 내 기억이랍니다. 내가 그들에게 얘기해 주었죠. 여러분이 이게 내 이야기라는 걸 알았으면 좋겠어요.' 사람들은 드라마에 무척 깊이 동일시하였고 그것을 자신의 것이라 여겼다. 그것은 공연 후 토론에 뜨거운 참여를 불러일으켰고 때로는 또 다른 회상 회기로 좀 더 개인적인 기억을 공유하는 계기를 마련하기도 했다. 이런 방식으로, 공연은 회당 클럽과 요양원에서 유태인 노인 관객이 공유하는 과거를 재확증했을 뿐 아니라 사회적 응집력과 친밀한 소통을 이끌어냈다. 이것은 회상 연극에서 매우 중요한 요소이며 기관에서 활동을 조직하는 사람들도 점점 더 회상연극이 단순히 공연에 그치지 않고 노인들과 다른 스탭의 삶의 질을 높여주고 행복을 증진할 수 있는 의미 있는 행사임을 알아차리게 되었다.

다른 지역의 회상연극 수용가능성

우리는 주요 도시의 유태교 회당, 낮병동, 집을 순회하면서 전국의 유태인 공동체를 대상으로 공연했다. 그렇게 약 40회의 공연을 진행했고, 거기에는 내 고향인 맨체스터에서의 몇 회가 포함되었다. 공연을 본 부모 세대의 관객은 런던을 배경으로 한 이야기였지만 맨

체스터의 상황에도 잘 옮겨질 수 있었다고 말했다. 왜냐하면 그들 역시 맨체스터 북부에서 매우 친밀하게 연결된 유태인 공동체를 갖고 있었고, 그것이 세월이 흐르면서 점차 영국화되었기 때문이다. 거기서도 또한 상대적으로 작은 공동체는 처음 정착한 지역에서 살아남았고, 그들에게 공연은 유태 이스트 엔드의 남은 거주자들에게 그랬던 것과 같이 긍정적인 경험이 되어주었다. 특정 지역을 대상으로 한 인터뷰에서 개발되었지만 그 밖의 지역에서도 어렵지 않게 공감을 얻을 수 있었다는 사실은 매우 중요하다. 런던 지역 여성의 전시 노동, 보건, 고용과 살림살이에 관한 공연은 노인들이 그와 유사한 경험과 기억을 갖고 있기 때문에 영국을 넘어 웨일즈와 스코틀랜드의 도시에서도 무리 없이 수용되었다.

아일랜드 해를 건너

'스테프니 그린에서 골더스 그린까지'의 바탕이 된 유태인 노인 공동체는 반유태주의로 인해 추방된 동유럽과 중앙 유럽의 가족과 접촉을 잃거나 관계가 끊어진 경우가 많았다. 그들의 미래의 안정성은 그래서 새로 옮겨간 나라에 굳게 뿌리내리는 것에 달려있었다. 만일 그들이 거주지를 옮긴다면 영국의 다른 지역, 아마도 런던 안에서였을 것이다.

고국과의 연결을 지속하기

그러나 런던에 사는 아일랜드 노인들과 작업했을 때는 아일랜드를 여전히 집으로 여기는 마음이 강했고, 아일랜드에 남아있는 가족과도 자주 만나면서 긴밀한 유대를 유지하고 있었다. 노년에 이른 많은 사람들이 말년에는 아일랜드에 돌아갈 꿈을 품고 있었고 이같은 문화적이고 지정학적인 이중성과 근접성에 대한 지속적인 감각이

'아일랜드 해를 건너(Across the Irish Sea)'라는 회상 연극의 제목에도 반영되었다.

건축, 케이터링, 간호, 가사 서비스 등 어떤 종류의 직업이든, 일을 하러 런던에 온 아일랜드 사람들은 도시 전체에 넓게 퍼져 있는 먼저 이민을 온 친척들 가까이에 정착을 했다. 그들에게 가장 중요한 사회적 거점은 가까운 로마 캐톨릭 성당이었고, 그렇지 않으면 다른 아일랜드 사람들을 만날 수 있는 각 지역의 아일랜드 댄스 클럽이었다. 그들은 그 곳에 충정을 바치면서 음악, 춤, 종교와 고국에 대한 기억을 공유함으로써 자손 대대로 아일랜드인의 정체성을 뚜렷하게 지속시킬 수 있었다. 우리는 그래서 이들 성당과 아일랜드 클럽을 통해 일을 진행했고, 집단 인터뷰로 시작하여 노인들의 집에서 개별 심층 인터뷰를 하는 것으로 나아갔다. 인터뷰는 주로 아일랜드 여배우인 맥신 오레일리(Maxine O'Reilly)가 진행하였다. 그녀는 인터뷰가 아니어도 그들과 자주 만나는 사이였다. 개별 인터뷰에서 나온 자료는 매우 강렬해서, 자료집은 다른 작업에서 그랬던 것처럼 특정한 주제를 중심으로 짧은 발췌문을 싣기보다 노인들의 이야기를 통째로 옮겨(흐름과 명료함을 위한 편집을 최소화하여) 담았다(Schweitzer, 1989a).

기억뿐 아니라 현재 관심사로부터 시나리오 만들기

이 공연은 1988년에 제작되었다. 아일랜드의 경제가 발전하면서 이민자가 이전에 비해 확실히 줄긴 했지만 그럼에도 일자리를 찾아 영국으로 오는 사람들은 끊이지 않았다. 그래서 과거를 이야기하고 들을 준비가 되어있는 열성적인 관객이 있었다. 인터뷰 과정에서 네 가지 주제가 나타났고 우리는 그것을 극적으로 재현하였다. 아일랜드에서의 어린 시절의 기억, 전시와 전후에 일거리를 찾아 영국으로 이주해야 했던 트라우마, 이곳에서 가족을 꾸리고 정착한 과정, 그리고 '고국'에서 멀리 떨어진 데서 늙어가는 것. 유태인의 회상 연극과 달리, 이 공연에서는 노인들의 성찰을 현재로 끌어오는 것이 적절하게 보였다. 그리고 '바다 건너에 있는' 땅과 가족에 대한 그리움을 반영할 필요가 있었다.

아일랜드에서의 어린 시절 기억은 특히 풍부했다. 농촌 이야기, 푸른 전원, 토탄지, 당나귀를 타고 몇 마일씩 가야 했던 학교, 토요일 밤에 마을 사거리에서 추었던 춤, 이 모든 기억은 그들의 자녀들이 런던에서 경험한 도시적인 어린 시절과 정반대 끝에 있었다. 이 같은 단절을 무대 배경에 반영하여, 한쪽에는 오래된 엽서 스타일로 푸른 초원과 작은 오두막을 그리고 다른 쪽에는 빨간 우체통이 있는 벽돌 담장을 그려 고국에서 동떨어진 런던의 삶을 나타냈다.

일자리와 약간의 모험을 찾아 북적거리는 고향 집을 떠나야 했던 힘든 결정에 대한 이야기들이 또 있었다. 런던에 와서 호텔이나 옥탑방에 혼자 살았던 것, 집안일이나 객실 담당 메이드처럼 입주가 가능한 일자리를 찾는 것이 아일랜드 사람에 대한 강한 편견에도 불구하고 숙식을 해결할 수 있는 유일한 방법이었다. 그들은 또 경마와 사랑에 빠지고 헤어지면서 겪은 행복한 날들의 기억을 들려주었다! 많은 아일랜드 사람들이 여기서 전쟁을 겪었고 당시 그들이 무장 군대, 군수 공장, 대형 건축 프로젝트를 통해 공헌한 바를 얘기하고 싶어 했다. 우리는 그것을 공연에 포함시키는 것이 중요하다고 판단했다. 왜냐하면 공공연한 적대감까지는 아니더라도 전쟁에서 아일랜드의 중립을 바라보는 영국의 양면적 시선 속에서 자신들의 노력은 전혀 부각되지 못했다고 느꼈기 때문이다.

스토리텔링 전통

스토리텔링은 아일랜드에서 매우 뚜렷하고 생생한 전통으로 지속되어 왔다. 아마도 그 때문에 우리가 기록한 서사의 질이 이례적으로 높았을 것이다. 노인들 중 일부는 특히 집단에서 이야기를 할

때 이 전통을 기리기 위해 꽤 긴 독백을 하기도 하고 잘 다듬어지거
나 '스타일이 살아있는' 이야기를 하기도 했다. 인터뷰에서 반복해서
나타난 재기 넘치는 표현을 살리고 자기비하적인 스타일의 유머를
재현하기 위해서는 완벽한 버배텀 스타일의 대본 이외에 다른 대안
이 없었다. 다음 보기에서 '톰'은 다른 인물의 개입과 불필요한 극화
를 최소화한 상태에서 통째로 이야기를 할 수 있도록 안배된다.

톰:　　　　물론 전시에는 배급이 있었고 그게 전부였지요.

안주인:　　일주일에 달걀 한 개.

톰:　　　　안주인은 제 달걀을 가져가곤 했답니다.

안주인:　　아직 배급이 안 왔어요.

톰:　　　　하루는 주인집 아들이 내 달걀을 먹는 걸 봤지요. 달걀 한
　　　　　　개를 위해 목숨을 바칠 뻔 했던 어느 날 아침을 기억해요.
　　　　　　출근은 6시까지였고, 그건 5시까지는 일어나야 한다는 뜻
　　　　　　이었지요. 그래서 항상 안주인에게(여기 있는 그녀에게 말
　　　　　　하면 그녀가 나간다) 일부러 깨지 않아도 된다고 하고, 아
　　　　　　침을 만들어 먹었죠. 달걀 프라이를 하려고 했어요. 거의
　　　　　　한달 만이었죠. 그래서 말했어요. '와아, 드디어 내 달걀을
　　　　　　먹을 수 있겠구나.' 흔히 볼 수 없을 때는 달걀 한 개도 기
　　　　　　적적으로 느껴지기 마련이죠. 그 달걀을 부치려고 하던 참
　　　　　　에, 수상한 소리가 프라이팬 주변에서 나기 시작했죠. 그것
　　　　　　은 근처에 개미귀신이 나타났다는 뜻이죠. 그래서 개미귀신
　　　　　　이 머리 위로 날아오르길 기다렸어요. 그리고 말했죠. '음
　　　　　　아주 가까이에 있는 것 같으니 여기서 나가는 게 더 낫겠
　　　　　　어.' 그래서 전 달걀이 들어있는 프라이팬을 들고 마당으로
　　　　　　뛰어 내려가기 시작했어요. 그런데 하필 그때는 날이 채 밝
　　　　　　지 않아 어두웠고 달걀이 잔디로 떨어져버렸죠. 그제야 개

미귀신이 날아갔고 전 구워진 달걀을 집어 들었어요. 당연히 달걀은 엉망진창이었죠!

아일랜드의 음악과 언어

아일랜드 음악의 문화적 중요성 때문에, 백파이프, 보드란, 호각, 아코디언, 바이올린의 전통 악기를 연주하는 전속 연주자가 필요했다. 이것은 통상적인 회상 연극에 필요한 노래 솜씨와 댄스 기술 이상의 것이었다. 이 공연에서 음악은 고국에 대한 그리움을 담은 옛 노래를 들려주었을 뿐 아니라 장면을 강조하고 관객에게 어린 시절에 들었던 여러 전통 음악을 노인이 된 지금 다시 행복하게 즐길 수 있게 해주었다. 다음의 짧은 발췌문에서 키티의 대사는 호루라기와 파이프로 연주되는 아일랜드 춤곡을 배경으로 진행되었다. 어린 소녀와 파트너가 빙글빙글 춤을 추며 돌다가 숨을 몰아쉬면서 이렇게 말했다.

'아일랜드 해를 건너'에서 고국의 노래들: (서 있는 사람들, 왼쪽에서 오른쪽으로) 자넷 뱀포드(Janet Bamford), 넬 피닉스(Nell Phoenix) (앉은 사람들) 이몬 맥과이어(Eamonn McGuire), 프레이저 호일(Frazer Hoyle)(배경막은 리자 윌슨(Lisa Wilson)

톰: 일요일 밤은 아일랜드에서 춤을 위한 시간이었죠. 시골에
         살 때는 날 좋은 여름밤이면 사거리에 모두 모여 춤을 추
         곤 했으니까요.
         (연주자들이 춤곡을 연주하면 키티와 다른 배우들이 춤을
         춘다)

키티: 일요일에는 근사한 드레스를 차려 입고 머리치장을 하는
         게 큰 즐거움이었어요. 남자 애들이 참 많았지요. 전 발이
         무뎌서 춤은 썩 잘 추지 못했답니다. 플로어에서 움직일 때
         면 마치 짐마차를 끄는 것 같았죠. 한 쌍이 다가와 같이 춤
         을 추자고 했죠. 전 물결치는 금발을 가졌거든요. 하지만
         그들은 이내 절 내려놓고 가버렸어요. 아마 내가 다리를 걸
         었나 봐요!

톰: 한쪽에 남자들이 쭉 서고 맞은편에 여자들이 쭉 섰어요.

키티: 남자들은 술에 취하지 않고 멀쩡할 때는 춤추자고 하지 않
         았어요. 술이 한 잔 들어가고 나서야 움직이기 시작했죠.
         내가 눈 여겨 보는 남자는 한 번도 춤을 청한 적이 없어요.
         늘 다른 여자에게 가버렸죠!
         (음악 사라진다)

아일랜드에서 공연하기

우리는 영국 전역의 아일랜드 공동체를 대상으로 순회하고 아
일랜드 공화국과 북 아일랜드를 찾았다. 거기서 본인은 고국을 떠나
지 않았지만 일가친척 중 여럿을 떠나보낸 사람들 앞에서 공연을 했
다. 그들은 아일랜드 젊은이들이 처음 런던에 가서 어려움을 겪는
장면을 매우 집중해서 보았다. 그리고 예전에 그들이 받았던 편지가
가족의 걱정을 덜어주기 위해 많은 것을 감추었음을 뒤늦게 알게 되

었다. 다음 보기에서 조시는 정신 병원에 취직되어 집을 떠났고, 그 곳의 사정을 솔직하게 부모님께 말할 수 없었다.

(조시는 다락방 침대에 혼자 있다)

조시:　　　(관객에게) 브리디는 처음에 내가 적응할 수 있도록 여자 병동에 배치했어요. 깊은 밤이었죠. 다음 날 아침에는 커다란 식당에 모두 모여서 아침식사를 했는데, 사람들이 몹시 성이 나서 서로 싸워댔죠. 브리디는 어떤 핑계로든 정치나 종교에 대해서 떠들어댔어요. 모두 미쳐 돌아갔죠. 병원인데도 약 처방은 전혀 없어요. 치료라고는 구속복과 벽에 완충물을 댄 방이 전부죠. 환자들에게는 컵도 접시도 주지 않아요. 우묵한 그릇만 주는데 그것들도 여기 저기 온갖 곳에 날아다니죠. 지옥에서 겨우 빠져나왔어요. 난 침대에서 울고 또 울었죠.

　　　　　(음악이 이어진다. 조시는 집에 편지를 쓰는 동작을 한다)

조시:　　　사랑하는 엄마에게, 유니폼은 파랗고 하얀 색이에요. 아주 예쁘죠. 환자들은 병원에서 스타킹과 구두를 만들어요. 전 한 달에 30실링을 받고 숙식도 제공해줘요. 그래서 집에 돈을 보낼 수 있을 거예요. 건강히 잘 지내세요. 사랑을 담아, 조시가.

　　　　　(조시가 편지를 봉하고 여동생 키티가 아일랜드에서 그것을 읽을 때 음악이 장면을 연결한다)

키티:　　　(조시의 편지를 읽는다) 건강히 잘 지내세요. 사랑을 담아 조시가. (관객에게) 조시가 잘 적응했어요. 다행이에요.

슬픔을 무릅쓰다

영국에서 공연했을 때 공연 후 토론 시간에 한 관객이 '고국'에 대한 그리움을 연극이 아주 잘 표현해주었다고 말했다. 우리는 퇴직한 후에 아일랜드로 돌아가 거기서 정착하려고 애썼지만 그것이 뜻대로 되지 않았던 사람들을 여럿 만났다. 톰은 인터뷰에서 직접 따온 말로 그들을 대변한다.

톰:	마리와 난 아일랜드로 돌아갔어요. 하지만 생각만큼 정착하기가 쉽지 않았죠. 처음 들은 질문이 '언제 돌아갈 거예요? 휴일이라 집에 온 거죠? 정말로 아주 돌아온 건 아니죠?'였고 그때부터 그곳을 집으로 느끼기가 어려웠어요. 어쨌든 아일랜드 남자들은 고국으로 돌아가는 꿈을 갖고 있다고 생각해요. 나 역시 10년이 넘게 그 꿈을 꾸었고 그래서 퇴직을 일찍 하기도 했죠. 아일랜드로 돌아가 어딘가 적당한 곳에서 작은 장미를 올린 오두막을 짓고 낚싯대와 개 한 마리와 근처의 근사한 펍에서 기네스 한 잔을 걸치는 꿈을 꾸었는데, 그 꿈이 허망하게 사라지더군요.
배우들:	(호루라기 소리에 맞춰 노래를 부른다) 어린 시절의 장면들이 외롭게 떠도네 그 옛날 행복했던 기억이 나를 부르네 오랜 친구들은 간 곳 없고 다정하던 골목에서도 휑한 바람만 부네 창문에는 불빛이 없고 현관에 서도 반겨주는 이 하나 없네
키티:	남편은 12년 전에 먼저 갔어요. 숨을 거두기 전에 한동안 앓았죠. 좋은 사람이었는데. 난 여기서 50년을 살았어요. 그런데 아직도 영국여자라는 느낌이 들지 않아요. 죽으면

꼭 아일랜드에 묻어달라고 자식들에게 말했고, 시신을 옮길 돈도 모아두었어요. 그래도 장례를 치르려면 아이들이 각자 돈을 내야겠죠. (여기서 호루라기 소리가 강조된다) 거실에서 흔들의자에 앉아 있을 때면, 마음은 아일랜드로, 그곳의 땅, 흙, 공기, 언덕으로 달려가지요. 무엇도 바꿀 수가 없어요.

(모든 연기자들이 잠깐 '멈췄다가' 노래 '외로운'의 반복 부분을 부른 다음 춤곡으로 전환한다. '키티가 혼자 있어요'가 연주되면 배우들은 서로에게 그리고 관객에게 인사를 하면서 춤을 춘다)

이렇게 무거운 분위기로 극을 맺는 것은 다소 위험해 보일 수 있었다. 그러나 노인들의 목소리를 진정으로 반영하기 위해서는 다른 선택을 할 수 없었고 객석은 진심으로 거기에 감동받았다. 이런 연극의 아름다움은 음악이 구슬픈 분위기를 강조하다가 분위기를 전환시켜 가볍고 행복한 결말을 창조하는 것이다. 짧은 사이를 두고 뒤에 이어진 빠른 춤곡은 관객에게 성찰을 순간을 주어 그것을 자신의 감정과 비교한 다음 긍정적인 결말로 옮겨갈 수 있도록 해주었고, 그것은 '고국'의 음악과 춤에 바탕한 아일랜드 공동체의 활기로써 재현되었다.

목소리를 '직접' 듣다

20세기 후반에는 관련 배경의 작가들이 아일랜드인과 유태인 공동체에 대한 자신의 경험을 표현한 작품이 주류 연극계에서 나타났다. 브라이언 프라이엘(Brian Friel)의 '루나자에서 춤을(Dancing at Lughnasa)'(1999), 마리 존스(Marie Jones)의 '주머니 속 돌멩이(Stones in his pockets)'(2000), 버나드 콥스(Bernard Kops)의 '스테프니 그린의 햄릿(The

Hamlet of Stepney)'(1991), 아놀드 웨스커(Arnold Wesker)의 '보리가 들어간 치킨 스프(Chicken Soup with Barley)'(2001)가 그것이다. 이들 작품은 대사와 해당 공동체에 관한 작가의 섬세한 귀가 고유한 시간과 장소와 언어를 훌륭하게 포착해냄으로써 수많은 사람에게 지나간 삶을 되돌려주었다. 각 공동체를 둘러싼 이들 작품과 회상 연극의 차이는 전자가 해당 공동체와 그 과거에 대한 작가 개인의 관계와 비전을 표현한다면, 후자는 작가, 연출자 혹은 예술팀에 의해 구조화되기는 하지만, 여러 사람의 다양한 경험의 혼합물로서 그들의 목소리를 직접 들을 수 있고 '보통 사람들'의 삶에서 문화와 정체성이라는 커다란 주제가 미치는 지속적인 영향을 알게 해준다는 것이다.

SUMMARY

이 장에서 설명한 두 편의 회상 연극은 버배텀 접근 방식이 특히 특정한 문화적 배경을 공유하는 노인 집단의 특유한 말의 리듬과 액센트와 스타일을 살리기에 적합함을 보여준다. 스토리텔링과 노래와 유머에 대한 강조는 유태인과 아일랜드인의 두 공동체에서 모두 믿을 수 없을 만큼 풍부한 내용을 산출하였다. 두 작품은 영국에 살고 있지만 과거와 현재에 모두 조금씩 다른 경험을 갖고 있는 사람들에게 목소리를 부여해주었고, 그로써 공동체 밖에 있는 많은 관객이 그들의 생각과 기억에 '공감'할 수 있게 해주었다.

06

장소와 시간의 의미

이 장에서는 녹음하고 기록한 기억을 공연할 수 있도록 구조화하는 세 가지 접근 방식을 살펴보고자 한다. 첫 번째는 가정과 직장생활의 무대로 기억된 템즈강을 주제로 그를 둘러싼 많은 자료를 다룬다. 두 번째는 런던의 여러 '마을' 중 하나라는 아주 작은 캔버스에 초점을 맞추고, 거기에 있는 한 거리를 적은 숫자의 노인들과 강도 높게 탐험한다. 세 번째 접근 방식은 한 사람의 기억으로부터 대본을 창조하는 과정을 보여준다. 주인공의 생애의 주요 단계를 다룸으로써 그 세대의 관객이 자신의 삶을 함께 되돌아볼 수 있도록 하는 것이다.

살아있던 강의 기억

산업의 죽음

1980년대 말 런던에서는 템즈 강의 상태에 대한 절망이 확산되고 있었다. 선착장은 기능을 멈췄고 한때 창고와 부두로 꽉 찼던 땅이 말쑥한 주택과 사무실을 짓는 개발업자들에게 팔렸다. 강과 부두

노동자를 대표하던 강성했던 노동조합도 하락세를 보이며 조합원과 전체 조합 수가 줄어들었다. 바지선 제작과 수리, 보일러 제조, 창고 작업, 무두질 등 강과 선착장을 중심으로 한 거래도 더 이상 필요가 없어졌고, 화물의 절대 다수가 육로로 운반되었다. 많은 사람이 그것이 런던의 건강과 복지를 해친다고 주장했다. 거대하고 복합적인 운하가 여가를 위한 것 말고는 아무 쓸모가 없어졌다. 다른 유럽 국가와 달리 영국은 수상으로 물품을 운반하는 개념 전체를 폐기했다.

　　노동자들에게 시간당 6펜스의 임금을 확보한 1889년 부두노동자의 6펜스 파업 100주년 기념일은 은퇴한 템즈강 노동자의 삶을 기록하기에 좋은 기회로 보였다. 우리는 수송과 일반 노동조합(TGWU)에 지원을 의뢰했다. 그 작품은 런던 부두가 세계에서 가장 분주하고 템즈강이 영국 전체의 부와 노동의 근원이었던 템즈 강의 전성기를 다시 한 번 불러낼 것이었다. 우리는 공연의 제목을 '강 위에서(On the River)'라고 짓기로 했다. 그렇게 한 것은 템즈 강에서 일하는 사람들이 그 표현을 자주 썼기 때문이다. TGWU가 <세대교류>를 지원했고 그 밖에 선창가 지역의 주요 개발업자였던 올림피아와 요크 케너리 워프가 힘을 보탰다. 선창가 지역으로 사무실을 옮긴 신문계의 거물, 뉴스 인터내셔널과 선창가 지역의 상당한 범위를 책임졌던 공적/사적 기구인 런던 부두 개발 조합 또한 프로젝트에 기여했다. 지원단체들은 모두 이 구역에 남아 사라지는 집과 일자리에 매달려 살아가는 전통적 노동자들이 느끼는 배신감과 상실감을 알고 있었다.

사라지는 과거를 기록하려는 강한 욕망

　　부두의 점진적인 폐쇄는 상당한 분노와 비난과 갈등을 초래했고, 그 주제를 둘러싼 토론에서는 특히 옛날 노동자 집단이 슬픔과 괴로움을 토로했다. 그러나 다른 한편으로는 일하는 강을 회상하고 기록하여 전 세계 대륙에서 상품을 들여오고 수출하면서 국제 기업으로 성장하는 산업 현장의 심장부에 있었던 느낌을 되살리고자 하는 강렬한 욕망이 있었다. 지금은 은퇴했지만 이 숙련된 노동자들에게 지난 시대에 그들의 가치를 확증할 수 있는 기회를 주는 것은 현재의 정체감을 강화하는 치료적 효과를 갖는 것으로 보였다.[10] 인터뷰이는 주로 할아버지였고, 인터뷰는 예전에 부두 노동자들이 애용했던 펍이나 퇴직한 부두노동자 클럽에서 진행되었다. 이것은 대상이 주로 할머니들이어서 보호 주택에서 차를 마시며 진행된 얌전한 스타일의 인터뷰와 뚜렷한 대조를 이루었다. 일반적으로 할머니가 할아버지에 비해 회상 활동에 압도적으로 많이 참여했고, 그렇기 때문에 할아버지들을 끌어들여 개인적 삶을 기록하고 다른 사람들과 함께 회상할 수 있도록 돕는 주제를 선정하는 것은 중요하다.[11]

그런 한편 아버지와 남편의 일이 가정사에 어떤 영향을 주었는지에 대한 여러 여성의 이야기를 기록했다. 그들의 관점은 여성 관객이 압도적으로 많은 보호 주택에서 공연할 때 매우 중요했다. 그들의 인터뷰는 강 근처에서 보낸 어린 시절과 학교에 갔던 것, 동업조합과 해운 회사를 알아맞히기, 강둑에서 날마다 위험하게 놀았던 것, 강변을 따라 죽 늘어선 공장과 주변 상점에서 일거리를 찾아다녔던 것 등을 다루었다.

배우들이 조사를 하다

인터뷰의 일부를 진행한 덕분에 배우들은 부두노동자와 거룻배 사공의 언어와 기술을 이해할 수 있었다. 그들은 녹음한 내용을 인터뷰 직후 아직 기억이 생생할 때 기록해야 했다. 왜냐하면 인터뷰가 주로 왁자지껄한 펍에서 진행되어 알아듣기가 힘든데다가 밤이 깊어갈수록 인터뷰이의 혀가 꼬여갔기 때문이다! 그 세계를 살고 직접 호흡했던 관객 앞에서 그럴 듯한 공연을 선보이자면, 배우가 위험한 화물선과 무거운 짐과 극단적인 노동조건을 이해하는 것이 매우 중요했다. 그들은 또한 서로 전혀 다른 일이라 여기는 거룻배 사공, 하역일꾼, 항만노동자를 구분하는 법을 배워야 했다. 거룻배 사공들은 자신을 점잖은 철학자이자 세련된 스토리텔러로 표현했다. 그들은 런던 택시 운전기사들이 그렇듯, 매우 철저한 도제 시스템을 거치면서 조류와 날씨에 대처하는 법을 배우고 강의 작은 만과 직선 구역을 빠짐없이 파악해야 했다. 반면에 하역일꾼들은 하루 벌어 하루를 사는 비정규직으로서 그 불안정성에 걸맞은 독특한 행동 규약을 가진 거친 강의 남자로 통했다. 우리는 하역일꾼에 대한 거룻배 사공의 흔한 농담을 대본에 포함시켰다. '여기 하역 일꾼의 뇌와 거룻배 사공의 뇌가 있습니다. 하역 일꾼의 뇌는 10실링이고 거룻배 사공의 뇌는 5실링이지요. 그럼 아마 당신은 궁금해질 겁니다. 왜 하역 일꾼의 뇌가 더 비쌀까? 그 이유는 그들의 뇌는 한 번도 쓰지 않은 새 것이기 때문이지요!'

인터뷰 내용에서 구조를 찾아내기

우리는 거룻배 사공과 항만 노동자와 하역 일꾼(배에 짐을 싣고 내리는 일을 하는 남자들)이 서로 다른 직종으로 표현되도록 역할을 안배했다. 세 남자의 삶을 어린 시절부터 어른이 될 때까지 연대기적으로 따라가면서 그와 관련된 강의 변화를 보여주고, 각 배우는(다른 배우들의 도움을 받아) 해당 장면의 주요 역할을 연기하면서 다양한 거래 장면을 재현하였다. 그처럼 독특한 구조를 처음부터 설정한 것은 아니고 인터뷰 내용을 들으면서 찾게 되었다. 그 구조는 서로 다른 직업의 세계 속으로 더 깊이 들어갈 수 있는 극적 기회를 주었고, 그와 함께 강 자체에 초점을 두는 것을 가능케 했다.

할아버지들이 배우들을 가르치다

배우들은 고유한 언어와 관습을 가진 일하는 템즈 강의 세계에 매료되었고 리허설에 처음으로 할아버지들이 참여하게 되었다. 배우들은 장면이 충분히 완성되지 않았을 때 외부에 노출되는 것을 꺼리기 때문에 리허설 공개를 마땅찮아 하기도 한다. 하지만 이 경우에는 거룻배 다루는 법, 설탕자루 들어 올리는 법이나 배에서 짐 내리는 법을 제대로 보여주지 못하면 무대에서 웃음거리가 될 것이 자명했다. 그래서 리허설 기간 내내 할아버지들을 모셔서 함께 마임을 하면서 장면에 적절한 대사를 찾아주도록 했다. 이 같은 각색은 대본을 숙지하고 악기와 노래와 동선을 익히는 데 필요한 시간 확보를 방해했기 때문에 약간의 긴장을 유발했다. 할아버지들은 건설적인 제안을 벗어날 때도 있었고 때로 혹독한 비판을 하기도 했다. 하지만 '그들의 장면'을 연기할 때 배우들이 한 집단의 경험과 이야기를 다른 많은 이들에게 전달할 것이며 그것을 옳게 하는 것이 매우 중

'강 위에서'를 위한 리허설에서 배우들이 로드 커(Rod Kerr)(은퇴한 하역 일꾼)에게 지시를 듣고 있다: (왼쪽부터 오른쪽으로) 찰스 워너(Charles Wegner), 안나 팔머(Anna Palmer), 앤디 앤드류(Andy Andrews)

요함을 일깨우면서 부분적으로 연출한 것은 정말 효율적이었다. 돌아보면 그 자리에 있었던 사람들 모두가 얼마나 훌륭한지 놀라울 뿐이다. 공연의 보다 큰 목적을 이해하여 공개 리허설과 그로 인한 불가피한 부담을 기꺼이 수용한 배우들의 겸손함에 박수를 보내지 않을 수 없다.

근력을 강조하는 몸 중심의 연기

우리는 남자 배우 세 명과 여자 배우 한 명을 캐스팅했다. 그것은 고령 세대의 인구 분포를 반영하여 압도적으로 여성 캐릭터가 많았던 그동안의 <세대교류>의 작품과 대조되는 것이었다. 연기 스타일은 음악적으로 다양한 분위기와 템포를 사용했음에도 불구하고 배우들의 근력과 신체를 매우 강조했다. 음악 감독은 런던과 사랑과 일과 관련된 옛날 노래를 쓰고 대본의 표현을 살려, 강에 대한 새로운 노래를 만들기도 했다. 배경막에는 1930년대 템즈 강이 가장 붐볐던 시절의 사진을 그림으로 그려 돛처럼 나무 막대에 달아 펄럭이게 했다. 또 다른 장치로는 나무로 된 차 상자를 여러 개 제작하여 탁자, 의자, 침대, 바, 뱃짐으로 사용했다.

폭넓은 호소력

'강 위에서'는 내용과 밀접하게 관련된 여러 집단을 상대로 상연되었다. 공연은 상당히 긍정적인 반응을 이끌어냈는데, 런던에 사는 많은 노인이 템즈강에 얽힌 추억을 갖고 있었고 바지선 수선공, 하역 계수원, 창고업자 등으로 일했던 가족을 통해 그 주제와 연대감을 느꼈기 때문이다. 공연은 맨체스터, 리버풀, 카디프, 브리스톨 등 여타 부두 지역의 하역 일꾼 클럽과 퇴직 강 노동자를 위한 보호주택에서도 상연되어 쉽게 관객의 공감을 얻어냈다. '강 위에서'는 역사적 관심사뿐 아니라 현재의 정치적 주제를 다루었기 때문에, 공연을 일반 극장, 도서관, 대학, 지역예술기관을 포함한 보다 광범한 관객에게 선보이기로 했다. 일반 관객에게 무역과 산업의 번성하고 번잡한 중심이었던 템즈 강의 모습과 세계 제일의 항구로서 런던 부두를 환기시키는 것은 그들이 현재 알고 있는 거의 사멸한 운하로서의 모습과 충격적일 만큼 극명한 대조를 이루었다.

영원한 기록

우리가 인터뷰한 할아버지들은 지금은 쓸모없어진 그들의 기술과 거래의 마지막 전수자였다. 그래서 일하는 강과 부두에 대한 마지막 기록을 제작한다는 사실이 더욱 중요했다. 우리는 74명 퇴직 노동자의 인터뷰와 사진을 담아 야심차게 책을 출간했다. 그 책은 런던 박물관에 전시되어 '평범한 노동자들'에 대한 얼마 되지 않는 자료의 하나로서 템즈 강과 부두와 함께 한 그들의 삶을 조명하고 있다(Schweitzer and Wagner, 1989).

같은 내용에 대한 서로 다른 글쓰기

1989년의 초연은 대중의 요구에 부응하여 1990년대에 세 차례 재공연되었다. 그리고 2000년에는 작가 노엘 그렉(Noel Greig)을 섭외하여 기존의 인터뷰에 1999년에 실시한 추가 인터뷰를 토대로 새로운 공연 '전속력으로(On Full Flow)'를 제작하였다. 그의 독특한 접근방식은 이전과 전혀 다른 회상 연극을 낳았다. 그는 하역 인부의 대사를 시로 확장하였고, 특수한 가면을 쓴 세 배우가 일종의 코러스로서 강을 연기했다. 이야기 사이에 인터뷰에서 나온 말을 써서 새로 작곡한 노래를 삽입했다. 이 모든 것이 기억으로부터 대본을 만드는 좀 더 추상적인 접근방식을 보여주었고, 그것을 통해 같은 버배텀 자료에서 전혀 다른 작품이 나올 수 있음을 알 수 있었다. 다음 두 발췌문은 작가 그렉이 같은 내용을 어떻게 다르게 다루었는지를 보여준다.

'강 위에서'
다른 배우들이 'Blow the man down'을 악기 반주에 맞추어 목소리로 화
음을 맞춘다.

'강 위에서'에서 바지선 운전법을 배우는 장면. 찰
스 버너와 앤디 앤드류

빌: (마이크와 함께 노를 저으면서) 겨울엔 말이야, 날씨가 너
         무 추워서 노에 손이 쩍쩍 달라붙었어. 너무 아파 눈물이
         쏙 빠졌었다니까.

마이크: 강으로 나오기 전에 그래서 난 신문지로 다리를 감싸고 양
         말 속에도 한 겹 덧신고 따뜻하라고 웃옷 안에도 껴입었어.

'전속력으로'
빌: 내 손
         이 손들
         눈물이 쏙 빠졌지
         추위에
         노를 젓느라

꽁꽁 언 노에 손이 들러붙어

아픔에 소리칠 뻔했지

앞의 보기에서는 관객과 서로에게 자연스럽게 말을 하는 두 남
자를 본다. 그들은 커다란 노를 함께 저으면서 추위를 견디는 방법
에 대해 얘기한다. 나중 장면에서 작가는 시를 낭송하듯이 배우가
관객에게 전달하는 대사의 리듬에 집중한다. 첫 번째 공연이 노인들
과 함께 신중하게 준비하면서 대사와 행동의 핍진성을 추구한 반면,
'전속력으로'는 노인들 없이 리허설을 진행하여 그들의 정보에 직접
적으로 의지하지 않으면서 움직임을 줄이고 시의 언어에 집중하는
방향으로 제작되었다.

두 번째 공연을 본 관객 중 일부는 '공연의 세련된 정교함'을 높
이 살만 함에도 불구하고 가면/콜라주 스타일은 지나치게 추상적이
었다는 피드백을 했다.[12] 그들은 기존의 <세대교류> 공연의 강렬
한 시각화와 인물화 그리고 설사 전부 버배팀 대본에서 가져온 것이
라도 대사의 자연스러운 느낌을 그리워했다. 스탭과 관객의 칭찬은
공연 내용과의 관련성이나 그와 연관된 노인들의 능력보다는 배우의
기술에 집중되었다. 그러나 접근 방식의 커다란 차이에도 불구하고,
'전속력으로' 역시 일하는 강에 대한 기억을 촉발하는 데 성공했고
그 점에서 나름의 가치가 있는 훌륭한 회상 연극이라 할 수 있다.

흥미롭게도 동일한 인터뷰를 바탕으로 당시 <세대교류>의 예
술교육 담당자였던 데이빗 사빌(David Savil)이 매우 성공적인 지역사
회 연극을 제작하였다. 그 작품에서는 하역 일꾼과 거룻배 사공이
직접 출연했고 어린 시절의 그들은 아이들이 연기했다. 대본 역시
데이빗 사빌의 연출 아래 노인들과 아이들이 즉흥극을 통해 만들었
다. 약 40명의 인물이 무대를 가득 채웠고(그것은 강력한 에너지와 강을
둘러싼 지역사회의 힘을 느끼게 했다) 프로젝트와 관련된 사람들 사이에

지역공동체의 정신을 성공적으로 재창조했다. 노인들이 직접 무대에 서는 회상 연극에 대해서는 나중에 언급하겠지만, 여기서 주목할 중요한 점은 하나의 프로젝트를 위한 인터뷰 자료가 전혀 다른 세 개의 공연으로 제작될 수 있었고, 그것은 기억으로부터 연극을 만드는 것이 작가와 연출자의 미학적 감각에 따라 조형되는 근본적으로 예술적인 과정임을 시사해준다는 사실이다.

추억의 거리

지역 프로젝트

내 경험상 작업하기에 가장 좋은 회상 연극은 특정한 지역에 연고를 둔 사람들의 기억을 다루는 지역성을 띤 작품이다. 특정 지역과 거기 사는 사람들이 서로 잘 알게 되면 인터뷰와 대본 집필이 용이해지고 앞서 설명한 보다 광범한 사회적 주제를 다루는 공연에 비해 개인적인 보상도 더 많다. 마을이나 거리(다음 사례에서 설명되듯이)의 친밀함은 또한 프로젝트 참여자들이 과거의 사회적 연결망을 새로이 구축하고 미래를 위해 관계를 탄탄하게 다지는 기회가 되기도 한다.

보편적 주제에 접근하기

작은 마을에 초점을 맞출 때 문제는 그 결과물로서의 공연(지금 설명하는 공연 '84'의 경우에)이 작품의 공간과 아무 관련이 없는 관객을 상대로 상연될 것이라는 점이다. 그러므로 그 같은 공연은 반드시 보편적 주제를 다루어야 하며 다른 지역사회가 공감할 수 있는 이야기로 구성해야 한다. 다른 곳에 사는 관객에게도 비슷한 인물을 상기시킬 수 있어 하고, 주인공의 삶의 진행은 개별적이면서 보편성을 띠어야 하는 것이다. 무대 배경도 예외가 아니어서 특정

적인 정확성을 기하되 애초의 관객과 멀리 떨어진 지역에 사는 관
객에게도 기억을 촉발하는 효과를 발휘함으로써 아우르는 느낌을
주어야 한다.

　'추억의 거리(Memory Lane)'는 내가 23년 동안 ＜세대교류＞의 예
술 감독으로 있으면서 제작한 최근작이자 실제로 30년 동안 살고 있
는 지역에 초점을 맞춘 작품이다. 나는 그 지역의 많은 노인을 알고
그 곳에 애정을 갖고 있다. 런던 남동부의 블랙히스 마을은 대부분
의 대도시와 달리 유동 인구가 적고 18세기와 19세기에 지어진 집을
그대로 유지하여 지난 100년 동안 기본적인 설계가 거의 변함이 없
었다. 블랙히스의 커다란 야외 공간에서 장이나 서커스가 설 때면(좀
떨어진 데 사는) 런던 사람들이나 연인들이 즐겨 찾았고, 그래서 그런
정기적인 방문자의 기억까지 포함함으로써 프로젝트의 반경을 넓힐
수 있었다.

지역 프로젝트를 위한 지역의 열정

　마을 중앙에 회상 센터(Reminiscence Center)가 있어 많은 관람객이
1930년대의 일상생활을 전시한 작은 박물관과 갤러리와 스튜디오를
찾았다. 그 곳은 특히 노인들의 관심을 끄는 일종의 지역사회 센터
로 기능했고, 그래서 인터뷰를 시작했을 때 창문에 블랙히스 마을
노인들의 기억을 담은 사진과 이야기를 찾는다는 공고를 붙이기만
하면 되었다. 우리는 실제로 그 건물에서 찍은 사진을 여러 장 받았
다. 그럴 수 있었던 것은 그 곳이 세기 초반부터 1939년까지 사진
스튜디오였기 때문이다. 개별 인터뷰는 주로 회상 센터에서 진행되
었고, 나이가 많고 병약해서 거동이 힘든 경우에는 노인들의 집으로
찾아갔다. 프로젝트가 실제로 노인들의 현관에서 일어났고 그들이
살아온 삶과 지역의 환경을 재현할 것이기에, 공헌자들이 이 프로젝
트를 자신의 것으로 여기는 것이 특히 중요했다.

이야기를 위한 디지털 아카이브

이때 막 우리는 콤마(COMMA)라 불리는 전산화된 아카이브 프로그램을 사용하기 시작했다. 콤마는 노인들이 말한 기억을 포함하여 사진과 그 밖의 자료를 저장하였다.[13] 이 특정한 소프트웨어 패키지는 거리 이름과 가족 이름뿐 아니라 학교, 교회, 무역상, 상점, 열린 공간을 위한 카테고리와 검색 메커니즘을 갖고 있어서 특정 장소에 기억을 기록하는 데 매우 적합했다. 그것은 여러 지역 박물관과 단체에서 시범적으로 사용되었고 <세대교류>에서는 이 공연에 잘 쓰일 수 있을 것 같아 처음으로 시도했다.

올리브 아모스(Olive Amos)가 컴퓨터에 앉아 공연에서 자신을 연기할 줄스 데이비슨(Jules Davison)에게 17살 때의 사진을 보여주고 있다.

상호작용적 과정

콤마를 통해 우리는 인터뷰를 할 만큼 많은 이야깃거리를 갖고 있지 않지만 사진이나 학교 숙제 등의 자료를 제공하고 싶어 하는 사람들의 참여를 이끌어낼 수 있었다. 인터뷰를 할 때면 관심을 보이는 사람들이 나란히 앉아 컴퓨터 화면에 확대된 사진을 보면서 다양한 기억을 줄줄이 꺼내놓았다. 그리고 위협적이지 않은 작은 마이크로 그것을 바로 컴퓨터에 기록할 수 있었다. 다른 사람들이 들어오고 자료 사진을 스크린에 띄우면서 노인들의 짧은 기억을 보여주면, 그것이 또 다른 촉발제가 되어 더 많은 기억이 이끌려 나왔고 그 상호작용적인 과정은 매우 생산적이었다.

그렇게 컴퓨터로 수집하고 기록한 기억 중 일부는 전체 인터뷰와 함께 글로 옮겨 최종 대본에 수록하였다. 노인들은 그 과정에서 디지털 기술이 개인적 경험에 적용되는 것을 지대한 흥미와 관심으로 지켜보았고 그것이 일정 정도의 신비화를 자극하기도 했다. 많은 노인들에게 컴퓨터는 불안의 대상이며, 기억을 기록하는 수단으로 자연스러운 선택지가 아니다. 그러나 회상 센터에는 입력하는 방법을 알려주는 조력자들이 있었고(특히 학생들이 그 역할을 해주었다) 덕분에 노인들은 점차 그 과정에 대한 두려움을 이겨나갔다.

영구적 자원

블랙히스의 미래 세대에게는 그렇게 수집한 약 500장의 사진과 기억이 상당한 가치를 가질 것이다. 특히 미니디스크나 카세트 테입에 기록된 인터뷰 자료까지 모두 아카이브에 옮겨질 수 있다면 말이다. 이 프로젝트에 대한 자료집은 출간하지 않았지만 훗날 씨디 롬으로 편집할 수 있는 기록을 남겼다.

삼차원 전시가 기억을 촉진하다

회상을 자극하는 또 다른 방법으로 삼차원의 전시물을 만들었다. 무대 디자이너가 갤러리에 제작한 전시물을 매해 약 만 명이 관람하고 있다. 거기에는 히스의 주요 랜드 마크를 그린 커다란 벽화, 사람들이 히스에 올라가서 하던 활동을 나타내는 천정에 매달린 회

상 오브제, 예전 그대로의 글자체로 상호를 넣어 그린 상점들, 아주
크게 확대한 사진(제2차 세계대전 중에 떨어진 폭탄의 이미지를 보여주는
희귀한 자료를 포함하여), 얇은 판자에 노인들의 기억에서 발췌한 내용
을 적은 텍스트가 포함되었고, 관람객은 커피를 마시며 그것을 읽을
수 있었다. 또 다른 전시를 위해 지역 역사도서관과 지역 사진연구
회를 방문하고 블랙히스 협회의 지원을 받았으며, 그것을 통해 이
프로젝트에 참여하도록 독려했다. 전시실 중앙에는 노인들의 기억과
이야기를 기록한 컴퓨터가 있었다. 인터뷰 과정을 포괄적이고 공적
으로 진행하여 그 결과물을 시각화함으로써, 프로젝트에 일과성을
본질로 하는 극적 형태에만 국한했다면 가능하지 않았을지도 모르는
영구적인 가치와 깊이를 더할 수 있었다.

특정한 거리의 기억에 초점 맞추기

인터뷰 과정에서 70대와 80대의 노인 열 명이 블랙히스의 콜린
스 가에 대한 기억을 갖고 있고 여전히 그 지역에 살고 있다는 사실
을 알게 되었다. 그들은 대부분 더 이상 접촉이 없었지만, 어린 시절
에는 서로 알고 지내는 가까운 이웃이었고 그 중 두 사람은 지금까
지 아주 친한 사이였다. 87세인 도리스 블리스(Doris Bliss)와 83세인
올리브 아모스(Olive Amos)는 모두 활달한 정신을 가졌고 놀라운 이
야기를 들려주었다. 우리는 그들의 이웃을 수소문해 회상 센터에
초대하여 사진과 기억을 나누었다. 집단은 마이크를 가지고 한 번
에 한 명씩 같은 사람에 대한 이야기를 모으는 식으로 서로의 기억
을 촉발하였다. 그 모임은 가족 모임이나 학교 동창회처럼 참여자
들이 서로의 삶을 따라잡으면서 갑자기 개인적인 기억을 떠올리기
도 했다.

옛날 이웃들의 집단 토론

그런 집단 인터뷰를 사흘 동안 오전 세 시간씩 진행했다. 그동안 정말 우연하게도, 콜린스 가에 산 적이 있거나 그곳과 밀접한 관계가 있었던 사람들이 전시관을 방문하였다. 40년 전부터 스페인에 살고 있는 도린 홀(Doreen Hall)이 블랙히스에 와서 우리가 집단 인터뷰를 하고 있던 날에 회상 센터에 들렀던 일은 정말 잊기 힘든 사건이었다. 그녀는 어린 시절을 함께 했던 사람들을 보고 말할 수 없는 감동을 받았다. 그녀는 오후에 그녀를 아주 잘 기억하는 버나드 비긴톤(Bernard Bigginton)을 비롯한 여러 사람들과 함께 자신의 기억을 컴퓨터에 기록하는 데 동의했다. 그는 우리가 수집한 오래된 사진 속에서 그녀와 함께 있었다. 우리는 그들 두 사람의 이야기를 기록했고 나중에 도린의 기억을 극에 포함시켰다.

'추억의 거리'의 배우들 뒤로 거리의 모습이 보인다. (왼쪽부터 오른쪽으로) 줄스 데이비슨, 닐 고어(Neil Gore), 앤젤라 베인(Angela Bain), 앞에 닐 카터(Neil Carter)(배경막은 도라 슈바이처(Dora Schweitzer)와 스티브 윌슨(Steve Wilson)이 제작함)

중심 이야기 찾기

클레어 서머스킬(Claire Summerskill)은 이 프로젝트의 공동 작가이자 조사원이었다. 우리는 모두 같은 거리에서 어린 시절을 보낸 노인들과의 회상 작업이 어느 곳의 관객에게든 친숙한 인물과 사건을 제공해줄 수 있으리라는 것을 알았다. 스토리텔러들이 학교에 들어가고 취업을 하고 또 전쟁을 겪고 '신혼 부부'가 되는 삶의 과정은, 그들 세대를 대표할 것이며 인근 지역에 살았던 사람들에게서 얻은 회상의 내용을 덧붙일 수 있었다. 우리는 올리브와 도리스 그리고 그들 가족의 끈끈한 우정을 대본의 중심에 놓았고, 그들이 함께 한 즐거운 회상 과정을 포함시키고 싶어서 드라마를 현재에서 시작하여 현재로 끝맺었다. 극을 여는 노래가 끝나면 두 배우가 관객에게 말했다.

도리스: 우리는 추억의 거리를 따라 여행을 했답니다. 올리브와 나는 우리가 자란 그곳에 대해 얼마나 많은 기억을 갖고 있는지 보았지요.

올리브: 우리는 같은 거리에 살았어요, 보이시죠?

도리스: 이제 잠시 과거로 가 볼게요. 전 1915년에 태어났어요.

올리브: 그리고 전 도리스보다 조금 어려서 1919년에 태어났답니다.

도리스: 물론 그 시절은 지금과 달랐지요. 우선 차가 전혀 없었어요. 그래서 아이들이 거리에서 놀아도 위험하지 않았어요.

올리브: 한때는 이 작은 갈림길에 49명의 아이들이 있었지요.

도리스: 이렇게 작은 집에 아주 큰 가족이 살았고, 아이들도 많았어요. 아이들은 늘 밖에서 뛰어 놀았고요. 우리는 무슨 부족 같았어요. 우리 거리가 아닌 데서 누군가 나타나면 금세 알아봤으니까요.

내레이션은 재빠르게 극으로 바뀌어 올리브와 도리스는 '물론 그 시절은 지금과 달랐지요'라는 대사에서 코트를 벗고 '우리는 무슨 부족 같았어요'라는 대사를 할 즈음에는 시간을 거슬러 올라가 어린 아이가 되어 같은 소속임을 확인하는 신호를 주고받았다. 그리고 무대를 가로지르는 상상의 외부인을 눈으로 쫓았다. 극 중에서 전쟁이 끝날 때까지 그들의 삶을 따라간 후에는, 다시 회상 모드로 돌아가 이것이 실재하는 사람들의 진짜 기억임을 상기시켰다.

도리스:　　지금은 거리가 좀 다르게 보여요. 더 작아진 것 같네요.

올리브:　　그리고 나무가 없어서 별로 아름답지 않아요.

도리스:　　하지만 정말로 여전해요.

올리브:　　지금 그 거리를 따라 걸으면서, 느낌이 어떤지 말해드릴게요. 집들을 지나칠 때는 거기 살았던 사람들의 이름과 거기서 있었던 일들을 얘기할게요.

이야기 다음에 구조

기억으로부터 공연을 만들기 위해 클레어 서머스킬과 나는 대본에 반드시 들어가야 한다고 생각하는 이야기, 특히 흥미롭게 느꼈고 극화하기가 좋은 이야기를 나누었다. 그런 다음 구조를 고심했다. 우리는 그 거리의 하루 혹은 한 집에서 본 전경을 이리저리 실험해 보았다. 하지만 결국에는 주요 인물의 삶을 어린 시절부터 전쟁 직후까지 훑어가는 연대기의 틀을 따르기로 했다. 그 안에 주중과 주말의 거리, 오고 가는 계절, 주요 인물의 다양한 연애, 일하는 모습, 전쟁의 영향을 포함한 다른 하위 구조를 담아내는 것이다. 연대기와 장소의 감각을 결합한 이야기를 중심으로 극을 구조화할 때, 때로는 최초의 인터뷰를 녹음하고 글로 옮긴 후에, 정보의 중요한 조각이 빠진 것을 알게 되기도 한다. 이 사례에서는 공헌자들이 모두 가까이에 살고 있어서 기꺼이 들러 추가적인 내용을 녹음해주었다. 또 몇 번은 전화를 걸어 좀 더 자세한 사항들, 날짜와 시기를 묻기도 했다. 그들은 우리가 대본을 쓰면서 만난 문제를 해결하도록 돕는 것을 기쁘게 여겼고 많은 아이디어를 제공해주었다.

대본에 대한 배우들의 기여

이 공연에는 경험이 많고 유연한 네 명의 배우가 함께 했다. 그들은 모두 우리의 작업 방식을 편안하게 받아들였다. 최초의 인터뷰를 진행하지는 않았지만 그들이 연기할 대다수의 인물을 만났고 테이프에 녹음된 음성을 듣거나 콤마 아카이브를 통해 보기도 했다. 배우들이 합류했을 때는 대본이 이미 완성되었지만, 가령 독백이 지나치게 많다거나 대사가 적거나 행동이 충분하지 않다고 느끼는 장면에서는 새로운 아이디어로 변화를 줄 수 있었다.

리허설에서 노인들

이따금 노인들이 리허설을 할 때 방문했고, 공연이 다가올 무렵에는 완성된 장면에 만족하는 듯 했다. 우리는 정확하지 않다거나 오해의 여지가 있는 것은 언제든 바로잡아 달라고 청했다. 보호주택과 요양원으로 순회를 떠나기 전에, 지역주민들이 공연을 볼 수 있도록 회상 센터에 있는 <세대교류> 스튜디오에서 먼저 공연을 올렸다. 주요 공헌자들이 개막 공연에 참여했고 우리는 우리의 작품이 그들에게 빚졌음을 공표하면서 프로젝트의 소중한 '별'인 그들에게 공연을 선물했다. 그 뒤로 런던과 영국 남동부를 돌았지만 공연의 보편성을 걱정할 필요는 없었다. 공연은 특정한 한 거리의 모습을 다루었음에도 불구하고 어린 시절, 공동체, 가난, 사랑, 상실과 전쟁이라는 일반적인 큰 주제를 담아냈다.

무대 또한 거리를 반영했다. 지금까지 여전한 콜린스 가의 전경을 배경막에 그렸다. 런던의 다른 쪽 끝에서 공연을 할 때였는데, 내가 객석에 앉아 있는데 옆에 앉은 한 할머니가 배경막에 그려진 한 집을 가리키며 그곳이 자신의 집이었다고 말해주었다. 나는 그 말을 듣고 안심이 되었다. 왜냐하면 블랙히스의 콜린스 가를 모두의 '추억의 거리'로 만들기 위해 애쓴 것이 헛되지 않았기 때문이다. 공연은 관객이 자신들이 자랐고 이웃과 대가족이 살았던 거리를 추억하는 공연 후 토론에 강렬한 자극을 제공해주었다.

다면적인 프로젝트

이 프로젝트의 마지막 열매는 공연이 아니었고 두 개의 또 다른 결과물이 있었다. 회상 센터에서는 노인들의 초상화를 미니어처로 담아 전시하는 또 다른 프로젝트인 '추억의 상자'를 진행하였다. 군대에서 탄약 상자로 쓰던 나무 상자를 평화적인 목적으로 재활용한 것이다. 회상 훈련을 받은 예술가들이 노인들과 수회에 걸친 개별 회기를 진행하였고, 노인들은 그 프로젝트를 통해 예술가와 함께 지나온 삶을 돌아보면서 자신의 기억과 감정을 삼차원의 시각적 형식으로 변형할 수 있었다(Schweitzer and Trilling, 2005).

'추억의 거리'의 공헌자인 올리브와 도리스와 버나드 역시 자신의 삶에 관한 기억의 상자를 만들었다. 예술가들은 그들과 개별적으로 시간을 보내면서 사진과 수집품을 이용하여 무엇을 보여줄 것인지를 결정했다. 이 상자들은 회상 센터와 몇몇 국제회의에서 전시되었을 뿐 아니라 그들의 기억으로부터 '추억의 거리'가 제작된 과정을 보여주는 영화(Schweitzer, 2006)에 포함되기도 했다.[14]

마지막으로 콜린스 가 끝에 있는 1950년대에 세워진 초등학교에 다니는 9살과 10살 아이들이 노인들이 어렸을 적에 찍은 사진과 인터뷰 원고를 공부했다. 올리브와 도리스와 버나드는 교실에서 아

이들이 장면을 만드는 것을 지켜보면서 필요한 정보를 주었다. 프리
랜서 연출자인 제니퍼 룬(Jennifer Lune)은 교사와 함께 석 달 동안 아
이들과 노인들이 협력하여 장면을 만들 수 있도록 했다. 그들은 완
성된 연극을 나머지 학생들에게 보여주었고 기억의 상자 프로젝트를
기념하기 위한 국제적 축제에서도 선보였다. 공연에 참여한 아이들
에게는 익숙한 거리였던 콜린스 가가 전과 같을 수 없었다. 친구가
된 올리브와 도리스와 버나드에게 그 거리가 어떤 의미인지를 잘 알
게 된 것이다. 제니퍼 룬은 이렇게 말했다.

아이들은 모든 이야기가 바로 학교 주변에서 일어났기 때문에
매우 즐겁게 작업에 임했습니다. 또 당시의 마을과 거리 사진이 많
았고, 실재하는 장소에서의 진짜 관계를 탐험할 수 있었지요. 올리브
와 도리스와 버나드는 아이들에게 무척 친절했고 지지적이었어요.
아이들에게 상세한 이야기를 들려주었고 덕분에 아이들의 글쓰기에
진정한 깊이가 생겼습니다.

블랙히스 마을 프로젝트는 확장적이고 다면적이었다. 전시가 공
개되기 전에 긴 기간의 인터뷰 단계가 있었고, 인터뷰는 콤마 아카
이브와 전시를 자극제로 삼아 이후에도 지속되었다. 순회공연은 광
범한 지역의 84개 장소를 돌며 5,000명 가량의 관객을 만났고 공연
후 토론에서 엄청나게 다양한 기억을 촉발했다. 기억의 상자를 만들
면서 주인공들은 예술가의 도움을 받아 자신의 작품을 만들 수 있었
고 종국에는 콜린스 가의 초등학생들에게도 자신들의 이야기가 의미
를 갖는 것을 확인하면서 만족을 얻을 수 있었다. 이 지역 프로젝트
는 또한 그곳에 오랫동안 살고 있는 사람으로서의 정체성과 소속감
을 확인시켜주었다는 점에서 나에게도 의미가 깊다. 잘 알려진 지역
극단이자 아카이빙 프로젝트인 <리빙 아카이브(Living Archive)>는
'당신이 발 딛고 서 있는 곳을 파라'라는 모토를 갖고 있다. 나는 그
것이 회상 연극을 제작하고자 하는 사람에게 매우 도움이 되는 말이

라고 생각한다.

내가 살던 옛날 옛적에

기록된 기억에서 공연을 제작하는 세 번째 보기는 한 사람의 이
야기를 다루는 '내가 살던 옛날 옛적에'였다. 이 공연을 위해서도 인
터뷰를 녹음했고 버배팀 자료에서 대본을 이끌어냈으며 배우, 음악
가, 무대 미술가와 함께 작품을 만들어 광범한 지역을 순회했다. 그
러나 여러 사람을 인터뷰하고 그에 근거한 일련의 일반적 인물을 구
축하는 대신, 한 사람의 이야기를 더 깊게 듣고 그녀의 삶을 둘러싼
공연을 제작하여 비슷한 세대의 유사한 배경을 가진 관객이 그녀의
경험에 공명하기를 바랐다.

훌륭한 여성이자 명석한 스토리텔러

엘시 하우스(Elsie House)는 인터뷰를 시작한 1998년 당시 82세였
다. 그녀는 회상 센터의 청소부였고 우리가 그곳에서 작업했을 때
왔다! 그녀는 자신을 '나이 든' 사람으로 생각하지 않았고, 자원봉사
자들에게 '저 사람들 정말 잘하네요, 그렇죠?' 혹은 '저 사람들이 하
고 있는 게 참 좋네요'라고 말하곤 했다. 거기 있는 노인들보다 나이
가 많았음에도 불구하고 자신을 일하는 훨씬 젊은 여성으로 여겼다.
그녀는 일을 하면서 자신이 누구인지를 확인했고 자신감 넘쳤다. 블
랙히스의 서너 집에서 청소부로 일했고 그들 모두와 친밀한 관계를
맺었다. 또한 가족 중에 또 다른 노인들을 규칙적으로 방문하여 식
사를 챙기고 그들이 살고 있는 보호 주택의 스탭이나 사회복지사가
적절한 도움을 주고 있는지 살폈다. 그렇게 돌아가기 직전까지 정말
로 여러 가지 일을 감당하면서 다른 사람들을 돌보았다. 그녀는 훌
륭한 여성이자 명석한 스토리텔러였다.

엘시는 진지하게 인터뷰 과정을 따라가는 것이 어렵다고 느꼈다. 이 프로젝트의 작가인 클레어 서머스킬과 나는 마이크를 들고 엘시를 쫓아다니며 일과 일 사이의 시간을 쪼개어 이야기를 들으면서 잠시만이라도 진공청소기 스위치를 꺼달라고 부탁해야 했다. 그녀는 프로젝트를 진행하는 우리의 작업을 거리를 두고 즐겁게 바라보았다. 우리는 이전 공연에도 그녀의 이야기를 많이 포함시켰고, 그녀는 그 공연을 보았다. 나는 말했다. '엘시, 꼭 와서 보세요. 당신 이야기가 많이 있어요.' 그러면 그녀는 말했다. '시간이 나면 가서 보지요.' 그녀는 공연과 함께 제작된 자료집에는 그녀의 이야기가 수록되어 있었고 그녀는 그것을 자매와 손자들에게 나누어주었다. 그녀는 회상 센터를 매우 깊이 동일시했으며 죽는 날까지 고집스럽게 그곳을 '차도(差度) 센터'라 불렀다.

자신의 삶을 단독으로 다룰 것임을 알게 되었을 때 그녀는 진정으로 놀랐다. 아마도 가장 좋은 이야기를 이미 말해서 난처하다 느꼈을 것이다. 하지만 그녀는 이 프로젝트를 하면서 오래된 이야기에서 또 다른 이야기와 새로운 해석의 보물을 발견했다. 그리고 누구에게도 공개하지 않았던 어려웠던 시절을 말할 수 있었다. 독자에게 스토리텔러로서 그녀가 가진 힘을 실감할 수 있도록 예를 들면, 엘시는 어머니의 죽음에 대한 이야기를 들려주었고 그것은 최종 대본에 이렇게 실렸다.

엘시: 다음 날 누군가 문을 두드려서 열어보니 경찰이었어요. 그는 말했죠. '하우스 부인? 당신 어머니죠.' '엄마 아닌데요, 전 그녀를 어젯밤에 봤을 뿐이에요. 그때는 괜찮았어요'라고 대답했죠. 그러나 그는 엄마가 돌아가셨다고 말했어요. 그냥 그렇게요. 엄마는 무릎에 「데일리 스케치」를 올려놓은 채 안경을 쓰고 의자에 앉아 있었어요. 그리고 같이 살

앉던 오빠 밥은 위층 침대에 있었죠. 지각이 잦았던 오빠는 엄마에게 깨워달라고 부탁했어요. 그리고 아래층으로 내려왔을 때 엄마가 죽은 걸 알게 되었죠.

밥: 제발, 엄마, 나 깨워달라고 했잖아요. 영화 보러 가야 되는데… 엄마!

(밥이 엄마가 죽었음을 깨닫는다)

엄마! 엄마!

노래 단편: 다음 대사를 하는 동안 '주는 나의 목자시니'가 연주된다.

엘시: 그는 충격에 넋이 나갔고 더 이상 집에 있을 수 없었죠. 셋방살이를 시작했어요. 오빠는 엄마가 그리웠어요. 나도 그랬죠. 처음 몇 년 동안은 울음을 멈출 수가 없었어요. 그래서 메시지를 들으려고 교회에 갔어요. 난 강신론을 믿거든요. 그 사람이 말했어요. '여기 누군가 있어요. 엘시라는 이름의. 당신 어머니가 여기 있어요. 어머니는 당신이 울면 항상 걱정을 한답니다.' 그래서 그 날부터 울지 않았어요. 하지만 다시는 그 곳을 찾지 않았죠. 난 아빠가 나와 함께 하는 것을 느꼈고, 나중에는 남편이 함께 있는 게 느껴졌어요. 하지만 엄마를 더 많이 느끼죠. 엄마가 곧 우리이기 때문이에요, 그렇지 않나요? 우리는 엄마의 일부이고 엄마를 잃었을 때는 땅이 입을 열어 날 집어삼키면 좋겠다는 생각이 들지요. 그래요. 그건 정말 믿을 수 없는 일이에요.

과거로의 여행

나는 이 공연을 제작하는 동안 오랫동안 꿈꿔온 것을 할 수 있었다. 그것은 엘시를 그녀가 자란 엘머 골목의 집에 데려가는 것이었다. 그녀는 그곳에 대해 많은 이야기를 들려주었는데, 그 집이 여전히 그곳에 있었다. 그녀는 차를 타고 함께 그곳에 가는 데 동의했다. 거기에 누가 살고 있는지 알지 못했지만 우리는 운이 좋았다. 그녀가 살았던 집과 그 옆집에는 마침 사람들이 있었고 그래서 두 집에 모두 들어가 볼 수 있었다. 사람들은 예의 바르고 친절했으며, 우리가 하고 있는 작업과 엘시가 그 집에서 보낸 과거에 대한 이야기에 흥미를 보였다. 엘시는 작은 집의 거실에 서서 말했다. '맙소사, 이 테이블에 여덟 식구가 둘러앉았어요. 도대체 어떻게 그게 가능 했을까요 그리고 엄마는 어떻게 그 식구들을 다 먹였을까요?'

엘시는 집을 구석구석 돌아보며 예전의 모습을 기억해냈다. 창문 너머 정원을 내다보면서 화장실이 집 밖에 있었던 것과 닭장이 있던 곳을 떠올렸다. 여러 가지로 많이 바뀌긴 했지만 나는 어린 시절의 집을 방문하여 들어가 볼 수 있었던 것이 그녀를 행복하게 했다고 생각한다. 그것은 마치 엘시의 일부가 긴 세월에도 불구하고 그 집에 남아있었고 그녀가 그것을 다시 발견하는 것 같았다. 그 후 그녀는 훨씬 밝고 활기에 차 보였다. 차를 몰아 돌아오면서, 그녀는 그 지역에 대해 많은 이야기를 들려주었다. 운동장, 학교, 댄스 홀, 상점, 일했던 곳 등 서로 다른 시기에 자주 다녔던 곳을 떠올렸고, 그 방문 덕에 또 다른 기억이 수면 위로 올라와 우리의 극화 과정에 대해 더 많이 생각하기 시작했다. '재밌어요, 그렇죠? 이 모든 게 무대에 올라가게 되겠죠.' 나는 그녀가 이 방문을 마친 뒤 리허설 기간에 했던 말을 지금도 기억한다. '문제없이 잘 되고 있나요? 괜찮을까요?' 그녀는 우리가 일을 제대로 해내는 것에 매우 관심이 있었다.

드레스 리허설 후에 '내가 살던 옛날 옛적에' 팀이 엘시와 함께 함. (왼쪽에서 오른쪽으로) 오웨인 윌리암슨(Owaine Williamson), 클레어(엘시의 손녀), 엘시 하우스, 앤젤라 베인, 레베카 클로우(Rebecca Clow), 클레어 서머스킬(작가), 팸 슈바이처(연출가)

주인공이 관객이 되다

엘시는 리허설 기간에 두어 번 와서 제작 과정을 지켜보았다. 이 것은 배우들과 제작부의 신경을 상당히 건드렸지만, 엘시에게는 무대와 의상이 갖추어진 최종적 효과가 어떨지를 상상하면서 배우들이 대사와 노래와 씨름하는 장면을 지켜보는 것이 힘들었을 것이다. 배경막은 중요한 장소와 날짜를 포함하여 엘시의 삶이 모두 담기도록 엘시와 가족 사진을 바탕으로 제작하였다. 엘시가 자신의 라이프 스토리에서 창조된 공연을 제대로 느낄 수 있었던 것은 드레스 리허설이었다. 노인이 된 엘시를 연기한 배우 앤젤라 베인은 이렇게 말했다.

엘시가 드레스 리허설을 보러 왔어요. 그때까지는 자신의 인생 이야기가 어떻게 무대에 올려질 지를 충분히 알 수 없었죠. 배우들은 무대 뒤에 있을 때면 하나같이 배경막을 통해 그녀의 반응을 살펴보았어요. 처음에는 의자에 기대어 앉았다가 극이 진행될수록 점점 몸이 앞으로 기울었지요. 과거의 인물들이 무대에 살아나와 50년 전에 했던 말을 하는 것을 보고 놀랐답니다. 자신의 역사를 경험하는 그녀를 지켜보는 것은 정말 굉장했어요.

드레스 리허설에 감명을 받은 엘시는 나머지 가족에게도 공연을 보여주고 싶어 했고, 공연을 시작할 때 그녀는 당연히 스타가 되었다.

'내가 살던 옛날 옛적에'에서 바다로 자전거를 타고 달리는 장면. 레베카 클로우와 앤젤라 베인(배경막은 애니 에바슨(Anny Evason)이 제작함)

삶의 여정을 완결하다

공연이 개막한지 2주 만에 엘시가 사망했다. 검진을 받으러 병원을 찾았다가 바로 치료가 필요하다는 진단을 받았지만 그녀는 집으로 가기를 고집했다. 그리고 집으로 돌아가 침대에 누워 죽음을 맞았다. 그것은 그녀의 가족에게는 물론 몇 년 동안 그녀를 알았던 우리 모두에게도 황망한 일이었다. 배우들에게 그녀의 죽음은 무시무시한 충격이었고 공연을 지속하기는 했지만 무대를 지키는 것이 너무나 힘들었다. 하지만 그 공연이 그녀의 삶이 준 울림에 대한 위대한 증거가 될 것이라는 생각이 위로가 되었다. 엘시의 장례식은 회상 센터에서 열렸다. 그녀는 마지막 순간까지 일하고 싶다고 늘 얘기했고 실제로 그렇게 했다.

몇 년에 걸쳐 가까이에서 함께 한 사람들의 죽음을 다루는 것은 회상 작업에 내포된 직업적 위험이다. 그것은 특히 지역사회에 근거를 두고 노인들과 오랜 기간 애착을 형성하는 프로젝트의 경우에 더욱 그렇다. <세대교류>에서 작업하는 동안 나는 여러 번 장례 연설을 하면서 남아 있는 사람들과 함께 고인을 기억하고 추모해야 했다. 나는 노인들을 위한 다른 문화적 프로젝트를 진행하는 리더들과 이 주제를 놓고 이야기했고, 그처럼 밀접한 관계를 형성하는 작업에서 누군가를 떠나보내는 것은 가족을 잃는 것과 다를 바 없으며 그래서 반복적 상실을 다룰 수 있도록 도움이 필요하다는 것에 공감했다.

보편적 주제의 개인적 활용

'내가 살던 옛날 옛적에'의 독특한 점 한 가지는 삶의 주요한 단계를 모두 다루었다는 것이다. 19세기로 거슬러 올라가 엘시의 할머니와 할아버지가 연애하던 시절에서 시작하여 그녀가 노년에 이른 20세기 말까지를 모두 여행했다. 지금까지 제작된 대다수 회상 연극과 달리, 배우들의 의상과 음악은 시간의 변화를 담아내면서도 요즘의 것들과 다르지 않았다. 관객은 공연을 보면서 자신의 이야기와 똑같지 않음에도 불구하고 엘시의 이야기에 동일시 할 수 있었다. 대가족에서 태어나 자라고 학교에 가고 친구를 만나고 사랑을 하고 결혼을 하고 아이를 낳고 부모가 늙어 죽는 것을 지켜본 관객이라면 누구나, 그리고 은퇴하여 노화와 사별로 인한 아픔을 다루어야 하는 관객 혹은 그것을 이미 겪어낸 관객은 엘시의 이야기를 보면서 자신이 걸어온 삶을 되짚어보았다. 공연은 그들에게 자신의 삶에서 일어난 일과 자신을 형성한 힘을 돌아볼 수 있는 사이를 주었고, 그로 인해 넓은 연령대의 관객에게 호소할 수 있었다.

SUMMARY

이 장에서는 서로 다른 회상 연극의 자료를 각각의 상황과 목적에 따라 수집하고 조직화하는 몇 가지 방식을 살펴보았다. 그것을 관통하는 것은 노인들의 경험에 대한 존중 그리고 자신의 이야기와 그것이 불러일으키는 감정에 대한 노인들의 솔직함이다. 여기 언급한 모든 사례에서 극단의 과제는 개인의 경험에서 보편성으로 나아가는 것이었고, 그럼으로써 관객이 공연을 진정성 있는 특수한 경험으로 받아들여 그 이야기를 자신의 삶과 연관 지을 수 있도록 하는 것이었다.

07

회상연극의 제작과 순회공연

지금까지 회상 연극의 제작 과정에서 인터뷰와 대본 작성 단계를 살펴보았고, 이 장에서는 회상 연극의 상연과 순회공연에서 중요한 사항을 개괄하고자 한다. 물론 인터뷰, 대본 작성, 프로덕션이 항상 별개의 단계는 아니며, 때로는 노인들의 정보가 더해짐에 따라 작가가 배우, 음악 감독, 무대 디자이너, 순회공연 조직자와 프로덕션 과정에서도 함께 일할 때가 있다. 그러나 독자를 위해서는 회상 연극을 만들어 무대에 올리고 다양한 장소에서 관객과 만나는 데 필요한 여러 과정과 과제를 살펴보는 것이 도움이 될 것이다.

제작의 실제적 측면

자금 마련하기

회상 연극 분야에서 전문적인 공연을 위한 제작비를 구하는 것은 프로듀서에게 쉽지 않은 일이다. 최근 몇 년 동안 예술 지원의 문은 회상 연극에 굳게 닫혀있었다. 지금은 분위기가 우호적으로 약간 선회했지만, 회상 연극은 공무원들에게 예술보다는 사회사업에 가까운 잡종 형식으로 비쳐지는 경우가 많다. 그 결과 회상 연극의 프로듀서는 자원봉사 조직, 자선 단체, 보건의료이나 교육 및 환경 관련 정부기관, 개인 기업, 개인 기부자를 비롯해 유럽 위원회(European Commission)의 특정 분과를 포함한 이례적인 대상과 접촉해왔다.

프로덕션의 단계별로 지원이 되기도 한다. 가령 인터뷰 단계에서는 지역 단체가, 작가 보조금은 자선 단체나 예술 기금에서, 제작 비용은 여러 기부자들이, 순회 비용의 일부는 관객 수입으로 충당하는 식이다. 순회공연 자금 마련에는 사회 복지, 주택보급, 도서관, 지역사회 교육, 예술, 여가와 같은 지역 단체 내의 다양한 분과가 도움이 될 수 있다. 그 밖에 재정 지원의 가능성이 있는 또 다른 단체에는 노동조합, 주택 신탁, 요양시설, 개혁 제도, 자발적 활동 집단, 대학 위원회 조직자와 상업적 스폰서가 있다. 자금 마련을 위해 다양한 기관과 접촉하는 것은 공연의 영향력을 확장함에 있어 해당 기관의 참여를 증가시킬 뿐 아니라 회상 연극과 관련된 스탭, 학생과 자원봉사자의 훈련을 촉진한다. 무엇보다 기존 극장에서 상연할 때를 제외하고는 공연 제작비가 노인들에게 부담을 주지 않도록 하는 것이 중요하다. 그렇지 않을 경우 공연을 즐기고 거기서 혜택을 얻을 수 있는 사람들이 돈을 낼 수 없다거나 혹여 관객을 지루하게 하거나 난처한 일이 생길까봐 공연을 멀리할 수 있다.

순회 일정 짜기

자금이 확보되면 배우들을 모집하기 전에 먼저 순회공연 일정을 확정할 필요가 있다. 비교적 쉬운 해법은 한 번에 일주일씩 극장을 예약해서 지역 노인 단체를 초대하는 것이다. 1980년대와 1990년대 초반에 런던에서 노인을 대상으로 작업한 베드사이드 매너 극단(Bedside Manner Theater Company)은 한동안 이런 방침을 택했고, 그것이 그들에게 상당히 잘 맞았다고 한다(개인적 소통). 그러나 그 같은 전략은 주거지를 쉽게 떠날 수 없는 우리의 목표 관객에게는 경제적으로 나 물리적으로 적합하지 않다. 그래서 <세대교류>는 우리의 관객을 위해 공연을 들고 직접 찾아가는 방식을 고수하기로 했다.

소규모 극단에서라면 순회공연 일정은 대개 행정 업무를 보는 사람이 조율하며, 그와 함께 공연 제작과 관련된 프리랜서와 배우들과의 계약과 임금 지급 업무를 맡는 것이 보통이다. 하지만 장기의 국제적인 이동이 포함된 순회공연을 조직하는 것은 상당히 중한 과업이므로 순회 담당자를 따로 두는 것이 상례다.

이 프로젝트에서는 순회공연 기간에만 수입이 발생하기 때문에 효율성을 고려하면 4주 동안 리허설을 한 다음 2달이나 3달 동안 순회공연을 하는 것이 가장 적절하다. 순회공연 담당자는 충분한 경험이 없는 사람에게는 지뢰밭일 수밖에 없는 전문 순회 극단 계약의 특성을 숙지해야 한다. 초보자에게는 1시간짜리 공연을 주 6회에서 7회 정도 하고 적당한 거리를 이동하는 계획이 무리 없이 보일 수 있지만, 주의를 게을리 하면 그것은 어느 순간 엄청난 비용을 쏟아부어야 하는 문제투성이로 변할 수도 있다. 그러므로 순회 공연 담당자는 그 같은 문제를 미연에 방지하기 위해서 조합 대표(대표는 반드시 계약 첫날 전체 배우가 극단 내에서 뽑도록 해야 한다)와 밀접하게 소통하면서 일해야 한다.

극장이 아닌 장소에서 공연하기

순회공연 담당자는 공식적인 계약을 체결하는 것뿐 아니라 공연 공간과 연락을 취해야 한다. 관객이 언제 공연을 볼 수 있는지와 함께 언제 배우들이 도착하는지, 준비와 대기 시간 등을 알려주어야 하는 것이다. 이런 문제는 너무나 당연해서 강조할 필요가 없다고 느껴지기도 한다. 하지만 회상 연극 순회 스케줄은 극장이 아닌 장소에서 공연을 하기 때문에 좀 다르다. 스탭이 계속 바뀌고 공연 예약 업무를 맡은 사람이 당일에 비번인 경우도 있으며, 일주일에 하루만 예약된 공간을 쓸 수 있다든지 운영자 측에서 지원을 거의 해주지 않는 등 여러 난점이 있다. 무엇보다 가장 실망스러운 경우는 먼 거리를 달려갔는데 노인들이 모두 여행을 갔거나 제때에 정보를 전달받지 못해서 여남은 명의 수심에 잠긴 노인들만 객석을 채우고 있을 때다.

많은 지역 극단이 정기 순회공연을 하면서 몇 년에 걸쳐 동일한 장소를 방문한다. 회상 연극 순회공연도 그 같은 관행을 따르는데, 그럼으로써 극단이 해당 기관을 운영하고 사용하는 사람들과 관계를 돈독하게 하면서 명성을 쌓을 수 있다. 하지만 만일 다양한 소수 민족 집단이나 특정한 대상 집단을 위한 공연을 한다면(지역 공동체나 종교 공동체, 특정 주택 단지에 사는 사람들처럼), 방문지 중 다수가 처음으로 공연하는 곳이 될 가능성이 높다. 그 때문에 순회 공연 스케줄이 좀 복잡해진다 하더라도, 그것은 극단이 새로운 관계를 열어가면서 발전을 지속하고 힘을 축적하고 있다는 징후이기도 하다. 하지만 사용자들의 고유한 문화와 세계관과 밀접하게 관련된 공연을 즐겨 보았던 기관이라 해도, 회상 경험에 초점을 맞추는 그와 전혀 다른 공연을 반드시 반길 것이라 쉽게 믿어서는 안 된다. 그러므로 다가오는 공연의 내용과 형식에 관한 정보를 기관에 가능한 한 많이 제공함으로써, 정보가 충분한 상태에서 선택할 수 있도록 도울 필요가 있다.

기본적으로 연극에 적합하지 않은 공간에서 공연을 해야 할 경우가 많고, 때로는 넓은 야외 공간이나 요양원이나 보호주택의 난방이 과한 비좁은 라운지에서 해야 할 때도 있다. 회상 연극의 배우와 무대감독에게는 거기에 무대를 세움으로써 공간을 재창조해야 하는 도전이 주어진다. 짧은 시간 안에 관습적인 공연 환경과 유사하게 바꾸면서 기존의 사용자들에게는 전혀 다른 곳으로 느껴지게 해야 하는 것이다. 기관과 지역 담당자가 애를 써서 '객석을 꽉 채우고' 공연을 마친 후에 배우와 관객이 다과를 함께 하며 대화를 나눌 수 있다면, 더할 나위 없이 좋을 것이다. 순회공연 담당자는 기관과 효율적으로 접촉하면서 이 같은 목표를 달성함으로써 배우와 관객에 대한 존중을 구현할 수 있다.

극장이 아닌 공간을 디자인하기

회상 연극의 디자이너는 자신의 무대가 관객 15명에서 500명의 매우 다양한 공간에 모두 어울려야 한다는 사실을 꼭 기억해야 한다. 무대 배경은 승강기에 싣거나 들고 계단을 오를 수 있도록 반드시 가볍고 이동 가능하게 제작해야 한다. 한 주에 일고여덟 번씩 차에 싣고 내려도 망가지지 않을 만한 튼튼한 재료로 제작해야 하고, 특히 큰 장소에서는 확장이 가능하게 만들어서 배우들이 공간의 가능성을 극대화할 수 있게 하는 것이 중요하다. 또한 디자이너와 연출자와 배우들은 순회공연에서 무대가 극에 어떤 영향을 미칠 것인가를 놓고 충분히 논의해야 한다. 공연을 할 때마다 전후에 무거운 무대장치를 들고 다녀야 한다면 배우들이 상당히 힘들 것이다. 반면에 관객은 스타일리시한 최소한의 무대에 충분히 자극을 받지 못할 수도 있다. 그러므로 연출자는 디자이너와 협의하여 무대가 관객의 회상을 충분히 일깨우되 최대한 가볍고 유연할 수 있도록 방법을 강구해야 한다. 노인을 대상으로 하는 기관은 대부분 천정이 낮은 편이다. 그것은 건축가들이 요양 시설을 세울 때 과거의 구빈원이나 병원처럼 천정이 높았던 곳의 끔찍한 기억을 상기시키지 않고 친밀한 느낌을 주기 위해 반대로 설계했기 때문이다. 그러므로 세트의 주요 부분은 지나치게 커서는 안 된다.

대본이 완성되면 그와 동시에 디자이너를 선정하되 늦어도 리허설 기간 전까지는 섭외를 마치는 것이 좋다. 일반적으로 디자이너는 연출자와 배우들에게 자신의 구상을 보여줄 수 있는 모형이나 그림을 제작할 것이다. 그것은 악기와 주요 의상의 위치와 함께 그 것을 들고 내보내는 움직임을 계획하는 데 있어 필수적이다. 물론 리허설이 진행되는 동안 수정을 할 수 있지만, 배우들은 연기 구역 의 크기와 형태를 대략 아는 상태에서 연기를 상상할 때 훨씬 편안 해한다.

사람들은 회상 연극을 위한 세트가 필요한지를 질문하기도 한 다. 한 가지 분명한 대답은 세트에는 특히 집중하는 데 도움이 되지 않는 기존의 공간을 가리는 목적이 있으며, 때로는 최소한의 가림 막으로도 충분할 수 있다. 그러나 세트는 더 중요한 역할을 할 수 있 다. 무대장치는 공연의 주제가 무엇이든 황량한 환경을 풍부한 회상 과 대화를 자극하는 것으로 바꾸어냄으로써 그 자체로 비망록의 기 능을 한다. 여기에 있는 사례는 1940년대 종전과 함께 런던의 가족 이 다시 만나고 폭탄에 무너진 집을 복구하는 것을 다룬 '다시 빛이 들어올 때(When the lights go on again)'이다. 그 공연에서 세트는 당시 상 황을 그대로 반영하여 다양한 깃발과 포스터로 뒤덮인 비계에 세워 졌다. 그것은 당시의 기억을 효율적으로 촉발하였고, 배우들에게는 1945년 총선거로 이어지는 일련의 사건과 관련된 정치 연설을 위한 연단을 포함하여 연기를 펼칠 수 있는 다양한 높이의 무대를 확보해 주었다.

관객은 통상 공연을 위한 임시 무대 전체에 앉는다. 특히 공연 이 시작되기 한참 전에 공연 장소에 도착했을 때는 더욱 그렇다. 이 것은 라운지가 하나뿐인 작은 기관에서 흔히 일어나는데, 노인들은 방이나 나중에 공연이 올라갈 점심을 먹는 낮병동에 머물고 싶어 하 지 않는다. 그런 경우에는 공연 시작 전에 사람들을 자극하여 기억 을 일깨울 수 있는 흥미로운 물건들을 구경하게 함으로써 상황을 타 개하는 것이 최선이다. 기관에서 실시한 설문조사를 보면, 사람들은 관객을 자극할 만한 것이 충분하지 않은 추상적인 무대보다 여러 가지 소도구로 가득한 선호하는 것으로 나타난다.

필립 커티스, 클레어 서머스킬과 소피 스캐보로우(Sophie Scarborough)(무대 감독)가 공연 후에 관객과 대화를 하고 있다.

회상 연극의 무대배경은 주제에 걸맞으면서 동시에 기능적일 필요가 있다. 캔버스나 합판 플랫 등 어떤 재료로 제작하든 세트에는 공연에서 사용할 소도구를 수용할 수 있는 창고가 포함되어야 한다. 연기 구역의 바닥에 공간이 충분하지 않기 때문이다. 전면은 적절한 디자인으로 채색을 하고 뒷면의 나무 받침대에는 의상을 걸거나 거울을 붙이고 출연 순서에 따른 핀 메모, 작은 도구를 둘 수 있다.

무대 감독

무대 감독(통상 CSM(company and stage manager)으로 알려진)은 다른 연극에서와 동일하게 리허설 기간 동안 디자이너가 윤곽을 구체화하고 연출자가 동의한 바에 따라 무대 배경과 소도구를 제작하는 책임을 맡는다. 여기에는 섬세한 시간 배정이 필요하다. 왜냐하면 연

출자가 무대감독에게 동선(배우들의 움직임과 위치)과 새로운 추가사항
을 기록하고 조명 디자인 계획을 세우도록 여러 차례 리허설에 참여
하기를 요구할 것이기 때문이다.

　일단 공연이 시작되면, 무대감독은 회상 연극의 순회공연에서
없어서는 안 될 핵심적인 역할을 한다. 여정을 계획하고, 80여 번의
공연 횟수만큼 배우들을 충당하며, 연기자들의 복지와 윤리성을 감
독하는 것을 포함하여 순회 중에 프로덕션을 관리할 책임을 맡는다.
무대감독은 흔히 공연 당일 기관 담당자가 가장 먼저 접촉하는 사람
이며, 때로는 순회공연 매니저의 역할과 성공적으로 융합되기도 한
다. 그런 경우에는 무대 감독이 공연에 앞서 기관과 충분히 소통할
기회를 가질 수 있다는 분명한 장점이 있다. 하지만 이들 역할은 분
리된 경우가 더 많으며, 따라서 극단의 주요 성원인 두 사람의 효율
적인 연결을 보장하는 것이 중요하다.

　순회공연을 하는 여느 극단과 같이, 무대감독은 극단의 이동 수
단을 담당하고, 악기를 비롯한 여타 귀중품의 보험과 관련하여 행정
담당자나 순회공연 담당자와 접촉할 책임이 있다. 무대감독은 반드
시 공연 공간으로 이동수단이 '들어가고' '나가는' 것을 적절하게 안
배해야 하고, 뚜렷한 해법이 없는 공간이나마 가장 좋은 세트의 위
치를 배우들과 협의하여 의상실과 간식을 확보하고 배우들의 '30분'
이 존중받도록 해야 한다. 배우들 각자가 좋아하는 방식으로 공연에
들어갈 준비를 하는 30분은 매우 신성하고 고요한 시간이다. 무대감
독은 그것을 잡다한 공연 준비로 침해하여 공연의 효율성과 선의를
해치지 않도록 보장할 필요가 있다.

　담당자가 공연 도중에 간식을 들고 나온다든가 관객이 극단적
으로 흥분하여 공연의 즐거움을 해친다거나 무대 배경이 넘어지는
돌발 사건을 다룰 수 있도록 매 공연에 누군가가 '전면에 나서' 있는
것이 중요하다. 이 같은 재앙은 드물지만 극장이 아닌 장소에서는

종종 일어나기도 하므로, 그런 상황에서도 무대감독이 적절하게 대처할 것을 알 때 배우들이 보다 편안할 수 있다.

무대감독은 공연에서 발생하는 문제와 배우들이 삭제하고 싶어하는 장면을 연출자가 잘 파악하고 있도록 도와야 한다. 또한 공연에 대한 기록을 자세히 남겨서 기관이 당시의 해결하지 못한 문제에 다시 봉착하지 않도록 하고, 특히 호응이 좋은 기관의 경우에는 극단의 또 다른 행사와 활동에 대한 정보를 지속적으로 제공한다.

무대 조명

노인들의 거처에 스탠드를 세우고 무거운 연극 조명을 다는 것은 불필요하고 잠재적으로 위험하게 보일 수 있다. 그렇게 조명을 하면 무대를 밝히고 관객의 주의를 집중시킬 수 있다. 조명은 시력이 감퇴한 노인들이 배우들의 얼굴 표정과 무대와 소도구를 잘 볼수 있게 해주고 그럼으로써 '괜찮은 공연'이 되게 한다. 회상 연극은 '보통 연극'에서 관객에게 영향을 미치기 위해 사용하는 방식을 모두 동원하여 '진짜 연극'처럼 진행되어야 한다. 설비가 갖추어지지 않은 기관에서 단 한 번의 공연을 위해 조명을 설치하는 것은 꽤나 성가신 일이다. 도선을 모두 바닥(이나 카펫)에 '깔끔하게 정리하고 붙여서' 사람들이 넘어 다니지 않도록 건강과 안전의 문제를 고려해야하지만, 대부분의 기관에서는 조명 설치가 가능하고 그럴 경우 큰차이를 만들어낸다.

통상적으로 무대감독은 각각 최대 세 개의 램프가 달린 두 개의 조립식 조명 스탠드와 작은 디머 보드를 가지고 다니며 공연이 진행되는 동안 그것을 작동시킨다. 이 정도의 조명은 모든 램프를 동시에 켜지만 않는다면 기존 체계에 과부하를 주지 않으면서 일반 전력만으로도 가동할 수 있다.

디자이너와 무대 감독은 연출자와 함께 조명을 어떻게 쓸 것인지 고민하여 가용한 장비를 최대한 효율적으로 사용해야 한다. 예를 들어 조명은 극장이 아니어서 완벽한 암전이 되지 않는 상황에서도 특정 장면의 분위기를 강조하거나 노래가 나올 때 배경막의 모습을 변형할 수 있다.

음향과 기타 효과

회상 연극은 보통 마이크가 필요하지 않은 상당히 작은 공간에서 상연된다. 그리고 앰프가 필요한 전자 키보드 대신 라이브 연주로 진행한다. 배우들이 목소리나 소도구를 두드려 음향을 만들고, 관객은 그런 접근 방식의 유머와 진정성에 호의적으로 반응한다. 이 장에서 설명한 공연은 대체로 정교한 음향 장비를 요하지 않았지만, 때에 따라서는 역사적인 기록 방송이나 유명한 가수의 목소리를 내보내거나 편곡한 반주에 맞춰 노래를 불러야 하는 경우도 더러 있다.

슬라이드 영사기도 때때로 요긴하여 쓰인다. 관습적인 극장만큼 충분한 암전을 만들어내기가 쉽지 않지만 장면이 표현하는 시간과 장소의 느낌을 잘 살려낸다.

공간 배치

객석을 배치하는 것은 불편하더라도 기관 운영자와 협의해야 하는 사안이다. 기관 스탭이 카바레 형식을 따라 노인들을 작고 둥근 탁자 주변에 앉히는 경우도 있지만, 어떤 데서는 긴 탁자에 간식을 차려놓고 그 양쪽에 노인들을 앉게 하기도 한다. 후자의 배치는 어떤 공연에서도 최악이다. 탁자가 배우와 관객을 분리하여 초점을 분산시키므로 무대의 영향력이 반감될 수밖에 없기 때문이다. 그때는 최소한 앞쪽 무대를 향해 의자의 방향을 바꾸는 것이 필요하며, 더 할 수 있다면 담당자를 설득하여 불필요한 탁자를 치우고 의자들을 U자 형태로 앞쪽 무대를 향해 배치함으로써 좀 더 관습적인 극장의 객석 구조에 가깝게 만들도록 한다. 이 같은 사항은 계약할 때 미리 요구하는 것이 좋다. 그렇게 해야 공간을 공연에 적합하게 배치할 수 있으며, 그렇게 준비된 공간에 노인들이 들어왔을 때 그곳을 평소와 다른, 뭔가 특별한 일이 벌어질 색다른 공간으로 느낄 수 있다.

노인들의 공간에 있는 가구는 대체로 연극 공연에 불리하다. 등받이가 높은 의자는 주변을 둘러보기도, 들어 옮기기도 어렵다. 그래서 무대를 높이는 것이 바람직하지만, 작고 천정이 낮은 공간에 단을 세우는 것은 시간이 소요되기도 하고 무겁기도 해서 시도하기가 쉽지 않다. 그래서 동선을 그을 때(매 장면에서 배우들이 어느 지점이 있어야 할지를 결정하는) 연출자는 배우들이 잘 보이게끔 가능한 서 있도록 하고, 꼭 앉아야 하는 장면에서는 탁자, 침대, 의자나 벤치에 앉게 하는 것이 좋다. 안무와 연출은 최악의 경우를 염두에 두고 준비해야 한다. 그리고 연출자와 디자이너는 목표한 관객이 공연의 어떤 것도 놓치지 않도록 공연 공간의 높이와 배우와 소도구의 가시성을 처음부터 반드시 고려해야 한다.

의상

의상은 공연이 다루는 시대와 밀접하게 연관된다. 혹 시간의 긴 흐름을 보여주는 것이라면 몇 개의 시대를 여행할 것이다. 디자이너가 무대와 소도구뿐 아니라 의상까지 책임지는 것이 바람직할 때가 많다. 그렇게 하면 시각 요소가 상보적으로 통합될 수 있다. 회상 연극에서는 배우들이 한꺼번에 여러 인물을 연기해야 해서 의상을 자주 갈아입기 때문에 재빨리 입고 벗을 수 있게 하는 것이 중요하다. 경우에 따라서는 의상 전환을 노출하여 관객이 배우가 한 인물에서 다른 인물로 바뀌는 것을 지켜보게 하는 것이 시각적으로도 흥미롭고 효율적일 수 있다. 기본 의상에 인물에 따라 모자, 케이프, 깃, 앞치마, 솔 등을 덧입는 식의 간소한 변화는 배우와 관객이 장면에서 요구되는 극적 전환에 적응할 수 있게 도와준다. 필요한 의상은 모자 스탠드나 연기 구역에 방해가 되지 않도록 걸쇠에 걸어둘 수 있다. 하지만 의상의 전면적인 변화는 관객에게 즉각적인 영향을 준다. 특히 군인, 공군여자보조부대, 해군 제복, 복원복(제2차 세계대전 때의), 간호사의 제복처럼 옷 자체가 이야기를 하는 경우에는 더욱 그렇다. 노인들이 사는 라운지에서 벌어지는 이 같은 변화는 그들을 다른 시간과 장소로 옮겨놓으며, 그 효과는 대사에 필적한다. 회상 연극에서 의상을 고증할 때는 절대적으로 정확해야 하며 특히 제복이 등장할 때는 더욱 그렇다. 줄의 개수가 틀리거나 하면 관객이 장면에 집중하는 것을 방해하기 때문에 오히려 역효과가 나타날 수 있다.

극단 운영

왜 전문 배우와 일해야 하는가?

보호주택, 낮병동, 요양원처럼 문화적으로 소외된 데서는 어떤 공연이든 즐겁게 볼 수 있을 텐데 굳이 전문 배우를 써야 할까 의문을 가질 수도 있다. 실제로 다양한 아마추어와 학생들을 기용하는 회상 연극 또한 노인들을 충분히 즐겁게 할 수 있다. 그런데 나는 어떤 작품에서도 배우 조합을 이용하고 그 규약에 따라 임금을 지급해 왔다. 그렇게 한 까닭은 회상 연극이 다른 연극과 똑같이 중요하고 힘든 일이기 때문이다. 빡빡한 리허설 일정, 대사 암기, 음악 준비, 안무 숙지, 유연한 반응을 요하는 관객과의 만남을 고려할 때, 회상 연극이 배우에게 요구하는 것은 관습적인 연극 작업에 못지않다.

벅찬 스케줄

회상 연극은 또한 배우들이 수많은 '일회 공연'을 감당해야 한다는 점에서도 엄청난 노력을 요한다. 보통 일주일에 일곱 번이나 여

덟 번의 공연을 하는데, 다음 일정을 위해 장거리를 이동해야 하기
도 한다. 무대를 세우고 준비하는 시간이 부족할 때가 잦고, 맞춤한
의상실이 부족하거나 기관이 극단의 전문성을 이해하지 못하는 경우
도 많다. 배우들은 무대 감독을 도와 무대를 세우고 조명과 소도구
를 설치해야 하는데, 그것을 노인들이 둘러 앉아 있거나 서 있는 비
좁은 공간에서 해야 할 때도 있다. 게다가 기관은 또 다른 '스타'를
찾는 에이전트가 눈여겨 볼만한 곳이 아니기도 하다. 이런 점만으로
도 회상 연극의 배우들은 배우조합이 규정한 임금을 받을 자격이 충
분하며, 그렇다 해도 아주 매력적인 일은 아니다.

회상 연극을 위한 전문적 기준 세우기

전문 배우를 고용하는 것은 회상 연극이 최선의 재능을 요하는
가치 있는 예술 형식임을 강조하기 위함이기도 하다. 배우들 중 다
수는 주요 극단에서 연기한 경험을 갖고 있다. 최근 몇 년 동안 연극
학교와 대학 연극학과에서 '응용 연극'과 지역사회 과정을 점차 확장
하는 추세는 반가운 일이다. 학생들은 전체 연극 관객에서 노인이
유례없이 많아질 미래를 대비하여 이 분야에서 일할 수 있도록 그
기본적인 원리를 이해할 필요가 있다.

연기 전공 학생들과 작업하기

연극을 공부하는 학생들이 회상 연극 수업이나 워크숍을 들으
면서 다소 제한적이고 고리타분할 것이라는 예상을 깨고 그 흥미로
운 과정에 놀라는 것을 볼 때면 기분이 좋다. 스피치와 드라마 중앙
학교와 그리니치 대학의 학생들은 개괄적인 워크숍에서 자신의 기억
을 탐험하고 극화한 다음에, 인터뷰, 녹취, 대본 작성, 공연, 관객 반
응 성찰의 주요 단계를 모두 거치면서 상당한 열정과 기술로 독창적
인 작품을 만들어냈다. 그 중 몇몇은 회상 연극이 제공하는 공연 기

회 때문에 매체를 더 깊이 탐험하고 싶어 했다.

오디션과 배우들 꾸리기

회상 연극 배우에게 필요한 자질이 있다면 무엇일까? 회상 연극은 배우에게 아무리 짧더라도 그 순간에 전심으로 집중하여 마치 그 일이 지금 여기에서 일어나는 듯 생기를 불어넣을 것을 요구한다. 인물과 상황 안팎으로 재빨리 들어가고 나오는 능력은 이런 종류의 연극을 위한 필수조건이다. 그것은 인물을 캐리커처하거나 피상적으로 연기해야 한다는 뜻이 아니라 어떤 감정이 담긴 장면이건 배우가 짧은 순간에 집중력을 발휘하여 현실감을 밀도 높게 표현할 수 있어야 한다는 뜻이다. 노년의 관객은 강렬한 감정에 대한 정확하고 진정성 있는 표현에 즉시 반응하며, 배우들에게 빨리 동일시한다.

'결정이나 반응이 빠른' 배우

즉흥 연기에 익숙해서 기대치 않은 방식으로 반응할 수 있는 능력은 회상 연극의 배우에게 필요한 또 다른 자질이다. 오디션에서 이를 테스트하는 한 가지 방식은 배우들에게 대사를 한마디 읽힌 후에 종이를 보지 않고 즉시 요점을 말하도록 하는 것이다. 그리고 대사의 상황과 관련하여 역할로 반응하게 한다. 이것은 상당히 부담스럽게 들릴 수도 있지만, 배우가 이야기에 재빨리 몰입하여 그 함의를 이해하고 역할에 감정이입하여 반응할 수 있는지를 확실하게 보여준다. 이것을 잘 하는 배우는 순회공연에서 새로운 과제나 예상 밖의 개입에 쉽게 꺾여 반응하지 못하는 사람들보다 훨씬 빛을 발할 것이다.

음악의 중요성

음악적 기술은 회상 연극에서 매우 중요하다. 배우는 노래를 할 수 있고 화음을 맞출 수 있으며 이상적으로는 간단한 악기를 연주할 수 있어야 한다. 음악 감독은 보통 객석에 앉아 연출자가 해당 공연을 위해 어떤 형태가 최선의 조합인지를 결정할 수 있도록 돕는다. 음악감독은 배우의 노래와 악기 연주를 듣고 각자의 성부와 기술에 따라 능력을 극대화하는 방향으로 음악을 편곡하되, 그 밖에 배우에게 주어지는 다른 과제를 고려하여 지나친 부담을 주지 않도록 한다.

<세대교류>에서 나는 폴라 가디너, 산드라 커, 피터 헤이워드와 같은 유수한 음악 감독과 일하는 행운을 누렸다. 그들은 30편의 작품에서 대다수의 작업을 감당했고 배우들에게 융통성 있고 흥미로운 편곡을 제공해주었다. 간단한 관악기와 현악기는 빠른 흐름의 공연에서 유연성을 극대화하고, 소도구를 타악기로 사용함으로써 창의적인 효과를 낼 수도 있다. 골무를 끼고 빨래판을 연주하고 솔로 양동이를 두드리거나 숟가락으로 에나멜 접시를 두드리는 것이 그런 예다.

배우는 대사를 하다가 곧바로 음악으로 빠르게 전환할 수 있어야 한다. 아코디언을 매면서 대사를 할 수도 있고 재빨리 퇴장했다가 다음 장면에서 필요한 다른 의상으로 갈아입고 플롯이나 클라리넷을 연주하며 다시 등장해야 하는 식이다. 그러므로 배우에게는 매우 빠른 사고의 전환이 요구된다.

관객과 기꺼이 함께 하는 것

회상 연극에서 배우는 관객에게 기꺼이 말을 걸 준비가 되어 있어야 한다. 그것은 일종의 일 방향 대화로서 '이 장면 기억하시죠. 저희는 여러분이 기억하시리라 믿어요. 네, 기억하시는군요. 그때 정말 그랬지요, 그렇지 않나요?'라는 말로 옮길 수 있을 것이다. 이 마음이 잘 전달될 때 객석에서 찬동과 인식의 흐름이 형성되는 것을 느낄 수 있고, 그것은 배우들에게 매우 보상적이다. 장면에 집중한 관객이 그 상황과 딜레마를 이해하는 또 다른 여행자로서 인물의 감정에 몰입하는 언어적이고 비언어적인 표식이 객석에 나타날 것이다.

'내가 살던 옛날 옛적에'에서 무모한 남자 친구 장면: (왼쪽에서 오른쪽으로) 레베카 클로우(Rebecca Clow), 오웨인 윌리엄슨 (Owaine Williamson), 클레어 서머스킬

　　대다수 회상 연극에서 배우와 관객의 물리적 근접성은 연기 스타일을 친근하게 만들어 공연 후 토론을 편안하게 이끌며, 그때 배우들은 관객과 직접 대화를 나눈다. 공연 후 토론은 관객이 공연이 촉발한 기억을 이야기하고 그 반응을 배우들에게 돌려줄 수 있는 기회라는 점에서 회상 연극의 핵심이라 할 수 있다. 일부 배우들은 특히 특정 관객이 어떤 장면에서 감흥을 받았는지를 잘 감지하여 토론에서 그것을 끄집어내기도 한다. 배우는 일반적으로 노인들로부터 매우 긍정적인 반응을 들으면서 관객과 밀접한 접촉을 나누는 드문 경험을 즐긴다.

배우들에게 회상 작업 경험시키기

배우들에게 실제 경험을 통해 회상 작업을 소개하는 것은 여러 가지로 이롭다. 배우들에게 회상 과정을 이해시키는 가장 좋은 방법은, 리허설 초기에 회상하고 싶은 주제를 정해서 개인적 기억을 공유하면서 직접 경험하는 것이다. 한 예로 보건복지부가 생기기 이전의 보건 의료를 다룬 '병원에 갈 돈이 있나?'에 참여한 배우들에게 나는 유도된 환상을 통해 어린 시절 아팠을 때를 떠올려서 어디가 어떻게 얼마나 아팠는지 그리고 그것이 어떤 영향을 미쳤고 어떻게 치료를 받았는지를 떠올려보게 했다. 그런 뒤에 배우들은 오랫동안 잊고 있던 경험을 이야기하고 정서적으로 매우 강렬한 순간을 공유하기도 했다. 그 과정을 통해 그들은 자신이 어떤 경험을 편집했는지 또 공개하기가 편했던 것이 무엇인지를 잘 알게 되었다.

개인적인 회상 연습을 통해 배우들은 대본에 있는 자신의 대사를 새롭게 볼 수 있었다. 그것이 회상 과정에서 나온 결과임을 상기하고, 기억의 행위가 인터뷰를 한 노인들에게 어떤 영향을 미쳤는지를 이해하게 된 것이다. 서로의 기억을 경청하고 '잃어버렸던' 기억을 갑자기 발견하는 경험은 또한 배우들이 공연이 관객에게 미칠 영향에 민감하게 대처하도록 한다. 회상 연극의 관객은 공연을 보면서 가슴과 머리에 깊이 묻어두었던 기억과 우연하지만 확실히 조우하게 되는데, 그것은 매우 강렬한 정서를 내포하기 마련이다. 회상 연습의 결과로 나타나는 통찰은 공연 후 토론에서 배우가 노인들을 민감하게 느끼고 때때로 나타나는 감정적인 반응에 공감할 수 있도록 도와줄 것이다.

현재에 과거를 연기하기

연출자는 리허설을 하면서 배우들이 공연이 본래 경험의 진실성과 힘을 잘 담아내고 있음에 자신을 가질 수 있도록 도와야 한다. 버배팀 텍스트는 반드시 자연스럽고 생생하며 진정성 있게 들려야 한다. 이야기가 새로이 기억되면서 무대에서 그 모든 일들이 정말로 일어나는 듯한 느낌으로 재현하는 것이 중요하다.

때로 배우들은 젊은 시절을 추억하는 노인을 연기하다가 그 다음 순간 젊은 날의 청년이 되어 움직이는 자신의 모습을 객관적으로 볼 수 없어 회상 연극의 연기를 어렵게 느끼기도 한다. 실제로 어떤 배우는 회고에서 연기로 장면이 전환될 때마다 의상을 갈아입게 해 달라고 요청하기도 했다. 하지만 현실은 아주 단순하다. 공연이 지속되는 동안은 모두가 관습적 약속에 따라 배우가 실제 그보다 훨씬 나이 많은 사람을 연기한다 해도 그가 표현하는 인물과 상황을 그대로 받아들이는 것이다. 이야기에서 장면, 설명에서 행동으로의 이동은 의상이나 분장 또는 그 밖의 다른 장치를 통한 강조를 필요로 하지 않는다. 일단 배우들이 이 스타일에 적응하기만 하면, 문제는 사라진다.

모든 요소를 통합하기

다른 연극에서와 마찬가지로 연출자의 과제는 작가, 디자이너, 음악 감독, 무대 감독, 배우와 논의한 아이디어와 전략을 통합하는 것이다. 어떻게 각각의 부문들, 최종 대본, 무대, 소도구, 의상, 악기 연주와 복합적 화음, 신중하게 구성된 배우들의 움직임이 일관된 전체를 이룰 수 있을까? 그 모든 요소를 하나로 녹여내고 신체적이고 물리적인 장애를 극복하여 공연이 잘 흘러갈 수 있도록 하는 것은 거대한 싸움으로 느껴지기도 한다. 의상을 재빨리 갈아입을 시간, 악기를 제자리에 놓을 시간, 한 시퀀스에서 다른 시퀀스로 이동하는 데 필요한 시간까지 사방 1분 내외의 좁은 공간에서 늘 촉박한 시간이 문제가 된다. 연출자(그리고 가능하다면 작가)는 배우들이 이처럼 까다로운 전환을 성공적으로 수행할 수 있도록 대본을 기꺼이 손볼 필요가 있다. 리허설 기간이 끝나갈 즈음에는 가능성이 점차 현실이 되고 장애물을 극복하면서 커다란 성취감을 맛보게 될 것이다. 배우들 또한 쉽지 않은 여러 과제를 다루는 방법을 익히면서 점차 공연이 관객에게 어떻게 작용할지에 대한 느낌을 구축하고 순회공연의 연기를 즐길 수 있게 된다. 이 모든 요소들이 일시에 맞물려 돌아가면서 작품의 주된 정서와 의미를 정연하게 담아낼 때, 회상 연극이 정말로 복합적인 예술 형식이라는 것이 분명해진다.

의심 다루기

회상 연극 연출자로서, 나는 이것이 많은 배우들에게 익숙한 작업이 아니라는 것을 안다. 회상 연극은 배우들에게 물리적인 측면에서나 정서적으로도 기꺼이 수용적이지 않은 환경에서 공연하기를 요구한다. 뿐만 아니라 여유 있는 리허설과 충분한 보수를 보장하지도 않는다. 하지만 당시에는 대부분의 극단 사정이 크게 다르지 않았다! 그럼에도 불구하고 다재다능하고 경험 많은 배우들이 회상 연극에 너댓 차례씩 참여하는 과정에서 그것이 주는 어려움과 보상을 즐기면서 회상 연극 형식을 이해하고 특별한 기술을 개발해왔다. 그런 배우들과 함께 작업할 수 있었던 것은 매우 흥분되고 만족스러운 경험이었다.

때때로 자금 마련의 고통스러운 과정과 전문 공연을 가지고 극장이 아닌 공간을 순회하는 데서 발생하는 불가피한 문제와 씨름하는 것, 공연 취소, 배우들의 병치레, 수송 문제, 배우조합과 관련한 문제가 나를 힘들게 한다. 때로는 아무것도 없는 곳에 생생한 활기와 자극을 주는 공연을 가지고 가기 위해 갖은 노력을 기울이는 것이 부질없게 느껴지기도 한다. 하지만 그런 마음은 우리가 목표로 한 관객이 공연을 보고 아드레날린 주사를 맞은 듯 활기를 띠는 것을 목격할 때 연기처럼 사라진다.

방법론에 대한 신념을 확증하기

배우들과 순회공연에 오를 때마다 나는 좋은 시간이 될 것이라는 것과 우리의 방법론에 대한 믿음을 다진다. 물론 공연에 지나치게 불리한 환경이거나 관객이 공연을 수용하기에 너무 기능이 떨어질 때는 실패하기도 했다. 그러나 대다수의 사례에서 관객은 매우 열정적으로 반응하였고, 공연을 보고 나서 눈에 띄게 기뻐했다. 시간이 지나면서 점점 더 많은 스탭이 공연이 끝날 때까지 자리를 지켰고, 자신들이 돌보는 노인들의 긍정적인 반응을 보면서 도움을 받았다. 그들은 공연이 어떤 차이를 만들어냈는지, 덕분에 노인들의 상호작용과 창조적인 회상 작업이 어떻게 촉진되었는지를 말해 주었다.

SUMMARY

이 장에서는 회상 연극의 순회공연과 관련된 실질적인 고려 사항을 살펴보았다.

- 광범한 순회 계획을 작성할 것. 거기에는 아마도 문제적인 공연 공간이 여러 군데 포함될 수 있다.
- 음악, 디자인, 설치의 측면에서 숙련된 전문 인력과 함께 할 것
- 실질적인 문제를 두루 다룰 수 있는 경험 많고 믿을 수 있는 무대 감독을 섭외할 것
- 음악적 기술을 갖춘 재능 있는 배우들을 선발하여 계약을 체결할 것
- 공연의 질을 확보할 것
- 다양한 관객과 좋은 관계를 형성할 것

이 문제들 중 다수는 회상 연극이 아닌 다른 극단의 순회공연에서도 동일하게 적용될 것이다. 그러나 회상 연극은 전문 배우 집단을 초대하여 공연하는 데 익숙하지 않은 기관에서의 상연을 목표로 한다는 점에서 이 조건을 모두 충족 시키기가 어려울 수 있다. 다만 관계자 모두가 명심해야 할 것은 회상 연극의 목표가 노인들을 위로하고 자극하는 데 있으며 그러므로 공연이 끝날 때까지 유머 감각과 활기찬 모습을 유지할 것!

참여적인 세대 간 프로젝트

2부를 여는 8장은 노인관객들이 각각의 장면에서 발생하는 토론에 참여한다든지 심지어는 그들 스스로 일부 역할들을 직접 해봄으로써 이벤트의 적극적인 참여자가 되어보는 연극 프로젝트에 관한 내용을 다룬다.

9장은 특별하게 창안된 환경에서 전문적으로 수행된 교육에서의 회상연극 (Reminiscence Theatre in Education)을 탐구한다. 배우들은 리서치 기간 동안에 진행했던 인터뷰에 기반하여 취학아동 학급의 캐릭터나 상황을 제시한다. 아이들은 항상 집단의 역할 안에서 적극적으로 연극에 참여한다. 노인들도 그러한 행동에 참여하며, 물론 가끔은 역할을 맡기도 한다. 그런 다음 자신들이 겪은 경험을 아이들과 공유하며 아이들은 즉흥적인 드라마를 통해 이를 탐험한다.

10장은 청소년과 노인의 만남을 토대로 독창적인 연극을 개발한 청소년 연극에 대해 살피고 있다. 노인들은 바로 그 공연에서 자신의 이야기를 듣게 되거나 혹은 거기서 만난 노인들과 교류를 하게 된다. 이렇게 전문적으로 지원을 받는 연극제작에는 때때로 노인을 연기자로 포함시킨다. 필연적으로 연합 제작이 되는 셈이다.

11장은 교실 속 청소년들의 연극 만들기에 관한 것인데, 연극은 그들이 함께 공유한 노인들의 기억을 토대로 한다. 이들 프로젝트가 갖는 교과과정의 본질은 특히 노인과 청소년 모두를 포함하는 다문화적 회상연극 작업에 초점이 맞춰져 있다.

08

관객참여를 자극하는 연극적인 장면들

연극을 통한 학습

이 장에서 필자는 두 가지 사례연구를 통해 토론과 학습의 자극제로서 연극의 가치에 대해 생각해보고자 한다. 먼저 정부가 기금을 지원한 재생프로젝트에 관한 것인데, 규모를 갖춘 회상연극의 순회공연에서 그 각각의 장면이 노인들 회상 촉진의 자극제가 되는 여러 방식의 적용을 탐구할 것이다. 둘째, 은퇴경험에 기반한 전문적인 연극프로그램이 노인들로 하여금 삶의 변화를 준비할 수 있게 해준다는 점에 주목할 것이다. 이는 학습 과정의 한 부분으로서 관객의 능동적인 참여를 활용하는 것과 연관된다.

회상연극을 위한 기존의 방식 다시 생각하기

대부분의 전문적인 회상연극 제작에는 4~5명의 전문배우들과 무대감독, 의상, 무대장치, 조명이 요구된다. 제대로 갖춘 이런 종류의 제작 방식은 관객에게 상당한 영향을 미친다. 특별히 공연이 노인들 삶의 공간으로 들어간다면 그에 걸맞게 다소 작은 연극으로 변형된다. 하지만 요양보호시설이나 데이센터와 같은 복잡한 환경에서는 공연과 탈의실, 그리고 명확한 시간대를 약속하는 약정을 체결함에도 불구하고 어려움이 발생하여 늘 이러한 요구사항들이 존중받지 못하는 곳이 있기 마련이다.

쉬는 시간 없이 대략 60~75분 정도 극은 지속되는데 이는 특정 관객이 불편함이나 집중력을 잃지 않고 앉아 있을 수 있는 최대치의 시간을 고려한 것이었다. 하지만 많은 공연 장소에서 공연이 시작되기 전 상당히 긴 시간 동안 스태프들이 노인거주자들을 그들 방에서 데리고 나왔기에 전체 이벤트는 두 시간을 넘겼다. 관객과 연기자들이 함께 차를 나누며 서로 섞인 채 비형식적으로 행해지는 공연 이후의 토론은 시간을 좀 더 확장시켰는데, 이는 공연의 장면들로 기억이 유발되며 기억은 구체적인 회상요인 없이는 되찾기 어려울 수 있다는 것을 의미했다.

이러한 장막의 공연을 보여주는 수년간의 여정 이후에 나는 1980년 데본(Debon)의 페어 올드 타임즈(Fairs Old Times)의 방식을 시험해보기로 결정했다. 처음부터 끝까지 계속되는 연극 대신에 배우들이 분할된 장면들을 제시하고 단원 중 한 사람이 집단토론을 촉진하기 위해 들어가는 방식이다(Langley and Kershaw, 1982). 클레어 서머스킬(Claire Summerskill)은 수년 동안 회상연극의 연기자이자 작가로 나와 함께 일했다. 최근 그녀는 포레스트 포지와 옥스퍼드셔 순회극단이 공동 제작한 작업에서 이러한 방식을 긍정적으로 경험하였다(Shaw, 1999). 그리고 그녀는 '꼭 그 마을처럼(Just Like The Country)'이라 불리는 공연에서도 <세대교류>와 함께 그 방법론을 시험한 바 있었다(Rubinstein, Andrews and Schweitzer, 1991).

꼭 그 마을처럼

영웅들에게 어울리는 집

본래 이 연극은 1990년 <세대교류>를 위해 조이스 할리데이가 쓴 것으로, 무대 세트와 조명 설비까지 갖추고 총 4명의 배우가 공연한 바 있다. 공연은 런던 외곽의 주 의회가 추진했던 양차대전 중의 주택개발단지에 대한 것이었다. 제1차 세계대전에 참전할 남성들을 모집한 결과 많은 수의 사람들이 그 일에 부적합한 것으로 밝혀졌다. 그들은 좋지 않은 주거환경에 부적절한 음식과 연관되어 있는 구루병과 심폐관련 증상, 그 외의 다른 병으로 고통 받고 있었다. 런던주의회는 전후 노동자들의 삶의 조건을 개선하고 도시빈민 공동주택에서 벗어나 좀 더 건강한 환경으로 이주할 수 있도록 아픈 아이가 있는 가족들에게 특별히 우선권을 주었다. 15만 명의 가족을 보유할 수 있는 새로운 주거개발단지는 '코티지 이스테이트스(대단지의 작은 집들, Cottage Estates)'라 불렸다. 전통적인 테라스가 있는 다가구주택이었기 때문에 그렇게 불렀다. 집은 미개발 지역이나 농토에 지어졌다. '꼭 그 마을처럼' 되도록 도시를 세웠던 그 당시의 런던이, 오늘날에는 도시 난개발 현상으로 지목되기도 하지만 말이다.

전혀 예기치 못했던 것은 이스트엔드(East End)와 다른 도시지역에 특징적이었던 가족과 친족 체계를 파괴하는 데 기여했다는 고통과, 대가족과 오랜 이웃들에게서 떨어져 나온 여성들이 느낀 고립감이었다(Young and Willmott, 1989). 이러한 자잘한 많은 문제들은 개선된 설비물들을 갖추고 새로운 관계와 많은 사회적 이윤이 있는 새로운 공동체의 일부가 된다는 것에 대한 거주자들의 즐거움으로 인해 더 커졌다. 새로운 단지로 이사함으로써 촉발된 이러한 층위의 반응과 감정은 연극에 긴장감과 복잡성을 부여했다.

노화한 개척자들

애초 이 프로젝트의 인터뷰는 1980년대 중반에서부터 후반까지 수행되었다. 런던 주변의 런던 주 의회(LCC) 대단지 전체와 베콘트리, 헬리어 거리, 벨링험, 카스텔타우와 다운햄이 포함되었다. '젊은 부부'로 이 주거지에 이사해 온 많은 사람들은 이미 노인이 되었다. 개척의 시절에 대한 그들의 기억을 기록하는 것은 중요했다. 특히나 인터뷰 당시 그들 주거지는 하찮게 취급되거나 혹은 마가렛 대처의 급진적 계획 하에 매각되기 시작하였다. 우리는 주 의회가 마련한 집이라는 점에 대해 축복해주길 원했고, 생애 처음으로 생활편의시설을 갖춘 것에 대한 그들의 기쁨을 기록하길 원했다. 그리고 그들 자녀에게는 건강과 복지를 마련해주었다는 중요한 변화에 대해서도 기록하길 원했다.

십년 후 귀환한 연구 주제

2000년, 이 기획을 다시 탐사하려는 결정은 최초의 인터뷰와 제작 이후 십년의 시간이 더 걸렸다. 런던의 남동쪽 회상센터에 근접해 있는 다운햄 지구는 이제 아예 제 구실을 못하고 있었고 긴급한 재생프로그램의 주체로 내몰리고 있었다. 책임기관인 다운햄 프라이드(Downham Pride)는 우리에게 대거주지에 대한 프로젝트에 노인들이 참여할 것을 요청해왔다. 그리고 더 넓은 공동체 참여를 위한 출발점으로 사용했으면 했다. 우리는 거주단지의 노인들과 2차 인터뷰를 하기로 결정했다. 이때까지 많은 원 정착민들은 사망했기에 우리의 인터뷰 대상자들은 어린아이 때 이주해 온 사람들이었다. 따라서 그들 부모가 살았던 원 거주지역 주택에 대한 기억은 제한적이었다. 이들 인터뷰 대상자들이 회상해낸 것은 어떻게 어린 시절의 그 거주지를 잘 지켜냈는가와 과거에 흥성했던 공동체였다. 장소에 대한 과거의 자존감은 쇠퇴한 현재에 대한 낙담의 감정과 첨예한 대조를 보였다. 일부 인터뷰 대상자들의 프로젝트 참여는 다른 지역공동체의 주의를 촉구하여 그 지대와 거주자들의 현재와 미래를 더 잘 돌보도록 추동하는 기회를 제공했다.

실천적 재고

클레어 서머스킬은 조이스 할리데이의 희곡을 네 개의 분할된 장면으로 편집해서 원래 네 명이 했던 공연을 두 명의 배우가 하도록 하였다. 각각의 장면 이후에는 특별히 탐구된 주제들과 연관된 회상의 교류를 촉구하였다. 이는 클레어가 주도했는데 그녀는 배우들에게 음악을 지원하여 서로 다른 단계의 프리젠테이션 간에 연속성을 제공하였다. 각색버전에서는 단 두 명의 배우가 있었기 때문에 우리는 전체적으로 완전한 스케일의 오리지널 버전에서는 가능하지 않았던 작은 장소(small venues)에서 공연을 할 수 있었다. 매우 적은 캐스트와 최소화된 세트는 작게 마련된 무대 위에 장면을 올리는 것을 가능하게 하였다. 이는 관객들이 훨씬 더 쉽게 연기자들을 볼 수 있음을, 높은 등받이 의자 너머로 지켜봐야 했던 과거의 문제점을 극복할 수 있음을 의미했다. 그러나 공연장의 천장높이가 너무 제한적이었기 때문에 우리는 백드롭의 높이가 조정될 수 있도록 확실하게 해두어야만 했다. 희곡은 라이브 뮤직과 의상, 소도구들을 갖춘 공연이 되었고 산포된 회상 토론이 갖는 장점에, 배우 전원이 전문가로 이루어진 공연물이라는 많은 이점을 갖추게 되었다.

즉각적인 피드백의 도입

이러한 작업방식에 있어 한 가지 분명한 이점은 토론 동안 관객이 응답을 할 때 자신들 마음속에 연극의 전 과정을 유지하고 있지 않아도 된다는 점이다. 진행자가 묻는 질문의 강조점은 '어떤 부분을 즐기셨습니까?'라기보다는 '그 장면에서 렌(Len)과 비(vi)와 같은 경험을 해본 적이 있습니까? 그에 대해 말씀해주실 수 있으세요?'에 있었다. 노인들은 방금 전에 보았던 짧은 에피소드에 직접적으로 관련되어 있었고 이슈별로 응답할 수 있는 기회를 가졌다. 토론에서 노인들의 참여가 의미하는 것은, 극단이 연극의 주제와 관련된 새롭고 매력적인 이야기들을 많이 듣는다는 점이다. 물론 더 중요한 것은, 장면에서 제공된 자극의 결과로 노인들끼리 서로의 경험을 많이 듣는다는 점이다.

토론의 촉진: 갑론을박

장면 사이사이에 토론을 도입한다는 생각은 극단에게는 매우 유용한 대안적 방법론이었다. 그것은 특히나 관객과의 상호행위를 활력 있게 해주었다. 하지만 이러한 방식에는 극복해야 할 문제들도 있었다. 일부 노인들의 소리 없는 정적이나 청각적 장애, 그에 따라 소수의 개인이 토론을 독점할 수 있다는 사실과 같은 것이었다. 나아가 좌석은 토론을 위한 전통적 방식의 좌석 배치인 원 배열이 아닌, 극장에서와 같은 일렬로 배치되었다. 그 결과 관객은 공연에 집중할 수 있었다. 이러한 배열은 집단토론에 좋은 것은 아니었다. 다만 그러한 배열은 작은 장소에는 최적의 것으로 모든 이들이 쉽게 다른 관객원들의 기억뿐만 아니라 무대 위 (극적)행동을 들을 수 있는 기회를 마련해주었다. 좀 더 큰 공간에서는 청각적인 문제를 극복하기 위해 진행자가 노인들이 말한 것을 강한 목소리로 되풀이함으로써 모든 사람들이 이러한 기억들을 명료하게 듣도록 하는가 하면 그들 자신의 기억을 덧붙일 수 있게 하였다.

이러한 수정된 형식의 회상연극은 일련의 장면들이 관객토론과 함께 산재되어 있어서 보호시설의 관객들에게 인기 있는 것으로 판명되었다. 중단 없이 1시간 15분 정도를 4~5명의 배우들이 이야기의 전 과정과, 보컬 및 도구를 사용한 음악적 공연을 공유하며 지속하는 연극작품과는 달랐다. 후자의 경우 관객은 등장인물과 밀접하게 동일시하는 일련의 감정들을 경험함으로써 극 속에서 그들 자신을 상실할 수 있다. 무대 위 행동이 몇 분 후에 멈출 것이며 누군가가 본 것에 대해 말하기 위해 초대받게 될 것임을 아는 것이야말로 공연과 관객과의 관계의 본질을 변화시킨다.

다수의 행복한 은퇴

노인과 함께 하는 억압받는 자의 연극 실험

아우구스토 보알은 새로운 방식의 연극을 개발했다. 연극으로 공동체와 개인에게 미치는 문제와 이슈들을 실험하는 것이다. 관객은 공연된 장면에서 제기된 문제들을 토론하는 것 이상으로 더 나아가게 된다. 장면 속 '등장인물들'과의 상호행위로 해결 가능한 기회를 실제로 갖게 되는 것이다. 보알은 활성화된 관객을 지칭하기 위해 '관객-배우(spect-actor)'라는 용어를 만들었다(Boal, 1979). 보알의 억압받는 자의 연극운동을 따르던 많은 실천가들은 전 세계 공동체에 변화를 상상하고 이를 실천할 수 있는, 힘을 부여하는 수단으로서의 연극에 대한 생각을 제공했다. 배우들은 특수집단이나 공동체와 작업하면서 그들에게 영향을 미치는 문제들과 그들이 해결하길 원하는 문제들에 귀를 기울인다. 그들은 작은 드라마 형식으로 되돌려 이러한 문제들을 제시한다. 드라마 속에 묘사된 상황은 잘 인식될 수 있는 것으로 강한 반응을 야기한다. 관객들은 한 장면 전체를 지켜본 후 또다시 보게 되는데 이때 관객은(박수를 치거나 '스톱'이라고 말하여), 벌어지고 있는 것에 의문을 제기하길 원하거나 혹은 상황 내에 '억압받고 있는' 역할을 맡아서 그에 개입하고자 할 때, 행동을 멈추게 할 수 있다. 다른 연기자들은 개입한 사람이 제안한 것이 그 무엇이든 간에 역할 안에서 반응해야만 한다. 다만 그들은 가능한 사실적으로 행해야만 한다. 그 결과 제시된 행동은 온전하게 시험되며 '해피엔딩'이라는 환상은 적용되지 않게 된다. 목적은 진지한 것이다: 즉흥의 안전함 속에서 일어난 변화를 적용하여 그 결과 현실에서 좀 더 효과적인 수행이 될 수 있도록 하는 것이다.

아우구스토 보알의 접근을 적용하기

노인은 또한 억압적 상황에 대응해야만 한다. 많은 보알 워크숍에 참여하면서 나는 회상연극이 현재의 관심과 가장 가까운 과거를 다룰 뿐만 아니라 더 먼 과거와 연결하는 수단으로 적용될 수 있는지에 대해 관심을 가졌다. 노인들이 직면한 몇몇 핵심적인 삶의 전환점들이 개인과 집단인터뷰를 통해 탐구될 수 있다. 그리고 이러한 인터뷰는 더 많은 노인관객들이 향유할 연극작품의 근간을 형성할 수 있다. 그 결과 짧은 장면이 나오거나 혹은 카메오들의 토론이나 관객과 함께하는 역할연기를 촉발시킨다. 이러한 장면의 실험은 기획한 팀의 일원이 촉진하게 되는데, 그는 연기자들과 관객 사이를 중재하는 보알의 '조커'라는 인물을 따른다. 직장에서의 은퇴, 가족의 포기, 시설로의 이동, 친지의 사망과 같은 주제와 그에 대한 대응은 노인들이 직면한 문제들 중 일부이기에, 나는 이런 방식의 실험이 노인들 자신에게도 유용할 거라 여겼다.

노인의 최근 경험에 기반한 프로젝트

1986년 퇴직준비연합과 공동체연구소는, 어떻게 사람들이 은퇴에 대응하고 대응하지 못하는가를 탐구하는 회상연극프로젝트에 대해 나와 작업하는 데 동의했다. 이는 아직은 직장이 있지만 근래에 은퇴하게 될 사람들을 목표로 하는, 기존에 있던 과정에 첨부된 가치 있는 작업으로 예상되었다. 사람들은 몇 년 후 다른 장소에서 아마도 일을 갖게 될 것이고, 몇 번이고 그들 직장 생활 속에 재교육되어 재위치지어질 것이며, 그들이 원하건 원하지 않건 변화에 대응한 많은 실습을 하게 될 것이라는 생각에 익숙해있었다. 그러나 1986년 내가 처음으로 이러한 연극형식으로 실험을 했을 당시 60대 중반의 많은 사람들은 그들 전 생애를 보냈던 직장에서 은퇴하고 있었다. 그들은 진급하여 그 직장의 다른 포지션을 차지할 수도 있었다. 에너지와 충성심을 모두 한 기관에 쏟아 부은 그들은 그럼에도 항상 스스로를, 직업을 계속 보유한 결과 연금을 받을 권리를 얻게 된 행운아라고 여기고 있었다.

전환의 한 지점

사원들이 은퇴의 시점에 깊은 골에 빠진다는 것을 깨달은 주요 회사들은 새로운 상황에 적응하도록 돕는 교육코스를 마련하여 특별히 그들의 배우자들도 함께 초대하였다. 많은 조언이 연금이나 투자와 관련되어 있었음에도 불구하고 그 코스는 건강문제, 사회 참여, 개인적인 적응에 대한 것이었다. 후자가 가장 어렵고 실험하기에 민감한 것이었다. 특히 남자 노인 노동자들은 감정적인 심리의 문제를 토론하는 데 익숙하지 않았다. 그래서 연극의 유용한 역할이 바로 이 지점이라는 것을 나는 느꼈다.

집단과 개인 인터뷰

은퇴와 관련한 인터뷰가 성인교육집단원들과 은퇴준비연합회 회원들, 그리고 회사와 공장에서 보내준 사람들과 함께 실행되었다. 어떻게 그들은 전환의 시기를 조정했으며 그들이 만난 문제는 무엇이었가? 여전히 적응기간 중에 있는가, 그렇다면 무엇이 그들을 버티게 하는가? 그들은 다른 사람들에게 어떤 충고를 했는가? 인터뷰의 주제에는 지위와 정체성의 상실, 폐쇄공포증, 가정에서 부부간의 새로운 긴장, 사회적 고립, 재정적 불안정 그리고 그들이 떠난 직장과 연관된 미해결된 긴장이 포함되어 있었다(Schweitzer, 1986).

노인 배우와의 작업

두 명의 노인 전문배우들과 함께 나는 인터뷰 대상자들이 묘사했던 상황들을 토대로 일련의 짧은 장면들을 써서 연습을 했다. 그런 다음 위에서 언급한 두 그룹의 은퇴한 분들과 함께 하는 워크숍에서 짧은 장면들을 보여주었다. 장면은 더 많은 토론을 야기 시켰고 참여자들은 추가적인 제안을 했으며 그것은 함께 통합되었다. 그 결과로 얻어진 공연, '다수의 행복한 은퇴'는 제기된 이슈들에 대한 토론으로 지지를 얻어 전국에 있는 은퇴준비 코스에 제공되었다. 수용은 즉각적이었고 반응은 매우 긍정적이었다. 그 코스의 창안자들은 이와 같은 비일상적인 방식의 은퇴준비 과정상 좀 더 섬세한 토론으로 들어가는 것을 환영했다. 이야기들은 너무나 삶에 진실했기에 배우들은 확신에 찼고, 코스의 참여자들은 즉각적으로 이슈에 몰두하여 등장인물들에게 충고하는 자신을 발견했다. 배우들은 참여자들이 제안한 역할 안에서 반응하며 그들이 제안한 전략들을 상연하였다. 그렇게 참여자들은 결과물을 볼 수 있었고 이로써 좀 더 활기 넘치는 토론이 될 수 있었다.

사례 1: 부인하는 남자

예를 들면 한 장면에서, 더 젊은 사람으로 대체되기에 마지못해 경영의 자리에서 떠나는 남자 존이 계속해서 전화벨이 울리기를 기다리고 있다. 그의 비현실적 소망은 그가 오랫동안 몸담은 회사가 그 없이는 경영할 수 없다는 것을 깨닫고 그만이 다룰 수 있는 문제를 해결해달라고 그를 초대하는 것일 테다. 그의 초조감은 걸려오는 전화가 모두 그의 아내 조안의 것이라는 것을 알고 더욱 커진다. 그는 그녀의 사회적 네트워크에 대해 부러워하면서도 경멸한다. 그는 자신의 에너지와 기술을 쏟을 데가 어디에도 없기에 더 큰 '효용가치'를 위해 가정을 재조직하고자 조안을 괴롭히고 소외시킨다. 존은 조안을 통제하고 그녀의 평온을 위협한다.

구출하려는 관객

코스에 참석한 남편과 아내가 서로 쿡쿡 찌르며 아는 체 하는 표정에서, 그들 중 일부는 집에서 영역을 공유하며 둘이서 지속적으로 함께 지내야 하는 새로운 상황 적응에 있어서의 문제를 예측하고 있거나 심지어는 이미 경험했던 일임이 분명하게 드러났다. 하지만 커플들이 유사한 상황에 대응하고자 어떻게 계획하고 있는지를 직접적으로 묻는 대신에 우리는 존과 조안이 문제를 다루는 방식에 대해 어떻게 생각하는지, 어떻게 그들이 지금 서로를 응원할 수 있는지에 대해 말하도록 하였다. 배우들은 항상 역할 안에서 토론 세션을 다루었다. 존이 관객에게 '그때 어땠어요?'라고 묻고 그 다음에는 그들의 많은 비판에 반응하며 매우 방어적이 되어가는 것처럼 말이다. 차라리 무신경하게 그리고 다소 오만하게 은퇴한 매니저로서의 역할에 머묾으로써, 관객의 신경을 건드리고 특히 여성의 마음을 불타오르게 자극하는 것과 같은 것이다.

다음 장면은 두 달 후로 설정되어 있었는데, 그 이전에 관객은 어떻게 그들이 그 상황을 진전시켜 나갈지에 대해 토론을 했다. 극단적으로는 이혼에서부터 제2의 허니문에 이르기까지 다양한 예측을 하였다. 두 번째 장면에서 극심한 고통 속 아내와의 대면 이후 남자는 실직의 현실과 외로움 그리고 의존을 마주하게 되고 아내는 그가 대처하도록 돕는 책임감을 받아들이기 시작한다. 장면은 해결을 제공하는 것이 아니라 문제를 실험하는 것이었다. 그리고 장면은 과정에 참여한 멤버들이, 상황을 개선하기 위해 등장인물들에게 열어

놓았던 방향을 알아내도록 해주었다. 여기서 상황은 그들의 전형성에 맞게 선택된 것이었다.

사례 2: 돈에 대한 의사소통

카메오들은 다양한 사회 계급과 여러 종류의 가정을 대변해주었다. 은퇴준비의 필수적인 코스로서 한 회사 내의 꽤나 넓은 범주의 피고용인들이 참석했던 것이다. 또 하나의 다른 장면에서, 다소 낮은 사회경제적 집단 출신의 한 커플이 표출되지 못한 갈등 속에 있었는데 그 이유는 남편이 그의 아내에게 자신이 얼마만한 연금을 받았는지 그녀가 이용할 수 있는 가정유지비는 얼마나 되는지를 말하지 않았기 때문이었다. 그 결과 그녀는 자신감을 잃었고 피포위 심리(항상 적들에게 둘러싸여 있다고 믿는 강박 관념)에 포획되어 있었다:

레네:　　　(테이블에 접시를 놓고 이층을 향해 부르면서) 잭, 저녁이 준비됐어.

　　　　　잭이 들어와서 암담하게 그의 접시를 바라보고 테이블에 앉는다.

잭:　　　　근데 이게 뭐지?

레네:　　　마카로니 치즈.

잭:　　　　그럼 고기는 없구?

레네:　　　은퇴해서 지금은 고기를 계속 먹을 순 없어.

잭:　　　　우라질.

　　　　　잭은 음식으로 장난을 치더니 신문을 읽는다.

레네:　　　오후에 무엇을 할 예정이야?

잭:　　　　클럽에나 가려고.

레네:　　　그 시간에 아무도 없을 거야.

잭:	에디가 올거야. 그도 나랑 같이 은퇴했어.
레네:	그래, 하지만 그는 지금 코스를 밟고 있어.
잭:	뭐… (그는 신문을 읽는다)
레네:	언제 화장실에 페인트 칠을 할 거야?
잭:	시간이 충분치 않아.
레네:	빨리 해야 해. 우린 누군가에게 부탁할 여유가 없어.
잭:	내가 하고 싶을 때 할 거야. 나는 직장에 온전히 내 시간을 다 바쳤어. 지금에서야 나 자신으로 있는 거야.
	침묵.
레네:	오늘 아침 우편물에 어떤 게 있었어?
잭:	별거 없던데.
레네:	연금 들어오지 않았어?
잭:	응 그래, 들어왔어.
레네:	(화가 나서) 그래, 그렇단 얘기지?
잭:	그래 맞아.
레네:	당신이 원했던 만큼 되는 거야?
잭:	말했잖아. 그렇다구.
	침묵. 잭이 신문을 읽는다.
잭:	디저트는 뭐지?
레네:	병에 든 자두. 그게 전부 다야. 내가 언제나 좀 더 사올지 모르겠네.
잭:	이제 클럽에 가야겠네.
레테:	잭…
잭:	뭐?
레네:	페인트 살 돈 좀 줄래?
잭:	그래.
레네:	그렇게 하기에 충분히 여유가 있다는 거구나.

잭:	응.
레테:	그렇다면 연금이 충분하다는 거지?
잭:	말했잖아.
레네:	그게 얼만데?
잭:	말했지. 충분하다고. 안녕, 내 사랑. 차 마시러 6시에 돌아올게.

역할을 맡는 일부의 관객

보알의 방법에 따라 나는 은퇴준비코스에 참가한 사람들을 초대하여 장면을 두 번 지켜보게 하고 그들이 '억압받는' 사람을 위해, 이 사례에서는 아내를 위해, 상황에 개입하거나 개선하길 원할 때 스톱 하라고 했다(Schweitzer, 1994a). 비록 즉흥극이 그들에게 새로운 경험이었다 할지라도 코스 이행 중에 있는 여성들은 기꺼이 그 장면에 참여하려고 하였다. 왜냐하면 그들은 남편의 안일함에 짜증이 나 있었고 그로부터 벗어나길 원했기 때문이다. 남편을 연기하는 배우는 연이은 타인들, 즉 관객 중 좀 더 결정력 있는 '아내들'과 대면했다. 그들은 금전문제에 대한 추론에서부터 남편으로 하여금 돈에 관한 정보를 공유하도록 하는 것과, 남편의 행동이 자신의 아내를 실제로 억압하고 있다는 것에 이르기까지 전 층위의 내용들을 다 시도하였다. 배우는 실생활이 그렇듯 삶을 쉽게 만들려고 하지 않았다. 돈에 관한 비밀유지는 균열을 일으키는 결핍된 증상이 될 수 있다. 관대함이라는 흔한 행위로 덮어버림으로써 아내에게 감사할 것을 요구할지도 모르지만 그러나 그로 인해 그녀는 힘이 없는 채로 남아있게 되는 것이다. 코스에 참여하는 여성들은 개인의 경험에서 나온 상황을 인지했으며 우리가 창조한 안전한 상황 안에서 그들의 민감한 감정을 풀어내고 있었다. 또한 그들은 개조되지 않은 남자는 구식이라며 매우 직접적인 말로 신식이 되어야 한다는 견해를 취했다. 어느 쪽이든 그들은 간절하게 도전적인 의문을 제기했고 접근에 있어서는 유머와 독창성이 있었으며 공연에서는 놀랄 만한 확신이 있었다.

사례 3: 약방의 감초는 없다

추가 장면, 바쁜 회계사무소에서 최근 은퇴하여 안절부절 하는 아내 브리젯(Bridget)이 집에서의 지루함을 견딜 수 없어서 자발적으로 이전 직장에 있는 동료들을 방문하기로 결정한다.

'다수의 행복한 은퇴'의 파멜라 린과 갓프레이 잭맨

도착했을 때 그녀는 어느 누구도 그녀를 위해 시간을 내줄 사람이 없다는 것을 알게 된다. 새로운 작업 요원들과 시스템이 그 장소에 들어섰고 그녀가 떠난 후 상대적으로 짧은 시간 안에 급격하게 많은 것이 변화했다. 그녀의 남편은 만족하며 은퇴했기에 안절부절 하는 그녀를 이해할 수 없었다. 은퇴준비코스의 참가자들은 두 그룹으로 분류되었다. 그들의 갈등을 해결할 최상의 방법을 등장인물들 중 한 사람에게 각각 충고하도록 하는 것이었다. 배우들은 세션 동안 역할 안에 머물면서 관객이 문제와 연결되도록 도왔다. 등장인물로서 배우들은 지혜로운 제안에 관해 관객에게 질문하였다. 그런 다음 두 명의 배우는 제공된 해결책들을 성사시키기 위해 등장인물로서 다시 만났다.

관객은 그들 상황을 다룬 등장인물의 투쟁을 지켜보면서 많이 웃었음에도 불구하고 근본적인 의향은 진지했다. 수년간 몸을 담았음에도 불구하고 누군가의 떠남이 어떤 공백도 만들어내지 못하는 현실은 매우 고통스러울 수 있다. 은퇴과정을 밟는 많은 이들은 다소 두려움과 함께 이러한 상황을 예측하고 있었다. '되돌아올 것을 확신하고 곧 만나자'는, 직장과 속도의 탄력이 연결성을 상실해버린, 매우 공허한 초대 말이 될 수 있었다. 이 장면에서 남편은 시니컬하게 충고한다: '당신이 은퇴 파티에서 그들이 말했던 모든 것을 믿지 않길 바라오.' 거절이라는 감정과 싸우는 아내의 가슴 저미는 장면을 지켜보는 것은 곧 코스에 참가한 사람들, 그들 자신의 감정을 정당화하도록 해주었다. 또한 그것은 자신의 삶에 그러한 문제가 발생하기 이전에 누군가가 경험했던 문제를 통해 수용하는 방법을 터득하게 해주었다.

생각할 거리 제공하기

은퇴준비코스에 제시된 연극적인 내용들은 참가자들이 집으로 돌아가 유사한 문제에 대응할 때 참조할 수 있는 생생한 실례들을 제공한다. 인식했다는 끄덕거림과 종종 커플끼리 쿡쿡 찌르는 행위는, 장면이 그들 상처에 적중했다는 것을 명백하게 보여준다. 연극적인 내용들은 시시각각 수정되고 업데이트되어 새로운 것이 첨가되었지만 기본적으로 프로젝트는 성공적이었다. 바로 그 안에서 은퇴에 대한 개인의 민감한 측면들과 새로운 삶의 무대에 대한 적응에 관한 토론을 여는 유일한 방법으로서, 20년 간 절실히 필요로 했던 것과 미해결된 욕구를 만나야 했다.

이러한 작업 방식으로, 노인들에게 영향을 미치는 중요한 문제들을 드라마로 만든 장면들은 깊이 있는 토론과 개입을 자극하게 된다. 그래서 이후의 삶에서 또 다른 도전과 적용의 영역으로까지 유용하게 확장될 수 있다. 코스의 주최 측이 변화에 성공적으로 대응하는 방법과 관련하여 노인들에게 하는 단조로운 통상적인 충고에, 살아있는 공연의 에너지와 '진실한' 등장인물과의 만남을 가져올 수 있는 것이다.

노인을 지지하는 실험에 드라마 사용하기

드라마를 흥미롭게 사용한 예는 최근의 워크숍에서이다. 이는 유토피아 극단의 프란체스 리프킨과, 아시아 노인을 위한 에이지 컨선(Age Concern) 자기 옹호 프로젝트의 연기자인 라켈 아구아도가 진행한 워크숍이다. 중심요소는 스토리텔링과 상연이며 탐구주제는 노인들이 극복하고자 하는 일상생활의 어려움이다. 두 시간 동안의 세션에는, 웜업인 게임과 훈련으로 시작되어 집단원들이 동의한 주제에 따른 스토리텔링이 이어진다. 국가보건부와의 문제는 이해심 없는 의사들과 무례한 행사요원들, 사무적인 무심한 간호원들을 다루는 것을 포함함으로써 흔히 그 윤곽을 드러낸다. 노인의 이야기들은 연기자가 반영하게 된다. 연기자는 항상 문제를 야기하는 권위적 인물을 연기한다. 물론 계속 진행하기에는 연기자가 불충분한 정보를 갖고 있기 마련이다. 그래서 견디기 힘들었던 경험을 언제든 설명할 준비가 되어 있는 노인 스토리 텔러가 초대된다. 그 결과로 나온 장면은, 이러한 종류의 문제를 다루는 최선의 방법이 무엇인지에 대한 집단 내의 활기 넘치는 교류를 자극한다. 충고는 참가자들의 극적인 행동으로 즉각 변형된다. 최초로 이야기를 말했던 사람은 스스로 이러한 행동 중 일부를 시도하거나 혹은 너무 부끄러워 지켜보기만을 원할 수도 있다. 그때 집단은 시나리오들이 실제로 실현가능한지 토론한다. 이어 진행자들은 노인들이 탐구한 문제나 그들이 제안한 해결책을 요약한 레포트를 준비한다. 레포트는 그들을 지지하는 '에이지 컨선' 스태프들을 위한 자료이자 참가자들에게 앞으로의 자기 옹호를 위한 행동계획으로 제공될 수 있다.

프란체스 리프킨(2006)은 '에이지 컨선' 프로젝트의 마지막 레포트에서 그 과정에 대해 다음과 같이 말했다: '그 작업은 상상적/창조적 그리고 인지적인 양자의 측면에서 발생한다 – 연극은 균일하게 그것들을 엮는다. 확신, 집단창조성과 상상력, 유머와 이해력 개발. 참가자들은 그들 생각을 공유하고 경험하며 변화를 가지고 놀이한다.'

SUMMARY

공연과 뒤를 이은 토론 그리고 자극에 기반한 적극적인 참여를 통한 이 장에서의 모든 사례들은 노인들의 확신에 찬 사회참여와, 문제에 직면하여 스스로 변화할 수 있다는 느낌을 이끌어내도록 고안되어 있다. '꼭 그 마을처럼'의 경우와 같이 그들이 한 기여에 대한 그들 자신의 과거 경험을 토론으로 가져오던, 혹은 '다수의 행복한 은퇴'에서처럼 등장인물들에게 충고하거나 그 역할을 떠안아보던, 혹은 유토피아 극단의 자기 옹호 프로젝트의 마지막 사례에서처럼 권위에 맞서 그들의 무기력한 감각을 극복하는 방법을 실천하는 것이든 간에, 결과는 활기를 북돋고 자극을 주어 노인들의 자신감을 세우고 그들을 소외시키는 사회의 경향에 대응하는 것이다.

교육 프로젝트에서의 회상연극

세대 간 작업에 초점을 두고

　＜세대교류＞의 활동 중 처음 5년 동안 15회의 회상 연극이 제
작되었으며, 모두 다양한 형태의 버배팀 방법론이 사용되었다. 나는
초등학교 학생들을 포함한 세대 간 작업이라는 관점이 상실될까 우
려하여 본유의 힘을 부여하고자 실제로 극단 명칭도 그렇게 정했다.
1987년 번화가의 건물을 얻어 우리의 작업을 위한 기반으로 회상 센
터를 개설하였다. 노인과 젊은 사람들이 서로 다른 형태의 회상 예
술을 함께 탐험할 수 있는 새로운 기회를 갖고자 이상적인 환경을
조성한 것이다. 1970년대 TIE와 교육연극(educational drama)은 모두 전
성기에 있었고(Chapman and Schweitzer, 1975) 양자가 서로 밀접하게 관
련되어 있었으며, 각각의 분야는 내가 회상이나 회상연극의 존재와
가치에 대해 배우기 전 여러 해 동안 내게 큰 관심사였다(Schweitzer,
1980a, 1980b, 1980c). 나는 이제 역사적인 증인이든 더 창조적이고 참여
적인 역할을 하든 상관없이 노인들이 참여하는 방법에 회상연극이
어떻게 적용될 수 있는지를 탐구하고 싶었다.

배우와 아이들의 적극적인 참여

TIE에서 배우 혹은 배우-교사는 때때로 아이들 반 전체를 위한 시나리오를 고안하여 복잡한 상황을 매우 직접적인 방식으로 탐구하고 이해할 수 있게 한다. 모든 어린이가 이미 가지고 있는 것, 즉 낯선 사람에 대한 강한 호기심, 인간관계에 대한 이해와 애호하는 이야기를 이용하여 배우들은 아이들의 관심을 끄는 특정 주제를 삶으로 가져와 디테일을 부여한다. 그때 어린이는 몇몇 효용되는 지점, 누군가를 돕거나 신비스런 문제를 해결한다거나, 또는 결정과 선택을 하기 위해 그에 대한 관여나 세부사항들을 활용해야만 하는 상황에 처하게 된다. 때로 TIE 프로그램에서 탐험하는 상황은 동시대와 관련된 역사의 한 부분이며, 때로는 분명 시사성 강한 문제이지만 여전히 변함없는 윤리적, 도덕적, 사회적 문제를 내포하는 경우도 있다. 가장 발전된 형태로서 이러한 스타일의 작업에는 긴 시간, 때로는 하루 온 종일 문제의 상황에 대해 갈등하는 다른 견해를 갖고 있는 핵심 인물로서의 역할을 하는 배우가 포함된다. 종종 배우는 이야기의 리얼리티를 강화하고 상황이 어떻게 전개되어 가고 있는지에 대해 좀 더 생생하게 설명할 수 있도록 학교 강당이나 운동장에 특별히 3차원의 세트나 환경을 만든다.

아이들을 위한 집단 역할

배우들은 아이들에게 '마치-처럼'이라는, 즉 지금 여기에서 상상의 상황이 일어나고 있는 것처럼 행동하는 것을 의미하는, 복합적인 상황을 묘사한다. 그들은 펼쳐질 사건을 고려하도록 아이들에게 집단적 역할이나 특별한 위치를 부여해줌으로써 아이들이 '새로운 현실'에 들어갈 수 있도록 도와준다. 그들은 때로 필요한 실질적인 과제나 실험적인 탐구물에 관해 아이들의 도움을 구하는데, 이는 아이들이 다른 인물들의 관점을 번갈아가며 이해하고 동일시하는 데 도움이 된다. 처음에는 각자 나중에는 함께, 등장인물들이 어떻게 그 문제를 보는지 설명하며, 아이들의 관점에서 동정심이나 지지를 얻으려 시도한다. 등장인물과의 만남은 아이들이 합리적인 해결책을 얻는 데 필요한 모든 정보를 가진 유일한 사람이라고 느낄 수 있도록 조정된다. 배우들은 아이들을 '전문가의 망토' 집단이라고 명한다. 교육연극에서 빌린 이 용어는 1970년대 도로시 헤쓰코트(Dorothy Heathcote)와 개빈 볼튼(Gavin Bolton)에 의해 개발되었다(Bolton, 1995; Wagner 2000). 차례차례 각각의 등장인물들에게서 듣고 그들의 갈등을 목격하는 아이들은, 화합할 수 없는 등장인물들 간의 차이점을 통해서 하나의 방법을 찾으려고 노력한다. 상황에 대한 새로운 지식과 등장인물들이 직면하고 있는 리얼하고 심각한 문제에 대한 정서적 개입을 통해 아이들은 예상되는 지각 능력 이상으로 고려해야 할 문제에 개입할 수 있으며 교실의 교사가 홀로 설계하는 것보다 훨씬 더 정교한 방법으로 그에 대응할 수 있다.

TIE에 노인들 끌어들이기

TIE 접근법이 아이들에게 역사적이면서도 동시대적인 현안들을 생생하게 전달할 수 있다는 것을 알았으나 1980년대 후반까지 한 학급의 아이들에게조차 이와 같은 체험 이벤트를 제공할 수 있는 전문 극단이 거의 없다는 것에 나는 실망감을 느꼈다. 한정된 재정으로 인해 대부분의 TIE 극단의 활동이 전 학년 혹은 심지어 더 많은 숫자의 어린이들과의 작업으로 이어지진 못했고, 결과적으로 아이들의 직접적인 참여를 제한시켰다. 나는 배우와 아이들의 존재에 노인들의 존재를 더함으로써 이 형식을 실험하고 싶었다. 이미 회상 센터에서 작업해왔던 다소 직접적인 세대 간 작업을 어떻게 고양시키는지를 보고자 했던 것이다. 상점과 카페에서 일을 도와주고 전시물

주변에서 사람들에게 안내하는 센터의 자원봉사자였던 노인들은 이제 센터에 방문하는 학교관계자들과 정기적으로 작업하며 수집된 물건들과 그것들을 어떻게 사용했었는지에 대해 아이들에게 설명하게 되었다. 아이들은 노인들의 유년기와 관련된 물건과 이야기를 토론할 때 가장 활기가 넘쳤는데, 거기에서 이러한 주제를 둘러싼 보다 동등한 위치에서의 경험 교환이 이루어졌다. 이런 이유로, 첫 날의 긴 TIE 프로그램은 아이들의 기존 지식, 관심 및 이해에 호소해야 한다는 것과, 그렇기에 학창시절에 관한 주제야말로 명료한 선택이었음을 알게 되었다.

굿모닝 얘들아

나는 많은 자원 봉사자들의 학창시절에 관해 인터뷰를 가졌으며 매주 센터에서 정기적으로 만난 회상 그룹에서 이 주제로 집단 토의를 열었다. 그들은 야만적인 선생님들, 경직된 훈육, 험악한 처벌, 주입식 교육, 운동장 게임 등을 회상했다(Schweitzer 1989b). 이러한 인터뷰와 토론을 통해 많은 노인 여성들이 순전히 재정적인 이유로 교육 기회를 놓쳤다는 것에 대해 강한 앙금이 남아 있음이 드러났다. 수입이 적은 가족은 지역 고등학교나 중등학교 진학에 있어 아들이나 혹은 딸 중 하나만을 선택해야 했다. 교육은 무료였지만 학교의 특수 유니폼, 서적, 스포츠 장비 및 기타 추가 비용은 가족이 충당해야 했다. 많은 가정이 한 집안의 기둥이 되어야 할 남자 아이를 선호하였기에 여자 아이들은 똑똑했음에도 시험을 통해 얻어낸 제 자리를 할당받지 못하는 경우가 많았다. 비록 학교에서의 교육이 그들에게 손을 내밀었고 후일의 삶에서 더 많은 기회들이 주어졌다 할지라도 말이다. 이러한 불평등은 노인들에게 여전히 생생한 주제였으며, 아이들에게 이 문제는 흥미로운 것이자 좀 더 충격적일 것이라 생각했다. 그래서 오늘날의 교육 기회와 방법에 대한 새로운 관점을 얻게 될 것이라고 생각했다.

노인들과 연습하기

리허설 과정에는 노인들이 직접 참여했다. 그 중 한 그룹이 연기자들이 준비하는 것을 돕기로 약속했다. 노인들은 아이들이 되어 선생님을 연기하는 숙련된 배우, 일로나 린스와이트(Illona Linthwaite)에게 '미스 후드'를 어떻게 연기해야 하는지를 말했다. 일로나는 이와 같은 이례적인 방식의 리허설 경험에 대해 다음과 같이 언급했다:

이 프로젝트의 리허설은 독특했다. 미스 후드인 나는 그녀의 성격 창조에 있어 자원 봉사자들에게 안내를 받았다. 그 경험은 도전적이었고 종종 재미있었다. 자원 봉사자들은 학급생도들이 되었고 ─ 확신컨대 그들의 어린 시절보다 훨씬 더 사악하게 행동하면서 ─ 나는 지팡이의 사용과, 바보모자 씌우기*, 손톱 검사 등등을 지도 받았다. 그 과정은 완전히 유기적이었고, 나는 난폭한 학급 어린이들에게 꼼짝도 못했다.

전체 환경 만들기

회상센터 내에 1930년대의 교실이, 책상, 잉크와 잉크 병, 슬레이트(석판)와 슬레이트 연필, 선생님을 위한 단상, 그때 당시의 벽 주변의 교재 도구들, 칠판과 크게 똑딱 소리를 내는 큰 시계 등으로 구성되었다. 오전 회기 전체가 이 공간에서 행해졌고, 지역 초등학교에서 온 아이들은 마치 과거 시절의 학급에 있는 것처럼 다루어졌다. '미스 후드'는 적절한 옷차림과 엄격한 스타일로 그 당시 학교의 유

---

* 공부를 못하거나 게으른 학생에게 벌로 씌우던 원추형 모자

니폼을 모두 갖춰 입은 아이들을 데리고 오전의 정규 시간표에 맞춰 신체 훈련, 필기, 암기, 그리고 붉은 색으로 표시된 영국을 보여주는 그 시대의 지도가 있는 지리 수업을 진행했다. 그녀는 벗어난 행동을 하는 누군가에게 벌을 줌으로써 옳고 그름에 대한 엄격한 의미를

'굿모닝 얘들아'의 교사,
미스 후드(Illona Linthwaite)

제시했다. 그녀는 학생 중 하나인 엘시 돕슨(Elsie Dobson)이 중등학교에 합격하였고 그것은 그들 모두에게 영광이기 때문에 특별한 날이라고 설명하고, 엘시가 왜 학교에 늦게 왔는지 이유를 아는 사람이 있느냐고 아이들에게 물었다.

갈등과 복잡성의 도입

아이들이 글을 쓰고 선생님이 뒤돌아있을 때, 엘시(교복을 입은 아주 젊어 보이는 여배우)가 조용히 다른 학생 옆의 빈 책상에 들어가서 공부를 시작했다. 선생님은 왜 그녀가 늦었고 왜 그런 식으로 수업에 슬그머니 들어오게 되었는지를 물었다. 엘시는 말없이 그녀의 양 어깨를 으쓱했다. 교사는 그녀가 그녀의 성과를 자랑스러워해야 한다며, 특히 그녀가 이 일을 위해 열심히 노력했고 그녀의 이름이 학교 게시판에 황금색 글자로 올라갔기에 그러하다고 말했다. 엘시는 실쭉해 보이더니 그녀가 마음을 바꾸었고 중등학교 진학을 원하지 않는다고 중얼거렸다. 교사는 간담이 서늘해져서 설명을 요구했다. 결국 엘시의 저항은, 가족이 감당할 수 없다는 것을 분명하게 해준 실직자인 그녀의 아버지와 있었던 최후의 결전을 받아들임으로써, 절망으로 바뀌어 있었다. 엘시는 미스 후드에게 그녀와 같은 선생님이 되는 꿈을 이룰 수 없다는 것이 매우 슬프다고 말했다.

선생님은 너무 속상해서 여교장과 그 상황을 의논하기 위해 교실 밖으로 나가는 것을 제시해 보여주었다. 엘시는 거의 울 뻔했고 아이들은 어떻게 반응해야 할지 몰랐다. 엘시가 시작한 대화는 그녀와 아이들 사이의 대화로 발전해갔다. 거기서 그녀는 그녀의 아버지가 여자 아이들을 교육시키는 것은 낭비라 여겨 진학할 수 없다고 말했으며, 그의 말은 그녀의 가정에서 법이라고 설명했다. 아이들은 그녀를 위로하고 걱정했다. 그녀는 아이들에게 조언을 구했고, 그들은 몇몇 행동 가능한 방침들을 제안했으며, 그에 대해 아이들과 엘시는 심사숙고했다. 엘시는 그 당시 현실 세계에서 벌어질 일들을 예상함으로써 가출 같은 비현실적인 제안을 부드럽게 거절했다. 미스 후드가 돌아와서 여교장이 엘시의 아버지에게 간청했지만 전적으로 비협조적이었음을 알렸다. 선생님은 그녀 자신이 매우 속상하다는 것

을 보여 주었고, 아이들은 그녀가 엘시에게 많은 응원과 함께 엘시를 위한 최선의 것을 원했음을 이해했다. 그들은 여전히 역할 내에 머무르고 있는 미스 후드와 엘시와 함께 계속해서 해결책을 찾았다. 그리고 마지막에는 아주 작은 희망의 창이 열렸다.

'굿모닝 얘들아'에서 엘시 역을 맡은 제인 (Jane Cunningham, 세 번째 좌석의, 머리를 땋은 인물)

노인들이 어린이들과 함께 드라마 워크숍에 참여하다

'굿모닝 얘들아' TIE 프로그램의 오후 회기에서 아이들은 회상 센터의 작업 공간으로 이동하여 그룹당 약 5명의 학생들로 구성된 소규모 그룹 안에서 그들과 함께 작업할 노인들을 만났다. 노인들은 그들 자신의 학창 시절에 대한 이야기를 아이들에게 들려주었고, 아

이들은 이러한 이야기를 듣고 노인들의 지도하에 짧은 장면들을 만들어 냈다. 그런 다음 아이들은 나머지 다른 학생들에게 장면들을 보여 주어 초대받은 노인들의 사건에 대한 기억을 모든 이와 함께 나누었다. 그래서 모두가 직접적으로 혹은 장면과 그에 대한 토론을 통해서 모든 이야기를 들었다. 이러한 방법은 어린이들이 최소한 한명의 노인과 긴밀하게 접촉하여 그것을 극화함으로써 그 개인의 경험과 동일시할 수 있는 기회를 보장해주었다. 그들은 또한 엘시와 같이 입학 허가는 받았지만 진학할 수 없었던 사람들에게서도 이야기를 들었다. 오후 회기 중에 이런 문제에 대한 토론은 그들이 오전에 했던 경험에 좀 더 명확한 정보가 확보됨으로써 이루어진 것이었다.

경험을 통해 배우기

'굿모닝 애들아'는 경험을 완벽하게 충족시켰던 TIE 프로그램이었다. 많은 감각, 촉각, 정서적 자극으로 60년 전 학교에서 있었던 것과 똑같은 느낌을 어린이들에게 직접적으로 알려 주었다. 줄을 서서 앞을 바라보고 앉아 있는 신체적 경험이나, 시계 소리를 제외하고는 완전한 침묵 속에서 공부하거나, 실제 잉크에 담긴 펜과 압쇄지로 고군분투하거나, 그리고 매우 규율화된 방식으로 암기하는 것은 아이들에게 자신들의 학교풍경이나 학습법과는 전혀 다르다는 것을 환기시켜주는 기회가 되었다. 엘시를 돕고 싶어 하는 그들의 정서적인 경험, 그리고 그들의 노력이 아마도 실패할 것이라는 인식은 그들에게 역사책에서 얻을 수 있는 어떤 것과는 다른, 과거에 대한 통찰력을 주었다. 그 프로그램은 또한 그들이 엘시가 직면한 상황과 비교하여 그들 자신의 가정과 학교 상황에 대해 생각할 수 있도록 했다. 그들은 오늘날 그들의 가족 내에 팽배해 있는 다양한 권력 구조를 인식했고, 그것은 그들에게 그들 자신의 미래에 대해 더 많은 말을 할 수 있게 해주었다. 그들은 또한 오늘날의 교육에 있어서 남자 아이와 여자 아이들의 상대적 평등과, 교육과 나중에 갖게 될지도 모를 직업군 사이의 관계를 보기도 했다. 오후 회기에서의 노인들의 이야기는 아이들이 배운 것을 강화시켜 주었고 학교 경험의 직접적이고 세부적인 예를 제공해주었다. 아이들은 요약된 짧은 장면을 상연했다. 일로나는 이렇게 말했다:

> 이 모든 경험은 그들에게 완전히 새로운 것이었고, 때로는 가장 생산적인 방법이라는 면에서 충격적이기까지 했죠. 모든 사람들이 참여한 특별하고 잊을 수 없는 시간이었으며 연극과 구술사를 결합시키는 독특한 방법이었어요.

자원봉사자 중 한 사람인 릴 머렐(Lil Murrell)은 이 프로젝트에서 아이들의 학습경험에 대해 이렇게 언급했다:

> 우리가 우리시대의 학교생활이 어떤지 아이들에게 가르쳐 주고 있었는데, 내 생각엔 그들이 우리 학창시절을 다시 살고 있는 것 같아. 더 많은 것들이 나왔던 것 같아. 우리가 학교에 다녔을 때… 역사와 전쟁 그리고 다른 모든 것들의 날짜를 배우는 대신에, 아이들이 역할을 분배해서 우리 학창시절을 실제로 살아보는 것처럼, 우리도 실제로 그러한 장면들을 실연해봤더라면, 훨씬 더 오래 마음속에 각인되어 있었을 거라고 생각해. 멋진 학습 방법이고 아주 효과적이야. 우리가 그 프로젝트에서 아이들과 함께 작업하는 것이 재미있지 않았나요?(Schweitzer, 1993: 51)

감정지능

『역사 드라마(The Drama of History)』라는 책에서 존 파인스와 레이 베리어(John Fines and Ray verrier)는 교사들에게, 과거를 이해시키기 위해서는 드라마를 활용하라고 주장한다. 자신의 느낌과 통찰력을 이용하는 극적 즉흥을 통해 아이들을 역사적 갈등 속으로 들어가게 하라는 것이다(Fines and Verrier, 1974). 인지 학습에서 공감과 감정의 중요성은 같은 해에 출판된 영향력 있는 책, 로버트 윗킨(Robert Witkin)의 『감정지능(The Intelligence of Feeling)』(1974)에서도 탐구된 바 있다. 그는 창의적인 드라마 방법론들을 사용하여 아이들의 감정을, 교과 과정 전반에 걸친 모든 학습 영역에 내포된 인간의 고충에 이입시키고 민감하게 만들 것을 교사들에게 촉구하고, 학습에 대한 TIE와 다른 전문 예술가들의 특별한 기여를 지지한다. 1980년대에는 이런 생각들이 여전히 매우 중요했다. 비록 공립학교교육과정의 도입으로 교사들의 유연성을 제한하여 교과과정 전반에 상상력 있는 프로그램 도입의 자유가 줄어들었음에도 불구하고 말이다. 제2차 세계대전과, 그것이 런던의 아이들에게 미친 영향과 관련한 주제로 그 다음 번 회상 TIE 프로그램이 채택됨으로써, 우리는 하나의 중요한 기념비를 새겼을 뿐만 아니라, 공립학교교육과정이라는 틀 안에서도 작업을 할 수 있게 되었다.

어디서건 잘 자렴 아이들아

학창시절에 관한 공연 작업은 잘 진행되었으며 아이들 마음에 와 닿는 주제로 작업함으로써 아이들과 노인들 사이의 관계는 더욱 강화되었지만, 나는 여전히 노인들을 위한 좀 더 창의적인 역할을 찾고자 했다. 착수한 새로운 회상 TIE 프로젝트는 이러한 요구 사항을 충족시키기 위한 몇몇 방법을 제공해 주었다. 1939년 9월 런던의 초등학교 학생들의 대피와 관련된 프로그램은 정확히 50년 후, 그 주제가 매우 시사적이던 때에 다시 나오게 되었다. 3차원적 환경(exhibition)의 창조와 그에 따른 이야기와 이미지의 출판을 포함한 전

체 프로젝트는 런던 교육국(Inner London Education Authority)이 지원했
다. '어디서건 잘 자렴 아이들아'라는 이 프로젝트의 제목은 그 시대
어린이 라디오 프로그램의 시그널 문구이며, 또한 베라 린(Vera Lynn)
과 다른 사람들에 의해 녹음된 유명한 노래로, 부모를 그리워하는
아이들의 마음을 사로잡았고 반대로 아이를 그리워하는 부모의 마음
도 사로잡았다.

한때의 피난민, 항상 피난민

회상 센터에 있는 많은 자원 봉사자들은 하고 싶은 이야기들을
가지고 있었으며, 더 많은 노인들 역시 지역 언론의 초대에 응하여
그들의 경험을 기록했다. 여러 번의 그룹 인터뷰 외에도 80명의 사
람들이 대피했던 기억을 기록했는데, 이들 중 거의 모든 사람들에게
이런 프로젝트가 처음이었기에 그렇게 해야만 했다. 많은 사람들에
게 회상과정은 상당히 정서적인 것으로, 종종 아주 어린 나이에 부
모와 이별하고 새로운 수양 가족들과 정착하여 지역 주민들의 적대
감에 대응하고, 전쟁이 끝날 무렵에는 완전히 달라져버린 런던의, 너
무나도 변해버린 집으로 되돌아왔던 고통을 생생하게 되살렸다. '한
때의 피난민, 항상 피난민' 이라는 말은, 그들의 새로운 가족들이 얼
마나 반겼는지에 상관없이, 그 경험이 얼마나 깊게 그들의 삶에 아
로새겨져 있는지를 보여 주는 말로 많은 사람들이 사용했다. 그들
자신의 가족보다 전시(戰時)의 가정에서 더 많은 사랑을 발견했던 사
람들, 그들 중 꽤 많은 사람들에게 런던으로의 귀환은 때론 출발 때
보다도 더 많은 트라우마를 남겼다. 그리고 많은 사람들이 살아가는
내내, 임시숙소에서 만난 가족들과 긴밀한 관계를 유지하고 있었다.

아이들이 정서적 여행을 하다

이러한 내용으로 만든 연극은 8살에서 12살 사이의 지역 학교

어린이들에게 강압하는 것 없이 정서적인 여행으로 이끌었다. 대부
분의 아이들이 학교에서 대피했기 때문에, 대피 학급이라는 집단 역
할은 우리 프로그램에 있는 아이들에게 잘 어울렸다. 전문 배우들
중 한명이 맡아야 할 중요한 역할은 새로운 삶으로의 여정에 있어
아이들이 아는 유일한 성인, 교사 역할이었다. 나와 함께 이 제작의
공동 작가인 매우 경험 많은 연기자, 앤디 앤드류스(Andy Andrews)가
이 역할을 맡아 하루 종일 아이들을 이끌었다.

　　1939년의 교실로 설계된 방이었지만, 우리가 이전에 연극 프로
젝트에서 사용했던 장식물들 없이, 따로 분리된 책상이 있는 방에서
연극은 시작된다. 이 공간의 목적은 아이들이 마치 그들 자신이 전
쟁의 결과에 사로잡힐 것처럼, 다가올 전쟁에 대해 배울 수 있게 하
기 위한 것이었다. 이러한 준비 과정에는 왜 영국이 지금 전쟁 중에
있는지 그들의 이해를 돕기 위해 선생님에게서 아주 간단한 우화를
듣는 것도 포함되어 있다. 앤디는 칠판에 초등학교 운동장의 형태를
그려놓고, 서로 다른 집단의 아이들이 특별한 과거의 시간 속에서
각각의 영역을 차지하는 것을 표시했다. 그런 다음 점점 더 많은 운
동장으로 영역을 넓히며 다른 사람들을 괴롭혀서 복종하게 하는, 일
부 몸집이 큰 소년들의 공격적인 행동의 증가를 지적해주었다. 그
이야기는 그들 자신을 보호하기 위해 일부 다른 아이들이 동맹을 형
성하며, 이러한 동맹으로 어떻게 결속력 있는 방어행동을 하기로 결
정했는지 그리고 어떻게 모든 상황이 통제하기 힘들 정도로 매우 심
각해졌는지를 포함하여 진행되어 나갔다. 앤디는 칠판을 바꾸어서
운동장을 분할하는 방식과 비슷하게, 제2차 세계대전이 발발했을 당
시의 영토를 표시한 유럽의 지도를 보여 주었다.

　　그 후 아이들은 비좁고 어두운 지하 임시 대피소로 이동했고,
그곳에서 그들은 공습경보와 경보 해제를 식별하는 법을 배웠으며,
1939년 교실로 되돌아와 그들 자신의 안전을 위한 훈련을 했다. 다

소 무서운 이 경험은, 런던에 머무르는 것이 위험하며 시골지역에서 안전을 찾는 것이 바람직하다는, 아이들의 인식을 돕기 위해 만들어졌다.

이때 한명의 다른 배우가 교실에 들어와서, 자신의 아이들이 대피하는 것을 거부하는 부모 역할을 했다. 그는 모르는 사람에게 아이들을 떠나보내는 것에 대한 자신의 걱정을 공유하고서는, 흔히 표현되는 숙명론적인 태도를 분명하게 보여줬다. '가야 한다면 가야겠지요.' 교사는 특히나 런던과 그곳 주민들이 직면한 폭격의 위험성과 아이들의 안전에 대한 사례를 분명히 언급했지만, 대피에 대한 부모의 태도는 잘 모르는 시골 역시 아이들에게 위험할 수 있다는 것을 알려주었다.

'어디서건 잘 자렴 아이들아'에서 임시숙소 중앙에 도착한 아이들과 배우들(왼쪽부터, Maurice Ile, Andy Andrews and Amanda Huruitz)

그 후 아이들은 대피를 위한 마지막 준비를 하고 회상센터의 전시(exhibition) 공간으로 행진하였다. 한쪽 벽에는 1939년에 찍힌 피난민의 열차 사진의 내용을 그린 벽화가 있었다. 아이들은 눈을 감고 런던에서 시골까지의 긴 여행을 떠나는 동안 작별 인사들, 1시간 만에 전체 여정을 끝내기 위한 제한된 규정들, 목적지에 대한 불확실성과 군수품과 남성들의 이동에 우선권이 부여된 기차로 인해 계속 지체되고 있다는 말을 들었다. 상상의 여행이 끝날 무렵, 아이들은 목적지인 시골 마을 회관에 피곤한 상태로 늦게 도착했으며, 그곳에서 아이들을 집으로 데려가려는 가족들이 기다리고 있다는 말을 들었다. 아이들은, 시골에서 피난민들이 겪었을 모든 편견을 재현하며 아이들에게 달갑지 않은 짐이자 불건전한 폭도라는 존재감을 주는 세 번째 배우, 즉 임시숙소 행정장의 환영을 받았다. 그녀는 "임시숙소의 부모"를 만나도록 아이들을 줄을 세웠다.

역할을 맡은 노인들

시골 사람들은 실제 피난민으로서 이 상황에 대해 기억에 남을 만한 경험을 했던 노인들이 맡았다. 그들은 꽤 공격적으로 피난민들을 선택했다. 그것은 어떻게 그들이 그때를 기억했는가를 말해주었다: '우리는 농장에서 일할 수 있는 강한 소년이 필요해. 근육을 한번 느껴 보자.' 또는 '우리는 두 명의 여자를 원해요. 남자 아이들은 그저 골칫거리일 뿐이죠.' 아이들은 서캐 검사를 받았으며, 만약 그들이 급우들과 손을 잡고 있다면 무자비하게 떼어내 버렸다. 피난민들에게는, 목적지에 도착하여 형제자매와 친구들과 따로 떨어져 다른 집으로 보내지는 것이 부모님을 런던에 남겨두고 온 것만큼이나 충격적이었다. 그래서 우리는 이것을 오늘의 아이들에게 환기시키고 싶었다. 물론 이 장면이 만들어진 것인 줄 알고 있었다 할지라도 이러한 과정이야말로 아이들에게 현실 속의 집을 매우 강하게 환기시켜 주었다. 한 그룹의 노인 참가자들은 아이들이 이러한 장면을 연기할 때 목격한 것에 대해 다음과 같이 언급했다.

집에서 떨어져 나와 피난민으로서 느껴야만 했던 그 당시의 아이는, 아이들 스스로 이야기를 전개해야만 하는 그 상황에 대해 좋은 아이디어를 주었다고 생각해요. 그냥 읽는 것보다 아이들의 마음으로 더 잘 느낄 수 있도록 하는 것이 아이들에게 더 많은 통찰력을 줍니다. (도로시)

그들은 실제로 눈물을 흘렸고, 오, 그들은 화가 났어요. (마가렛)

그들은 특히 친구들과 헤어지거나 형제자매와 헤어졌을 때 심하게 마음이 상했어요. (조이스)

그들은 실제로 그 지역의 그 아이들로 살았어요. 특히 임시숙소에서 배제된 아이들, 아무도 선택하지 않은 아이들로 말이죠. 그들은 정말로 느꼈어요… 그때가 어땠는지를. (리) (Schweitzer, 1993: 54)

점심시간에, 아이들은 이번에는 임시숙소 – 부모의 역할에서 벗어난 진짜 피난민들을 다시 만났다. 그리고 아이들은 노인들이 어린 아이였을 때 그들의 부모님께 편지를 썼던 편지 원본과 시골에서 찍은 사진들을 보았다.

혼란과 불공평함을 경험하기

오후 회기를 위해 원래의 공간으로 되돌아가 시골의 교실로 다시 단장했다. 하루 종일 건물의 서로 다른 부분을 오고 가는 이 모든 움직임은 아이들에게 혼란스레 다음엔 어디로 가야 할지 모르는 직접적인 경험을 제공하기 위해 의도된 것이었다. 집에서 멀리 떨어져 사는 아이들의 감정을 이해하기 위해서, 그들은 마치 집에서 멀리 있는 것처럼 가족들에게 편지를 썼는데, 이는 그들이 그런 식으로 피난을 한다면 그들 마음에 가장 그리워할 것들에 초점을 맞춘 것이다. 임시숙소 행정장은 그들을 방문해서 그들에게 오줌 싸기, 싸우기, 훔치기와 관련된 집주인들의 불만을 말해주었고 지켜야 할 규칙을 그들에게 주입시켰다. 아이들에게 거들먹거리며 매우 비판적인 이 인물은 불공평한 감정의 대상이 되었다. 그래서 아이들은 그 당시 런던의 많은 피난민들이 경험한 감정을 공감하고 표현할 수 있었다. 하지만 1939년 당시의 어린이들은 결코 목소리를 낼 수 없었다. 1939년의 현실을 살리기 위해서, 교사 역할을 하던 배우는 아이들에게 자신들의 의견을 누그러뜨리고, 임시숙소 행정장의 비판을 공손히 듣길 요구했다.

노소가 함께 작업하다

마지막 회기에서 아이들은 다섯 혹은 여섯 명씩 짝을 지어 노인 피난민들과 함께 심도 있게 작업했다. 각 그룹은 노인들 중 한 사람의 기억을 듣고 난 다음 30분 동안 그 사람과 긴밀히 협력하여 이야기를 각색했다. 아이들은 노인의 기억을 수행해야 했기 때문에, 자료가 될 모든 정보와 세부 사항이 필요했다. 아이들은 그것이 사실이라는 것을 인지하였고, 그와 그녀의 이야기의 공연에 대해 책임을 떠안음으로써 노인과 강하게 동일시했다. 학급의 다른 학생들과 장면들을 공유하여 학생들은 모든 이야기를 들을 수 있었고, 노인들은 공개 토론에서 어린이들의 질문에 대답함으로써 오후 일정을 마쳤다.

체험 학습을 통한 창의적인 작업

아이들이 이 프로젝트에 참여하러 회상센터에 오기 전에, 우리는 어떻게 하면 교사들이 교차 교과(cross-curricular) 작업 프로젝트를 극대화할지를 토론하는 교사워크숍을 개최했다. 모든 학교는 교실 활동을 위한 자원으로 이야기책의 사본, 피난민들의 원본 편지의 복사본과 사진을 받았다. 인지적이거나 감정적인 측면 모두에 있어 아이들의 깊이 있는 이해가, 교실 속 교사들과 함께 제작된 높은 수준의 후속 작업에 반영되었다. 프로젝트가 끝난 후, 모든 학교가 참여한 이 작품을 실제 피난민들과 일반 대중이 볼 수 있도록 회상센터에 전시했는데, 이는 아이들이 배운 모든 것을 노인에게 '되돌려주는' 것이었다.

아이들은 중국 고대 속담에 기초하여 관찰했을 뿐만 아니라 존재하고 행동하도록 배웠다: '들은 것은 잊어버린다; 본 것은 기억한다; 행한 것은 이해한다.' 공연과 참여적 재연을 통해 역사를 아이들의 삶으로 가져가는 이러한 방법은 현재 박물관에서 흔히 볼 수 있으며, 과제 찾기나 체크지(tick-sheets)와 같은 전통적인 방식의 박물관 방문을 보완한다(Kavanagh, 2000). 회상에 근거한 TIE가 추가로 제공한 것은 역사적 사건에서 개인적 의미를 강화하는 노인들의 존재였다. 체험은 그를 환기시킬 목적으로 설계된 3차원적 환경에서 일어났는데 그를 통해 아이들은 그 사건을 되살리고 그것을 그들 자신의 개인적인 의미로 채울 수 있었다.

'어디서건 잘 자렴 아이들아'를 본 후 아이가 그린 피난민 모습

고통스러운 기억들 털어내기

노인들은 자신의 이야기를 녹음할 수 있는 기회 외에도 자신의 경험을 실제로 재생하기도 하였다. 대피했던 그 당시 자신의 나이 또래의 아이들과 함께 작업하면서, 노인들은 아이들의 반응을 통해 어린 시절의 강렬했던 기억을 되찾았다. 그들은 피난 경험에 대한

상세한 사실을 알기 위해 자신 안에 아직도 존재하는 어린 아이와 만났을 뿐 아니라 대응해야만 했던 그 시기 그들이 지녔던, 오랜 시간 동안 묵혀두었던 감정도 되찾았다. 어렸을 때 너무 무서웠던 임시숙소ー부모를 연기한 노인들에게는, 놀랄 정도로 많은 수의 아이들이 거절당한 채 남겨졌고 상당수가 학교에서 마지막으로 선택받은 아이들이었다는, 그 기억을 털어 낼 수 있는 기회였다. 무엇보다도 오늘의 아이들에게 즐거운 방식으로 노인들의 실제 유년기 경험을 전할 기회를 갖게 되고, 학생들을 위해 소그룹으로 이야기를 연기하는 데 참여함으로써 노인들은 자신이 의미 있고 유용하며 창조적임을 느꼈다. 그들은 지도하는 것을 즐겼고 어떤 경우에는 아이들과 함께 자신들의 이야기를 공연하는 것을 즐겼다. 참여할 대피자가 부족한 적은 없었다. 항상 적어도 5명 이상의 자원 봉사자가 기꺼이 참여했다.

여러 번 제작해도 충분히 가치가 있는 주제

다른 학교의 수업시간에 30회나 공연을 가진 '어디서건 잘 자렴 아이들아(Goodnight Children Everywhere)'와 같은 TIE 프로그램 제작이 '진짜 실제 피난민'의 공급을 고갈시킬지도 모른다고 생각할 수도 있다. 사실, 최근 역사에 대한 아이들의 이해와 관련이 있는 이 프로그램은 <세대교류>에서 세 번이나 부활했고 매번 새로운 피난민이 다시 나타났다. 처음으로 자신들의 이야기를 공유하는 사람들이 있다는 것을, 기억하는 것이야말로 항상 중요하다. 이러한 방식으로 자신의 추억을 기록하고 작업할 수 있는 기회를 가진 노인들은 그렇게 할 수 있는 사람들 중에서도 아주 소수에 해당하며, 그 기회를 더 넓게 넓히는 것이 이러한 종류의 프로젝트를 수년간 정기적으로 반복해야 하는 아주 좋은 이유이다. 이는 특히 전쟁과 같은 주제와 관련이 있는데, 그러한 주요 기념일에 대한 언론 보도가 종종 전에는 표면화되지 않았거나 공유되지 않았던 기억의 분출을 촉발시키기 때문이다. 아이들에게 있어 전쟁이라는 주제와 그것이 가정에 미치는 영향은 불행하게도 항상 중요한 것과 연관되어 있다. 1990년대 '어디서건 잘 자렴, 아이들아' 프로젝트의 부활이 전쟁으로 피폐해진 소말리아 출신의 신세대, 나이 어린 난민들에게 특별한 반향을 일으켰다는 것은 주목할 만하다. 그들 중 많은 아이들은 지역 학교에 다녔다; 후속 작업으로 자신들의 경험이 많이 반영된 그리기와 글짓기를 했다.

홉 열매따기에 빠지다

피난 프로젝트의 노인들 역할 참여에서, 정보제공이 가능한 자신들 삶의 경험이 있는 지역이 있을 때 노인들이 연기자 역할을 취하기가 훨씬 쉽다는 것을 알게 되었다. 내가 묘사할 세 번째 TIE 프로젝트는 전쟁이 일어나기 전 런던의 어머니들과 그 아이들이 했던, 켄트(Kent)에서의 홉 열매 따기를 주제로 한 것이다. 우리는 이것이 오늘날의 어린이들에게 관심의 대상이 될 것이며, 우리에게도 중요한 지역 산업의 쇠퇴로 인해 경제적 역경을 경험하며 살아가는 가족이라는 넓고도 근본적인 주제를 탐구할 수 있는 방법을 제공해줄 것이라 확신했다. 이 분야에서 많은 경험을 가진 객원 작가-연출가 다이앤 핸콕(Dianne Hancock)은, 그녀와 내가 홉 열매 따는 노인들과 함께 한 60개의 인터뷰를 토대로 전일 체험용 TIE 프로그램을 만들었다(Schweitzer and Hancock, 1991).

마법의 시간

20세기 초 런던 지역의 가난한 여성들은 이른 가을에 4~6주 동안 철도나 부두, 공장 그리고 건축회사에서 일하는 남편을 남겨두고 켄트의 홉 밭으로 아이들을 데리고 떠났다. 그들은 그들이 필요로 하는 모든 것을 가지고 적재물이 쌓여있는 낡은 트럭이나 기차를 타고 시골로 떠났다. 골이 진 철제 오두막이나 텅 빈 농가의 헛간이 기본적인 숙박 시설이었다. 여성들은 이곳을 짚 매트리스, 담요, 조리 기구로 최대한 편안하게 만들어냈다. 여성들에게 이 일은 다가오는 겨울을 위한 따뜻한 옷과 자신과 아이들을 위해 쓸 수 있는 돈을 벌 기회였다. 그리고 이는 그들에게 휴가와도 같은 것이었다. 홉 경지에서 장시간 열심히 일만 할 것이라 생각되지만, 그들은 매년 같은 농장에 갔던 친구나 친척과 함께 요리도 하고 저녁과 주말에는 사교 시간을 가지며 즐겼다. 아이들에게 이 기간은 힘든 일에도 불구하고, 시골을 탐험하고, 강에서 수영을 하며, 런던에서 그들이 알고 있는 것과는 완전히 다른 환경을 경험할 자유가 있는 마법의 시간이었다. 아이였을 때 '홉을 따러 갔던' 많은 노인들은 큰 기쁨으로 그 시절을 되돌아보았고 켄트에서 보낸 시간에 대해 말하는 것을 행복해했다. 그런 점에서 이 프로그램은 기억하기가 너무나도 고통스러웠던 피난 프로젝트보다 훨씬 더 쉬웠다.

그날 벌어 그날 먹는 생활

아이들에게 홉 열매 따기(hop-picking) 경험을 제공하고 싶었기에 배우들은 각 가정이 어떻게 여행을 준비하는가를 연극을 통해서 탐구하고자 아이들과 함께 한 시간 넘게 작업했다. 그들은 임대료를 내지 못한 임차인(배우 중 한사람이 연기함)이 있는 장면에 학급 전체가 참여하거나, 켄트로 여행갈 돈을 벌기 위해 귀중한 가족들의 물건을 저당 잡히는 장면을 작은 그룹으로 실행해봄으로써, 그 당시 많은 가정들이 직면해야 했던 경제적 고충을 배웠다. 1930년대 런던의 홉 채취자 가족들이 경험한 가난의 현실은, 그날 벌어 그날 먹는 생활에 대한 생생한 아동기 기억을 지닌 노인들과의 대화로 나중에 좀 더 강화되었다.

아이들은 홉 경작지에 도착하기까지 여러 공간을 몸으로 움직여 이동했다. 배우 중 한 사람이 시각화하여 보여준 것은 홉 열매 따는 사람들의 여행이 어땠을지를 다루기 위해 선택된 방법이었다. 우리는 그 당시의 상황들이 어떻게 달랐는지, 즉 아무도 차를 가지고 있지 않았고 시골로의 여행이 극히 드물었다는 사실을 전달할 필요가 있었다. 비록 그 프로그램에서 오늘날의 아이들이 누리고 있는 일종의 가족 휴가와 직접적인 대조는 시도하지 않았지만 그 차이는 모두에게 분명해졌다.

우리는 첫 인터뷰 대상자들 중 이 프로젝트에 참여할 자원 봉사자를 모집했다. 처음에 그들은 그 당시의 열매 따는 사람이라는 역할로 아이들을 만났고, 나중에는 아이들에게 자신의 어린 시절 경험에 대한 이야기를 들려주었다. 그 후 아이들은 짧은 연극 장면을 만들었다.

감각을 자극하는 흥미진진한 환경

우리가 홉 열매따기를 위해 창조한 환경은 아마도 지금까지 해왔던 것 중 가장 야심찬 시도였을 것이다. 우리는 회상센터의 전시 공간을 천장까지 올라가는 실제 홉으로 가득 채우고, 방 중앙에 큰 홉 통을 두었다. 그래서 홉 냄새가 아주 강하게 났다. 벽에는 벽화가 3차원으로 입체감 있게 그려져 있어 전체 경작지의 느낌을 주었고 공간 내에는 실제 물건들이 많이 있었으며 벽에는 많은 기념물과 사진이 있었고 짚더미를 두어 앉을 수 있도록 하였다. 바깥에는 짐짝으로 만든 화로가 있는 요리공간과, 나무와 골이 진 쇠에 홉으로 된 오두막을 만들었고 거기에 짚으로 채워진 매트리스와 홀더 속 양초들, 실제 채취자들이 말해준 그 당시 필요로 했던 여러 아이템들이 세팅되었다. 노인들은 오두막에 들어가서 그들 가족이 그것을 어떻게 마련했는지 아이들과 이야기하는 것을 좋아했다. 그래서 아이들은 많은 형제자매들과 일부 코를 고는 조부모와 함께 잠을 자는 것이 어떤지를 상상할 수 있었다.

노인들 자신이 맡은 역할로 아이들을 안내하다

이처럼 풍부하고 진짜 같은 환경이 지니는 미덕들 중 하나는, 아이들과 함께 작업하는 것에 대해 긴장한 노인들이 그러한 세팅 속에서 매우 안정감을 느낄 수 있다는 것이다. 우리는 그들에게 말할 수 있었다. '전시된 것들에 대해서 그저 이야기만 하시면 됩니다. 이러한 것들이 어떻게 사용되며 무엇인지에 대해 그들 질문에 대답해 주세요.' 이는 또한 노인들이 이전에 공연 작업을 해본 적이 없다하더라도 역할을 입어내는 데 도움을 주었다.

홉 경작지에서 채취자들과 함께 하는 아이들(Mike and Barbara Fitzgerald) 그리고 '홉 열매따기에 빠지다 (Hopping Mad)'의 배우들: Carolyn Dewhurst, Dianne Hancock and Richard Ashton (디자인과 그림은, Lisa Wilson with Steve Wilson and Dora Schweitzer)

예를 들어, 아이들이 처음 홉 경작지로 이어지는 문에 도착했을 때, 노인 중 한두 명은 1930년대의 홉 열매 채취자처럼 야외용 옷을 입고 수확기를 위한 오두막을 준비하고 있었다. 그들은 그 오두막이 언제나 그랬듯 자신의 오두막이라고 주장하는 또 다른 홉 채취자를 연기하는 여배우와 상당한 논쟁을 벌였다. 어른들이 말다툼을 하다가 이내 그들의 갈등을 해결하는 것을 들으면서, 아이들은 가족들이 솔직한 대화와 빠른 타협을 혼재하여 어떻게 문제를 다루었는지에 대한 상식을 얻었다. 여성 노인들은 자신의 역할이 정확히 어떤 것인지 알고 있었고 대화와 시간과 상황의 분위기를 재현할 수 있었기 때문에 역할을 유지하는 데 어려움이 없었다. 그들은 알고 있는 것을 권위 있게 말했고 설득력을 지녔다. 이전에 그들을 만난 적이 없는 아이들에게 그들은 그 상황의 '실제 사람들'로 여겨지게 했다. 모든 사건이 한편의 연극이었음을 알았지만 동시에 명백한 리얼리티로 인해 모든 상황이 '생생하게 벌어지는 일'처럼 행동하는 것을 가능하게 해주었다. 참여를 자원한 모든 노인들은 온 마음을 다하여 상황 속으로 들어갔고, 행동을 진전시키고 아이들의 이해를 돕기 위해 역할을 유지했다.

노동자로서의 어린이들

홉 경작지에 들어가기 전에 아이들은 실제로 새로운 채취자 집단인 것처럼, 다른 전문 배우가 연기한 중요한 권위자인 검량업자(Measurer)의 연설을 들었다. 매력 없는 계약 조건전체를 들었으며 공식적으로 그들은 그것을 수용했다. 거기엔 여섯 바구니에 가득 채운 홉을 1실링씩 쳐준다는 것도 포함되어 있었다. 경작지처럼 느껴지는 전시 공간에 들어서서 홉, 쓰레기 통, 바구니를 보고 나서야 아이들은 적은 수익을 위해서 너무 많은 일이 요구된다는 것을 깨달았다. 노인들은 올해 홉이 매우 작아서 일이 훨씬 더 힘들 것이라고 그들에게 지적했다. 다른 배우들의 지지를 받은 어린이와 노인들은 검량업자와 비율을 재협상하거나 그렇지 않으면 파업에 돌입하기로 합의했다. 검량업자를 연기하는 배우가 그들이 즉각 해고당할 것이라는 점에서 이것이 그들에게 얼마나 치명적일지를 설명함으로써, 연극은 그러한 행동의 결과물들을 탐구하도록 했다. 결국 타협점에 도달했지만 대부분의 협상은 아이들에 의해 진행되었고, 노인들과 다른 배우들은 그 당시에 지배적이었던 경제적 현실만을 지적했다.

특별하게 건축된 오두막에서 홉 열매 따는 사람들의 의상을 입은 빌과 엘린(Bill and Eileen O'Sullivan)이 '홉 열매따기에 빠지다(Hopping Mad)'에서 학생들과 함께 그들 기억을 공유하고 있다.

위에서 설명한 역할극은 1970년대의 고전적인 TIE 프로젝트를 연상케 한다. 아이들은 자신들이 경험한 그 당시의 노동 조건을 이해하는 데 몇 시간을 할애하였고, 그때 그들은 자신들이 이해한 것이 옳았다고 저항했으며 다른 사람들을 대신하여 느꼈던 분노에서 자신들의 목소리를 발견하였다. 배우들은 아이들에게 상황을 설득력 있고 영향력 있게 만들어 주었다. 간단한 해결책은 거부하고 모든 것의 복합성을 제시해줌으로써, 결국 아이들에게 실생활을 위한 일종의 리허설과 같은 의미를 부여해주었다.

그 회기 이후, 아이들은 그 당시의 생활과 그 당시 아이들이 무엇을 하곤 했는지를 들으며 노인 홉 채취자와 함께 홉 경작지에 머물렀다. 이 회기 동안 아이들은 홉을 만지고 냄새를 맡고 따는 법을 배웠다. 그들은 또한 잘 알려진 '홉 열매 따기(hop-picking)' 노래도 배웠다. 이 곡은 노인이 된 채취자들이 시간을 보내기 위해서 부르던 노래였다. 점심시간에 아이들은 소그룹으로 홉 오두막을 방문해서 실제 홉 채취자들과 그들 기억에 대해 계속 이야기를 나눴다.

대본화된 공연을 통해 최신의 정보 제공하기

오후 회기는 홉 채취자들에게서 일련의 스틸 사진에 대한 설명을 듣고 배웠던 것들을 그룹별로 아이들이 중계하는 것으로 시작했다. 그리고 일부의 경우는 장면 상연으로 발전시키기도 했다. 세 명의 전문 배우는 오전에 만났던 등장인물들의 삶의 변화를 담아 짧은 소품 연극으로 되가져옴으로써 이야기에 최근의 정보를 담아냈다. 이 연극은 홉 채취에 대한 기계화의 영향과 그 결과 런던의 홉 채취자 시대의 종말을 포함하여, 전쟁기간 동안과 이후 홉 채취 산업에 무슨 일이 일어났는지를 설명했다. TIE 회상프로그램 중 한 부분으로서, 대본으로 작성된 연극 작품이, 참가자 전원이 참여하는 날에 공연된 것은 처음이었다. 그것은 인지적인 층위에서 효과적이었다. 전환기 산업의 역사에 대해 정확한 묘사를 제공했지만, 동시에 이러한 변화들이 오전에 알게 된 등장인물들의 삶에 어떤 영향을 미쳤는지를 아이들이 보았다는 점에서 정서적인 영향도 있었다.

SUMMARY

모든 세대교류 TIE 프로젝트에서 지역의 초등학교 아이들은 특별하게 마련된 환경 안으로 들어왔다. 그러한 환경은 행동을 강화하기 위해 특별하게 선정된 기념품들이 나열되어 있어, 제기된 주제에 대한 그들 주의를 집중시켰다. 그들은, 정보의 흐름과 공감을 보장해 주는 일련의 극적인 만남과 지지 구조를 만들어 내는 데 열중했던 전문 배우들과 함께 작업했다. 또한 연극에서 일어난 문제들이 그들의 삶에 어떻게 영향을 미쳤는지를 설명할 수 있는 노인 '증인'들과 직접 만나서 함께 작업했다. 아이들은 노인들의 이야기를 작은 드라마로 진전시켰다. 학교로 돌아간 그들은 후속 프로그램을 이어갔는데 그 결과물은 노인참가자들과 대중을 위해 회상센터에 전시되었다.

이 모든 제작은 역할 놀이, 공감, 동일시 그리고 재연된 현실을 통하여 아이들이 복잡한 개념과 분투할 수 있게 하는 TIE 기본개념을 따른 것이지만, 이 경우에는 매우 강한 현실감을 주는, 상연 안에 실제로 존재했던 사람들의 직접적인 증언과 참여가 있었다. 이 연극을 만드는데 결속된 배우, 어린이와 교사, 노인, 그리고 극도로 풍부한 감각적 환경은, 관련된 모든 기억 속에 오랫동안 머무르고 있다.

10

청소년연극에서의 회상연극

이전 장에서 살펴본 TIE는 노인들과 연관된 과거에 아이들이 참여하도록 하는 데 효과적인 방법이다. 덜 복잡한데다가 비용도 적게 들어, 학교와 지역사회 환경에 매우 효과적인 세대 간 회상연극 접근법이다. 많은 마을에서 청소년 극단이나 연극 모임으로 주말이나 방과 후에 제작을 하고 있지만, 놀랍게도 이러한 집단의 그 어떤 연출가도 그들 프로젝트에 지역 노인들을 참여시킬 생각을 하는 사람은 없다. 노인들이 그 지역의 지역적인 이야기들의 원천이라는 것이 분명한 사실인데도 말이다. 그들을 새로운 연극제작 개발에 참여시키는 것이야말로 새로운 내용을 생산하고 동시에 지역사회와의 연계를 구축하는 방법이다.

단지 연기 경험만이 아니라

청소년 극단에서 회상연극을 하는 것은 단지 청소년들의 연기 경험이나 연기 능력을 시험하고자 하는 것이 아니다. 청소년들은 창조적인 참여자일 뿐만 아니라 노인들과 관계를 맺고 그들의 살아있는 경험에 공감하며, 수집한 자료를 표현할 수 있는 극적 언어를 찾아야 한다. 그들은 노인들의 경험을 다른 사람들에게 전달하는 통로라는 점에서 에고나 스타의식을 강조하지 않는다. 하지만 리더는 청소년과 노인 사이의 균형을 잘 유지시켜야 한다. 반드시 노인들이 아이들을 정보로써 제압하지 않도록 해야 하는데, 이유는 그들 이야기에 대한 아이들의 창의적인 반응을 제한할 수 있기 때문이다.

앞 장에서 설명한 TIE 프로젝트와 마찬가지로 선택된 주제에 청소년들을 연계시키는 것은 중요하다. 리더의 기술은, 자신의 통찰력과 경험을 이용하여 청소년들을 자료와 연결하도록 돕는 데 있게 될 것이다. 물론 유년기와 연관된 주제로 하면 훨씬 더 쉬울 수 있지만, 이것은 절대적인 요구사항이 아니며 불필요하게 제한적일 수도 있다.

청소년을 위한 예술 면허증

스토리텔링 이후 청소년들이 곧바로 혹은 몇 주 동안 그 자료들로 작업을 한 후에 이야기를 재연해서 보여주는 과정은 매우 환상적일 수 있지만 때때로 노인들을 다소 불안하게 만든다. 그들은 아이들이 자신의 이야기를 해석하는 것에 꽤 놀랄지도 모른다. 일부 노인들은 모든 디테일이 그들이 회상한 그대로 이루어져야 한다고 강경하게 고집할지도 모른다. 그렇기에 집단의 리더가 그들에게 교류의 목적을 상기시키는 시간을 갖는 것이 중요하다. 노인들은, 특히 청소년들 자신의 창의성을 북돋아주고 존중해주는 것을 근간으로 학생들이 참여하게 될 청소년 연극이나 드라마 작업의 맥락 내에서 정확성을 요구받게 되며, 청소년들의 반응 또한 타당성이 있다고 생각해야만 한다(Salas, 1993 참조).15) 많은 세대 간 프로젝트에 오랫동안 기여해온 사람 중 하나인 마가렛 페어(Margaret Phair)는 다음과 같이 언급했다.

여러분은 아이들 각자에게 한 명의 캐릭터를 맡아 달라고 했을 때, 그 안에 그들 자신의 개성을 담아 둔다고 생각하지 않나요? 그래서 그들이 할머니 역을 연기하려고 한다면, 그들 자신의 할머니를 그 등장인물로 데려오거나 TV에서 본 적이 있는 사람을 데리고 와서 우리가 말한 것과 함께 캐릭터에 부여하지요(Schweitzer, 1993: 48).

다양한 주제와 서로 다른 창의적 접근을 다루는 세대 간 청소년 연극 프로젝트의 몇 가지 예는 다음과 같다.

굿모닝 애들아

'굿모닝 애들아(Good Morning Children)'는 정기적으로 회상그룹에 참여하기 위해 새로 연 회상센터에 온 노인들의 학창시절 이야기들을 바탕으로 1988년에 제작된 청소년 연극이다. 주제에는 체벌, 교사의 애완동물, 가난한 아이들의 굴욕, 수업을 빼먹기 위해 실외 변소에 숨기, 무단결석, 시골 과자점에서 과자 훔치기를 포함하고 있었는데, 이는 사실 과거와 현재가 연관된 이야기들의 혼합물이었다. 나중에 이 그룹이 만들어낸 일부의 자료는 이전 장에서 설명한 것과 동일한 명칭으로 1989년 TIE에 사용되었다.

10세에서 14세 사이 약 20여 명의 지역학교 어린이들이 토요일 아침 회상 센터에서 만났다. 처음 두 번의 회기에서 청소년들은 회상집단으로부터 교실 안팎에서 일어난 일에 대한 이야기를 들었다. 무단이탈이나 말썽을 일으키는 이야기처럼 잔인한 처벌에 관한 이야기는 아이들에게 특히 흥미로웠다. 노인들은 특히 이러한 이야기들을 마련해놓고 있었기에 매우 인기가 있었다! 지역의 자선단체가 제공하는 한 쌍의 부츠를 받기 위해 모든 친구들 앞에서 학교 단상 위로 올라 가야했다는 노인들 중 한명의 이야기를 포함하여 청소년들은 외로움, 괴롭힘 및 빈곤에 관한 슬픈 이야기 또한 좋아했다.

이 이야기들은 소그룹 안에서 즉흥극을 통해 탐구된 후, 교사와 학교 사정관이 참여하는 가운데 교실에서 청소년극단 전체 그룹이 재연하였다. 청소년들은 1920년대 후반에서 1930년대 초반까지의 학창시절의 분위기, 정신 및 전형적인 행동들을 전달하기 위해 함께 작업했다. 모든 행동은 노인 중 한 사람이 제공한 원본 사진을 기반으로 그룹이 채색한 배경막 앞에서 수행되었지만 거기엔 그들 각자가 그린 자신의 얼굴이 있었다. 아이들은 학교에서와 같이 열을 지어 앉아 있었지만, 관객에게 직접 말하기 위해서는 서야 했다. 각각의 캐릭터는 자신이 쓴 짧은 모노로그를 관객에게 소개했는데 종종 노인들이 말한 이야기들이 결합되어 있었다. 이후 연극은 작은 장면으로 나뉘었는데 대체로 희극적이었다. 이 작은 그룹장면들은 전형적으로 좌석이 있는 교실의 앞쪽, 다운 스테이지에서 공연되었다. 다음은 참가자들이 쓴 한 장면에서 발췌한 짧은 내용이다. 네 명의 소년들이 남자와 여자가 되어 등장인물 모두를 연기했다.

엄마: (그릇에 케이크 혼합물을 격렬히 섞는 흉내를 내며 관객을 향해) 우리 아이들은 학교를 좋아하지 않아.

소년 1: (칭얼칭얼 투덜대며) 엄마, 오늘 가야 하나요?

엄마: 그래, 당연하지, 서둘러 가렴. (엄마가 주위가 산만해지자, 소년들은 케이크 믹스에 손가락을 집어넣었다가 도망가며 핥아먹는다.)

소년 1: 나는 오늘 학교에 가고 싶지 않아. 손 필기를 할 텐데, 윽!

소년 2: 나도 그래. 지리도 해야 해. 그 대신, 공원에 가지 않을래?

소년 1: 뭐, 학교에 가지 않아도 될까? 엄마가 우릴 죽일 거야.

소년 2: 그녀는 알아 내지 못할걸, 그치 않아?

참견 좋아하는 이웃:	지금 학교에 있어야 하지 않니?
소년들:	지금 가고 있는 중인데요. (소년들은 공원으로 가서 상상의 공을 차고 다른 친구에게 무단결석 혹은 땡땡이친 것에 대해 자랑하는 것을 보여준다.)
참견 좋아하는 이웃:	(전화를 걸며) 교육위원회 감독관입니까?
교육위원회 남자:	(참견 좋아하는 이웃을 연기했던 소년이 중절모를 쓰고 전화기를 집어 드는 흉내를 내며) 네, 무엇을 도와 드릴까요?
참견 좋아하는 이웃:	(중절모를 벗고) 방금 2명의 소년이 공원으로 나가는 것을 보았는데요, 학교에 있어야 하는데 말이죠. 확인 좀 해줄래요?
교육위원회 남자:	(다시 중절모를 쓰고) 고마워요. 곧 가보지요. (전화기를 내려놓는 흉내를 하고 달려가 남자 아이들을 잡아 집에 있는 격노한 엄마에게 데려다 준다.)
엄마:	오, 행정관님 정말 미안해요. 착한 애들이랍니다. 다시는 아이들이 그렇게 하지 않을 거라고 약속해요
교육위원회 남자:	자, 마지막 경고입니다, 이번에는 당신이 처리하도록 그들을 두고 가겠습니다.
엄마:	감사합니다, 행정관님. (그는 떠난다). 너희 둘, 이리와. (그들을 거칠게 때린다.)

　　아이들은 진실로 노인들의 이야기를 받아들였지만 나름대로 매우 창의적으로 해석하면서, 자신들 관계망 안에서의 우정과 재미, 그리고 노인에게서 들은 것뿐만 아니라 그들이 환상을 갖고 있는 나쁜 소년의 행위를 반영했다. 작품의 마무리는 노인들의 대영제국 국경

일에 대한 설명에서 직접적으로 취해온 것이었다. 모든 아이들이 옷을 갖춰 입고 제국의 다른 영토와 그 나라의 생산물들을 재현하면서, 반은 농담조로 '브리태니어여 통치하라(Rule Britannia)'라는 퍼포먼스로 활기차게 끝을 맺었다.

'굿모닝 얘들아'에서의 대영제국 국경일. 배경막은 청소년 극단 단원들이 그렸다.

공연에서 아이와 노인의 가족과 친구들이 참석했다. 노인들은 이벤트로 간행된, 학창시절기억에 관한 책 안에 있는 이야기들 중 일부를 읽었다. 그렇게 그들은 창조적인 팀원으로 온전하게 인식되었다.

식모살이

1992년에 만든 '식모살이(In Service)'는 14살에 식모로 들어간 두 노인의 대비되는 이야기에 기반한 것으로, 같은 나이 또래의 오늘날의 아이들에게는 상당히 충격적인 내용이었다. 이 경우, 두 노인은 몇 번의 리허설에 참석해서 아이들이 즉흥으로 펼쳐놓은 연극을 지

커보았다. 로라 머피는 식모살이 하던 그 시절에 매우 편안했고 아
주 좋은 대우를 받았으며 그녀가 일생 동안 사용할 수 있는 기술도
배웠다. 반면 마가렛 키핀은 가세가 기울어 강제로 학교를 그만두게
되었고 식모살이하러가도록 한 것에 대해 굴욕감과 분노를 느꼈으며
고용주에게 받았던 대우에 몹시 분개하였다.

젊은 사람들, 즉 이 경우에 있어서의 모든 소녀들은 두 그룹으로
나뉘어 각각의 그룹이 두 노인 중 한 명과 작업을 하게 된다. 마가렛
이 지닌 강렬한 감정이, 소녀들로 하여금 그녀의 이야기를 열심히 연
기하며 그녀의 분노와 굴욕감과 동일시하는 데 도움을 줬다. 이는 로
라가 식모살이하러 보내졌을 때의 반응과는 대조적이었다. 거기서 그
녀의 불행의 주된 원인은 낯선 집에서 그들 부모와 멀리 떨어져 살아
야 한다는 것이었다. 하지만 그녀는 환영을 받았고 새로운 친구도 사
귀었다. 이는 청소년들이 이해하고 공감할 수 있는 것이었다.

아이들이 그 당시에 지배적이었던 계급 체제를 이해하기란 좀
더 어려웠다. 즉흥극 안에서 그들은 고용주에게 그들이 무엇을 생각
하는지 정확하게 말했고 그들 자신의 권리를 옹호하는 작은 반란들
을 보여주었다. 노인들은 그들에게 명백하게 말할 필요가 있었다.
'1930년대에는 그렇지 않았어. 너는 그렇게 하지 않아야 해. 뭘 생각
하든 간에 그걸 말할 수는 없었어. 네 어머니는 널 먹여 살릴 수 없
어서 거기에 데려다 놓은 거야. 엄만 네가 해고당해서 집으로 되돌
아오는 것을 원치 않을 거야.' 리허설에서, 우리는 주인공들이 하고
싶어 하는 말을 하면서도 실제 상황에서 위험에 처하지 않도록 '분
신(alter ego)' 기법을 사용했다. 그리고 하고 싶은 말들 중 일부는 역
시 두 노인들이 제공한 정보에서 가져왔다.

치료적 효과?

이 연극을 준비하는 모든 경험은, 청소년들이 노인들이 규정한

대사들을 따라 노인들의 경험을 재연하고 있다는 점에서 사이코드라
마의 방법론과 유사했다(Moreno, 1987). 마가렛은 청소년들과 함께 자
신의 청소년 시절을 다시 만나고, 리허설을 지켜보며 자신의 이야기
를 공연하는 과정에 대해 훗날 다음과 같이 말했다:

> 당신은 행복하지 않았던 당신 삶의 일부에 관해 아이들에게 뭔가를 말
> 했고 그들이 그것을 상연했기 때문에 매우 고통스러울 수 있다. 우리가
> '식모살이'를 보러 왔을 때, 거기엔 다시 되돌아온 응어리가 있었다
> (Schweitzer, 1993: 48).

그녀는 그 과정, 특히 연기했던 사람들이 그때 그 당시 자신과
비슷한 나이였다는 점에서 상당히 흥분했노라고 말했다. 그러나 아
이들의 작업은 그녀에게 그녀 자신의 경험을 외재화하여 그로부터
약간의 거리를 두게 함으로써, 묵은 감정을 털어내 '결말'을 성취하
는 기회를 주었다.

정처 없이, 이곳저곳으로: 클라라의 이야기

서면으로 된 자료로 작업하기

노인들이 글로 써서 제공한 자료들을 토대로 작업하고 공연에서
직접 맞대면 하는, 청소년 극단에서의 흥미로운 몇몇 사례들이 있다.
그러한 한 가지 예가 1992년 <세대교류 청소년극단(Age Exchange
Youth Theatre)>이 공연한 '정처 없이, 이곳저곳으로(From Pillar To Post)'였
다. 런던 동남부에서 자랐지만 현재는 서쪽에서 수마일 떨어진 곳에
살고 있는 80대 노인 클라라 체스터만(Clara Chesterman)은 내게 1920
년대 고아원에서 성장했던 그녀의 기억이 담긴 자서전 사본을 보내
왔다. 이 시기 청소년극단의 회원은 모두 소녀들이었는데, 이들은 고

아원이라는 주제에 매료되었다. 나는 작가에게 우리가 그녀의 이야기로 작업할 수 있도록 허락 해달라고 편지를 썼고, 그녀는 열정적으로 동의하였다. 그녀는 우리에게 그녀 자신의 사진과 소녀 시절에 살았던 고아원과 다양한 위탁 가정 사진들을 보내 주었다. 자서전에서 복사해낸 발췌문이 배포되었고 소녀들은 그 이야기의 여러 에피소드들의 이미지를 그리고 색칠하기 시작했다. 이 멋진 그림은 컬러 슬라이드로 만들어졌고 연극의 배경으로 무대 뒤에 투사되었다.

그런 다음 소녀들은 친척, 선생님, 양호교사, 친구들, 불친절한 수양어머니와 같은 중요한 인물들을 묘사하면서 책 내용 중 그들에게 흥미로운 상황을 즉흥적으로 만들어 냈다. 판타지나 악몽과 같은 시퀀스들을 포함하여 그들 스스로 이야기를 해석하였지만, 우리 모두는 필수적으로 원본 그대로 적용되기를 바랐다. 다음은 클라라가 직접 쓴 글에서 나온 클라라 자신의 말과 소녀들이 했던 즉흥극 사이의 관계를 보여 주기 위해 연극에서 발췌한 짧은 내용이다:

클라라 체스터만의 이야기에 기반한 '정처 없이, 이곳저곳으로'에서 고아원의 아이들

클라라:	그건 여느 날과 달랐어. 우리에게 이상한 검은 옷을 입혔고 실내에 있으라 했지. 커튼이 닫혀서 방은 어둡고 음울했어. 집에 온 어른들은 속삭이고 있었어. 머리에 아름다운 깃털 장식을 하고서 검은 마차를 끌고 있는 두 마리의 검은 말이 밖에 서 있었지. 안에는 꽃으로 덮인 긴 상자가 있었어. 나를 데려가 마차에 실었지… 그 당시 나는 두 살 반이었어. 너무 어려서 어머니의 장례식에 참여했다는 것을 알 수는 없었지만 1927년 9월 그 음울한 날로부터 나는 결코 떠나 본 적이 없지.

이야기는(여전히 클라라의 말에서 나온) 언니 에밀리를 연기한 소녀가 맡았다. 에밀리는, 어머니를 잃은 클라라의 대가족의 끔찍한 충격과, 누군가와 함께 아버지가 사라진 것에 대해 말했다. 관객은 소녀와 그들의 남동생이 아픈 할머니와 함께 지내도록 보내졌고, 그곳에서 '좀 난폭해졌다'는 것을 알았다. 그런 다음 대본은 즉흥극에서 도출되었던 대화로 이어졌다.

이웃:	(거리의 아이들을 보면서) 늦어지는구나. 누가 너희 어린 아이들에게 차를 대접해 주겠니? 할머니께서 편찮으시다구?
클라라:	오늘 일어날 수가 없대요. 계속 기침을 해요.
에밀리:	우린 괜찮아요. 걱정하지 마세요. 제가 할머니와 어린 아이들을 돌보고 있어요.
이웃:	하지만 넌 그렇게 하기엔 너무 어려.
에밀리:	아니, 그렇지 않아요. 저는 어제 일곱 살이 되었어요.
클라라:	배고파, 엠마. 우리 오늘 아무것도 먹지 못했어.
에밀리:	안으로 들어가서 저녁 식사 준비할 수 있는 뭔가가 있나 찾아보자. 아마도, 위쪽에 사는 메시 부인이 어제처럼 남은

음식들을 우리에게 조금 줄 거야.

이웃:　(관객에게) 이건 옳지 않아요, 그렇죠? 가련한 아이들. 그들에게 내가 할 수 있는 것을 해주어왔지만 이제 우린 여분이 하나도 없어요. 복지부 사람들에게 말하는 게 좋을 것 같아요.

원천을 만나기

작가는 이 연극의 첫 번째 공연에 초청을 받아 서머싯에서 런던으로 가족과 함께 왔다. 그녀는 아이들이 자신의 이야기로 공연을 만들어, 자신의 기억 바깥에서 완전히 다른 삶을 부여해준 것에 대해 깊은 감명을 받았다. 노인과 단 한 번의 직접적인 만남만 있었음에도 불구하고, 아이들은 상상력으로 그녀의 경험을 받아들이고 글로 쓰인 그녀의 기억과 매우 친밀하게 작업했기 때문에 그녀와 즉각적인 교감을 가졌다. 아이들에게 있어 중요한 것은 그녀가 자신들이 한 일에 대해 인정하는 것을 확인하는 것이었다. 그리고 그렇게 끔찍한 어린 시절 이후 자신을 위해 훌륭한 삶을 살았다는 것을 보는 것도 그들에게는 긍정적인 것이었다.

영원히(Für Immer)

다소 유사한 흥미로운 실험이 있었는데, 2005년 독일의 카셀(Kassel)이라는 마을에서 11세에서 14세 사이의 소녀로 구성된 다이 슐립스(die Schlipse, The Ties)라 불리는 청소년극단이, 노인들의 삶에 대한 기억과 이야기가 담긴 편지를 연극으로 발전시켰다. 노인들은 제2차 세계대전 종전 60주년을 기념하기 위해 유럽 회상 네트워크의 회상 예술 프로젝트에 참여한 커뮤니티 센터 회원이었다. 일련의 회상 회기들에 뒤이어, 노인들은 시각 예술가들과 함께 개별적인 기억 상자를 만들었다. 이러한 '삶의 초상화'는 유사한 과정을 통해 만들어진 다른 나라의 56개의 박스들과 함께 전시의 일부를 구성했다 (Schweitzer and Trilling, 2005).[16] 14,000㎞의 유럽 여행을 떠나기 전, 전체 전시회가 그들 마을 중앙에 있는 매우 웅장한 사무실의 로비와 계단에서 시작되었다.

다이 슐립스의 소녀들은 연출가인 브리짓 스트름ー쇼트(Brigitte Sturm-Schott)와 함께 연극을 만들어서, 마을의 모든 명사들과 이 프로젝트에 참여하고 있던 많은 국제 방문객들이 참석한 가운데, 전시회 개막식에서 공연을 하기로 했다. 청소년들의 연극이 이 전시회에 더 큰 의미를 부여할 것이라는 사실을 알고서 노인들은 자신의 삶에 대해, 특히 기억 상자에서 탐구했던 측면들에 대해서 그들에게 글을 썼다.

언어의 차이를 뛰어넘기

연극의 토대가 될 노인들의 경험은 매우 다양해서, 작품에 단일한 주제는 없었다. 작품은 소녀들이 받았던 여러 다른 서면으로 된 이야기들에 대한 반응으로 만들어진 일련의 상상의 장면들이었다. 그들은 관람하는 많은 사람들이 독일어를 구사하지 못한다는 것을 알고 있었다. 그래서 그들은 언어의 구분을 뛰어넘는 강렬한 시각적 이미지와 움직임의 연속으로 연극을 만들었다.

예를 들어, 제1차 세계대전의 엄청난 사망자 수의 묘사는 8명의 소녀들이 군인처럼 보이도록 남자 자켓을 입고, 총을 재현하기 위해 우산을 들고서 공연장 중심에 있는 계단을 가로질러 서로 맞대면함으로써, 간단하지만 효과적으로 처리되었다. 이들은 각자의 참호로 철수하기 전, 그들 '총'에 부착된 촛불만으로 빛을 낸 채 독일군과 영국군 사이에 인사와 노래를 주고받는 성탄절 모임을 상연했다. 이어진 '전투' 동안에 연기자들은 '쓰러지는' 것처럼 계단 난간 위에 몸을 포갰다. 조안 리틀우드(Joan Littlewood)의 '오 얼마나 멋진 전쟁인가(Oh What a Lovely War!)'에서 감동적인 묘사로 영국인들에게 잘 알려진, 짧은 휴전에 관한 이 이야기는 젊은 독일인들에게는 새로운 감동을 주었다. 또 다른 장면에서 한 아이는 군인인 아버지에게 자신의 좋은 성적에 대한 소식을 쓰고 나서 결코 오지 않을 대답을 초조하게 기다렸다. 모든 장면들이 그렇게 엄숙한 것은 아니었다. 소녀들은 독이 있는 버섯에 대해 배우면서 할아버지와 버섯을 따는 한 어린 소녀의 즐거운 이야기를 보여주었다. 거기서 그들은 숲과 버섯을 재현하기 위해 색깔 있는 우산을 창의적으로 사용하였다. 또 다른 이야기는 영국에서 휴가를 보내던 남자 친구가 여름 내내 그녀의 이성을 잃게 하고 상사병이 나게 한 후 떠나버리는, 어린 여자 아이의 꿈같은 로맨스였다.

유럽 회상 프로젝트에 추가된 측면

노인들은 첫 번째 공연이 있기 전까지는 청소년들과 직접적인 접촉이 없었기 때문에 그들이 보낸 이야기로 만들어진 '다이 슐립스(die schlipse)'의 공연 관람에 흥미를 느꼈다. 그들은 소녀들의 창의성과 그들의 이야기에 대한 독창적인 해석에 기뻐했다. 다른 유럽 국가의 기억상자 프로젝트에 참여한 많은 참가자를 포함하여, 전시회 개막식에는 많은 관객이 있었으며 모두가 전시된 기억상자와 연극의 이야기를 연결하기를 열망했다. 각 장면은 서로 다른 장소의 작은 무대에서 공연되었는데, 관객들이 연기자들을 따라 공간에서 공간으로 한 층에서 다른 층으로 이동하며 함께 여행에 참여하는 식으로 이루어졌다. 관객은 독일 노인들이 보낸 이야기를 청소년들이 민감한 상상력으로 해석한 것에 대해 매우 감탄했다. 위에서 묘사된 장면들의 간소한 공연과 그 외 다른 많은 것들은 국제적인 관객에게도 매우 감동적이어서, 개인의 기억을 바탕으로 한 예술적 노력으로서 유럽 국가들 간의 평화로운 협력을 기념하는 이벤트에 더 큰 의미를 부여했다.

'영원히(Für Immer)'는 '기억을 직조하다'라는 제목의 회상예술에 관한 유럽 심포지엄을 위해 런던에 초청받게 되었다. 이곳에서 소녀들은 완전히 다르지만 똑같이 감탄하는 관객들에게 영어로 공연을 했다. 일차적으로 공연의 비언어적인 성격이 이를 가능하게 하여 폭넓은 연령대와 다양한 문화적 배경을 지닌 관객과 소통할 수 있게 해주었다.

기습 공격

노인들이 청소년 극단과 함께 공연하다

<세대교류 청소년극단>의 공연 중 하나로, 1991년에 개발된 '기습공격(Blitz)'은 노인들이 제작에서 훨씬 더 적극적인 역할을 맡아 결국 일부 장면을 아이들과 함께 연기하고 심지어 일부 장면들은 그들 스스로가 공연하기도 한다. 이러한 새로운 변모는 리허설이 시작되었을 때 거의 우연히 일어났으며 의도된 것이 아니었다. 연출가와 기타 요인의 변화로 인해 청소년 극단의 회원 수가 줄어들었지만 지역 축제의 일환으로 대규모 공연 공간이 개막 공연을 위해 예약되었고 이미 모든 홍보가 끝난 상태였다. 노인들이 기꺼이 이러한 위험을 구조하러 왔기에 아이들과 함께 무대에 출연할 수도 있겠다는 생각이 번뜩 떠올랐다.

즉흥연기 방법론 체험하기

몇 달 전 나는 정극 전문 배우 중 한 명인 찰스 웨그너(Charles Wegner)에게 나와 함께 참여를 원하는 사람들에게 비공식적인 즉흥극

워크숍을 운영해달라고 요청했다. 회원 중에는 노인 자원 봉사자들과 그 기관의 '친구들'이 포함되어 있었는데, 그 중 일부는 전문극단에 참여하여 연극프로젝트를 위해 정규적으로 이야기를 제공했던 사람들도 있었다. 이러한 즉흥극 회기들은 주로 회상의 주제에 초점을 맞춘 것이었지만 분명한 것은 노인들이 기억뿐만 아니라 상상력의 사용을 즐긴다는 것이었다. 회기에는 표준적인 즉흥극 기법을 사용한 기본적인 연극 연습들이 포함되었는데, 노인들은 이런 종류의 작업에 상당한 재능을 보여주었다. 따라서 그 핵심 그룹이 남아있던 아이들과 함께 공연 초청을 받아 새로운 공동 출연자를 만들어냈고, 그들은 다소 걱정스러운 마음으로 도전에 임했다.

처음에 두 그룹은 함께 작업했다. 아이들은 프로젝트 시작 당시 노인들이 들려준 이야기로 연습을 하고 그들 자신의 조부모에게서 들은 이야기를 연관시켜 덧붙였다. 노인들은 아이들의 장면과 나란히 보여주게 될 장면을 만들었는데, 이는 '기습공격'에 대한 그들 기억을 즉흥극을 통해 발전시켜 나간 것이었다. 각자가 하나의 이야기를 소개하고 그것을 전개해줄 3~4명의 다른 노인들의 도움을 요청했다. 마치 과거의 경험을 함께 걷고 있는 것처럼 그들 공연에는 매우 편안하고 자연스러운 무언가가 있었다. 예술적 기교가 높은 공연은 아니었지만 오히려 모두가 주어진 상황에 진실한 반응을 부여했으며 각자 그들 자신의 진정한 마음을 더해서 좀 더 현실감 있게 만들었다. 거기엔 서로 간의 예민함과 유머에 대한 상당한 공감이 있었다.

하지만, 비록 문제의 장면들이 그들 자신의 즉흥극에서 취한 것이었다 할지라도, 대사를 암기하는 어려움에 직면하여 일부 노인들은 즐기는 것을 멈추고 실패했다고 느꼈다. 우리는 곧바로 리허설이건 공연이건 간에, 매번 그 장면이 약간 다를 것이라는 것을 받아들이면서 순전하게 즉흥적인 형식으로 바꾸었다. 때때로 노인들이 장면의 순서와 각 장면에서 무엇을 다뤄야 하는지를 기억하기가 어려워서, 기억을 살리기 위한 플립차트*가 연습 중에 사용되었고, 모든 사람에게 방향을 안내하는 짧은 내레이션으로 각자 자신의 장면을 시작하도록 했다.

공연: 놀라운 전망

연극에 출연하는 것은 비록 그것이 표면상으로는 청소년극단을 돕기 위한 것이었다 할지라도 노인들에게 매우 놀라운 전망이었다. 그들 중 한 명은 이렇게 말했다. '비슷한 또래의 소수의 사람들 앞에서 스스로를 웃음거리로 만드는 것은 모두에게 동일한 것이지만, 큰 공간에서 100여 명의 낯선 사람들 앞에서 공연하는 것은 다른 어떤 것이다.' '기습공격'을 재현하는 10명의 노인들로 구성된 작은 그룹의 일원이 된다는 생각은 너무나도 어마어마한 일이었기 때문에, 이 프로젝트의 또 다른 참가자들은 즉흥극 그룹에서 탈퇴하여 우리가 공연과 함께 출판했던 책에 나온 그들 자신의 이야기를 읽는 것에 만족했다. 나머지는 그들 자신의 이야기로 연습하는 것을 계속했으며 방독면, 양철 모자, 여행 가방 및 의상 가게의 코트와 스카프를 포함하여 각 리허설에서 '기습공격'의 모든 용품들을 소개하는 것을 즐겼다.

노인과 청소년의 공동 장면

어린이와 노인이 함께 하는 공동의 장면은 매우 생생하고 사실적이었다. 일례로 공습대피소에서 공습감시인 역할을 하는 노인이, 금붕어를 담은 양동이를 들고 영 내켜하지 않으며 집 떠나길 거부하는 노부인을 안내하는 한 장면이 있었다. 그 장면은 그들 중 한 사람

---

* 강연 등에서 뒤로 한 장씩 넘겨가며 보여주는 도해용 카드

이 기억해낸 진짜 이야기였다. 아이들과 노인들이 함께 놀고, 기습에 몸을 숨기고, 마음을 다잡기 위해 노래를 부르며, 피난처에서 나와 폭격으로 모든 것이 변해버렸다는 것을 발견하는 것은 매우 감동적이었다. 이 프로젝트는 노인과 청소년 간의 창의적인 교류를 이끌어내는 그 효과성에 대한 답례로 국가에서 주는 연령자원(Age Resource)상을 수상했다.

이 장을 쓰는 과정에서 나는 그 당시 청소년 극단 회원이었던 엘리노어 스프루엘(Eleanor Spruell)과 대화를 나누면서, 노인들과의 작업과정과 공연 경험에 대해 논평해달라고 요청했다. 내용은 다음과 같다:

> 좋은 분위기 속에서 우리뿐만 아니라 작업을 하는 성인들이 함께 가졌던 무엇, 나는 내가 바로 그 무엇의 일부라고 느꼈다. 이는 내게 작업이 단지 아이들을 위한 것 그 이상의 것이라고 느끼게 했다. 그것은 내게 할머니, 할아버지와 더 많이 대화하도록 했고, 그들을 그저 조부모로 알아왔던 것과는 다른, 사람으로서 생각하도록 해주었다. 우리가 노인들과 대화를 나누었던 수년간의 이전 세계는 아주 특별한 것 같았다. 나는 그것이 모두 사실이고 우리와 그들 삶의 차이에 강한 흥미를 불러일으켰다는 점이 좋았다. 전쟁의 흥분과 공포가 생생하게 느껴졌다. 그들 삶과 접촉하면서 나는 삶이 모험이라는 느낌을 더 많이 받았다. 인생은 줄곧 변화하고, 아직 알지 못하는 것들이 기다리고 있다는 것 말이다.

할머니의 발자국

아이들과 노인들이 함께 공연하는 접근법은 1993~1994년, '기습공격'을 뒤이은 '할머니의 발자국'에서 좀 더 진전되었다. 우리는 그 공연의 실제 주제가 조부모에 대한 기억과 그들과의 관계에 대한 것이었기에 서로 다른 세대들의 조합에서 오는 장점을 취하고자했다. 즉 노인들이 아이들에게 그들 조부모에 관해 이야기하고 연극에서 그들을 재현하는 것이었다. 약 10세에서 18세 사이의 아이들이 노인들의 어렸을 적 모습을 보여주었다.

어렸을 적 얘기를 들려주세요

노인들은 그들이 예상했던 그 이상으로 조부모에 대해 훨씬 더 많이 기억하고 있었다: 실제로 공연과 동반하여 한 권의 책을 내기에 충분한 추억과 사진들이 있었다(Schweitzer, 1994b). 그들은 조부모가 말하곤 했던 특정 문구들, 작은 기행들, 가르쳐 준 노래, 그리고 아이로서의 자신들을 어떻게 이해했었는지를 회상했다. 다음의 발췌문은 조이스 밀란(Joyce Milan)이 슈폭(Suffolk)의 국유지 관리인이었던 할아버지를 회상한 내용이다. 그녀는 장면을 해설했고, 19세의 젊은이가 그녀의 할아버지를, 13세의 소년이 에드워드 7세를, 11세 소녀가 어린 시절의 조이스를 연기했다.

조이스: 우리 아버지의 아버지는 시골 사람이었어요. 그는 큰 국유지의 관리인이셨지요.

할아버지: (입에 지푸라기를 물고 바지의 아랫단을 끈으로 묶은 채로, 어린 조이스를 환영하며) 안녕, 꼬마 조이스. 코트를 벗자. (그가 그걸 벗겨 내는 척 한다) 그래. 토끼 가죽이군. 불가에 앉자. (그들은 상상 속의 불 옆에서 손을 따뜻하게 하고 조이스가 합류하여 다음의 시를 함께 낭송한다).

모두: 토티를 따뜻하게 해줘.
                   소년들은 쟁기 일구러 갔고.
                   토티를 따뜻하게 하고 싶다면
                   와서 지금 그들을 따뜻하게 해줘.

어린 조이스:　왜 바지 밑단이 묶여 있는 거야, 할아버지?

할아버지:　쥐들이 내 다리에서 달리는 걸 막으려는 거야. (그가 이 상황을 보여주어서 그녀를 겁나게 한다) 암탉이 우리를 위해 알을 낳았는지 어떤지 보러 가자. (그들은 어린 조이스가 조심스레 들고 온 계란을 보는 마임을 한다. 할아버지는 양 팔에 암탉을 안고 와서 의자 팔걸이에 세워놓는 마임을 한다) 좋은 알을 줘서 고맙구나. 여기에 너희들의 빵과 버터가 있단다. (그는 빵과 버터를 먹이고 꼬꼬댁거리는 소음을 낸다)

어린 조이스:　어떻게 눈을 잃은 거야, 할아버지?

할아버지:　그건 정말 비밀이야, 하지만 말해 줄게.

조이스:　그는 내게 영국 왕 에드워드 7세가 그 국유지를 방문했을 때 그와 함께 사냥한 이야기를 해줬어요. (나머지 배우들이 사냥 파티 이야기를 펼친다) 그들은 큰 피크닉 바구니를 가지고 있었고 왕은 술을 너무 많이 마셨죠. (한 배역은 왕을 돌보아 주면서 왕이 다시 총을 쏠 준비가 될 때까지 그를 수행한다. 왕은 총을 쏘다가 실수로 할아버지의 눈을 쏜다. 할아버지, 비틀거리다 넘어진다)

왕:　아이쿠, 내가 실수했군. 미안하네, 관리인. 내가 좋은 보상을 해주겠소.

어린 조이스:　할아버지, 보상은 받았나요?

할아버지:　아니, 하지만 언젠가는 해주시겠지. 아직 기다리고 있단다. (그와 어린 조이스는 '농부의 아이로 태어나'라는 노래를 부르며 동반자처럼 나간다.)

서로 다른 세상

똑같은 또래의, 노인들 어린 시절에 대해 공연했지만 그러나 매우 다른 세상에 살고 있었던 노인들에 대해 생각하는 것이야말로, 아이들에게는 흥미로운 것이었다. 70년 전으로 되돌아가서, 청소년들이 본 조부모들의 사진에는 20세기 초에 입었던 옷이 있었다. 일부 장면은 이런 사진들을 모델로 삼았다. 특히 연극의 개막식에서 아이들은 조부모처럼 옷을 입고 서서 각각 '자신들이 맡은' 조부모를 소개했다.

이분은 올리브의 할머니입니다. 그녀는 큰 배에 땅딸막한 여인이었고 항상 그 위에 하얀 앞치마를 입었지요.

이 분은 빌의 할아버지입니다. 항상 한 손에는 담배 파이프가 다른 한 손에는 맥주 한 잔이 들려져 있었죠.

이분은 마가렛의 할머니입니다. 그녀는 항상 외출용 장갑과 모자를 쓰고 계셨죠.

이는 우리가 청소년들뿐만 아니라 노인들에게 의상을 사용했던 몇 안 되는 공연 중 하나였다. 주로 단순한 검정 치마와 하얀 블라우스였지만 캐릭터에 차이를 주는 추가적인 아이템들이 있었다. 그리고 이것은 오늘날의 아이들의 조부모와 노인들의 조부모를 분리시켜 먼 과거로 거슬러 올라가는 시간을 강조하는 데 효과적이었다.

생생한 캐릭터들

조부모에 대한 기억은 매우 다양했으며 그들 모두가 사랑 받을 수 있었던 것도 아니었다. 그래서 감상에 빠지게 할 위험은 거의 없었다. 에일린 오설리번은 약자를 괴롭히는 할아버지를 기억해냈는데 그 할아버지는 아내를 때리고 손자 손녀들을 값싼 노동력으로 이용해먹는 완전히 악당이었다.

에일린: 할아버지가 기억나. 나는 그가 무서웠지. 그는 항상 저기압이었어. (15세의 소년이 할아버지 역할을 연기하면서 관객을 향해 호통을 치고 로라가 연기했던 75세의 아내에게 손을 들어 올리고서는 고정된 채로 있다) 나의 할머니도 그를 무서워했던 것 같아.

대조적으로 마가렛 키핀은 할머니와의 매우 사랑스런 관계에 대한 장면을 연출하고 연기했다.

마가렛: 할머니는 반짝이는 푸른 눈과 사과 꽃 같은 뺨, 매우 부드러운 피부, 그리고 움직임이 빠른, 흰 머리의 여인이었어요. 나는 그녀를 아주 많이 사랑했고, 방학 동안에는 그녀와 함께 있기 위해 갔죠. (어린 마가렛 역을 하는 어린이가 도착하면 할머니를 연기하는 마가렛이 껴안으며 인사한다) 그녀의 시골집 정원은 아름다웠죠. 내가 도착했을 때 그녀가 나에게 보여준 여러 가지 꽃을 기억해요. (그녀는 하나씩 지목한다) 계곡의 백합, 장미. (그들은 꽃 냄새를 맡고 정원을 함께 탐험하며, 어린 마가렛은 자신을 위해 작은 꽃다발을 꺾는 마임을 한다) 펌프질을 해서 약간의 물을 가져 오자. (물을 펌프질해서 꽃병을 채우고 꽃을 정렬한다) 나는 오늘 오후에 빵을 구우려 해. 도와줄래?

어린 마가렛: 예, 제가 잼으로 된 타르트를 만들어도 될까요?

마가렛(할머니): 그래, 하지만 먼저 가서 손을 씻으렴. (어린 마가렛이 펌프
물로 손을 씻는 마임을 한다. 그녀와 할머니는 함께 패스트
리를 만든다. 할머니가 잼을 가지러 갈 때, 어린 마가렛이
파리를 후려치다가 패스트리를 바닥에 떨어뜨린다. 그녀는
할머니가 아직 보지 못했는지 확인하고, 그것을 집어 들고
가져온다) 손을 씻었니?

어린 마가렛: 예, 할머니. 약간 회색빛이네요, 그쵸?

마가렛(할머니): 걱정마라, 맛있을 거야. (그들은 오븐에 패스트리를 넣고
함께 노래를 한다.

두 사람: (노래로) 어디 가는 중이니? 내 예쁜 하녀야.

                우유 짜러 가는 중이예요, 그녀가 말했지.

연극을 만드는 과정 내내, 청소년들은 다른 시대의 생생한 캐릭
터의 이야기로 작업하는 것을 정말로 즐겼다. 노인들은 오래전에 죽
은 조부모에 대한 기억 속에서 그들과의 접촉을 재개하는 데 큰 즐
거움을 얻었다. 19세기에 태어난 조부모들 중 일부가 무대에서 다시
생명을 얻게 된 것이다.

'할머니의 발자국'에서 아이들과 노인들

세대교류적인 공연의 고통과 즐거움

1994년 이 작품이 해외로 반출되어 독일 오스트리아 프랑스 벨기에 등지에서 공연되었을 때 많은 관심을 불러일으켰다. 우리가 공연했던 컨퍼런스 홀, 소규모 극장, 데이센터 및 학교에서 관객들은 노인과 청소년들이 함께 창의적으로 연기하는 것에 매력을 느꼈고 그룹이 생성한 풍부하고 다양한 이야기들에 놀라움을 금치 못했다. 비행기, 기차, 미니버스를 타고 10세에서 85세까지의 일군의 연기자들이 함께 한 여행은 확실히 기억에 남는 경험이었다! 두 그룹 간에 근본적으로 서로 다른 기상과 취침 시간 때문에 많은 스트레스를 받은 적도 있었지만, 노인과 청소년들은 매우 가까워져서 각자의 힘을 존경하며 이해하는 법을 배웠다. 아이들은 대사를 외우고 어느 때에 무대의 어느 곳에 서야 하는지를 기억하는 데 어려움은 없었지만 종종 집중력을 잃었다. 노인들은 십대의 기질 없이 훨씬 더 큰 집중력은 가지고 있었지만, 대사를 기억하는 데 어려움을 겪었고 때때로 공간에서 방향 감각을 잃었다. 그래서 그들은 젊은이들이 쿡쿡 찌르거나 대사를 알려주는 것을 행복하게 받아들였다. 대체로, 그것은 매우 유익한 협력이었고, 특히 그 그룹의 상당수 아이들이 이 기간 동안에 고통스러운 가족 해체를 경험하고 있었기 때문에, 노인들의 애정이 그들에게 큰 가치가 있는 것처럼 보였다. 기본적으로 각각의 그룹은 다른 그룹을 보완했다. 그래서 그들은 함께 매우 강한 팀을 만들었다.

건배

시각적 자극에 의한 세대 간 연극 개발

세대교류 청소년 연극의 마지막 사례는 '건배'이다. 이 공연은 노인들의 기억을 바탕으로 청소년과 노인들이 함께 했다. 이 제작은 1945년 유럽의 적대 행위 종식 50주년을 기념하는 것으로, '기억할 만한 시기'라는 유럽 회상 네트워크 축제를 위해 준비되었다(Klose, 1996).[17] 유럽 전역과 그 너머에 있는 10개의 노인 집단들이 특별히 이 행사를 위해 만든 연극을 가져왔는데, 그 모두를 노인들이 공연하였고 일부는 청소년들이 참여했다.[18]

'건배'는 회상 센터(Reiniscence Center)의 극장 디자이너 리사 윌슨(Lisa Wilson)이 제작해놓은 입체적인 전시물에 생기를 불어넣기 위해 제작되었다. 설치된 것은 전쟁거리축제의 목적을 묘사한 벽화와, 잔해물이 있는 폭탄 구역, 배급품이 진열된 상점 맨 앞 열, 벽난로 위에 진열된 전방에서 온 편지들과 폭탄으로 손상된 인테리어, 그리고 밤하늘을 배경으로 한 세인트 폴 대성당의 실루엣이 포함되어 있었다. 젊은이들은 창조된 환경에 강력하게 반응하여 거리의 벽화 속 아이들과 동일시하고 바닥에 실제 잔해물이 있는 폭탄 구역에서 놀이를 하였다. 노인들에게 전쟁이 끝날 무렵 런던 폭탄 투하의 시각적 표상은, 그 당시 그들이 그랬던 것과 똑같은 나이였던 아이들의 존재와 결합하여, 강한 감정을 불러일으켰다. 조안 피어스(Joan Pearce)는 그 상황에 대한 자신의 심오한 반응을 다음과 같이 표현하고 있다:

그것은 여러분이 억압해 온 아주 많은 기억들을 끌어낸다. 나는 전쟁이 끝나고 피난에서 돌아오면서 느꼈던 고통이 기억났다. 나는 9살에 피난민으로 떠나서 14살에 돌아왔다… 나의 부모님은 전시 노동으로 매우 바빴고, 어머니는 다시 성장한 아이의 한 엄마가 되어야만 했다. 그녀가 말했다. '이제 너는 너 자신을 볼 수 있을 만큼 충분히 컸단다.' 그런데 나는 보다시피 그렇지 못했기에, 그 말은 상처가 되었다. 나는 장면에서 어머니를 연기했다. 나는 그녀를 꽤나 냉혹한 모습으로 만들었다. 나는 그녀가 왜 나를 받아들일 수 없었는지, 왜 그녀가 나를 불편하게 느껴졌는지 그 심리적인 이유를 이해하기 시작했다(Schweitzer, 1996: 11).[19]

전문적으로 설계된 전시 환경을 시작으로, 살아 있는 경험에서 나온 장면들이 있는 그 공간의 사람들 앞에 청소년과 노인을 초대하는 이 방법은, 아마도 박물관이나 문화유산의 맥락에서 좀 더 자세히 탐색할 가치가 있을 것이다.[20] 40개의 좌석과 매우 작은 공연 공간만 있었지만, 그 행사는 특별하게 느껴졌다. 왜냐하면 환경이 너무 고무적이었고 역사적인 맥락이 뚜렷이 감지되었기 때문이다. 모든 사람들은 이 특별한 공연공간에서 세대 간 공연이 주는 시각적 효과와, 노인들의 직접적인 경험으로 만들어진 아이들의 공연 방식에 대해 충격을 받았다(이 제작에 관한 세부설명과 노인극단이 만든 다른 연극들에 관해서는 Marziali and Topalian, 1997 참조).

'건배'에서 조이스 밀란과 나탄 쿠퍼가 연기한
젊은 시절의 사랑과 전쟁 중의 결혼식

마지막 발언은, '건배'에서 5년 간의 전시(戰時)근무를 위해 떠나기 전 아름다운 신부(공연 당시 75세) 조이스와 결혼하는 잘 생긴 젊은 신랑을 연기한 나탄 쿠퍼(Nathan Cooper) (당시 19세)에게 가야 한다:

> 제 나이에 여자와 결혼한다는 생각이 옳은 것인지 처음에는 걱정되었어요. 저는 이것이 완전히 터무니없어 보일 거라고 생각했죠. 하지만 결국 그것은 괜찮았어요, 심지어 더 좋았죠. 관객들에게 이것은 마치 그녀가 그녀의 기억을 다시 사는 것처럼 보였고, 저는 그녀의 기억 속에 있었던 나이로 존재했죠. 얼마나 나이가 들었는지 보였습니다. 그렇게 한 것이 작품을 훨씬 더 좋게 해주었어요. 이점이 되었어요. 왜냐하면 작품에 무언가가 더 가미되어서, 꽤나 재미있게 작품이 만들어졌기 때문이에요. (Schweitzer, 1996: 23)

SUMMARY

이 장에서는 청소년 극단의 청소년들과 함께 기억으로 연극을 만드는 다양한 접근법들을 생각해 보았다. 어떤 경우에는 이야기와 편지로 쓰인 말들에 영감을 받았는데, 이러한 사례에서 노인들은 단지 공연에서 최종결과물만 보았다. 대다수의 경우 노인과 청년 사이의 일련의 만남을 통해 연극이 개발되었고, 노인들은 자신의 이야기를 공유하고, 리허설에 참석하여 조언을 하며 때로는 공연되는 장면 옆에서 글을 읽기도 했다. 그러나 가장 발전적인 사례에서는 청소년과 노인이 함께 공연을 하였으며 이는 의심의 여지없이 관련된 모든 사람들에게 가장 모험적이고 성취감을 주는 경험이었다. 두 연령대의 그룹이 서로를 알고, 좋아하고 이해하고 몇 달 동안 내내 함께 일하면서 다른 사람들에게는 즐거움을, 그리고 자신에게는 만족감을 선사하는 창의적인 팀으로 발전하는 것을 지켜보는 것이야말로, 내가 이 분야에서 일하는 가장 중요한 이유 중 하나이다.

Chapter

11

학교에서 만드는 세대교류의 연극

학교 교사들이 이웃한 노인들을 학교에 초대해서 그들의 산 경험을 작품주제에 기여하도록 하는 것은 비교적 드물다. 그러나 그들이 일단 이 접근법을 시도해본다면 왜 전에는 그런 생각을 하지 못했었는지 의아해한다. 노인들의 이야기는 적어도 학급 학생들이 참고할 책이나 인터넷 페이지와 같이 아이들에게 흥미로우며, 추가적으로 노인들이 질문에 답하고 컨설턴트 또는 참여자로서 창조적인 재연에 참여할 수 있다는 이점이 있다. 노인들이 회상을 통해 커리큘럼에 기여할 수 있는 방법은 많이 있지만, 여기서는 특히 연극과 드라마에 중점을 둘 것이다(Nixon, 1 982; Savill, 2002: Schweitzer, 1993).

고려해야 할 문제

교육 과정 전반에 걸친 학습

이전 장에서 설명된 볼거리들은 청소년연극의 맥락에서 만들어졌지만 그 버전은 교사가 초등학생들 수업에서 편하게 개발한 후에 노인 참여자들을 초청하는 것이었다. 실제로 수업시간에 상당히 풍부한 회상극들이 개발되었는데, 교사는 거기서 교과 과정 전반에 걸친 학습의 가능성을 보았고 학교 측은 지역사회, 특히 그곳의 노인들에게 개방적인 정책을 취하게 되었다(세대교류 프로젝트에 참여하는 노인들에 관한 정보는 Schweitzer, 1993을 참조).

노인들 준비시키기

노인들이 작업에 대한 자신감을 갖기 위해서는 약간의 준비가 필요하다(Langford and Mayo, 2001). 아이들을 만나기 전 이야기를 공유하기 위해 그들을 한 집단으로 함께 모으는 것이 매우 바람직하다. 이로써 그들은, 청소년들이 연극 대상으로 삼은 주제에 초점을 맞추고 서로의 기억을 촉발하여 그들 사이의 공통점을 찾아내며 서로 다른 경험을 강조할 수 있게 된다. 또한 그들에게 기대되는 것, 젊은이들과 함께 일하는 방법, 교통 및 접근에 관한 물류 문제를 명확히 할 수 있는 좋은 기회가 된다.

적절한 언어의 사용

언어 사용의 수준에 대한 문제는 초기 단계에 다루는 것이 좋다. 많은 노인들은 손주들에게 이야기를 들려줄 것이다. 노인들은 잘 알려진 이야기를 말할 때 간단한 언어를 효과적으로 사용하는 법을 안다. 그들 자신의 경험과 관련하여 유사한 언어 수준을 적용하기란 어렵기에 좀 더 연습을 필요로 한다. 10세의 어린이가 이해할 수 있는 언어로 이야기를 바꾸어 다시 말해달라고 노인들에게 요청하는 것이야말로 좋은 연습이 된다. 노인들은 또한 그들이 묘사하고 있는 시대와 환경을 아이들에게 설명해 줄 수 있도록 집에 간직한 사진, 물건, 문서에 대해서 생각할 수도 있다.

잘 알고 있다고 가정하는 것

종종 발생하는 한 가지 문제는 노인들이 그들과 함께 작업하는 아이들이 너무 많이 알고 있다고 가정한다는 것이다. 자신들이 당연하다고 여기는 것들에 대해 자세히 설명할 필요가 있다. 간단한 예로 그들 대부분이 성장하는 동안 실내 화장실이 없었다거나 그들 대다수가 14세에 학교를 그만 뒀다는 사실은 아이들에게는 놀라운 것이다. 대부분의 여성들이 결혼하면 직장을 그만두었고, 집안일과 요리는 진공청소기나 세탁기, 전자레인지 없이 더 많은 시간을 들여야 했다는 것을 알 필요가 있다. 특히 초등학교 수준의 어린이들은 총파업, 복지 국가, 노동조합 운동, 윈스턴 처칠, 심지어는 아돌프 히틀러에 대해서 들은 적이 없을 것이다.

그들은 광부 연맹(NUM)이나 구제 사무소와 같은 머리글자들을 확실히 이해하지 못할 것이며, 이런 것들이 이야기에 연이어 나온다면 아이들을 위해 배제되어야 할 것이다. 노인들의 의식을 높이는 또 다른 훈련은 아이들이 탐구할 주제와 관련된 기억을 집단 내 다른 사람들과 공유하도록 하고, 그들에게 어린이들이 듣는 것처럼 스스로 상상해 보도록 요청하는 것이다. 이야기하는 사람이 이해할 수 없는 말을 할 때마다 '어린이'는 손을 들어 설명을 요청해야 한다. 실제로, 아이들은 방해하는 것을 원하지 않기 때문에 아마 이런 일을 하지 않을 것이지만, 설명 할 필요가 있는 것에 대해 노인들이 미리 생각한다면 도움이 될 것이다.

청소년 준비시키기

청소년들이 제안된 주제에 관해 미리 생각하고 특별한 관심사가 되는 분야를 충분히 인지하고 있다면 세대 간 만남은 더욱 유익할 것이다. 교실 내 느슨하게 구조화된 브레인스토밍은 개별학생에

게 할당된 경직된 질문목록보다 더 좋은 준비여건이 될 수 있다. 후
자의 방식에서 아이들은 단지 그들의 질문과 그들이 언제 질문할 수
있는지에 대해서만 집중하게 된다.

청소년들을 준비시킬 때 강조점은 그들이 서로를 인터뷰하고
그에 얼마나 많이 집중하여 답을 기억하고 있는지를 보게 함으로써
그들의 청취 기술을 연마시켜야 한다는 데 있다. 또한 한 단어 이상
의 대답을 요구하는 질문을 하고, '우리에게…에 대해서 말씀해주실
수 있나요?' 혹은 '…때 일을 기억하시나요?'와 같은 공개 질문을 연
습하도록 권장해야 한다. 그들은 '언제', '왜', '어떻게' 그리고 '어디
서'라는 단어로 시작하는 질문을 시도할 수 있으며, 노인들이 이야기
할 때 앉아서 바라보는 방식에 그들의 주의를 기울여야만 한다. 그
래서 노인들이 말하는 것이 흥미롭다는 것을 알리는 신호를 보내주
도록 하는 것이다. 반대로 파트너가 자신이 말하고 있는 것에 주목
하지 않고 눈길을 돌리는 경험을 하게 함으로써, 행동으로 입증해
보여주는 방법이 가장 좋다.

미들 파크

지역을 기반으로 한 세대 간 프로젝트

런던 남동부의 최근 프로젝트에서 미들파크커뮤니티(Middle Park
Community) 센터의 노인 그룹은 그들이 모두 함께 살았던 1930년대
주택 단지에 대한 연극 프로젝트를, 9세와 10세의 지역 초등학교 어
린이들과 함께 작업했다. 노인들은 회상연극 작업을 하는 두 사람,
텔마 샤르마(Thelma Sharma)와 이레네 캅타니(Erene Kaptani)가 편성한 한
집단에서 처음 만났다. 그리고 그들은 자신의 성장기와 전쟁경험에
관한 기억을 기록했다.

처음에 두 연령대의 집단은 그들이 함께 만났을 때 어떤 모습일

지에 대해 다소 확신을 갖지 못했다. 어른들은 일반적으로 지역 사회의 청소년들이 그들에 대한 존경심도 부족하고 주의를 기울이지 않는 것을 경험했다. 그들은 자신들의 삶에 대해 말하는 것이 어쩌면 어려울지 모르겠다고 생각했다. 아이들은 어른들이 친절하게 대해줄지 혹은 관심을 가져줄지 어떨지 몰랐다. 물론, 만나서 뭔가를 함께 하는 것에 대한 흥분도 있었지만 두 그룹 모두 무엇을 기대해야 할지 몰랐다.

과정

참가자들 간의 신뢰와 연대감을 구축하기 위해 원 안에서의 훈련으로 작업을 시작하고 끝냈다. 성인 한 명당 5~6명의 어린이를 그룹으로 만들어 장면을 지도했다. 아이들은 이야기들로부터 즉흥극을 창조해내는 책임이 주어졌다. 진행자는 음성 투사, 그룹 작업, 관객 인식, 집중과 정지와 같은 공연 기술에 공을 들였다.

첫 번째 주제는 어린 시절의 게임과 놀이였기 때문에 경험교류가 될 수 있었다. 추가된 주제들은 가정생활, 지역 환경, 그리고 전쟁 기간이었다. 그룹별로 대화와 스틸 이미지, 마임, 음향, 소품들을 활용해 작업을 했다. 헌 돈, 종이, 여행 가방, 담배와 같은 실제 당시의 소도구들을 사용하는 것은 어린이들의 이해력 강화에 도움을 주었다.

함께 하는 작업과정은 예상했던 것보다 훨씬 즐겁고 보람이 있었다. 집단원들은 정말로 잘 어울렸고 그들이 경험했던 우정에 감사하면서 매주 만나는 것을 기뻐했다. 잘 들어주고 서로를 소중하게 생각하고 있음이 느껴졌다.

공연 자체(지역의 큰 홀에서 회상연극 축제의 일환으로)는 모두에게 하나의 도전이었고, 두 그룹 모두 훌륭하게 해냈다. 공연을 하는 데는 많은 불안이 있었지만, 그들이 쌓아 놓은 관계망이야말로 서로를 응원하고 격려하고 있음을 의미했다. 특별한 행사라는 감각이 그들

을 집중할 수 있게 도와주었고, 모든 사람들에게 최상의 결과를 안
겨주었다. 좋았던 것은 그들의 성과가 공개적으로 칭송 받자 그들
모두가 자부심, 기쁨, 안도감을 보였다는 점이다.

　본 프로젝트는 어린이의 정서적, 사회적, 인지적 발달에 기여할
뿐만 아니라 읽고 쓰는 능력과 역사라는 특정 교과분야와 연계하는
것을 목표로 삼았다. 교사 데이비드 본드는 이렇게 말했다:

　　아이들은 어른들과 함께 작업하는 것을 정말로 즐겼다. 이야기로 인해
　　흥분했다… 아이들은 자신감을 가지고 자신의 역할을 수행했다. 나는 또
　　한 축제에서 그들 태도에도 감명을 받았다. 다른 사람의 행동을 지켜보
　　는 동안 아이들은 주의를 기울이고 관심을 가졌다. 그러한 행사의 일원
　　이 된 경험은 아이들에게 아주 좋았다(Schweitzer, 2004b: 47).

　프로젝트를 이끈 텔마 샤르마는 다음과 같이 말했다:

　　나는 세대 사이에 형성된 좋은 관계가 기뻤다. 프로젝트는 두 연령대가
　　서로를 바라보는 시각에 긍정적인 영향을 주었다. 노인들이 그들의 삶에
　　서 보여준 유머, 회복력, 장난스러움, 인내심 같은 몇몇 태도는 그들의
　　이야기를 통해 아이들에게 전달되었고 연극을 함으로써 그 이야기들을
　　기억하게 만들었다. 나는 그것이 아이들에게 그들 자신의 지역에 대한
　　더 큰 정체성과 다른 사람의 삶에 대한 관심을 부여해주었다고 느꼈다
　　(Schweitzer, 2004b: 49).

　지역에 기반을 둔 또 다른 세대 간 프로젝트의 예는, 현재 학교
가 있는 거리의 과거 생활에 관한 내용의, 6장에 제시된 '추억의 거
리(Memory Lane)' 프로젝트를 참조할 수 있다.

소수 민족 노인들의 교실 기반 회상 참여

세대 간 연극 프로젝트에서 소수 민족 노인들의 경험을 반영하는 것은 점점 더 중요해지고 있다. 특히 학급이 다양한 문화와 배경을 가진 어린이들로 구성된 런던과 그 밖의 도시 지역에서 그러하다 (Perlstein과 Bliss, 2003). 소수 민족의 노인들이 그들의 출신 국가와 삶의 여정에 대한 이야기를 공유함으로써, 소수 민족의 아이들은 매우 긍정적인 역할 모델을 제공받을 수 있다. 노인들의 역사에 무게감을 실어 주고, 여전한 그들 본국과의 관계를 수용하며, 그들의 모국과 영국과의 오랜 연계를 인정하는 것은 모두 다 소수민의 경험에 가치를 부여하는 방법이다(본 작업처럼 흥미로운 작업으로는 뉴욕의 '노인들 예술을 공유하다(Elders Share the Arts)'를 참조, Larsen 2004년).

지난 10년 동안 <세대교류>에서 회상 프로젝트를 하면서 나는 점점 더 소수 민족 노인들의 참여가 단지 소수 민족 출신의 청소년들뿐만 아니라 모든 학생들에게 국제적인 유대감을 주는 가치 있는 것이라고 느꼈다. 물론 이런 식으로 청소년들과 작업하는 노인들이 그들 스스로 자신의 이야기를 효과적으로 공유할 자신의 능력에 대해 자신감을 갖게 하는 것은 중요하며, 이는 학생들을 만나기 전 그룹 내에서 이야기를 나눌 충분한 기회를 갖도록 준비하고 지원되어야 함을 의미한다. 다음 장에서 나는 소수 민족 노인들의 연극 집단을 개척한 나의 경험과 이러한 집단들이 노인들의 공유된 역사의식과 힘 있는 표현력 개발을 어떻게 도왔는지 설명할 것이다. 하지만 이 지점에서 나는 이들 집단이 이룩한 세대교류의 공헌에 초점을 맞추고, 어떻게 회상연극이 그러한 공헌의 매개체가 되었는지를 보고자 한다.

우리는 과거에 대해 이야기하고 싶다

하이틴 학생들과 작업하기

지금까지 제공된 세대 간 작업 사례들 대부분은 초등학생(11세 이하)과 관련이 있었지만 10대 후반의 하이틴 생도들은 내가 다음과 같은 사례에서 보여주듯이 이러한 공동 작업을 통해 많은 것을 얻게 된다. 런던 남동부의 포레스트 힐(Forest Hill)의 한 교회에 소속된 카리브해 지역 노인들의 모임에서, 노인들은 비스타 회상 그룹(Vista Reminiscence Group)을 스스로 결성하여 자신들의 고국에 관한 이야기를 공유하기 위해 만나고 있었다. 나는 그들에게 17~18세의 카리브해 출신의 학생집단과 함께 작업할 것을 권유했다. 그들은 공연 예술 분야의 대학 입시를 준비하는 지역 학교(sixth form college)*의 학생들이었다. 공연예술 중 하나가 독창적인 연극작품 제작이었다. 그들은 주로 소녀였고 노인집단도 주로 여성이었다. 그들은 일련의 인터뷰와 사전 모임을 위해 짝을 지었다.

고국과 타국의 이야기들

리허설에서 노인들은 이야기, 노래 그리고 허물없이 나눈 대화의 편린들로, '고국으로 돌아가자'라는 그들 삶을 반영한 장면들을 만들기 위해 즉흥극으로 작업을 했다. 그들은 자신들을 돌보는 이웃 사람들과 함께 공동체 생활의 친밀감을 보여 주어, 어린 시절 그들 환경의 자연미를 환기시켜 주었다. 자부심과 아이러니를 뒤섞어 모든 왕과 왕비들의 연대를 암송하고 대영제국국경일을 기억하는 것으로써, 그들은 영국식 교육을 통해 '모국'과 긴밀한 관계를 맺었음을

---

* 영국 학제에서 16~18세 사이의 학생들이 다니는, 2년간의 대학 입시(A levels) 준비 과정의 학교

보여주었다. 그들은 가족과 작별 인사를 하고 가져온 것이 무엇인지를 기억함으로써 고향을 떠나는 것이 어땠는지를 보여 주었다. 젊은 이들은 카리브해에서의 노인들의 젊은 시절에 대해 배우면서 리허설 일부에 참석했다. 그런 다음 그들은 이야기 속 역할을 맡아 노인들의 항해와 비행의 여정과 영국에서의 첫인상을 재현하였다. 그들은 공장과 병원에서 일하거나 혹은 공부하려고 노력하는 런던에서의 노인들 초창기 삶에 관한 이야기로 장면을 만들었다. 그 후 노인들은 이야기를 다시 이어받아, 직장 생활에 대한 자부심이나 은퇴 후의 생활을 어떻게 보낼지에 대해 이야기했다. 그들 각자는 젊은 사람들에게 전해 주고 싶었던 지혜를 남겼고 연극은 두 세대가 함께 노래하고 춤을 추면서 막을 내렸다.

노인 그룹과 청소년 그룹이 함께 작업하기엔 제한된 시간임에도 불구하고, 그들은 그 프로젝트에 참여함으로써 개인적으로 많은 것을 얻었다. 비스타그룹의 돌리 브리스코(Dolly Briscoe)는 다음과 같이 말했다:

> 연극을 통해 처음으로 자신의 방식대로 이야기를 말하고 스스로를 표현할 수 있는 기회를 가졌다. 젊은 사람들과 우호적으로 작업할 수 있었으며 그들 중 몇몇과 오랫동안 연락을 하였다.

학생들의 교사이자 '크라이스트 더 킹 식스 폼 대학(Christ the King Sixth Form College)'의 공연 예술의 책임자인 브리니 포드(Bryony Ford)는 이 프로젝트에 대한 그녀의 보고서에 이렇게 언급했다.

> 이러한 전문적인 수준의 프로젝트에 참여하는 것은 학생들에게 정말로 흥미로운 기회였다. 그들은 리허설과 공연에서 노인들과 함께 작업하는 것을 즐겼고, 연출가에게서 드라마, 움직임, 음악을 고안하고 구조화하는

데 있어 상당히 많은 것을 배웠다. 그들은 노인들과 협력하여 그들 자신의 문화유산을 기념하였으며 루이샴(Lewisham)의 아프리카계 카리브해인들의 공동체 역사에 대한 이해를 심화시켰다.

다양한 문화의 영국과 유럽의 참가자들

젊은이들은 무엇이 그들의 부모와 조부모 세대를 이 나라로 오게 했는지, 다문화사회에서의 삶에 대한 태도가 최근 수십 년 간 얼마나 많이 변했는지, 그리고 오늘날 노인에게 흑인이자 영국인이라는 것이 무엇을 의미하는지를 좀 더 이해할 수 있었다. 그들은 또한 노인들의 애정과 칭찬을 좋아했다.

'우리는 과거에 대해 말하고 싶다'라는 작품은 소수 민족 노인들에 관한 내용으로, 그들이 직접 만든 연극을 국제축제에서 공연한 것이다. 이 작품은 1998년 <세대교류>에서 공연할 당시는 '평생의 여정(The Journey of A Lifetime)'이라 불렸다. 이 축제의 공연 및 워크숍을 통해 신구세대의 카리브해인들은 독일의 터키인과 네덜란드의 몰로카인들(Moluccans)을 비롯한 다른 나라 소수 민족 출신의 사람들과 연계하여 유사점을 도출하고 이주의 핵심적인 경험들을 공유하는 기회를 가졌다. 다시, 브로니 포드는 이렇게 논평했다:

축제에 참여하는 것은 공연자인 그들에게도, 그리고 나 자신에게도 중요한 경험이었으며, 흥미진진한 다양한 문화행사에서 학생들이 공연하는 것을 보는 것이야말로 가장 보람되고 고무적인 사건이었다. 축제 전체가 내 기억 속에 아주 생생하게 남아 있다; 나와 함께 한 동료들은 여전히 그것을 매우 강력한 예술적 경험으로 회상한다. 관련된 학생들에게 그것은 특별한 여행이었으며, 그들이 학교를 졸업한 후에도 오랫동안 그들 기억에 머물러 있을 것임을 확신한다.

연속해서 이 그룹은 카리브해인 런치 클럽 회원들을 위해서, 그리고 민족의 다양성과 문화와 관련된 대학 학회에서 공연을 했다. 청소년들이 연극 속의 노인들과 지역보호 주택 단지의 좀 더 노쇠한 노인들을 대상으로 수집한 인터뷰 내용을 담은 작은 책이 발간되었으며, 그렇게 그들의 공동 작업에 대한 결과물들이 계속해서 나왔다 (Doolittle and Schweitzer, 1998).

내가 자란 곳

또 다른 예로, 이번에는 런던 남동부에 위치한 윙필드의 초등학생 9세에서 10세 사이의 어린이들과 현재 런던에 살고 있는 나이지리아 출신의 노인들로 구성된 아조다(Ajoda)라는 아프리카인 집단이 참여했다. 이 그룹은 처음에 지역 당국을 통해 아프리카 노인들을 위한 봉사단체를 조직하고 서로 간의 연락을 유지하기 위해 그들 스스로 결성한 것이었다. 그들은 다가오는 축제, '내가 자란 곳'에서의 공연 장려금을 가지고 연극을 만들려는 생각으로 흥분해있었다. 그들은 뉴욕 출신의 아프리카계 미국인이자 내 동료인 페기 페팃 (Peggy Pettitt)과 2주 동안 매우 집중적으로 작업함으로써 연극을 만들었다.

집단 내에서 나이지리아에서 자란 그들의 이야기를 공유했다. 아프리카 마을에서의 가정생활과 학교생활에 관한 전체 집단 장면을 만들고, 덧붙여 영어와 아프리카 언어가 아름답게 조화된 노래에 충만한 에너지와 리듬을 가미했다. 그들은 또한 성인의 삶에서 나온 경험을 나누었고 이를 서로에게 표현하기 위해 소그룹으로 작업했다: 중매결혼, 세대 간 문화적 충돌 그리고 고국의 노부모에 대한 걱정과 같은 장면들이었다. 집단은 그들이 묘사한, 공유된 문화에 대해 어마어마한 자부심을 갖게 되었다. 거기에서의 노인들은 존경받는

의사 결정권자였다. 노인들은 모두 밝은 색상에 과감한 디자인의 아
프리카 드레스를 입고 리허설에 참석하기 시작했다.

아조다 그룹의 공연 당시 페기 페팃이 아
프리카 마을 노인들의 축복을 받고 있다.

최종 결과물은 유머, 색채, 노래와 춤으로 가득 찬 40분짜리 연
극으로 아프리카계 노인들이 기억했던 것에 생기를 불어넣은 것이었
다. 그 집단은 이후에 다음과 같은 공통된 의견을 작성했다:

하나의 집단으로서 페기와 함께 '내가 자란 곳'이라는 연극을 만들면서,
우리 모두는 눈에서 비늘이 제거되고 있다는 것을 느꼈다. 그것은 우리
에게 강장제와 같아서 강하고 활기차게 그리고 한 집단으로서의 충만한
행복을 느끼게 만들었다. 학창 시절의 기억과 또 다른 공통적인 경험을
나누었을 때, 전에는 발견하지 못했던 함께하는 마음과 일치된 정신이
있었다. 우리가 작품을 만드는 동안에 만들어 낸 집단적인 아이디어들은
최종 결과물이 마치 목적에 맞게 글로 쓴 연극처럼 보이게 했다. 우리의
공통된 역사와 접촉함으로써, 회원들은 고립과 우울에서 벗어나 새로운

활력을 찾았다. 연극은 모든 아프리카 사람들에게 일반적으로 발견되는 연기정신을 촉발시키면서, 활기를 불어넣고 동기를 부여하며 우리를 자극하였다.

아조다(Ajoda) 그룹은 지역의 문화와 교육활동에 참여하여 젊은 세대, 특히 아프리카계 어린이들에게 그들의 경험을 전하고 싶어 했다. 그들의 열정은 재건 지대의 지역 프로젝트에 이상적인 출발점이 되었다. 참가 학교 중 한곳에는 아프리카에서 온 많은 학생들이 있었고, 그 중 상당수가 최근에 도착해서 여전히 다소 혼란스런 상태에 있었다. 또 나이지리아 출신으로서 의심에 차있던 5학년 담임선생님은 영어, 지리, 역사, 종교, 시민권과 같은 주류 교과과정 영역을 넘어서 사회적 기술, 개인 개발, 관용과 자존감으로 아이들에 대한 혜택이 어떻게 확장되는지를 볼 수 있었다.

아이들과 노인들이 함께하는 프로젝트의 연출가 제니퍼 런(Jennifer Lunn)은 10주 넘게 매주 수업을 진행했으며 이 중 5주는 노인들을 참석시켰다. 프로젝트의 이례적인 시작은 제니퍼가 최근에 회상네트워크(Reminiscence Network) 프로젝트의 일환으로 만든 기억상자(Memory Boxes)를 통해 아이들에게 처음 그 그룹을 소개했던 것에서부터였다(Schweitzer and Trilling, 2005). 아이들은 상자를 보고 상자의 내용을 설명하는 데 도움이 되는 첨부된 이야기를 읽은 다음, 노인들과 얼굴을 마주하며 만났을 때 그들에게 재생해서 보여주기 위해, 수집한 정보에서 그들이 이해하는 것들로 장면을 만들었다. 노인들은 자신들의 이야기에 성공적으로 동참하여 프로젝트에 대한 열정을 보여준 어린이들의 참여에 기뻐했다. 몇 주에 걸쳐 아이들은 집안일, 학교생활, 처벌, 노인들에 대한 태도, 풍습, 마을 축제를 포함하여 아프리카 마을에서 성장했던 노인들의 기억으로 장면을 만들었다. 그들은 또한 영국으로의 여행에 대한 노인들의 기억과 성인의 삶에서

그들이 어떻게 일해 왔으며 아프리카에 대해 무엇을 가장 그리워하
고 있는지를 탐험했다.

이 학교의 프로젝트에 대한 전체 설명은 헤이튼-요(Hatton-Yeo)
를 보라(2006).

소수 민족 출신의 아이들에게 힘을 실어 주기

아프리카 노인들은 어린이들과 매우 가까워졌고 그들과 함께
소그룹으로 작업을 했다. 최근에 나이지리아로부터 와서 조용하고
수줍어하던 어린 소녀가 그룹의 주인공으로 바뀌었을 때처럼 실질적
인 변화의 순간들이 있었다. 이는, 그녀가 노인들과의 작업에서 얻은
확신과 갑자기 자리하게 된 그녀의 문화적 정체성의 중요성 덕분이
었다.

아조다의 아프리카계 노인들과 작업하는 어린이들

노인들이 모국어로 그녀에게 그녀의 출신지와 아는 장소들에
대해 말했을 때 갑자기 그녀가 빛을 발하던 모습은 지켜보는 이들을
놀라게 했다. 이것은 아프리카계의 젊은이들이 그들의 백인 학급 친
구들을 그들의 문화 속으로 환영할 수 있도록 힘을 부여하는 마법의
프로젝트였다. 이 프로젝트에 참여한 아이들의 의견은 다음과 같다:

내 나라의 관습에 대해 알았기 때문에 좋았다. (Natahan Adeoye)

다른 문화에 대해 배우는 것이 재미있다는 것을 알았다. (Jack Tappin)

다른 삶의 방식에 대해 배우고 연극에서 연기하는 것은 매우 흥미롭다. (Sunil Kozubska)

아프리카 식 색상과 스타일의 의상을 그대로 완전하게 다 갖춰 입은 노인들과 함께 한 연극은 학부모들과 일반 대중에게 큰 호응을 얻었다. 프로젝트 도중 아이들이 배운 노래는 연극의 중요한 부분으로 작품에 전염성 있는 에너지를 부여해주었다.

후에 아조다 그룹은 다음과 같은 논평을 보내주었다:

젠(Jen)과 아이들의 공연을 통해 우리는 하나의 집단으로서 더욱 변모했으며 안정되었다. 아이들은 우리의 행동을 통해 우리의 이야기를 이해할 수 있었고 우리와 함께 한 작업은 그들 자신의 인식, 관용, 이해의 수준을 높일 수 있었다. 그들은 아프리카의 규율화된 학교생활의 순수함에서부터 현재 영국의 노인으로서의 경험에 이르기까지 노인들이 인생여정에서 겪은 큰 변화를 생각해 볼 수 있었다. 연극은 집단이 계획을 세우고 팀을 이루어 함께 작업하게 했으며, 우리에게는 미래의 프로젝트를 위한 토대를 마련해 주었다. 전체 프로젝트에서 추구하는 집단적인 아이디어와 이상들은 우리가 앞으로의 작업에서 유지하고자 하는 것들이다. 이 프로젝트는 하나의 조직체로서의 아조다(Ajoda)가 회원과 기타 그룹들, 노인과 젊은이들 양자의 요구를 염두에 두는 데 도움이 되었다.

SUMMARY

지금까지 노인들의 회상을 둘러싼 교실기반의 연극 사례들을 제시한바, 이러한 접근에서 두 세대 모두가 즐거우면서도 교육적인 방법으로 교과 과정의 많은 부분을 진전시킬 수 있다는 것을 보여주고자 했다. 이들 프로젝트에서 노인들의 참여는 문화적 정체성과 국제적인 유대감을 강화하기 위해 1세대 이민자로서 어떻게든 자신들의 경험을 기록하거나 표현하고 젊은이들과 그들의 경험을 공유하고자 하는 열망 속에서 동기화되었다. 아프리카 노인들은 아이들에게 '온 마을 전체가 아이를 키운다'고 말했고 그 과정에서 마을 노인들이 중요한 역할을 하고 있다는 것을 분명히 했다. 노인들은 자신의 시간과 이야기와 사랑을 제공함으로써 마을 아이들에게 안전감과 소속감 그리고 그들 공동체 역사에 대한 이해를 심어줄 수 있었다. 이러한 생각의 힘은 아조다의 노인들과 직접적인 작업 경험을 통해 아이들에게 전달되었다.

오늘날의 '선진화된' 서구 사회에서 우리는 노인들을 소외시켜 젊은이들과의 상호 작용을 제약함으로써, 그들의 잠재력을 놓치고 있다. 운 좋게도 현재는, 학교 수업시간에 그리고 지역 사회 기반의 여가나 문화적인 프로젝트에서 세대 간 작업이 보다 건강하고 보다 응집력 있는 사회를 구축하는 데 중요한 역할을 한다는 것에 대한 이해가 점차 증가하고 있다(Hatton-Yeo, 2006). 설명한 바와 같이 신구세대를 포함하는 연극 프로젝트는 특히 창의적 협력과 상호 이해를 위해 세대를 하나로 모으는 생산적인 방법을 제공한다.

노인의 기억을 극화하고 상연하기

마지막 섹션에서는 회상 연극과 드라마를 직접 만들고 공연하는 노인집단의 참여에 대해 살펴보기로 한다.

12장은 국제적인 맥락 속에 작업을 노정하고, 노인들이 스스로를 재현할 수 있도록 힘을 부여하는 새로운 방식의 작업을 설명한다. 여기서 일회용으로 마지못해 즉흥 연기를 했던 노인 집단 '좋은 동료들'이 어떻게 12년이라는 시간 동안, 발전된 많은 공연을 수행하며 유럽 전역을 여행하는 본격적인 공연 단체로 변신하였는지를 보여준다. 또한 이들 프로젝트에서 연출가의 역할은 물론, 집단의 정체성과 공동 활동에 있어 개인으로서 그들 가치에 관한 노인들의 주장에 대해 탐구한다.

13장에서는 소수 민족 출신 노인과 지역의 청년 그리고 초등학교 학생들 간의 회상 연극을 고찰한다.

마지막으로 14장은 주거지와 데이센터 내 창의적인 회상 프로젝트에서의 자발적인 연극상연과 집단 즉흥의 사용을 제시한다. 기억을 유발하는 오브제나 상황으로부터 나온 대화에서 발현된 이런 소규모의 드라마들이 어떻게 참가자들의 삶을 활력 있게 하고 그들 사이의 우정과 의사소통을 촉진할 수 있는지를 보여준다. 계속해서 이 장은 치매환자와 그 가족 구성원들을 지원하기 위해 기억을 되살려내는 귀중한 수단으로서 드라마의 사용을 탐구한다. 치매환자들이 적극적으로 그리고 성공적으로 의사소통할 수 있는 수단으로서 즉흥 드라마의 특수한 적합성을 탐구하고, 장기간 치매에 대응하는 가족 내 관계망이 그러한 활동을 통해 어떻게 지원될 수 있는지를 탐구한다.

Chapter

12

자신의 기억을 상연하는 노인들

스스로 목소리를 내는 노인들

1980년대 후반과 1990년대 초반에는 노인관련 이슈가 만연하는 새로운 분위기가 생겼고 전문적인 보호관리 기관을 통해서만 목소리를 내기보다는 노인들 스스로 말할 수 있다는 인식이 증가했다. 수명 연장과 함께 하는 서구사회의 주요 인구통계학적 변화와, 더 나은 건강, 삶의 질에 대한 더 높은 기대치가 노인세대에 대한 대중의 인식을 점진적으로 변화시켰다. 노인 조직단체들은 제공받는 것이 적다며, 더 많은 권한과 힘의 부여에 대해 말했다. 1993년 '유럽 노인의 해'는 이러한 변화하는 풍경에 대한 인식의 반영일 뿐만 아니라 더 나은 변화를 위한 기폭제가 되었다. 이를 통해 노인들이 주인공인 크고 작은, 국가적이고 국제적인 계획들을 지원하는 프로그램에 상당한 액수의 자금이 투입될 수 있었다.

미국의 시니어 연극

미국에서 이러한 변화는 1950년대 말 이전, 노인들의 독립성을 촉진하며 '섬김을 받기보다 섬기라'는 AARP(미국 은퇴자 협회)와 같은 단체와 1970년대 초반 무게감 있는 정치적 문제들에 관해 이야기했던 그레이 팬더스(Grey Panthers)와 같은 급진적인 집단들과 함께 시작되었다. 예술계에서는 이러한 움직임과 병행하여 은퇴한 교육자 또는 장기간 아마추어 연기자로 활동하던 노인들로 구성된 시니어 연극 단체가 급속히 발전하여 젊은이들의 제작 체계 속에서 고정배역을 기다리기보다는 차라리 자신들의 소재거리나 기존의 작품들을 직접 각색하여 공연하기를 원하였다.21)

나는 1991년 독일 쾰른에서 열린 국제 노인연극제에 처음으로 참석했다. 우리의 전문극단을 통해 전시(戰時)기억에 기반한 새로운 크리스마스 프로덕션을 보여주고, 노인들의 이야기를 버배텀(verbatim) 대본으로 발전시키는 방법을 설명하기 위해 초청받았다. 이러한 방법론은 독일, 프랑스, 미국에서 온 대표단들을 매료시켰다. 그와 같은 접근이 그들에게는 새로운 경험이었기 때문이다. 거기에는 노인들로 구성된 공연 그룹들이 있었는데, 나는 그들 공연의 수위와 퀄리티에 깜짝 놀랐다.

오하이오 주 콜럼버스의 조부모 리빙 시어터(Grandparents Living Theatre)는 '한때 나는 젊었지만 지금은 아름답다'라고 선언한 메인 송이 있는, '원더풀(Wonderful)'이라는 연극을 발표했다.22) 은퇴한 전문 여배우가 다른 극단원들이 수십 년에 걸쳐 상연해왔던 연극 여정의 내레이터를 맡았다. 단원들 중 많은 사람들이 아마추어 연기자의 경력을 갖고 있었다. 연극은 주로 자신들의 이야기를 기반으로 즉흥극을 통해 발전시킨 것이었다. 그리고 거기에 연출가 조이 라일리(Joy Reilly)의 뮤지컬 쇼를 기술적으로 잘 결합시켰다. 모두가 노래하고 모두가 춤을 추는 20여 명의 노인 집단의 공연이었는데, 그 제작은 매우 전문적이었다. 노인 연기자들은 모든 것을 완벽하게 암기했으며 공연으로 멋진 시간을 보내고 있었다(Basting, 1998). 독일에 함께 여행했던 회상센터의 세 노인은 그것을 보면서 정말로 즐거워했지만 그런 종류의 작업에 어떠한 연관성도 느끼지 못했다. <세대교류>에서 세대 간 프로젝트와 즉흥극 워크숍에 간헐적으로 참여했던 릴 머렐(Lil Murrell)은 '오, 당신은 우리에게 그런 일을 하라고 요청하지 않길 바래요!'라고 말했다. 나는 관객 앞에서 연기하지도 못하고 심지어 연극적인 무엇에 관여하고 싶다고 확신하지도 못했던 런던의 노인들에게, 그 공연의 스타일을 소개하는 데 시간이 소요될 것임을 알고 있었다.

독일의 시니어 연극

'원더풀' 공연만큼이나 인상적이었고 런던의 상황에 더 많이 적용할 수 있는 사례는, 주최지 쾰른의 프레이 베르스타 극장(Freies Werkstatt Theatre)의 잉그리드 버자우(Ingrid Berzau)와 디터 스콜츠(Dieter Scholz)의 야흐룬더트 리부에(Jahrhundert Revue)였다. 20명의 독일 노인으로 이루어진 이 집단은 그들 삶과, 초기 기억들을 장면으로 보여주었다. 거기엔 카이저의 마을 방문을 포함하여, 학교생활과 첫 키스를 지나, 전쟁과 독일 재건, 그 뒤를 이어 오늘에 이르기까지의 내용들이 있었다. 노인들은 전적으로 그들 자신의 이야기를 바탕으로 한 이 인상적인 연극을 만들기 위해 2년 동안 경험 많고 헌신적인 두 명의 연출가와 함께 작업했다.

집단 앙상블 작업은 간단하지만 효과적인 안무와 폭넓은 층위의 연극 스타일들, 즉 직설적인 서술에서부터 풍자적인 대화, 집단 타블로와 개별적인 춤에 이르기까지 다양한 연극 스타일들로 매우 정밀하게 이루어졌다. 특히 나는 연기자들, 그들 중 일부는 70, 80대

후반이었는데, 이들이 집단 장면에서 코러스로 효과적으로 작업하면서도 들려줄 자신들만의 이야기를 갖고 있는 강력한 개인으로 등장하는 방식에 감명을 받았다. 독일어에 대한 지식 없이도 (간단한 장면 요약은 영어로 제공됨) 각 장면의 본질을 파악하고 매우 특별한 관점으로 그룹이 공동으로 창조해낸 불안했던 독일의 역사를 감각할 수 있었다.

영국식 모델?

내가 본 것에 영감을 얻고 노화에 대한 인식의 변화를 깨달은 나는 런던의 노인들이 젊은 전문 배우들의 작품을 지원하기보다는 스스로 무대의 중심에 설 기회가 왔다고 느꼈다. 나는 잉그리드 버자우와 디터 스콜츠를 런던으로 초대해서, 최근에야 처음으로 <세대교류 청소년극단>과 즉흥극을 하며 짧은 장면들을 공연했던 노인들과 함께 작업하도록 했다(10장 참조). 독일 연출가들은 완전히 처음부터 새로 시작하는 공연 제작을 도와주기 위해 2주 동안 런던에서 그룹과 함께 작업하는 것에 동의했다. 그들은 그 계획이 성공적인 결과를 거둔다면, 그룹을 쾰른으로 초대해서 시사회를 열 것이라는 추가적인 인센티브를 제안했다.

출천한 미국과 독일의 노인들은 연극에 대한 열정과 공연을 향한 갈망에 매료되어 있었다(Basting, 1998). 회상센터에서의 환경은 그와는 매우 달랐다. 모든 프로젝트에 참여했던 주요 지원자와 자원봉사자들은 공연에 대한 어떤 관점을 갖고 온 것이 아니라 자원 봉사자로서, 모든 방문객들과 그리고 전문극단의 멤버들과 함께 인사하고 자신들의 이야기를 나누기 위해 왔던 것이다. 그들은 춤추는 방법을 보여주거나 노래를 가르치거나 자신의 이야기 중 하나인 공연을 검증하기 위해 종종 리허설에 초대받았고, 그래서 그들은 컨설턴트와 고문의 역할 안에서 매우 편안해했다. 그들 중 일부는 역할을 맡아서 세대 간 프로젝트에 참여했지만(9장과 10장 참조), 스스로를 연기자로 생각하지는 않았다. 우리들만의 연극스타일을 개발하여 함께 작업할 필요가 분명히 있었다. 아마도 미국 스타일보다는 덜 위풍당당하고 독일 스타일보다는 조금 덜 엄격하게 조율하여, 영국의 아이러니와 절제를 통합하는 것일 듯했다. 어쩌면 좀 더 제한된 목표를 설정해야 했는데, 그것은 우리가 함께 선택한 하나의 주제를 중심으로 자신들의 이야기를 펼치도록 그룹의 구성원들이 서로서로 돕고, 초대 된 친구와 친척 관객에게 노래로 연결된 이야기를 공연하는 것이었다.

그때를 기억한다…

잉그리드와 디터는 항상 노인들과 일주일에 한 번씩 연습을 했고 긴 구상기간을 거쳐 매우 점진적으로 공연을 만들어왔었다. 그래서 불과 2주 만에, 그것도 제2의 외국어로 연극을 만든다는 것은 그들에게 큰 도전이었다. 그러나 그 시간은 그들이 할애할 수 있는 시간의 전부였고, 나 역시 그들 시간에 할애될 재원이 제한되어 있었기 때문에 우리는 이야기 말하기와 즉흥 워크숍을 통해 이 문제를 해결하기로 했다.

국제적인 협력

워크숍이 시작되기 몇 주 전에 나는 노인들에게서 그들의 젊은 시절과, 블랙히스(Blackheath)의 박람회에 간 일, 직장 생활의 시작, 그리고 영화관이나 '도심으로' 즐기기 위해 외출했던 것과 관련한 많은 이야기들을 수집했다. 나는 이 이야기의 사본을 독일의 연출가들에게 보냈기에 그들은 워크숍 계획을 시작할 수 있었다. 작업이 집중적으로 이루어질 것이며 매일 참여해야 할 것이라는 양해 하에, 워크숍 참가를 원하는 사람은 누구든지 초대를 했다. 처음에는 반응이 거의 없었다. 그래서 사실상 사람들을 회유해야만 했다. 함께 작업할 사람이 아무도 없다면 초대받은 연출가들이 당혹스러울 것이기 때문이었다. 나는 노인들에게 작업이 재미가 없다면 첫날 아침 회기 이후로 오지 않아도 된다고 약속했다. 이렇게 12명의 노인그룹이 결성되었으며, 그 중 10명은 여성이었다. 대부분 60대와 70대 후반이었다. 그리고 두 노인은 80세가 넘었다. 아마추어 연극을 좀 했고 연극을 사랑했지만 다시 공연할 거라 생각해본 적이 없었던 조이스를 제외하고는, 그들 중 어느 누구도 학창 시절 이후로 공연을 해본 적이 없었다.

신체적인 기억 이용하기

아마도 잉그리드와 디터가 언어로 어려움을 겪고 있어서 끊임없이 도움을 청해야 했기 때문이었겠지만 노인들은 그들의 전문성에 위화감을 느끼지 못했고 더욱 자신감을 갖기 시작했다. 노인들은 모든 종류의 신체적인 훈련과 비언어적 즉흥극을 해야 했다. 즉흥 연기는 그들을 자유롭게 해주었고 모든 사람을 웃게 만들었다. 연출가인 나는, 오히려 안무가처럼 신체기억에 초점을 두어 젊은 시절의 몸이 어떻게 움직이고 느껴지는지 체감하게 하여 노인들이 매우 정확하게 이야기를 무대화하는 것을 지켜봄으로써, 많은 것을 배웠다 (Boal, 1992). 그들은 수집된 회상을 토대로 많은 움직임과 행동이 담긴 이야기를 선택하여 장면을 발전시켰다. 나는 이 그룹이 기꺼이 매일 좀 더 질적으로 뛰어난 어떤 것을 만들어 내고자 하는 것을 보았다. 잉그리드와 디터는 밤에 최상의 재료들로 대본을 만들었고, 노인배우들은 매일 새로운 쪽 대본을 받아서 전날에 했던 그들 작업의 결과물을 볼 수 있었다. 그렇기에 노인들은 바로 그들 자신이 작업을 진전시키고 있다는 것을 느낄 수 있었다. 대본의 일부는 재미있는

'외국어', 영어로 쓰였는데, 이것이 사람들을 상당히 온후하면서도 기분을 들뜨게 했다. 잉그리드와 디터가 쓴 대본의 무대지시문 또한 이러했다: '모든 사람이 조용히 그의 의자를 가져간다. 캐스린도 조이스의 의자를 가져간다.' 또는 '모든 사람들이 각자의 방식으로 바지를 들여다보고는 1페니를 발견하고 유령 기차에 가기로 결정한다.' 어느 누구도 작업을 그만두지 않았고, 2주 만에 첫 번째 버전의 연극이 나왔다. 연출가들은 '그때를 기억한다…'라는 원고 초안을 내게 남겨두고 쾰른을 방문하여 연극을 발표할 때까지 계속 발전시키라면서 떠났다.

공간에서 방향 찾기

흥미롭게도 노인들에게 있어 공간에서의 방향 찾기는 종종 대본에 있는 말을 기억하는 것보다 좀 더 문제가 되었다. 무대 위 한 위치에서 다른 위치로 이동하는 장면은 특히 의자를 재배치하는 것과 관련이 있는 경우에 끝없는 리허설을 필요로 했다. 여기서 가장 도움이 되었던 장치는 바로 출연자들이 그에 따라 노래를 부르던 그 집단의 일원이 연주한 피아노였다. 이는 사람들로 하여금 그들이 어디에 있어야 할지 기억하고 다음 장면을 위해 재정비할 수 있는 시간을 주었다. 나중에 다른 공간에서 연극을 공연하기 시작했을 때, 나는 사람들이 새로운 공간과 관객 그리고 서로 간의 관계를 재설정할 수 있도록 공연 전에 연극의 모든 움직임을 검토할 필요가 있다는 것을 깨달았다. 노인들은 음악적 지시에 크게 의존했기 때문에 대부분의 무대 움직임에는 자신들이 직접 선택한 그 시대의 노래가 동반되었다. 노래의 주제는 극 내용과 연관되어 있었다. 노래는 이야기들을 하나로 묶어 주는 접착제였다. 비록 편곡이 전문적인 공연에 비해 훨씬 덜 정교했지만 노인들은 함께 노래를 곧잘 불렀다.

좋은 동료들 출범하다

2주간의 워크숍 이후 두 달 동안 나는 일주에 한두 번씩 그룹과 작업을 하면서 무대에서의 그들 존재감과 투사 능력의 진전에 자신감을 갖도록 도왔다. 독일에서 첫 개막하는 이 공연을 준비하는 것은 엄청난 양의 실질적인 작업과 심리적인 준비를 요했다. 그룹 내 몇몇은 여권도 없고 비행기를 타 본 적이 없어서 실제로 매우 불안해했다. 남편들은 남아있어야 해서 냉동고에 우리가 떠나 있게 될 동안의 매일 매일의 식사를 라벨을 붙여 채워 넣어야 했다. 사람들은 방을 함께 써야 했는데, 이것은 또한 여러 해 동안 혼자 살았던 사람들에게는 꽤 힘든 일이었다. 하지만, 흥미진진한 기류가 많이 형성되었고 리허설을 하고 함께 계획을 세울 때 집단은 매우 친밀해졌다. 오랫동안 이 공연단의 명칭에 대해 생각해왔는데, 그때 누군가 1930년대 프리스틀리(J.B. Priestley)*가 쓴 멋진 소설로, 순회극단을 다루고 있는 '좋은 동료들(The Good Companions)'을 기억해냈다. 우리가 택한 그 명칭은, 멤버들이 서로에게 너무도 좋은 친구들이었기 때문에 실로 적절해보였다. 사실 소설에 나오는 동료들보다 더 훌륭했다. 그들이 단체 활동을 할 수 있는 능력은 매우 일찍부터 혹독한 시험대에 올라, 그룹 일원들 중 한명이 첫 번째 여행에서 사망했다. 해리는 겉보기에 건강한 86세의 경험 많은 여행가였으나, 게트윅 공항의 더운 날씨에 극심한 뇌졸중을 맞아 회복하지 못했다. 우리 모두에게 닥친 그 끔찍한 충격은 계속 여행을 해야 할지 말지 확신하지 못하게 했다. 하지만 그가 여정을 취소하는 것을 원치 않을 거라 여겼고 우리는 쾰른에서의 공연을 기대하게 되었다. 해리의 가족은 적극적

---

* 영국의 작가·극작가·비평가, 'The Good Companions(1929)', 'Angel Pavement (1930)' 등의 작품이 있다.

인 지원을 아끼지 않았고 우리 모두는 돌아가자마자 그의 장례식에 참석했다. 전문 배우였던 그의 아들은 그의 아버지처럼 운이 좋기를 바란다며 죽을 때까지 배우로 일하고 싶다고 농담을 했다.

독일에 도착했을 때 우리는 해리의 대사를 다시 할당하고 모든 동작을 조정하면서, 마지막 일분까지 다시 연습을 해야만 했다. 그 연극은 쾰른에서 큰 호평을 받았으며 이후 벨기에, 아일랜드, 노르웨이, 덴마크로 여정을 이어갔다. 종종 우리 전문극단이 유럽 투어로 연계되었을 뿐만 아니라 영국 전역에서도 공연을 했다. 전에는 그와 같은 일이 없었기에 그룹 활동에 대한 욕구가 상당히 왕성했던 우리는 일 년 내내 공연을 지속했다. 1993년에는 유럽 노인의 해의 일환으로 많은 국제적인 교류가 있었다. 그래서 다른 단체들이 회상센터에 와서 <좋은 동료들>의 작업을 보았고 그들 나라에서 그 아이디어를 복제할 계획을 갖고 떠났다.

자신감의 성장, 기술의 성장

공연 횟수가 많아질수록 노인들은 더욱더 자신감을 갖게 되었다. 그들보다 훨씬 더 젊은 관객들과 동년배 노인들로부터 박수갈채와 긍정적인 피드백을 받게 되어 용기를 얻게 된 것이다. 아마도 연극을 만들어가는 과정(devising)과 리허설이 정신적으로나 육체적으로 매우 자극적이었기 때문일 텐데, 기억 기능이 저하될 것으로 예상되는 삶의 한 시기임에도 의사소통 및 기억 능력이 향상된 것은 주목할 만한 것이었다. 공연 후, 그들은 관객석으로 빨리 나가서 사람들이 이 공연에서 무엇을 배웠는지 듣고 싶어 했다. 그들은 다른 사람의 이야기를 듣거나 그들 자신에 관한 대화나 질문에 비공식적으로 대답하는 것을 매우 잘했다. 외국에서 공연이 끝난 후 우리는 모든 이들의 공로가 전달될 수 있도록 공식적인 토론회를 자주 개최하였다. 노인들은 이런 식의 일상적인 언어를 넘어서는 이야기의 교류도 즐겼다.

'그때를 기억한다'는 처음에는 일회성 프로젝트로 간주되어 많은 이들이 '이제 우리의 모든 기억을 내주었다. 우리는 더 이상 말할 만한 어떤 것도 찾지 못할 것이다'라고 느꼈다. 하지만 이 집단은 향후 12년 동안 10개의 프로젝트를 더 진행하였다. 전쟁 발발 이전에 해변으로 여행을 간 것에서부터 연기자들의 전 생애를 다룬 '우리의 세기와 우리들'과 같은 좀 더 야심찬 제작에 이르기까지 많은 주제를 다루고 있었다. 이전 장에서 설명한 대로 일부의 공연은 청소년 극단의 젊은이들과 파트너십을 통해 개발되었지만, 이제는 노인집단에서 나온 것이 종종 중심이 되어 어린이들의 장면이 거기에 삽입되거나 때로는 따로 분리되어 연습하게 되었다. 아주 풍부한 이음새가 이를 입증했다. 그것은 10년 넘게 가능한 기술들을 탐구해왔던 나의 많은 창의적인 에너지가 흡수된 것이기도 했다. 그리고 이는 전문 배우들과 작업하는 것만큼이나 고무적인 것이었다.

집단 신체작업과 발성연습

모든 리허설은 신체와 발성의 준비 운동으로 시작했다. 이는 노인들을 안정시키고, 에너지를 집중시키며, 감수성과 민감한 청취를 독려하는 데 도움을 주었다. 신체적인 워밍업은 몸의 다른 부위를 이완시키고 따뜻하게 하고 스트레칭하는 단순한 유연운동이다. 또한 문제가 있는 자신들의 몸의 일부에 대해 불평하면 그룹은 동정심과 유머 그리고 신체적 접촉으로 그 부분에 특별한 관심을 주게 된다. 예를 들어 한 사람이 허리 통증이 있다면, 전체 그룹은 옆 사람을 향해 원의 형태로 서서 서로의 등을 마사지한 다음 다시 돌아서서 다른 편의 사람과 함께 그 운동을 반복한다. 발성 연습으로는 호흡훈련, 함께 허밍하고 노래하기, 리듬과 소리 그리고 행동 모방하기가 있다. 이 모든 연습은 사람들을 집중시켜 하나의 집단으로서 효과적으로 함께 작업할 수 있도록 설계되었다.

플레이백 시어터 방법론의 활용

플레이백 시어터의 몇몇 훈련들이 리허설에 통합되었는데, 그 이유는 연기자들과 관객이 말한 이야기에 기반한 플레이백 형식의 즉흥극과 회상연극 사이에는 많은 유용한 교차점이 있다고 느꼈기 때문이다(Fox, 1986; Salas, 1993). 각각의 멤버는 그들이 주 중에 무슨 일이 일어났는지, 현재 그들이 어떻게 느끼고 있는지에 대한 이야기와 함께 '체크인(check in)'하고 그룹의 나머지 멤버들은 그들이 말했던 것에 대해 자신들의 버전으로 '재생(play back)'했다. 예를 들어, 한 멤버는 손녀딸이 호주에서 크리스마스에 결혼할 것이라고 하는 편지를 받았는데, 자신이 갈 수 있을지 없을지 확신하지 못했다. 그룹의 각 구성원은 그녀의 딜레마를 표현하는 방식으로 포즈를 취했다(팔을 뻗어 펼치고 하늘을 나는, 자신의 결혼반지를 바라보는, 두려움에 웅크리고 있는 등). 그렇게 그들은 그녀가 볼 수 있고 성찰할 수 있는 공동의 이미지를 만들었다. 노인들은 플레이백 연습에 참여하는 것을 좋아했는데, 이 훈련은 개인이 신체적, 정신적으로 어떻게 느끼고 있는지를 그룹에 알리고, 서로의 의견을 '조율'하는 데 도움이 되었다. 이 훈련은 또한 그들에게 정교한 대본 없이도 그저 어떤 것으로부터 장면을 만들 수 있으며 움직임, 이미지 그리고 사운드를 통해 효과적으로 의사소통할 수 있다는 것을 알려주었다(전체 대본과 리허설 과정에 대한 자세한 내용은 Schweitzer, 2002a 참조).

이제 <좋은 동료들>의 두 편의 제작물을 위해 그룹과 함께 탐구했던 작업방식의 일부를 살펴보고자 한다: '과정 중에 있는 일'과 '우리의 세기와 우리들'

과정 중에 있는 일

　　이 연극은 대부분 14살에 학교를 그만두고 직장생활을 시작한
집단의 기억에 기반해 있었다. 처음에 나는 그룹의 구성원들에게 직
장 생활에 대해 어떤 포부가 있었는지 물었는데 그들은 가차 없이
이렇게 답했다: '그 당시 우리는 정말로 포부가 없었지. 많은 기회가
없었으니까.' 하지만 성인에 대해 지녔던 어린 시절의 환상을 포함시
키자, 그들은 기관사, 간호사, 영화배우, 그리고 좀 더 현실적으로 엄
마, 가정주부가 되는 것과 같은 많은 꿈을 제시했다. 그래서 우리는
마지막 공연에 이것들을 포함시켰다. 그룹의 일원들이 이런 꿈을 표
명하고 있을 때, 마치 그들의 내면에 있는 아이가 말하고 있는 것처
럼 실제로 그들은 다시 젊어지는 듯 보였다. 이는 그들이 맡은 역할
상의 어떤 과장된 '어린아이 연기' 행위를 통해서가 아니었다; 오히
려, 미래에 대한 어린 시절의 환상을 기억하고 함께 논의함으로써,
그들은 어린 시절의 자신과 다시 접촉하고 현재의 순간으로 되돌아
왔다. 그래서 78세로 아기를 안은 바바라가 '나는 인형과 놀다가 그
들을 잠재웠어요. 엄마가 되길 원했죠'라고 말했을 때 그런 그녀에게
서 어린 소녀이자 이제는 어머니이자 할머니이며 증조모인 나이 든
여성을 보게 되는 것이다. 그리고 조이스가 '나는 학교 선생님이 되
어서 모든 아이들의 엉덩이를 찰싹 때리고 싶었죠'라고 말했을 때
그녀는 완전히 '그 순간'에 있었고, 그녀 내면에 있는 아이와 성인인
자신에 대해서 미소를 지을 수 있었다.

기억해낸 환상이 현실이 되다

　　직장경력이 아닐지라도 그들 삶의 다른 측면에서 얼마나 더 그
들의 판타지를 수행할 수 있었는지에 대해 우리는 논의하기 시작했
다. 결과는 꽤 놀라웠다. 기관사가 되고자 했던 랄프는 그의 차고를

기관차, 기관차고, 신호기, 선로를 갖춘 열차로 완전하게 채웠다. 조안은 간호원이 되진 못했지만 수년 동안 적십자에서 자원봉사자로 일했다. 가수이자 댄서가 되어 무대에 서고자 했던 키티는 결혼 전에 일했던 비스킷 공장의 밴드와 함께 노래를 불렀다. 그리고 지금은 <좋은 동료들>의 수석 무용수가 되었다. 런던의 스트랫포드 이스트 극장(Stratford East Theatre) 뒷 무대에서 무대장치를 옮기던 아버지를 지켜봤던 힐다는 영화배우가 되어 '사진들 속에서 살아가길' 원했고, 이제는 <좋은 동료들>과의 공연에 만족했다. 그녀는 이렇게 말했다: '내 딸들은 항상, "엄마는 무대 위에서 살지"라고 말해요.' 피아니스트가 꿈이었던 올리브는 이 그룹에 합류할 때까지, 30년 동안 키보드를 만져본 적이 없었다. 그녀는 이제 젊은 시절 자신의 놀랄만한 능력을 재발견하여, <좋은 동료들>의 반주자인 그녀의 공연을 통해 수 천 명의 사람들을 즐겁게 해주고 있다. 어떤 식으로든 그룹의 대부분의 사람들은 어린 시절의 소망을 수용한 듯 보였고, 너무나 다른 그들 삶의 영역이 서로 연결되어 있음을 갑자기 발견하게된 것에 대해 흥미로워했다.

학급 통지서

리허설 동안 우리는 그들이 학교를 그만두고 일을 하기 시작한 시간으로 향해갔다. 나는 선생님들이 어떻게 그들을 이해했는지, 그들에게 어떤 희망사항이 있었는지에 대해 물어보았다. 이런 질문에 답하기 위해서, 그룹의 멤버들은 그들 자신에게서 한 걸음 물러나서, 선생님들이 학급 통지서 맨 아래에 써놓은 꽤 통찰력 있는 코멘트들을 상기해야 했다. 코멘트들 중 일부는 기억을 되살려 낸 것들이지만, 일부는 평생 간직한 내용이었다. 이는 그들 스스로 만들어낼 수 없는 대사들을 포함하도록 했다. 다음과 같다: '앤은 자신이 시작한 일은 꼭 끝내고야 마는 매우 믿을 만한 소녀이다', 또는 '릴리는 매우 학구적인 소녀이지만, 수업 시간에 말을 삼가는 법을 배워야만 한다.' 그들이 코멘트에 전적으로 동의하지 않을 때조차도, 집단 내 구성원들은 캐릭터의 특성을 비춰내는 그 빛에 놀라워했다. 올리브의 '선생님'의 말과 같이 고통스러울 정도로 진실한 것도 있었다: '나는 올리브가 우려된다. 그녀는 훌륭한 피아니스트이고 전문적으로 좀 더 공부해야 하지만 가족의 재정적인 문제가 있다는 것을 나는 안다. 이제 그녀는 울워쓰(Woolworths)로 일하러 떠날 것이기에 유감스럽게 생각한다.' 그러나 또 다른 사람들의 경우에는 그러한 코멘트가 너무나도 명백한 오류로 밝혀져 코믹하기도 했다. 지금은 건장한 75세의 나이로 모든 것에 대해 설득력 있는 의견을 가진 조이스가 '선생님'처럼 말했을 때와 같이 말이다: '나는 조이스에 대해 걱정하고 있다. 그녀는 조용하고 여리고 작은 것 같다. 나는 그녀가 뭔가를 할 거라고는 생각하지 않는다.'

그룹은 학교를 그만두었던 나이대의 그들을 재현하는 사진형식의 타블로를 만들었는데, 이것은 그 시기에 느꼈던 감정을 각자가 말함으로써 생동감을 얻게 되었다: '빨리 떠나고 싶어요. 어쨌든 여기를 좋아해본 적이 없어요.' 혹은 '떠나고 싶지 않아요. 나는 계속 공부하고 싶지만 우리 부모님은 그럴 형편이 안 되세요.' 또는 '나가서 내 스스로 돈을 좀 벌고 싶어요.' 그리고 기숙학교 여학생의 말, '모든 친구들이 그리울 거예요. 하지만 남자 아이들을 빨리 만나고 싶어요!'

일하는 세상

그런 다음 사람들은 짝을 이루어 일하러 갔을 때의 그 여정을 바닥에 걸음짐작으로 재어가며 보여주면서, 손을 흔들어주던 이웃들과 이른 아침의 버스들 그리고 운임을 절약하기 위해 탔던 노동자들의 기차에 대해 언급했다. 이런 식으로 짝을 이루어 작업하는 것은 종종 도움이 되는데, 한 사람의 기억이 다른 사람의 기억을 되살려 낼 수 있기 때문이다. 그리고 여정을 몸으로 걷는 것은 그를 통해 수반되는 다양한 걸음걸이와 발달단계들을 몸이 기억하도록 하는 데 도움을 준다. 결국 전체 그룹이 동시적으로 만든 이 장면은 연극에 포함되어 노래('네가 갈 때 노래를'이라는 제목으로 1930년대의 생기 넘치는 리듬의 노래)와 함께 공연되었다. 몇몇이서 동시에 그러나 개별적으로 공연하는 이 방식은 관객에게 문제가 될 수 있다. 어디에 그들의 주의를 집중해야 할지 모르기 때문이다. 하지만 이것이 어떤 중요 지점을 말하는데 사용될 때, 즉 그 당시 이곳 젊은이들이 혼잡한 출퇴근 시간에 복잡한 도로를 따라 직장으로 가야 했던 그 여정을 전달하는 것과 같은 경우, 매우 효과적일 수 있다.

매 순간을 위한 노래

그들이 가진 실제 직업은 대부분 끔찍이도 지루하고 반복적이었던 것으로 보였는데, 유일한 즐거움은 그들 또래의 사람들과 함께 있다는 것과 점심시간의 짧은 휴식이었다. 후자는 세 명의 여성이 점심시간에 템즈강을 걸으면서 큰 여객선을 바라보는 공통된 기억을 연기함으로써 전달되었다. 그들이 저 먼 밝은 곳으로 항해하는 꿈을 꾸고 있을 때, 전체 출연자들은 상상 속의 지나가는 배를 향해 손을 흔들며 '석양의 붉은 돛'이라는 노래를 짧게 합창했다. 이런 공연이 종종 그렇듯, 노래는 한 순간을 포착하여 그 분위기를 잘 드러내고, 그 다음으로 행동이 전개될 수 있게 한다. 우리의 독일인 파트너들은 그룹이 알고 있는 주제와 관련된 수많은 노래에 놀라워했다. 심지어 개개인이 일부 단어를 잊어버렸더라도, 그룹은 자원을 통합하여 언제나 완벽한 버전을 만들어 낼 수 있었다.

연극에서 유머의 상당 부분은 그들이 직장에서 종종 벌였던 우스꽝스런 일들에서 비롯되었다. 조이스는 집 근처 어두운 사무실에서 심한 기침을 하는 한 노인과 편지를 쓰고 있었다. 그녀가 다른 소녀, 소년들과 재미있게 놀던 '외곽의' 번호판 공장으로 탈출하기 전이었다. 페니는 유제품 배달을 위해 자전거 타는 법을 배우고 있었고 힐다는 아버지가 술집으로 가버린 동안 아버지의 말과 수레를 주전자를 팔던 가게의 가판대로 가져가는 일을 도왔다. 필사적으로 플로리스트가 되길 원했던 아일린은 봉투 공장에서 일하기로 결심했지만, 왼손잡이여서 봉투의 안팎을 모두 반대로 접어버렸다. 그리고 바바라는 영국 은행 금고에서 위조지폐를 찾아 보상을 받기 위해 미친 듯이 지폐를 셌다. 릴은 강아지 비스킷을 포장했고, 올리브는 아이스크림을 팔았으며 그 다음 울워쓰에서는 그녀의 인생을 지옥으로 만들었던 끔찍한 아이들에게 장난감 동물을 팔았다. 이 작은 이야기들은 모두 내게는 새로운 것이었고 이전에 했던 집단 토론에서는 다루어지지 않던 것이었다. 그 이야기들을 연기함으로써 그룹은 젊은 노동자로서의 삶으로 되돌아갔고, 우리는 그들 성격의 다른 측면을 볼 수 있었다.

　그들 대부분에게 있어서, 이 직업들은 1930년대와 1940년대의 것으로 그들 생의 짧은 기간 동안에만 해당한다. 왜냐하면 그 후 그들은 결혼을 했고 일을 그만두었기 때문이다. 전시 상황이 아니라면 결혼 후에도 일을 계속하는 것은 예상하지도, 허락되지도 않았다. 그룹의 일원인 조앤은 결혼 직전에 그녀가 일했던 유리 공장에서 연례적인 여름 나들이가 있었다는 사실을 기억했다. 이것은 우리에게 연극의 결말에 대한 단서를 제공했다: 그것은 바닷가로 가는 관광버스 여행과, 그녀 일생의 한 시기와 그녀가 함께 일한 친구들에 대한 작별인사였다.

자발적인 작업

　연극을 만들 때 특별한 즐거움이 있다면 작품의 구조가 이야기하기와 즉흥극에서 유기적으로 나올 때이다. 종종 전체 장면은 이전의 좀 더 구조화된 회상 세션에서 공유한 적이 없는 자발적으로 상기된 것에서 나오기도 하고 때로는 그룹 멤버들이 세션 사이사이에 집에서 써온 글에서도 발전될 수 있다. 누군가가 '…그때의 일에 대해 뭔가가 막 생각났어요'라고 말하면, 그룹은 즉시 그 사람이 방금 기억해낸 것을 상연해 보일 것이다. 또는 누군가는 즉흥극에서 어떤 문구를 만들어낼 것이다. 즉흥극은 이야기를 전했던 사람에게, 연극에 첨부될 수 있는 추가 요소들을 환기시킨다. 예를 들어 어느 날 조이스와 올리브는 힐다가 제안한 장면을 재생하고 있었다. 그녀의 아버지에 대한 기억을 기반으로 한 것이었는데, 아버지는 술을 좋아해서 힐다의 엄마가 도로 아래의 술집, 라이온으로 찾아가서 1실링을 줄 때까지 항상 술을 마시는 뻔뻔하게 굴었던 사람이었다. 엄마 역할을 맡은 조이스는, 석간신문을 들고 하나 밖에 없는 안락의자에 파묻혀 있는 아버지 역을 맡은 올리브에게 이렇게 말했다: '당신은 신문을 그저 연신 흔들어대고 있을 뿐이야.' 힐다는 갑자기 그녀의 아빠가 이런 기분에 빠졌을 때 중고의류 가게에 모여서 의류를 포장해서 보내곤 했던 나이든 험담꾼들에게 어떻게 소리 질렀는지를 기억했다. 힐다는 자신의 추억에 나오는 인물을 기반으로 다른 연기자들에게 연기할 역할들을 부여해주었고, 이로써 모든 사람들이 하나의 역할을 맡아 재빠르게 코믹한 장면으로 전환되었다. 후에 힐다는 이렇게 말했다: '나는 엄마와 아빠가 어디에 계시든지 나를 지켜보고 있다고 생각해. 그것은 재미있는 느낌, 좋은 느낌이지… 조이스는 우리 엄마와 너무 흡사하게 그녀처럼 말하지. 엄마가 지금 우리를 볼 수 있다면 웃을 거야'(Armitage, 1996).

프로세스에 대한 인터뷰로 의식 고양하기

노인들의 연극 만들기와 관련된 내용이 '마음에 전하기(Calling to

Mind)'라는 제목의 BBC 제4라디오 프로그램에 나오게 되었다. 거기서 노인들은 자신의 경험에서 나오는 연극을 만드는 데 있어서의, 감정과 반응에 대한 질문을 받았다. 이것은 집단의 의식을 고취하는 효과를 가져 왔다. 그들 세대에선 어느 누구도 탐험하지 못했지만 그들은 이미 당연한 것으로 받아들이기 시작한, 창조적인 즉흥극 과정에 대해 생각해야만 했기 때문이다. 공연에 대한 양가감정은 그룹에서 가장 강한 연기자 중 한 명인 올리브에게서 드러났다. '처음에 연기하는데 꼭 멍청이 같았어요'라며 연기하고 싶지 않았다고 말하는 것으로 그녀는 자신의 감정을 드러내기 시작했다. 하지만 이내 재빨리 다음과 같이 수용적인 말을 했다: '그것은 지난 2년 동안 나를 살아있게 했어요. 나는 정신적으로 훨씬 더 기민해졌죠. 따라 잡으려면 그렇게 해야 해요.' 그녀는 '조이스와 나는 공연 전에 스카치 위스키를 한 모금씩 마셔야 했어요. 해묵은 아드레날린을 계속 나오게 하려고요!'라고 했다. 조앤은 공연을 할 때마다 매번 병이 나서 불안한 패닉 상태였다고 고백했지만 한 번도 공연에서 빠지지 않았던 그녀에게 많은 긍정적인 결과들이 나타났다. 예를 들어 그녀는 자신이 가지고 있다고 생각지도 못했던 사랑스럽게 노래하는 목소리를 발견했다: '내 남편은 내 노래를 들어본 적이 없었죠. 들었다면 좋아하지 않았을 것이기에 나는 집에서 노래를 해본 적이 없었죠.' 그룹에서 상대적으로 신참 멤버인 페니는 합류한 이후 아들에게 매우 의존적이며 스스로를 유감스럽게 생각하여 자주 우울해하였던 자신의 변화에 대해 말했다: '과거의 나는 관심을 원했어요. 아들은 나의 변화를 믿지 못하죠. 그는 말하죠. "옛날의 페니와 똑같아요. 아버지가 살아 계셨을 때처럼요." 이것이 사는 이유입니다. 우리가 작업을 해 나아갈 때, 나는 마음속으로 말해요. "최선을 다해 내가 할 수 있는 모든 것을 할 것이다"'(Armitage, 1996).

비범한 일을 하는 '평범한 사람들'

처음부터 나는 <좋은 동료들>이 관객에게 미친 영향에 대해 감명을 받았다. 그들이 전문배우가 아닌 '평범한' 노인들이라는 사실은 그들 자신과 같은 또 다른 노인들을 위해 공연을 하건 안 하건 간에, 돌봄 영역의 전문직 종사자들 또는 학술대회의 학자들에게 엄청난 영향을 주었다.

그들은 전문배우들의 신체적인 기술이나 투사 능력을 갖지는 못했지만 매우 자연스럽고 다소 절제된 공연을 했다. 그들은 평범한 삶을 살았지만 지금은 이러한 삶을 공연함으로써 특별한 일을 하는 사람이라는 것을 깨달았다. 무대 위 그들에겐 뭔가 진실성이 있었다. 그들이 보여준 것은 진정성 있는 진짜 그대로를 드러냈기에, 모든 연령대의 관중들이 그들 공연에 놀라워하고 매우 감동을 받았다. 나는 공연이 끝날 때 그 그룹에게 기립박수를 치면서 눈물을 흘리는 학회의 대표자들을 보았다. 노인들(그 중 일부는 매우 연약한)이 공연하는 것을 보는 것은 젊은 관객들에게 진정한 충격을 주었다. 아마도 그들이 시간이 있어서 인터뷰를 했다면 조부모님들이 떠올랐다고 말했을 것이다. 그들은 특히 노인들이 자리에서 일어나 어떤 일이 일어났는지 말한 다음, 관객에게 자신의 기억이나 혹은 <좋은 동료들>과의 작업에 대해 자신감 있게 이야기하는 것에 감탄했다.

아마도 집단이 그렇게 세련되지 않았기 때문에, 공연하는 그들을 지켜보는 다른 노인들도 종종 이러한 작업을 시도할 수 있다고 느꼈을 것이다. 우리가 공연했던 보호시설의 직원들과 전문 간병인들은 항상 이 집단이 하는 일에 매우 기뻐했다. 종종 우리의 공연은, 직원들이 시설 내 노인들과 함께 창의적인 작업을 할 수 있는 출발점을 제공했다. 사회 복지사이자 치매 전문가인 수 하이저(Sue Heiser)는 이렇게 논평했다: '나는 첼시의 요양원에서 상급 치매환자들과 함께 공연하는 <좋은 동료들>이 주의를 사로잡아 직원들을 깜짝 놀라게 했던 것을 기억한다'(Heiser et al., 2005: 12). 다양한 문화적 배경을 지닌 보호관리 직원들과 함께 <좋은 동료들>의 공연을 지켜본 치매 전문 트레이너 샐리 노커(Sally Knocker)는 이들 근로자들에게 미치는 공연의 교육적 가치에 충격을 받았다. 그녀는 나이지리아인 직원 중 한 사람을 회상했는데, 그는 그 공연이 그가 함께 작업하고 있는 대부분의 영국 노인들의 삶에 대한 풍부한 통찰력과 이해를 제공해 준 유도제의 역할을 해주었다고 말했다. 그는 공연 내용에 대한 진정성 있는 이입으로 대화의 기회가 더 많아지고 많은 것을 알고자 하는 욕망이 더욱 커졌음을 느꼈다고 했다.23)

우리의 세기와 우리들

　　독일의 멘토들을 뒤따라, 나는 다가오는 밀레니엄 축하 행사에서 우리가 <우리의 세기와 우리들>이라고 불리는 '야흐룬더트 리부에(Jahrhundert Rebue)'의 영어판을 시도할 완벽한 기회라고 생각했다. 연극 안에서 우리 노인 연극단은 집단원의 가장 어린 시절의 기억에서부터 현재에 이르기까지 여행을 할 것이다. 이 야심찬 기획에 대한 전망은 그룹의 일부 사람들에게는 매우 놀라운 것이었고, 그래서 우리는 감각과 정서적 기억에 초점을 맞춘 일련의 연습과 즉흥극으로 그에 접근했다. 시작은 각자가 그들의 이름(처음, 중간, 결혼 전 이름)과 생년월일을 의기양양하게 발표하는 것이었다. 1920년생이 가장 나이가 많았고, 1933년생이 막내였다. 그런 다음 연기자들은 최초기억을 회상했고 서로에게 들려주었다. 조이스는 할머니 집에 있는 커다란 침대에서 두 살짜리 아이가 서서 침대 머리맡의 놋쇠 구슬을 가지고 놀다가 그것들을 풀어놓아 목제 바닥에 쿵 치고 굴러가는 것에 만족해하며 떨어지는 소리를 들었던 기억을 떠올렸다. 그녀의 감각 기억

속에 저장된 그녀 손가락에서 나던 놋쇠 냄새를 기억할 수 있었다. 마가렛은 아주 작은 아이였을 때 받았던 하얀 새 코트로 환자가 되었다며 창피해했던 기억을 떠올렸다. 랄프는 아버지와 문 밖에 나가서 하늘에 있는 제플린 비행선을 본 것을 기억했다. 그리고 키티는 일을 마치고 집에 들어온 아버지 무릎에 앉아서 때때로 아버지의 저녁 식사를 조금 먹었던 것을 기억했다. 최초 기억은 감정, 냄새 맡기, 만지기, 맛보기, 잡기, 보기와 연관되었으며 그것들 사이에서 그룹은 기억 속에 있는 모든 감각들을 이용했다.

수십 년 간의 부침

그룹의 노인들은 너무 오랫동안 살았기 때문에 (그들 나이를 총합하면 약 750년!), '우리 삶에 관한 이야기를 모두 다 말할 수는 없다, 너무 많다'라는 말을 자주 했다. 물론 그것은 사실이었다. 나는 탐험 가능한 길을 열어주기 위해서 그들과의 훈련을 고안해냈다. 거기서 그들은 자신의 삶에서 다시 방문하고 싶어 하거나 방문하고 싶어 하지 않는 시간을 숙고할 것이다. 0~10세, 10~20세 그리고 현재에 이르는 십년 단위의 나이 대까지 다양한 연령대를 표현하기 위해 연기 구역 곳곳에 의자를 배열하였다. 나는 그들에게 최고로 행복했던 시기, 즉 그들 자신과 주변 사람들 그리고 그들의 생활환경에 대해 매우 긍정적으로 느꼈던 그 시기의 의자에 가서 앉아달라고 요청했다. 그룹은 수십 년 사이사이 여기저기 산발적으로 흩어져서 왜 그 시간을 선택했는지 개별적으로 설명했다: '나는 이 시기에 아이들을 낳았고 정착하게 되어 너무 기뻤어요.' 또는 '나는 어린 시절이 좋아요. 나는 아주 행복한 어린 시절을 보냈죠' 혹은 '이 시기는 우리 소유의 집으로 처음 이사해서 부모님과 살지 않게 되었기 때문에 내게 있어 좋은 때였죠' 혹은 '이때 나는 원했던 동반자를 만났어요.' 물론 이러한 기억들은 수십 년 간의 삶과 정확히 일치하지는 않았다. 그래

서 나는 그들에게 연도와 기억을 함께 묶어 달라고 부탁했다. 그것
은 그룹 멤버들이 매우 자유롭게 자신을 표현했던 흥미진진한 훈련
이었다.

사적인 것을 존중하기

그런 다음 나는 그들이 20대, 30대였을 때 혹은 특히 인생의 힘
겨움을 발견했던 그 어느 때이건 다시는 돌아가고 싶지 않은 시기로
가서 그를 대표하는 의자들 중 하나에 앉도록 요청했다. 나는 그들
중 일부는 자신의 삶에서 개인적인 비극을 가지고 있어서 그룹 안에
서 그에 대해 이야기하기를 원하지 않는다는 것을 알았다. 그래서
나는 그들에게 단지 그 시간대에 머무르면서 그것에 대해서는 아무
말도 하지 않을 수 있는 선택권을 주었다. 선택권은 한두 사람이 행
사했는데, 그것은 그들의 어머니나 자녀의 죽음과 관련된 것이었다.
사람들의 사생활을 존중하고 그들이 원하는 것 이상을 드러내도록
압력을 가하지 않는 것이 중요했지만, <좋은 동료들>은 정말로 서
로를 잘 알게 되었고 집단 안에는 높은 신뢰도가 쌓였다. 이 훈련은
이혼과 사별에 대한 기억만이 아니라 젊은 날 결혼생활의 고독과 경
제적인 궁핍이나 전쟁 시절에 대한 기억까지도 수면 위로 떠오르게
했다. 일부 좀 더 슬프고 좀 더 사적인 내용이 이러한 연습에서 나와
서 행복한 기억에 국한된 경우보다도 작품을 좀 더 감동적인 것으로
만들었다. 그것은 우리에게 어느 때는 어떻게 일이 잘 진행되고 다
른 때는 그렇지 못한 것인지 그리고 그룹의 구성원들이 그들의 긴
삶에서 부침을 어떻게 극복해왔는지에 대한 좀 더 균형 잡힌 통찰을
하도록 해주었다.

우리는 학창시절, 연애시절, 결혼, 육아, 직장생활, 은퇴, 노후와
같은 주요 사건들을 죽 따라갔다. 집단 내에는 남자가 한 명밖에 없
어서 열 명의 여자가 모두 그를 신랑감으로 맞아야만 했다. 그는 매

우 만족해했다. 이것은 실제로 모든 전시 결혼을 다루기에 훨씬 더 극적이고 효과적인 방법이었다. 특히나 그들이 그랬던 것처럼 서둘러서 황급히 처리했던 일로서 말이다! 여기서 우리는 궁핍의 미덕을 행하고 있었다. 남자를 모집하려 시도했지만 번번이 실패했기 때문이다. 아마도 이런 고도의 상호작용적인 대인 활동은 남성에게는 덜 매력적일 수도 있고, 어쩌면 이 특별한 집단에 여성이 수적으로 우월한 점이 다소 벅찰 수도 있다. 육아 장면에서, 모든 사람들은 가정이나 공원에서 상상의 아기들과 놀면서, 동시에 젊은 시절의 엄마 아빠로서 그들 자신의 경험을 상연했다. 동요 메들리의 피아노 반주에 맞춰 각자가 과거의 부모 모습으로 어떻게 쉽게 미끄러져 되돌아가는지를 지켜보는 것이야말로 너무나도 매력적인 것이었다.

'우리의 세기와 우리들'에서 모든 사람이 랄프와 결혼하다.

여성해방?

1950~1960년대 여성의 삶에서 세탁기와 진공청소기가 미치는 영향을 흥미롭게 탐색한 세션이 있었다. 비록 이것이 부차적인 문제처럼 들릴 수도 있지만, 여성들은 기계가 어떻게 집안일을 혁명적으로 바꾸어놓았는지 일단 아이들이 그들 손에서 벗어나기만 하면 직장으로 돌아가도록 그들을 자유롭게 해주었다는 것을 보여 주는 것이야말로 중요하다고 느꼈다. 하지만 노인들은 이러한 변화를 과장하고 싶어 하지 않았다. 일하러 나간 사람들 대부분이 점심시간에 아이들이나 남편의 점심을 챙기러 돌아가야 하거나 직장이 파한 후 차를 끓이러 돌아가야 하는 처지였기 때문이다. 이 연극에서는 너무 많은 서술을 피하고, 의미를 전달하는 데 있어 좀 더 경제적인 극적인 이미지와 장치를 사용하는 것이 중요했다. 우리는 일련의 짧은 안무로 이와 같은 '절반의 자유(half-liberation)'를 다루려고 시도했다. 처음에는 여성들이 한 줄로 서서 한 통에서 다른 통으로 무거운 세탁물을 전달했다(그들이 처음 장만했던 쌍둥이 통이 있는 세탁기처럼). 그리고 모든 여성들이 팔짱을 끼고 서서는 둥근 유리문 뒤에서 빨래가 돌아가는, 헤드부분의 회전을 지켜보았다. 그 장면은 여성들이 집안일을 하면서 자신이 약간의 돈을 벌 수 있다면 사고 싶은 것들을 사게 될 거라는 꿈을 잠시 접어두는 내용으로 전개되었다. 여전히 모든 사람의 남편 역할을 하고 있는 랄프는 '전형적으로' 반응했으며, 이는 다음과 같이 소란스런 마임으로 된 행동으로 이어졌다:

랄프: 당신이 작은 일감이라도 얻는 거 난 상관하지 않아. 하지만 아이들이 집에 와서 저녁을 먹을 때는 식탁 위에 음식을 차려 놓아야 해. 그리고 내가 퇴근 후 집에 오면 나를 위해 차를 준비해야 하구.

모두: 좋아요.

여성들은 마임으로 앞치마를 벗고 '일하는 동안의 음악'이라는 곡에 맞춰
일하러 가는 여정을 보여준다. 모두가 도착한다. 그리고 그들의 직업을 마
임으로 보여주기 시작한다: 상점/술집에서의 서빙, 웨이트리스, 사무실 일,
아이들 돌보는 일 등. 곡이 멈추면 모든 사람이 시계를 본다.

모두: 얼른 집에 가서 아이들 저녁을 해줘야지.

'주부들의 선택'이라는 음악. 모든 사람들이 집으로 급히 달려가고, 마임으
로 앞치마를 두르고, 아이들을 위해 점심을 만들어 서둘러 먹이고, 그들을
다시 학교로 돌려보낸다. 시계를 본다. 앞치마를 벗는다. '당신이 일하는
동안 음악을'이라는 음악과 함께 다시 전력질주해서 직장으로 돌아가고 곡
이 끝날 때까지 다시 일을 시작한다.

모두: 얼른 집에 가서 차를 준비해야해.

여성들이 집에 오는 길에 번개 같은 속도로 쇼핑을 하는 동안 '주부들의
선택'이라는 음악이 흐른다. 그들은 집에 도착한 랄프를 위해 앞치마를 두
르고 요리를 하고 마침내 테이블에 접시를 내려놓고 음악이 끝날 때 중앙
무대에 서서 그의 코트를 벗긴다.

랄프: 매우 바쁜 날이었어. 차는 준비됐지?
            (모든 사람들이 탄식한다. 그들은 마임으로 앞치마를 벗고
            랄프에게 등을 돌린다)
랄프: (관객에게) 모르겠어요. 여자들이란!

강렬한 이미지로 작업하기

　　비록 이 공연의 일부 장면들이 관객을 향한 직접적인 대사나 내
레이션을 포함시켰음에도 불구하고 우리는 마임, 움직임, 집단안무,
사운드와 노래를 통해 시각적으로 행동을 표현하는 방법을 보여주고
싶었다. 또 다른 중요한 이유로는 쾰른의 국제적인 축제에서의 초연
이어서 구어체에만 전적으로 의존하지 않는 연극을 만들고 싶었기
때문이었다. 위의 묘사된 장면에서 볼 수 있듯이 영어를 쓰지 않는
관객들조차도 회전하는 모든 접시를 유지시키는 서커스 예술가들처
럼 집에서 직장으로 막 달려갔다가 다시 집으로 돌아오는 여성들의
이야기를 따라갈 수 있을 것이다. 말보다 더 강렬한 시각적 이미지
를 우선적으로 선택한 또 다른 예는, 즉흥극을 통해 은퇴 경험을 탐
색할 때였다. 선택된 이미지는 똑딱거리는 시계 같은 것인데 부분적
인 이유는 그들이 채워야 할 시간이 갑자기 많아졌기 때문이며, 그
들 중 많은 사람들이 그 시점에서 외로움과 침묵을 경험했기 때문이
다. 또한 그들은 시간이 소진되어 가고 있다는 느낌을 가졌기 때문
이다. 우리는 그룹을 원으로 만들어 한 명의 연기자가 내는 똑딱거
리는 소리에 맞춰 천천히 회전함으로써 이러한 내용을 전달했다. 각
각의 참여자들이 무대 중앙에 도착했을 때 그들이 그 당시 느꼈던
점이나 했던 일을 요약하여 몇 마디의 말을 했다:

조이스:　　　은퇴하면 시간의 무게가 온전히 당신 손에 달려있죠. 그렇
　　　　　　게 오랜 시간을 뭘 해야 할지 모르겠고요. (네 번 똑딱 소
　　　　　　리를 내고 멈추면, 모두 시계 방향으로 움직이기 시작한
　　　　　　다) 나는 외롭고 지루해질까봐 두려웠죠. 그래서 나는 많
　　　　　　은 자원 봉사를 했죠. 너무 많이요.

바바라:　　　중심이 없다고 느꼈어요. 자신감을 잃었죠. <세대교류>에

참여하여 새로운 사람들을 만나는 데 용감해져야만 했어요.

앤: 나는 엄마를 돌보려고 은퇴해야만 했어요. 그녀는 마지막 9년 내내 매우 아팠고 나는 그녀를 위해 모든 것을 다 해야만 했죠. 나는 완전히 단절되어버렸죠.

키티: 은퇴했을 때 나는 자유로움을 느꼈어요. 내 소유의 집을 가지고 있고 좋아하는 것을 할 수 있었죠. 매일 쇼핑을 다녔어요. 난 그게 좋았어요.

올리브: 은퇴는 내게 끔찍했어요. 내 정체성을 잃고 무너져가고 있다고 느꼈죠. 그리고 두뇌가 활동을 멈출 것이라고 생각했어요. 그래서 많은 수업에 참여했죠: 리코더, 속기, 뜨개질 등, 두뇌가 작동하도록 하는 것이라면 어떤 것이든요.

힐다: 나는 내 남편이 신경 쓰였어요. 그는 항상 집안에만 있었죠. 나는 파트타임으로 일하기 위해 집에서 나와야했죠.

아일린: 처음으로 남편과 나는 함께 시간을 보냈어요. 우리는 런던을 산책하며 시간을 보냈고 서로 함께 있는 것을 즐겼죠.

'우리의 세기와 우리들' 공연 중 수심어린 분위기 속의 조안 퍼스와 마가렛 페어

사별, 민감한 주제

모든 사람들이 사별은 가장 다루기 힘든 문제 중 하나라고 알고 있었다. 하지만 그룹의 대부분의 사람들이 미망인이었기에 사별이 그들 삶에서 매우 중요한 하나의 이정표였음은 분명했다. 그에 대해 전부 솔직하게 말을 해야 할지 말지에 대해, 즉 일부의 노인들은 이 주제에 대한 장면을 보는 것을 언짢게 생각하고 또 다른 노인들은 이 문제를 탐험하는 데 있어 두려워하지 말아야 한다고 생각하는 것과 관련해 집단 내에서 다소 의견이 일치하지 않았다. 이런 서로 다른 견해들 때문에 나는 그 결정을 연기했다.

그러던 어느 날, 리허설에 갔는데 노인들의 분위기가 썩 좋지 않다는 것을 알았다. 날씨는 매우 더웠고 그들은 피곤하여 아무것도 하고 싶지 않다고 말했다. 그래서 나는 말했다: '저도 똑같네요. 모두 그냥 잠을 자지요.' 그래서 모두가 웃으며 눈을 감고 의자에 앉았다. 그런 다음 내가 말했다: '여러분이 거기 앉아 있는 동안 궁금한 게 있는데 당신의 잠을 깨우는 것은 무엇인지요? 계속 꾸고 있는 꿈이 있나요?' 대답을 요구하진 않았지만 몇 분 더 침묵한 후에, 나는 그들에게 그룹 내 다른 사람에게 몸을 돌리도록 하고 그들이 무엇에 대해 생각했는지 말해달라고 했고 그리고 그 중 일부를 그룹의 나머지 사람들과의 활동에서 전달하려고 노력해달라고 요청했다. 비교적 최근에 남편을 잃은 아일린과 올리브는 함께 작업했고 그들 꿈의 내용을 공유했지만 어떻게 그것들을 연극적으로 전달할지에 대해서는 명확하지 않았다. 그들은 남편이 여전히 그들 꿈속에 나타나 때로는 자신을 위로해주고 있다는 느낌을 표현했다. 하지만 그들은 한동안 반쪽짜리 사람처럼 외로움을 느꼈고 과부로 버려졌다는 느낌을 받았다.

우리는 어떻게 하면 이러한 감정들을 가장 잘 실현할 수 있을까를 심사숙고했다. 나는 두 여성의 등을 맞대도록 하고 그런 다음 서로 천천히 떨어지며 걸으라고 하고 한번은 자신의 어깨 너머로 시선을 돌려 바라본 다음 다시 걸어가도록 하는 실험을 했다. 그룹의 다른 사람들이 여기서 매우 감동적인 이미지를 발견했고 그래서 우리는 그것을 전체 그룹이 하기로 결정했다. 각각 등을 마주 댄 짝이 분리되고 그리고 마지막으로 서로를 보기 위해 돌아서도록 했다. 모두가 이것이 작품으로서 충분하다고 느꼈지만, 우리는 죽음과 죽어감을 명료하게 드러내지 않는 노래가 필요했다. 죽음은 장면을 너무 감상적으로 만들 수 있기 때문이다. 결국, 우리는 가을이 다가오니 함께 할 시간을 최대화하자는 내용의, '5월부터 12월까지'라는 쿠르트 바일(Kurt Weill)의 아름다운 노래를 생각해 냈다.

그 장면은, 의사에게 가서 남편이 두 달 밖에 살 수 없다는 것을 어떻게 알게 되었는지에 대해 릴이 간단하게 말해준 내용으로 시작되었다. 힐다가 의사를 연기했고 전체 장면은 단지 5줄의 대사뿐이었다.

릴: 남편 병이 심각하다고 해서 의사를 보러 왔어요.

의사: 앉으시죠, 머렐 부인.

릴: 뭘 말하려는 거죠? 그는 얼마나 버틸 수 있죠? 6달?
                (의사는 머리를 흔들고 릴의 손을 잡는다)

릴: 석달? (의사는 머리를 흔든다) 오 안돼요…
                (릴은 손을 빼내고는 조용히 흐느껴 운다.
                피아노 간주, 그 다음 모든 사람들이 짝을 지어 등을 맞대고 매우 부드럽게 노래한다. 그리고 서로에게서 떨어져 천천히 걷다가, 한번 몸을 돌린다)

모두: (노래하면서) 오, 5월에서 12월까지 길고 긴 시간…

이 노래는 시간이 얼마 남지 않았다는 절박감과 남아있는 '귀중한 날들'을 최대한 활용하고자 하는 바람을 표현하고 있다. <좋은 동료들> 중 일부 사람들은 다음과 같이 말함으로써 이러한 장면에 대해 다소 불편해했다: '사람들 속을 상하게 하는 것이 공정한 것인가?' '사람들에게 이런 고통스러운 것들을 상기시켜 주는 것이 공평한가?' 하지만 그들이 실제로 공연했을 때, 이것이야말로 많은 관객들이 그들과 얘기를 나누고 싶었던 장면들 중 하나였다.

이혼을 묘사한 장면과 그룹 중 한 사람의 삶에 그것이 미친 영향을 보여 주는 것에 대해서도 똑같은 불안감을 느꼈다. 이 사례에서는, 그와 연관된 여성 조이스가 매우 용기가 있어서 그녀의 뒤이은 외로움과 우울함을 언급하는 장면을 상연할 수 있었다. 그녀는 그때까지만 해도 매우 우호적이었던 공영주택지의 모든 문과 창문들이 그녀의 면전에서 쾅하고 문을 닫고 더 이상 아무도 그녀에게 시간을 할애하지 않았던 즉각적인 변화에 대한 경험담을 말했다. 이러한 거부는 모든 출연자들이 맡아서 전달했다. 처음에는 마임으로 상상 속의 창문을 열고 다정한 초대를 하고 나서 동일한 창문을 쾅 닫고 조이스에게 못마땅한 듯 고개를 흔들었다. 그녀의 남편이 옆집 여자와 달아났기 때문에, 이제는 포식자 같은 독신 여성으로 보이기 때문에, 그녀는 비난 받을 만하고 심지어 위험하다고 여겨졌다. 이 부분은 사람들이 공연이 끝난 후 출연자들과 함께 다시 한 번 논의해보고 싶어했던 장면이었다(Bornat, 2001). 조이스는 이런 식으로 그녀의 경험을 보여 준 것에 대해 관객들로부터 눈물 어린 감사를 많이 받았고 자신감 속에서 그들이 겪었던 것에 대해서도 많은 것을 들었다.

연속체로서의 삶

'우리의 세기와 우리들'의 제작은 내가 <좋은 동료들>과 함께 해온 많은 작업들 중 가장 강력한 경험이었다. 나는 그 당시 현상을 이해하고 삶을 재고하는 수단으로서 회상에 대한 생각에 사로잡혀 있었다. 로버트 버틀러(Robert Butler)의 중요 논문에서 표현된 것으로 추후 회상 작가들에 의해 많은 지지를 받은 그 이론은, 나이가 들수록 삶을 되돌아보고 삶의 서로 다른 단계들이 어떻게 일관되게 협응하는지를 보고, 과거에 일어났던 일에 비추어 지금을 보며 그것을 일종의 연속체로 보는 것이야말로 마땅하며 심리적으로 필요한 것이라고 말한다(Gibson, 2006): 나는 치매를 앓는 사람들과 많은 일을 해왔다(14장을 보라). 그래서 나는 과거와 현재의 관계를 의식으로 가져 오는 것이 매우 건강한 활동이었음을 확신하게 되었고 어렵지만 현재를 더 큰 그림의 일부로 보도록 사람들을 도왔다. 내가 치매 환자들을 위해 운영하던 회상 집단의 가족 보호자 중 한 명인, 베티 보든(Betty Bowden)은 이렇게 말했다:

회상작업은 우리의 삶을 하나의 전체로서 기억하고 종종 극복하기 힘든 현재와 같은 사소한 것들에만 머무르지 않게 하는 멋진 기회가 되었다. 그룹 내에서나 세션 사이의 편안하고 조용한 시간 동안, 그것은 나의 84년이라는 긴 삶의 내용물들을 수용하도록 하여 삶이 행복한 순간과 성취로 가득하다고 생각하게 해주었다.

매우 어린 시절에도 존재하고 현재에도 여전히 존재하는 자아의 요소들의 위치 찾기는 정체감과 자아 수용의 정도를 유지하는 한 방법이다. 세기의 리뷰와 회고들로 가득한 밀레니엄에 대한 접근은 모든 사람들을 회상에 참여하도록 영향을 미쳤고 '우리의 세기와 우리들' 공연은 이러한 분위기를 포착하고 반영하는 완벽한 수단이 되었다.

성찰

　12년간 <좋은 동료들>과 함께한 작업을 돌이켜 생각해 보면, 이 그룹의 멤버들은 항상 좋은 이야기를 충분히 가지고 있지 못하고, 사람들이 자신들이 말한 것이나 말하는 방법에 대해 관심을 가지지 않게 될 거라고 말하는 것으로 시작하였다. 그리고 그들은 모든 것을 기억할 수 있을지 어떨지에 대해 매우 불안해했다. 이 그룹의 일원인 조이스 밀란(Joyce Milan)은 1995년에 실시된 인터뷰에서 다음과 같이 말했다. '나는 언제나 프로젝트가 시작될 때면 약간 불안하다. 매번 나는 "앞으로는 프로젝트를 함께 할 수 없어"라고도 말했다. 그런데 작품은 항상 그 이전 것보다 훨씬 더 좋게 나왔다'(Schweitzer, 1996: 4).²⁴⁾ 의심의 여지에도 불구하고, 모든 새로운 공연은 충실한 관객들의 따뜻한 환영을 받았고, 그들은 공연을 하는 곳마다 새로운 친구들을 얻었다(Basting 2001). 12년 동안 나이가 더 들고 기억하는 일이 점점 어려워지는 시기로 옮겨 갔다는 것을 고려할 때 내가 그들에게 많은 것을 요구하고 있다고 생각하지만 그들은 항상 그때를 떠올려냈다.

　공연에서 비롯된 자신감의 증가와 그 결과로서의 칭송은 실제로 그들의 기억력 감퇴를 늦추었다. 신입 멤버들이 훨씬 자신감이 떨어지는 반면, 장기적으로 참여한 <좋은 동료들>은 점점 더 유능해지고 있는 것이 분명했다. 밤에 앉아서 대사를 검토해야 한다면 그들 중 일부는 적어도 남아 있을 줄 알았다. 만약 누군가 자신이 해야 할 일이나 해야 할 말을 완전히 잊어버렸다면, 그것이 나 자신이나 동료 배우들에게 큰 실패로 여겨지지 않았다. 내가 신호를 보내기만 하면 그들은 재빨리 제 궤도로 진입했다. 이런 일이 일어났을 때, 연기자들이 하고 있는 일이 어렵고 까다롭다는 것을 관객에게 상기시키는 것은 꽤나 유용하다. 서커스 예술가들이 비틀거리며 넘어지려 함으로써 관객에게 줄타기를 하는 것이 얼마나 어려운지를 알려주려 할 때와 같이 말이다.

그들이 다른 누군가가 쓴 대본으로 연극을 해달라는 요청을 받았다면 훨씬 더 어려웠을 것이다. 그들 자신의 이야기를 하고 있었다는 사실이 그들에게는 더 많은 통제력을 부여해주었다. 비록 대본에 있는 정확한 단어들에 대한 기억이 실패했더라도, 기댈 수 있는

텔레비전에 나온 엘리자베스 2세의 대관식 보기, 1953년의 새로운 경험

원 사건에 대한 기억을 그들은 항상 가지고 있었다. 두 번의 공연은 결코 동일하지 않았지만 본질은 일관적이었다. 그리고 그룹 대부분의 사람들은 동료 배우들이 필요로 하는 큐(cue)를 제공해야 한다는 책임감을 느꼈다; 이렇듯 그들 사이에는 높은 신뢰도가 쌓여있었다. 그들의 명칭, '좋은 동료들'은 매우 중요했고, 그들 모두는 성취하기 어렵기로 악명 높은 삶의 한 시기에 그들이 만들어낸 우정을 소중히 여겼다. 창립 멤버인 조이스 밀란(Joyce Milan)은 이렇게 말했다:

정말 가족 같아요. 제 생각엔 우리 모두가 그렇게 느끼는 것 같아요. 우정의 유대가 있죠. 사람들이 우리 모두가 좋은 시간을 보내고 있기 때문

템즈 강에 오르는 모리타니아(Mauritania)를 보는 〈좋은 동료들〉

에 우리를 부러워한다고 봅니다. 나는 가족과 친해요. 하지만 어른이 되어 그들 모두 각자의 길을 가게 될 때 그들은 여러분을 별로 필요로 하지 않습니다. 그래서 삶을 상실한 큰 응어리가 남게 되지요. 특히 여러분이 그들에게 항상 많은 것을 해주었을 때 그렇지요. 내가 할 수 있는 말은 당신 삶에서 이 부분을 뺀다면 남는 게 아예 없게 된다는 거죠. (Schweitzer, 1996: 4)

조이스의 딸, 조이 네틀턴(Joy Nettleton)은 그녀의 어머니의 죽음 이후에 나에게 편지를 보냈는데, 다음과 같은 내용이었다:

〈좋은 동료들〉의 일원으로서, 엄마는 연기와 춤을 좋아하는 자신에 대해 깨달았을 뿐만 아니라 유대감이 깊은 집단의 안전과 우정 속에서 해외여행을 할 수 있는 기회도 얻었어요. 엄마는 진심으로 〈세대교류〉에 헌신적으로 참여하였고 그를 통해 자존감을 회복했어요. 삶에 더 많은 깊이와 목적을 부여하기를 갈구했던 그녀에게 〈세대교류〉는 자극제가 되었지요.

이와 같은 형식의 작업으로 노인들은 영국과 해외의 수천 명의 사람들이 보는 가슴 뭉클한 연극작품을 만들어 자신감을 높였으며, 많은 경우 자신의 가족이 가졌던 그들에 대한 인식을 바꿀 수 있었다. 바바라 맥켄지(Barbara McKenzie)의 손녀 나탈리(Natalie)는 다음과 같이 썼다:

> 할머니가 <좋은 동료들>에 합류한 지 거의 2년이 되어 가고 있고, 나는 어느 누구도 우리가 그녀의 삶에서 보았던 변화를 예측할 수 없었다고 생각한다. 판에 박힌 그녀의 일상생활은 사라져버리고 호기심에 찬 낯선 아이처럼 생의 모든 면을 최대한 경험하려는, 더 강하고 현명한 여성이 그 자리에 남아있는 것처럼 보였다. 우리 할아버지는 그녀를 매우 자랑스러워 하셨을 것이다. <좋은 동료들>이 가장 인상적인 지점은 바로, 기억을 복원하고 양육하는 놀라운 선물을 다른 사람들과 공유하는 그 능력에서 즐거움을 찾는 젊은 생의 정신이라는 것이다(<세대교류> 연차보고서. 1995-6: 3).

내게 있어 <좋은 동료들>과의 작업은 매우 중요한 지점이었고, 정말로 놀라운 이 집단과의 온정과 우정은 오랫동안 지속되었다.

SUMMARY

이 장에서 나는 회상에 대한 관심을 가진 일군의 노인 자원봉사자들의 발전을 노인들 삶에 근거한 12년간의 기록과 10개의 오리지널 공연들을 따라 추적했다. 나는 노인 연기자들이 그들 과거의 서로 다른 측면들을 함께 탐구하고 그들의 개인적이면서 공통되는 경험을 표현하기 위한 새로운 방법을 발견함에 따

라 그들 삶에 있어 이러한 작업의 중요성을 반영하고자 노력해왔다. 이 장은
또한 그들의 공연이 다른 사람들, 노인과 젊은이 모두에게 미친 영향에 대한
어떤 가능성의 조짐을 보여준다.

노인들이 창안하고 공연한 회상연극에 수반되는 6가지의 결정적인 요소들은
아래와 같이 정리될 수 있다.

1. 참여자들이 상당히 높은 신뢰도를 가지고 열린 자세로 긴밀히 협력할
   것을 요구하는 집단 활동이다.

2. 그룹과 연출가는 최종적인 작품을 만드는 데 필요한 원재료를 제공하
   기 위해 합의된 주제를 둘러싼 경험의 공유를 수반한다.

3. 각 개인의 경험을 '토론의 장'에 열어놓으며 여러 가지 다양한 방법으
   로 작업하는 동안 그것이 집단 공동의 자산이 되도록 허용하는 것을
   포함한다.

4. 개인적인 이야기와 경험은 대개 연출가의 도움이 있는 창조적인 과정
   을 통해 일관성 있는 전체로 결합되어야만 하고, 그 결과 그것들이 자
   신의 내적인 논리를 지닌 새로운 예술적 진술을 만든다.

5. 예술적 창조물은 서로 소통하여 비록 약간일지라도 관객 개인과, 하나
   의 전체로서의 관객이 세계를 인식하는 방식을 변경하여 다양한 방식
   으로 관객에게 영향을 미친다.

6. 제시된 작품에 대한 다양한 관객 반응은 지역 사회와 사회적 역할에
   있어서 연기자들의 자신감에 영향을 준다.

소수민족 노인들이 그들 삶을 연극으로 만들다

노인 극단인 <좋은 동료들>과 함께 일한 경험으로 인해 좀 다른 차원이지만 유사한 다민족적 작업을 계획했다(Schweitzer, 2002b). 나는 이미 몇 해 동안 카리브해의 노인들과 '우리는 과거에 대해 이야기하고 싶다'라는 세대 간 프로젝트를 수행한 바 있었다(11장에서 기술). 그리고 그 프로젝트의 주인공 몇 명이 함께 머물면서 카리브해인 안무가 레온 로빈슨(Leon Robinson)과 함께 '상점의 날(Market Day)'이라는 또 다른 제작에 참여하였다. 그렇게 <세대교류>가 독일 쾰른의 세계 시니어연극축제와 2000년 런던 국제 페스티벌에 모습을 드러냈다. 나는 이 그룹의 회원들을 모으는 것이 흥미로울 것이라고 생각했다. 스스로를 '섬사람들(The Islanders)'이라고 부르는 그들과 <좋은 동료들>이 결합하여 공연을 만들게 된 것이다. 뉴욕에 있는 <노인들 예술을 공유하다(Elders Share The Arts)>[25]라는 집단에서 몇 년 동안 작업했던 아프리카계 미국인 동료 페기 페릿[26]은 '진주의 지혜'라고 부르는 아프리카계 미국인 노인 이야기꾼 그룹을 만든 바 있었다. 그래서 나는 그녀를 새로운 프로젝트의 연출로 영국에 초청했다. 그녀의 제한된 일정과 빠듯한 예산 때문에, 우리는 일주일 안에 공연을 만들기로 결정했다. 우리는 워크숍을 하고 있는 잠재적 공연 참가자들에게 그 사실을 발표했다. 관객에게 자신감 있게 드러내는 것이 짧은 시간의 준비로 실현 가능한지 확신할 수 없었기 때문에 우리는 참가자들에게 과도한 부담을 주길 원치 않았다.

새와 벌

공통된 배경 찾기

흑인과 백인 노인들이 그렇게 집중적으로 함께 작업하는 것은 상당히 힘든 일이었기에, 첫 날 총 11명의 여성, 즉 5명의 백인 여성과 6명의 흑인 여성이 나타났을 때 우리는 매우 기뻤다. 몇몇 사람들은 '딱 아침 동안만 있을 것이며' '남아있을 수 없다'거나 '주 중 나머지 시간은 쓸 수 없다'고도 말했다. 그들은 전반적으로 빠져나갈 방도를 동시에 물색함으로써 실패의 위험 부담을 미연에 방지하고 있었다. 하지만, 판명된 바 그대로 어느 누구도 그 주간 내내 그 그룹을 떠나지 않고 함께 좋은 시간을 보냈다. 우리는 이 여성 그룹에서, 노인들이 자주 다루지 않았던 주제인 성적인 사랑에 초점을 맞추는 것이 좋겠다고 결정했다. 참여자들의 배경과 인종이 혼합되어 풍부해질 수 있으며 많은 공통점 또한 있을 것이라고 보았다. 우리는 어디서 어떻게 '삶의 진실'을 발견했는지 그들 젊은 시절의 발전 단계들을 재고하고자 하였다.

어린 시절 경험에 다시 개입하기

우리는 사람들이 서로 친밀해지고 신체적으로 편안해지는 훈련을 시작했다. 그런 다음 그들의 성장기와, 사랑했던 사람과 장소에 대한 이야기를 나누었다. 어린 시절의 놀이를 다시 해보았고 두 그룹의 서로 다른 동요와 동시를 배웠다. 이것은 그들의 서로 다른 어린 시절을 다시 경험해보는 수단이자, '아기들은 어디에서 나왔나'에 대해 논의하던 어린 시절의 흥분과 사색의 분위기로 빠지게 하는 한 방법이었다. 일부는 형제자매는 많았지만 자신들의 출생에 대해서는 잘 몰랐다. '의사가 그들을 자신의 가방에서 꺼내서'라는 말에서부터 '병원에서 엄마에게 아이들을 판다!'라는 말까지 다양한 생각들을 가지고 있었다. 이로 인해 일련의 놀이와 동요들 사이에 아이들이 추측하여 속삭이는 장면들이 산재해있도록 했다. 그리고 실제 그 해답을 정말로 알고 있는 유일한 사람을 나머지 사람들이 완전히 믿지 못하는 시퀀스로 발전시키게 되었다!

금기시된 주제에 대해 솔직하게 말하기

다음 날 우리는 이전의 회상 작업에서 거의 언급된 바 없었던 확실히 여성으로만 구성된 그룹에서나 가능한 사춘기와 생리에 대한 질문들을 탐험했다. 그 이야기들 중 일부는 무지, 두려움, 부정과 관련된 것이었다. 그러한 변화를 예비해준 어머니들이 거의 없기 때문이었다. 여성들은 유머와 상호간의 수용으로 때론 고통스러웠던 청소년 시절의 경험을 다시 체험할 수 있었다. 따뜻한 신뢰의 분위기가 그룹 내에 형성되어 있었기에 일원들 간에 서로 자신의 이야기를 드러낼 수 있었다. 예를 들어, 자메이카 출신의 노마 워커(Norma Walker)는 그녀가 소녀였을 때 가슴이 성장하는 것에 얼마나 충격을 받았는지, 그리고 그녀의 어머니가 이 달갑지 않은 발육을 발견하지 않기를 바라면서 붕대로 묶었던 것을 기억했다. 그룹의 도움으로 그녀는, 붕대가 학교 운동장에서 풀리기 시작하여 친구들이 그녀를 조롱했기에 그들에게 만두 요리로 저녁을 대접하면서 비밀엄수에 대한 뇌물을 주어야 했던, 기억에 남는 그 장면을 상연했다. 우리는 첫 생리가 왔을 때의 공포를 상연했다. 피를 흘려 죽게 될 거라고 생각했던 한 영국 여성과 자신의 어머니에게는 감히 얘기 하지 못한 채 옛 마을

의 현명한 여성에게 달려갔던 캐리비언 여성의 이야기와 같은 것이
었다.

안전함을 위한 편집

사람들은 자신의 이야기를 편집하여, 공유하고 토론하는 데 편
안하다고 느낄 수 있는 만큼만 공개적으로 드러냈는데 매 회기마다
이야기에는 엄청난 대조와 웃음이 있었다. 안티구아의 카리브해 섬
에서 자란 히아신스 토마스(Heacinth Thomas)는 다음과 같이 말했다:
'나는 처음부터 모든 것을 알았어요. 동물들을 보면서 이해했죠.'
그와는 다른 극단적인 경우가 런던 남동부에서 자란 조이스 밀란
(Joyce Milan)과 바바라 메켄지(Barbara McKenzie)였다. 조이스는 어머니
가 '어떤 상황에 처한' 사람에 관한 대화 주제가 나올 때마다 항상
자신의 모자를 귀 아래까지 내려 듣지 못하게 했던 것에 대해 말했
다. 바바라는 이렇게 말했다: '섹스는 가족 내에서 언급할 수 없는
것이었죠. 아무도 언급하지 않았어요. 나는 내 몸이나 다른 누군가
의 몸에 대해서 아무것도 몰랐어요.' 대부분 백인 여성들은 섹스에
대해 거의 알지 못했고, 그 중 일부는 그들의 결혼식 날 밤에서야
알게 되었다.

말은 했으나, 연기하지 못하는 것

사실 사람들은 그룹 내에서 부정한 관계와 원치 않는 임신을 포
함한 다양한 경험들을 포함한 비밀스런 많은 이야기들을 나눴지만,
이런 일들이 무대화되는 것은 원치 않았다. 그룹 멤버들은 그들이
공유하기에 편하다고 느낀 것과 극화해도 좋은 것을 결정했는데, 이
것들이 항상 똑같은 것은 아니었다. 때로 한 여성은 기꺼이 무대에
서 자신의 이야기를 말하고 싶어 했지만, 다른 사람들에 의해 실현
되거나 몸으로 상연되는 것은 원하지 않았다. 그러한 이야기 중 하

나가 자메이카 여성들이 겪는 전형적인 오해와 연관되어 있었다. 그녀의 할머니는 그녀에게 소년에게 키스하지 말라고 경고했지만, 너무 부끄러워서 다른 금지된 행동들은 언급할 수 없었다. 그녀는 그렇게 불쾌감을 안겨주었던 그 기간이 끝났다는 것을 알고서는 기뻐서 자랑스럽게 그녀의 할머니에게 말하고서는 매달 그녀의 옷을 세탁하는데 더 이상의 도움이 필요하지 않음을 알려 주었다. 섬뜩해진 할머니는 다 알아차렸지만 어린 소녀는 혼란스러워하며 이렇게 말했다: '우리는 다른 모든 것을 다 했지만 정말로 조심했어요. 그 소년에게 키스한 적은 한 번도 없었거든요!' 이 여성은 뛰어난 유머 감각으로 순진한 자신과 분개한 할머니를 훌륭하게 차별화하여 두 인물을 모두 연기하면서 이야기를 전했다.

로맨스와 그것의 결핍

셋째 날에는 낭만적인 사랑이야기여서 말하기가 쉬웠고 인종과 젠더를 재미나게 바꿔치기하여 지켜보기가 즐거웠다. 한 장면에서, 안티구아에서 소녀일 때의 자신을 연기하는 히야신스가 물을 길던 우물 근처에서 그녀의 남자 친구를 만났다. 남자 친구를 연기하고 있는 작은 백인 여성 마가렛 페어는 흑인 여성이 물병을 머리 위로 올려놓을 때 팔로 그녀의 허리를 감싸고 '그의' 동경을 표현하면서 사람들에게 윙크를 했다.

한두 사람이 자신의 결혼식 날 밤에 대해 기꺼이 이야기하고 싶어 했다. 여기 이 부분은 상연보다는 내래이션으로 처리했노라고 내가 굳이 말할 필요가 없다! 이 그룹에 처음 참여한 백인 여성으로 상당한 공연 경험이 있었던 조앤은, 특히나 마음을 열고 결혼식 날 밤의 모든 이야기를 털어놓았는데, '실제로 지금 그것을 해야'만 한다는 것을 갑자기 깨달았던 그때 그녀가 얼마나 충격을 받았었는지를 말했다. 그녀의 이야기는 재미있으면서도 동시에 고통스러웠고

이런 것들에 대해 말하는 그녀의 용기에 집단 내에는 어떤 전율이
흘렀다.

새와 벌: (왼쪽부터) 힐다 케네디, 히야신스 토마스, 아비스 루이슨과 조이스 밀란

진실 말하기

재미있는 사건이 발생했다. 카리브해 출신의 여성이 결혼식 날
밤 힐튼 호텔에 묵었으며 거기에 완전 난장판인 장면들이 있었노라
고 말할 때였다. 그 여성을 아주 잘 알고 있었기에 그녀의 이야기가
뭔가 이상해서 나는 나중에 둘만 있을 때 그에 대해 질문했다. 그녀
는 그것이 현실보다 더 재미있을 것이라고 생각했기 때문에 그 이야
기를 만들었다고 말했다. 그녀의 실제 경험이 중요하고 우리가 필요
로 하는 모든 이야기들이 사실이어야 한다고 내가 말했을 때 그녀는
정말로 놀라워했다. 물론 판타지를 극적으로 표현할 수 있다. 하지만
우리는 관객과, 그리고 서로 간의 '약속'이 진실을 말하는 것이기 때
문에 어떻게든 그에 대해 설명해야만 했다. 나로서는 이러한 합의가

당연한 것으로 받아들였지만 회상으로 작업하는 새로운 그룹이 있을 때마다 매번 이를 반복해야 한다는 것을 깨달았다. 이야기의 절대적인 진실성은 최종적으로 관객에게도 설명되어야만 한다.

연극은 출산 경험에 대한 이야기로 끝을 맺었다. 거기엔 출산을 전문으로 하는 비전문가가 덤불 속에서 거칠게 다루었다는 노마 (Norma)가 들려준 자메이카인의 경험과, 소름 끼치면서도 아주 재미난 런던 병원에서의 경험에 관한 힐다의 이야기가 포함되었다:

노마: 저는 그 시골 여성들, 부시 여인들을 기억해요. 아기를 낳으려 할 때 그들은 험악했죠. 그들은 그저 당신을 붙잡고 소리치죠. '밀어 내. 열고서… 기름을 더 넣어. (노마와 힐다가 산파 역할을 하며 소리 지르는 아비스를 붙잡고서는 피마자유를 억지로 그녀의 목에 부으면서 아기가 나올 때까지 밀어내라고 말하고 나서 기쁘게 선언한다) 남자 아기야!'

힐다: 내가 아기를 낳은 후에 간호사가 여동생을 데리고 와서 나를 올려다보며 말했어요. '글쎄, 나는 전에 그런 것을 본 적이 없어!' 나는 오늘날까지도 어느 누구도 가지고 있지 못한, 내가 가지고 있는 그것이 무엇인지를 모르겠어요! 나를 꿰맨 의사가 있었죠. 그 당시에 박음질을 하는 것은 드문 일이었어요. 우리 엄마가 말했어요, '봉합!? 그런 말은 들어 본 적이 없구나.' 하지만 그는 파이프를 빨아대면서 나를 꿰매고 있었죠. 마치 자수를 놓는 것처럼 말이지요. 그런 다음 그가 나가더니 몇 분 뒤에 다시 와서 말했죠, '내 파이프 본 사람 있나?'

일주에 한 편의 연극: 과정

매회 리허설을 하는 날은 항상 그날의 주제와 연관된 웜업과 스토리텔링, 그리고 이후 이야기를 토론의 장에 내놓는 것으로 나누어져 있었다. 매일 저녁 페기와 나는 우리가 했던 일을 기록하였다. 그 중에는 여성들이 우리에게 즉흥극으로 보여줬던 극적인 장면도 포함되었다. 그렇게 사람들은 진전과 발전을 느낄 수 있었다. 넷째 날에 우리는 장면별로 연습하여 합의했던 온전한 대본을 갖추게 되었다. 거칠지만 그것대로 준비되어서 마지막 날에 함께 공연을 하고 집중적인 작업의 결과를 다른 사람들이 어떻게 생각하는지를 보는 것은 재미있는 것이었다.

우리는 연극의 처음과 끝을, 콜 포터(Cole Porter)의 노래를 전 그룹이 속삭이듯이 조용히 노래하는 것으로 처리했다:

새들도 하고, 꿀벌들도 그것을 한다지.
좀 배웠다는 벼룩마저도 한다지.
우리도 하자, 사랑에 빠져보자!

관객반응

친구들과 친척들 그리고 회상센터의 회원들이 관객으로 그 공연을 보기 위해 왔다. 전반적인 반응은 놀라움과 기쁨 중 하나였다. 이러한 주제 탐험이 적절하지 않다고 느끼는 극소수의 사람들도 있었다. 그들은 이 연극에 대해 약간 당황스러워했다. 흑인과 백인 여성의 유머와 자신감, 그리고 그러한 개인적인 자료들로 함께 작업함으로써 그들이 형성한 특별한 관계는 대다수의 사람들에 의해 따뜻한 평가를 받았다. 첫 공연이 끝난 후 연기자들은 서로를 꼭 껴안았고 나는 그것이 그들 간 상호 협력, 관용, 이해 그리고 공감의 크기를 증명한다고 느꼈다. 페기는 이렇게 말했다: '그것은 작업을 하는 게 아니었어; 영감이었지. 마음이 열려있고 사랑스럽고 매우 관대한 한 무리의 여성들과 함께 배우고 성장하고 도달해나가는 어떤 상황이었지.'

전에 카리브 해 출신 노인들이 회상센터에 왔을 때에는 폐쇄적인 집단 내에서 작업을 해서 백인 노인들과 마주치는 일이 거의 없었는데, 이번 경우에는 상당한 의사소통과 높은 수위의 협력이 이루어졌다. 나는 프로젝트 성공의 일부가 페기와 내가 조화롭고 신뢰감 있게, 함께 일하는 흑인, 백인 연출가의 모델이 되었던 것에 기인한다고 생각한다.

이 공연은 촬영되어 이후 많은 나라에 선보여 왔으며 대부분의 시청자들은 이 두 이야기와 여성들이 공연했던 방식을 보면서 그들의 유머, 용기, 정직함이 상당히 매혹적이라는 것을 발견했다.

기억을 맵핑하기

만나고 공유하는 장소들

지난 20년 동안 지방 당국, 종교 단체 및 자원 봉사 단체들은 점차적으로 특정 소수 민족 출신의 노인들이 점심을 먹고, 비공식적 대화를 하고, 종교와 문화적인 활동을 할 수 있는 보호 시설 라운지, 클럽, 데이센터, 사찰 또는 이슬람 사원에 새로운 만남의 장소를 마련해 왔다. 이러한 센터들을 사용하는 많은 사람들은 그들이 처음 영국에 왔을 때 이곳에서 노후를 보내게 될 것이라고는 상상하지 못했다. 하지만 이제 그들은 '고국'에서 멀리 떨어져 그들 생의 마지막을 위해 환경에 적응하고 그에 만족해야 한다. 같은 언어를 사용하고 공통의 문화와 많은 기억들을 공유하고 있는 비슷한 배경의 사람들과 함께 있는 것이야말로 편안함의 주요 원천이자 정체감을 강화해준다.

소수 민족 노인들과 함께 라이프 스토리 기록하기

2002년 나는 그리니치 런던 자치구 내 소수 민족 노인들의 삶을 기록하는 프로젝트 운영을 위해 약간의 복권 기금을 받았다. 프로젝트는 자치구의 인종평등위원회와 그 산하 예술문화국과 공동으로 진행했다. 라이프 스토리에 관한 인터뷰를 진행하고 프로젝트의 다른 창의적인 측면에 참여하는 지역사회 예술가들, 그룹의 리더들 그리고 자원 봉사자를 위한 교육 과정이 회상센터에서 열렸다. 자신의 삶에 대한 개인적인 회상작업이 수반되는 과정이기 때문에 모든 체험적 회상훈련처럼 참가자들은 민감함이 요구되며 불가피하게 고통스러운 주제와 접해야 한다는 것에 대한 주의를 받게 된다.

참여할 소수 민족의 노인들에게 격려를 아끼지 않는 실질적인 책임자 사티아 데비 폴(Satya Devi Paul)이 지원하고, 프로젝트 팀장인 메에나 카트와(Meena Khatwa)가 관할하는 모든 회합장소에서 소개의 첫 회기가 열렸다. 엘더스는 프로젝트가 끝날 무렵 제작될 책, 『기억을 매핑하기(Mapping Memories)』에 일대일로 진행된 라이프스토리 인터뷰를 제공했다(Schweitzer, 2004a). 몇몇 인터뷰는 통역사를 통해 진행되었지만, 자원 봉사를 하는 많은 사람들은 영어로 말하는 것을 좋아했다.

성찰의 시간

중국과 베트남, 아프리카, 카리브해 연안, 인도, 소말리아의 노인이 이 인터뷰에 참여했다. 관심을 갖고 감정이입하며 듣는 청자와 함께 그들의 삶을 되돌아볼 수 있는 기회를 갖게 된 것은 많은 이들에게 처음 있는 일이었다. 그들은 이 과정을 통해 인터뷰어들과 강한 개인적 유대감을 갖게 되었다. 녹음 내용은 기고자들이 기록하고 편집하였으며 철저하게 점검했다. 노인들은 모두 그들 자신의 집과 회의 장소에서 사진을 찍었다. 그것은 그룹의 리더들과 긴밀하게 작업하는 지역 전문 사진 작가 라도 클로세(Rado Klose)가 해주었다. 라도는 쇼핑 여행과 교제 방문에 노인들과 동행했으며 프로젝트의 모든 측면에 참여하여 사진을 찍었다.[27]

인터뷰에서 창조적인 참여에 이르기까지

인터뷰 대상자와 그룹의 다른 멤버들을 창의적인 회상 활동에 참여시키기 위해 간단한 설명이 있었고, 프로젝트 전체와 관련된 회상 교육을 이수한 프리랜서 작업자들이 10주의 기간 동안 그룹과 작업을 한다는 계약을 맺었다. 이 기간 동안에 그들은 노인들의 관심, 기술, 열정을 반영하는 여러 가지 예술적인 제작물을 개발했다. 캐리비언 데이센터에서 열린 노인 회합은 그들 고향 섬의 과일과 야채를 묘사한 화려한 식탁보를 만들기 위해 바느질 프로젝트에 참여했다. 중국의 노인들은 중국식 글자체와 이미지로 덮인 비단과 대나무로 배를 만드는, 공예품과 구조물 프로젝트를 진행했다.

카리브해 출신의 한 클럽은 자메이카의 '선데이 베스트(나들이 옷)'에 대한 그들의 기억을 담은 장식을 만들었다. 인도 여성들은 고국에 대한 기억을 바탕으로 안무가와 함께 댄스 작업을 했고 시크 사원 출신의 남성들은 노동하는 그들 삶에 대한 작품을 위해 연극 연출가와 함께 작업했다. 아프리카 노인 그룹, 50여 명의 캐리비언과 보호 시설 단지의 중국 노인들이 고향의 기억에 기반한 연극 프로젝트를 준비했다(세대 간 제작을 포함한 아프리카 노인들의 연극 작업에 대한 설명은 11장 참조). 이러한 창의적 프로젝트를 수행한 모든 그룹의 작업은 촬영되어, 그 결과물로 편집된 필름이 CD-ROM에 남겨졌고, '기억을 매핑하기'라는 프로젝트의 책에 포함되었다(Schweitzer, 2004a).[28]

공유할 시간과 장소

모든 그룹의 작업을 공유할 수 있도록, 축제나 공동체의 날과 같은 분기된 여러 종류의 이벤트를 갖는 것이야말로 프로젝트에 도움이 된다. 이는 사람들이 그들 자신과는 매우 다른 삶에 대해 듣는 것을 즐길 수 있는 기회를 제공하고, 자신들의 삶의 경험에 창의적인 표현을 부여하는 방법에 대한 부가적인 아이디어를 얻을 수 있게 한다. 이 사례에서는, 모든 사람들이 '내가 성장한 곳'이라 불리는 공동 축제에서 함께 작업했고 거기서 그룹의 라이프스토리가 담긴 책을 출시하였다. 각 집단은 그들 자신의 제작물만이 아니라 여러 문화에 참여하여 음식과 음악을 함께 나누면서 3일을 보냈다.[29] 내 경험으로 볼 때, 이런 종류의 행사를 준비하고 참여함으로써 생기는 에너지가 그룹의 참여와 응집력, 축하와 자부심을 만들어내는 데 매우 긍정적인 영향을 미친다는 점이다. 이 행사에 참여한 모든 그룹들은 자신감이 높아져서 이후 그들 대부분이 공동체의 젊은 회원들과의 작업을 포함하여 독립적으로 새로운 창의적 프로젝트를 지속적으로 준비했다(취학아동과 함께 한 아프리카와 중국 노인들의 연극작업에 대한 설명은 11장을 참조).

언어로 인한 고립

약 15명 정도의 중국 노인을 위해 지역 보호 시설 단지와 접촉했던 것이야말로 특히 만족스러웠다. 그들은 런던에서 보기 드문 소수 민족 중 하나였기 때문이다. 매니저 헬렌 콘(Helen Kon)은 이중 언어를 구사하였는데, 그녀 관할 거주지 대부분의 노약자들이 영어를 하지 못하기 때문에 의사나 사회 복지 기관 및 기타 기관과 연락이 필요할 때 그녀의 도움이 절실하였다. 그들 중 일부는 주류의 주거 보호시설에 거주하려고 했기에 매우 소외되어 있다고 느꼈다. 그들은 공통된 언어와 문화를 공유할 수 있는 이러한 특별한 단지에 함께 있게 되어 매우 행복해했다. 그들은 정원에서 중국의 약초를 재배하고, 마작을 하고, 타이치(Tai Chi) 춤 세션을 가지며 많은 축하연을 함께 즐겼다. 축하연에서는 런던의 레스토랑에서 일하는 많은 노인들이 요리 작업을 맡아했다. 헬렌 콘은 다가오는 축제를 위해 연극을 만들려고 하는 집단의 작업에 매우 열성적으로 임했다. 그녀는 모든 세션에서 통역을 하였고 최종 공연에서는 내레이션을 하였으며, 노인들이 자신이 하고 있는 일에 편안함과 자신감을 느낄 수 있도록 철저하게 동감하고 협력하였다.

차이의 가치

이들 노인 그룹에서 나온 이야기는 매우 달랐다. 통역으로 인해 작업 과정은 더 많은 시간이 걸렸지만 나온 정보는 항상 기다릴 만한 가치가 있는 것이었다. 모임 초기에 그룹 멤버들은 종종 그들 출생 환경과 연관된 매우 세부적인 의미를 지닌 자신의 이름을 설명했다. 그 다음 그들은 어린 시절 고향에 대해 이야기할 것을 요청 받았다. 그 당시와 관련된 그들이 기억하는 소리에 집중하면서 말이다. 어떤 사람들은 바쁜 도시에서, 다른 이들은 시골에서 왔다.

사운드 콜라주

그룹의 나머지 사람들에게는 함께 모여 이야기를 한 사람을 위해 한 사람씩 소리를 덧붙여 일련의 사운드 콜라주를 만들도록 요청했다. 사람들은 하나씩 새로운 사운드를 추가했다. 그것은 스토리텔러가 언급했던 무언가이거나 혹은 그들 자신의 상상력에서 나온 것이었다. 스토리텔러는 눈을 감은 채 소리의 조합을 들었다. 내가 지휘하면 소리의 크기는 커졌다가 작아졌다. 다른 기억들이 생겨났고 그것은 이야기에 덧붙여졌다. 그렇게 어린 시절 고향에 관한 그림이

사운드로 자극을 받아 채워졌다. 80대 여성인 리우 여사는 이 훈련
을 통해 자신의 어린 시절 가족의 전체 초상화에 접근할 수 있었다.
그녀는 누에벌레로 가득한 구덩이들이 있는 실크 농장을 소유하고
있는 아버지에 대해 이야기했다. 누에는 뽕 나무 잎을 먹었다. 그래
서 그녀는 자신의 소리 풍경(sound scape)에 200만 마리의 누에벌레들
이 오도독거리며 잎을 먹는, 오도독오도독 하는 소리를 내고 싶었다.
그녀는 누에벌레들이 구덩이에 있던 모든 분해 잔사(detritus)들을 가
져와 아버지의 연못에 있는 물고기들에게 먹이곤 했던 것을 기억했
다. 분해 잔사들은 연못에 퐁당하고 착륙할 것이고 그래서 그녀는
물고기가 이 음식을 삼키기 위해 부드러운 소리로 물의 표면을 깨는
것을 들을 것이다. 그녀는 이 장면을 하나의 전체적인 시퀀스로 기
억했고 그룹은 이 장면을 소리 풍경으로 재생했다. 그런 다음 그녀
는 아버지의 발자국 소리를 기억해 냈는데, 그녀가 원했던 그 소리
는 사운드 콜라주에 추가되었다. 분명 그는 자신의 땅과 주변의 시
골지역을 걸어 다니면서 어깨에 그녀를 짊어지고 다녔을 것이다. 이
것은 매우 강렬한 그녀 어린 시절의 신체적인 기억이었다. 이 여성
은 나중에 시각 예술가와 함께 작업했고 그녀가 자란 실크 농장을
특징으로 하는 3차원의 기억 상자를 만들기 위해서 이러한 기억들을
사용했다(그녀의 기억 상자는 Schweitzer and Trilling, 2005 참조). 이것은
어떻게 서로 다른 예술 형식들이 회상 작업에서 상호 보완될 수 있
는지 그리고 어떻게 노인들이 서로 다른 매체를 통해 자신의 기억을
탐색하면서 보상물을 발견할 수 있는지를 보여 준다.30)

상연을 통해 심층적 회상에 접근하기

최종적인 연극 장면에 적용될 수 있는 집단의 사운드 콜라주를
만드는 예는, 과거에 대한 새로운 기억들로 접근하는 많은 방법들
중 하나이다. 이러한 많은 드라마 기반의 탐험을 통해, 연극 작업자

들은 스토리텔러들을 그들의 기억 속으로 더욱더 확장해 나아가게 함으로써 자발적이고 생생하고 상세한 스토리텔링을 독려 할 수 있다. 이는 전체 그룹과 관련된 매우 역동적인 상호작용의 과정으로, 노인들이 수십 년 동안 수면 위로 떠오르지 않았던 과거의 일부를 발견할 때 기억을 위한 전기 충격을 발생시키지 않고 깜짝 놀랄 만한 갑작스런 에너지의 접근으로 생성시킬 수 있다. 그래서 우리는 기억에서 연극을 만드는 것뿐만 아니라 연극에서 기억을 만든다고 제안할 수 있다!

연극적인 이미지들이 자발적인 회상을 생성한다

매우 관심이 있지만 대체로 침묵하는 관찰자인 인터뷰어가 면접실의 '거룩한 고요' 속에서 역사적인 목적으로 실시하는 연대기적 인터뷰와는 완전히 다른 과정으로, 인터뷰 대상자의 구술을 통해 초기기억부터 현재까지의 인터뷰 내용을 기록한다. 연극 작업자는 훨씬 더 상상력이 풍부하고 선형적이지 않은 방법으로 생각하고, 세부 사항에 대한 절대적인 요구 조건, 즉 '어땠었는지를 정확히 알 필요성'을 갖는다. 이 접근법은 자극, 특정한 소리나 이미지, 단어나 행동 또는 다른 사람들과의 관련 경험에 대한 반응으로 돌연히 나타나는 과거의 추출물로 기억이 작동하는 방식과 좀 더 가깝다. 이는 상호적인 조력, 기억력의 부여, 그리고 그것을 받아들이는 사람이 기억하는 것과 연관된 어떤 것의 창조를 수반하게 된다.

연극을 통해 언어의 분리 횡단하기

플레이백 시어터에 경험이 많고, '기억을 매핑하기' 프로젝트의 작업자 샤론 모건(Sharon Morgan)은 몇 주에 걸쳐 중국 노인들과 함께 여러 연극 게임과 회상 훈련을 통해 그들의 기억을 탐색하였다. 한 세션에서 어린 시절에 즐겼던 게임을 했는데, 거의 90세에 이르는

한 여성이 공기놀이를 하면서도 돌을 놓치지 않는 특이한 광경이 최
종 연극에서도 모두를 깜짝 놀라게 했다. 다른 세션에서 샤론은 이
미지 작업을 했는데, 그것은 그룹의 한 멤버가 말한 내용을 듣고 나
머지 멤버는 그들이 들은 것을 반영하는 자세를 취하는 '그룹 조각
상'을 형성하는 것이었다. 전체 집단 장면은 가족생활의 이야기에 기
반해서 발전시켰는데, 여기에는 쟁기질, 가내 직물 짜기, 시장에 가
기, 낚시, 방적이 포함되었다. 이는 노인들이 불렀던 노래나 그와 함
께 하는 사운드트랙에 맞춰 우아하고 조신한 마임으로 표현되었다.
전체 그룹이 중국 결혼식에 참여했고 연극은 중국의 신년 행사를 소
환함으로써 막을 내렸다. 샤론은 중국인이 아닌 관객들도 이해할 수
있도록, 시각적이고 음악적으로 이야기를 표현하는 방법을 찾는 것
을 도왔다. 중국의 한 음악 전공 학생인 에스더 리우(Esther Liu)는 샤
론을 도와서 통역을 했고, 사운드트랙과 모든 노인들이 어디에서 왔
는지를 보여 주는 시각적인 배경 자료를 만들어 내는 일을 했다.

　　샤론은 이 작업을 매우 부담스러워했다. 모든 것이 통역될 수
없었기에 그룹 내에 있었던 토론이나 때때로 있었던 의견 충돌을 다
이해할 수는 없었기 때문이다. 하지만, 그녀는 헬렌 콘의 도움으로
이 그룹과 긴밀한 관계를 맺었다. 그래서 우리는 이러한 상황에서
다른 문화권 출신인 그녀 존재가 지닌 이점이 단점보다 더 크다고
느꼈다. 모든 것이 샤론에게 설명되어야 했기에 어떠한 것도 당연하
게 받아들일 수 없었다. 이는 노인들이 자신이 기억하는 의식과 관
행들을 설명하는 데 있어 매우 명료해야만 한다는 것을 의미했다.
그들 중 많은 사람들이 정치적 혼란에 따른 격동의 삶을 살았다. 그
래서 나는 여행과 전쟁에 관한 그들의 이야기를 이해하려고 할 때
인터넷과 지도책을 참조하는 것이 도움이 된다는 것을 알았다. 노인
들은, 자신이 해야 하는 말이 곧 샤론과 나 그리고 최종적으로는 관
객에게 특별하고 흥미로운 것이어야 한다는 것을 깨달았다.

차를 마시는 의식을 행하는 중국 노인들

공연을 통한 에너지

공연을 위해 아름답게 차려 입은 연약한 중국 노인들이 긴 리허설 기간 동안 창조했던 놀라운 극적 이미지들 안에 그들 삶을 무대에 드러내는 것을 보는 것이야말로 엄청나게 감동적이고 즐거웠다. 영어 번역과 장면 간 연결은 헬렌 콘이 해주었는데, 그녀에게 이것은 완전히 새로운 경험이었다. 그녀는 그것이 그 그룹에게 엄청난 가치가 있는 것이라고 느꼈고, 그녀 또한 노인들과 작업하는 새로운 방법을 배웠다고 여겼다. 몇몇 가족 구성원들이 연극을 보기 위해 참석했지만, 그들의 첫 공연의 관객 중 200명은 전 세계 국가에서 온 '내가 자란 곳' 축제의 참여자이자 손님들이었다. 이처럼 크고 문화적으로 다양한 행사에 참여해서 그들과는 다른 사람들에게 자신의 이야기를 들려주는 것은 엄청난 도전이었음에 틀림없다. 어떤 공개적인 포럼에서든 다른 목소리나 의견을 구하거나 듣지 않았던 중국의 노인들에게, 이것은 아주 드문 일이자 힘을 부여해주는 경험이었다.

삶을 극화함으로써 그들은 자신을 노인으로서 뿐만 아니라 어린이, 젊은 남녀 그리고 성인으로 재현할 수 있는 가능성을 가졌다.

많은 아시아 출신의 노인 이민자의 삶에서의 한 특징인 극도의 고립감은, 그들의 삶을 과거로 거슬러 올라가 전체적으로 엮어 놓는 연극 장면 작업 과정에서 부분적으로 극복되었다. 디바이징 리허설과 공연이라는 두 기간 동안 모든 개개인의 자아에 대한 감각이 고양되고 강화됨에 따라 집단의 에너지가 생성되었다.

창조성의 흐름

노인연극을 연구해온 핀란드의 레오니(Leonie Hohenthal-Antin)는 노인들 자신의 삶에 대한 연극을 '무대에서 일상과 다르게 존재할 수 있는 기회를 주도록' 만들고 공연하는 것이라 언급한 바 있다 (Hohenthal Antin, 2001). 그녀는 창조성의 흐름이라는 개념과 창조적인 표현작업을 주장한 건축가 미할리(Mihaly Csikszentmihalyi)의 다음과 같은 방식을 인용한다.

> (창의적이고 표현적인 작업은) 활동 그 자체에 온전히 참여하는 한 방법이다. 에고는 사라진다. 시간은 쉬이 간다. 모든 행동, 움직임, 그리고 생각은 재즈를 연주하는 것과 같이 불가피하게 이전의 것을 뒤따른다. 당신의 전 존재가 참여하여서, 당신의 기술을 최대한 활용하는 것이다. (Csikszentmihalyi, 1996)

레오니는, 쿳쿠투스 극단(Kutkutus Theatre)과 함께한 핀란드 노인들을 관찰한 결과 '집단적이고 공적인 예술형식으로서의 연극 만들기는, 그것을 만든 사람들의 삶에 온전한 흐름을 제공한다. 쿳쿠투스의 배우들은 열정과 기쁨으로 그 흐름을 묘사한다'고 결론짓는다.

선입견과 고정 관념 피하기

소수 민족 노인들과 함께 일하는 연출가나 조력자는 고정 관념으로 창의적 접근을 제한하는 그 어떤 경향에도 반대해야만 한다. 내가 처음 중국의 노인 그룹과 함께 작업한 것은 위에서 설명한 일이 있기 약 12개월 전이었는데, 이는 삶의 여정을 주제로 한 국립 해양 박물관과의 프로젝트에서였다.[31] 데포드(Deptford)의 인도차이나 커뮤니티 센터에서 열린 중국 노인들 회합은 드라마를 통한 작업에 전적으로 개방적이어서, 내가 지닌 가정과 기대치를 실로 혼란스럽게 했다. 나비춤에서 우리 모두를 이끌던 한 여성은 댄서가 되고자 모든 희망을 걸었던 그 시절의 기억 속에서 어린아이처럼 춤을 추었고, 그룹의 나머지 사람들은 그녀와 함께 노래를 불렀다. 지금 그 여성은 나와 함께 작업을 계속하고 있다. 비록 행복한 장면이었음에도 그녀의 모든 희망이 전쟁으로 좌절되고 가족을 떠나야 했던 슬픔이 배어있었다.

끔찍할 정도로 힘겨운 고국의 정치 상황으로부터 탈출했던 것에 대해 말하고 싶어 하지 않을 것이라고 확신했지만 놀랍게도, 그들은 기꺼이 그 경험에 대해 말하고 심지어 행동으로까지 옮기고자 했다. 통역사들과 숙련된 프로젝트 작업자 에렌 캡타니(Erene Kaptani)와 함께 하면서, 나는 그 그룹을 나누어서 그들에게 여행에 대한 장면을 준비해 달라고 요청했다. 어느 중국여성과 관련된 한 장면은, 옷 속에 그녀의 모든 서류들을 넣고서 배를 타고 강을 가로질러 안전하게 가는 것이었다. 그녀는 중국인들이 차별 받고 있는 베트남을 탈출해 중국 본토를 거쳐 홍콩으로 가고 있었다. 이것은 그녀가 모든 것을 버리고 떠나야 하는 심각한 트라우마에 관한 고통스러운 이야기였다. 나는 이 여성에게 그녀의 이야기를 들려줄 것을 부탁하지 않았다. 너무 괴롭힐 것이라는 두려움 때문이었다. 하지만 그녀는 소그룹에서 자원해서 하겠다고 했고, 전체 그룹에게 그 이야기에 대해 아주 상세하게 말해 주었다.

원형적 이미지들

또 다른 경우로 비행기에서 내려오는 계단을 나타내는 의자를 한줄로 만들어 놓고 땅과 물, 비행기로 이루어진 장편의 서사시 같은 긴 여정 이후 영국에 도착했을 때 어땠는지를 다시 만들도록 그들에게 요청했다. 처음 본 것은 무엇이었나? 고국에서 무엇을 가지고 왔나? 많은 경우, 거의 어떤 것도 없는 것으로 판명이 났다: 때론 그저 그들 몸만 지니고 왔다. 그들은 이 나라에 새로이 들어온 존재로, 임시 수용소와 적절치 못한 집에서 살고, 가족들과 재회하기 위해 고군분투하는 그들의 특별한 경험을 계속해서 '연기' 했다. 한 여자는 자신과 남편이 수용소를 떠나 어떻게 중국 식당이 있는 요크셔의 베벌리라는 작은 시장 내의 주거지로 이사했는지 말했다. 하지만 그곳엔 그 어떤 중국인들도 없었고 거기서 그녀는 2주 후에 아이를 낳았다. 고국에서 회계사였던 그녀의 남편은 그가 찾을 수 있었던 유일한 직장, 지역의 통조림 공장에서 일하고 있었다. 내가 이 여성에게 다음과 같이 말했을 때: '그 당시 당신은 어땠는지 보여 주세요', 그녀는 숄을 둘둘 말아서 상상의 아기를 만들어 자신의 팔에 안았다. 그녀는 아기를 흔들며 상상의 망사 커튼 사이로 남편이 돌아오는지 보기 위해 창밖을 바라보며 부드럽게 노래를 불렀다. 이 그룹의 다른 두 여성은 매우 자발적으로 다가와 그녀 뒤에 서서 고국과 사랑하는 사람들을 그리워하는 노래를 불렀다. 그 노래와 아기를 안고 있는 어머니의 모습에서 그들 세 사람은 기억을 제외하고는 그 어떤 지원도 받지 않은 채 외국의 땅에 홀로 있는 여성의 원형적 이미지를 창조해냈다. 나머지 사람들은 그들에게 박수를 보냈고 분위기는 매우 감성적이었다. 나는 그들에게 다시 그 장면을 연기해 달라고 부탁했다. 왜냐하면 그 장면은 너무나도 아름다웠고 여성들도 전체 장면에서 행복해했기에, 회상 작업에 대한 접근법을 보여 주는 짧은 영화에 포함시키기 위해 비디오촬영을 하고자 했기 때문이다.[32]

현재를 풍요롭게 하는 과거에 대한 극적 탐험

이 그룹과 함께 하는 10주가 끝나갈 무렵, 나는 그들에게 오늘날 그들의 삶에서 가장 중요하고 성취감이 있었던 부분을 큰 도화지에 그림으로 제시하고 아래에 설명을 덧붙이도록 하는 작업을 요청했다. 몇몇 사람들은 중국 약초를 키우는 정원을 그렸고, 어떤 사람들은 자식들과 손자 손녀를, 어떤 사람들은 그들의 모든 활동에 초점을 맞춰주는 중국 노인 클럽을, 또 어떤 사람들은 중국 노래를 가라오케 식으로 부르는 것을 정말로 즐겼기 때문에 텔레비전 스크린과 마이크를 그렸다. 사람들은 그들의 그림을 그룹 내 사람들과 공유했고 통역사를 통해 나와 공동 작업자들도 공유했다. 마지막 세션이 끝날 무렵, 노인들은 특별한 옷을 입고 우리에게 함께 했던 일을 축하하기 위해 그들이 직접 만든 멋진 음식을 대접했고, 그 날을 기념하기 위해 중국어와 영어로 노래를 불렀다. 우리의 주된 탐사의 수단은 즉흥극이었다. 확신컨대 이것이야말로 언어와 문화의 거대한 분리를 횡단하여 우리를 서로 가깝게 만들었다고 본다.

SUMMARY

런던은 세계 어느 곳보다도 더 많은 언어가 있고 더 많은 소수 민족들이 사는 도시이다. 늘어나는 소수민족 노인들의 경험을 이야기, 음악, 움직임, 의상을 통해 표현하는 방법을 찾는 것은 회상연극 작업에서 결정적인 한 부분이다. 어린 시절의 고향에 대한 기억, 여정, 모험과 기회, 향수병, 상실, 적응, 언어와 문화의 변화 그리고 노년의 '고향'에 대한 그리움과 같은 주제는 근본적이고 보편적이지만, 그것들에 대한 경험은 개인적이며 특별하다. 이 장에서, 나는 자신들의 방식대로 이러한 주제에 대해 평범하게 발화할 수 있도록 공적인 목소리를 갖지 못한 사람들에게 힘을 부여하고, 관객이 있는 연극을 의도하여 효과적으로 소통하도록 그들을 돕는 것이야말로 중요한 작업임을 보여 주고자 했다. 이로써 개인적으로, 예술적으로 그리고 집단적으로 자신감은 성장하며 참여자들은 정체성과 소속감 그리고 삶의 질적 향상에 대해 언급하게 된다.

14

봉사활동과 치매치료에서의 드라마

노인요양시설과 데이센터 그리고 병원에서의 회상 프로젝트

라이브 음악, 의상, 장치 그리고 조명과 함께하는 전문적인 회상연극 제작은, 방문했던 노인보호시설에 막대한 영향을 주었다. 하지만 특히나 요양시설의 관객에게 연극은 너무 복잡했고 집중을 요하기엔 시간도 길었다. 생동감 있고 참여도가 높은 노인 관객들의 농담이나 야유를 다루는 것은 배우, 특히 스탠드 업 코미디를 배경으로 한 배우들에게는 문제가 되지 않을 것이다. 하지만 방해하기는 노인들이 보내는 고통의 신호이다. 자리를 뜨길 원하거나 혹은 자신이 어디에 있는지 알지 못하거나, 심지어는 무대장치 주변을 방황하며 떠돌아다니는 것과 같은 것인데, 이는 배우나 스태프들에게는 염려스러운 것이다. 개인적인 욕구를 충족시키기 위해 좀 더 특별하게 설계된 좀 더 유연한 회상 형식이야말로 분명코 바람직하다. 극단을 설립한 지 2~3년 만에 나는 전문극단의 업무를 보완하기 위해 일련의 유사한 봉사활동 회상 프로젝트를 시도했다. 그리고 그것을 회상 프로젝트라고 불렀다. 사회복지 및 시각 예술 분야 출신의 신임 동

료인 캐롤라인 오스본은 곧, 보건부와 다양한 자선 단체들로부터 별
도의 자금을 유치한 이 작업에 대한 책임을 맡게 되었다.

자극제로서 즉흥극

이 프로젝트와 연관된 핵심적인 형식이 바로 즉흥극이었다. 이
는 전문적인 공연과 비슷한 방식으로 기억을 자극하지만, 훨씬 더
작은 규모의 좀 더 자발적이고 비공식적인 것이다. 가능하면 적절한
회상의 물건들을 소품으로 지원하여 캐릭터와 상황을 사용한 상호
작용의 순간을 만들어냄으로써, 우리는 노인들 개개인과 그리고 소
그룹과의 열린 대화를 목표로 한다. 노인들은 어떤 상황이 제시되든
간에, 어머니, 딸, 학생, 웨이트리스, 남편 혹은 공장 노동자와 같이
기억에 남는 역할들을 연기하는, 짧은 상연에 참여하도록 격려 받게
될 것이다. 추가되는 그들의 기억과 즉석의 코멘트는 그룹 전체에
피드백되며, 가장 최소치의 기여가 최대화 되어 공동의 회상 이벤트
의 일부로 그 가치를 갖게 된다.

맞춤식 회상 세션들

회상 프로젝트의 아이디어는 신체적 또는 정신적으로 허약한 8
명 또는 10명 정도의 소그룹으로 그들 참가자들의 욕구에 맞게 회상
개입을 하는 것이었다. 우리는 드라마, 음악 및 시각 예술에 대한 배
경을 가진 20명의 프로젝트 작업자(worker)를 모집하여 그들에게 지
속적인 지원과 슈퍼비전으로 한 주간의 집중적인 회상 훈련을 제공
했다. 그들은 세션의 리더이자 프리랜서로서, 두 명씩 짝을 지어 주
택과 요양원, 데이센터, 병원의 장기 거주 병동의 그룹과 8~10회의
세션을 진행하게 된다. 프로젝트 작업자는 그룹에 속한 개개인과 그
들의 관심사, 배경에 대해 알아내기 위해 사전 방문을 했고, 그런 다
음 그들의 기억을 자극하는 주제를 다루는 세션들을 개발했다.

간호 요원을 위한 교육 및 지원

간호 요원을 포함한 이전의 회상 실험들은, 작업자가 환자의 과거에 대한 지식을 더 많이 보유하고 있고 편안하고 사교적인 맥락에서 환자와 보다 평등한 기반 위에 일할 수 있는 기회를 가질 때 직업 만족도와 간호에 대한 민감성이 증가한다는 것을 보여 주었다 (Gibson, 2004; Kemp, 1999). 그래서 본 프로젝트의 일부는 간호 요원들이 워크숍에 참석해서 세션의 계획 및 운영에 적극적으로 개입하게 하는 것이었다. 이런 식으로, 우리가 떠난 후에도 그들이 회상 작업을 지속할 수 있도록 그에 충분히 친숙해지기를 바랐다. 우리가 양로원과 체결한 계약에는 모든 세션에 두 명의 스태프 요원을 참석시키는 것을 포함했다. 이는 노인에 대한 지원 인력 비율을 증가시키는 효과가 있어서, 기억을 빠르게 집중시키지 못하는 사람들에게는 일대일로 더 많은 관심과 시간을 쏟을 수 있었다. 물론, 근무당번표와 일정이 항상 계획대로 진행되는 것만은 아니듯이 이 역시도 항상 일이 순연하게 진행되는 것은 아니었다. 하지만 대다수의 시설 관리자들은 기꺼이 요원들이 관리 가능한 형식의 교육을 받는 것을 환영했다. 그 결과 많은 요원들이 매우 유능하게 작업을 지속할 수 있었다. 요원들이 일했던 요양원에서 프로젝트가 진행됨으로써, 그들은 그들이 돌보는 사람들의 욕구와 능력에 맞게 기본적인 아이디어를 어떻게 적용할 수 있는지를 알 수 있다. 그래서 '이것은 정말 좋은 아이디어이지만 내가 담당하는 그룹에게는 적용하지 않을 거야'라는 생각을 감소시키게 된다.

신체적인 자극제로서 회상용 물건 사용하기

캐롤라인과 나는 고물상과 시장 그리고 다락방과 지하저장고를 불시에 들어가 1920년대와 1940년대 사이의 일상생활과 관련된 여

러 가지 물건들을 계속 가져와서 가득 쌓아놓았다. 예를 들면 홀더
에 담은 양초, 적셔진 펜, 구식 여성용 속바지 또는 양털 숄과 같은
옛 시대의 아이템들을 다룸으로써 참여자들의 기억을 자극하여 이
물건들이 어떻게 사용되거나 착용되었는지에 대해 기억해낸 것을 보
여줄 수 있도록 하였다. 물건들은 학창시절, 빨래하는 날, 연애시절,
결혼, 해변 등과 같이 주제별로 작은 여행 가방에 배열되었다.33)

　　회상프로젝트의 각 세션 작업자는 이러한 가방들을 현장으로
가져가, 기억을 환기시키기 위한 물건들을 사용하여 대화를 이끌어
내고 그룹의 활동에 초점을 제공해주었다. 예를 들어, 프로젝트 작
업자들은 빨래하는 날을 테마로 한 세션을 설정하고, 노인들이 다
룰 수 있는 빨래판, 물 짜는 기계, 빨래집개, 빨래줄 그리고 구식
다리미와 같은 오래된 장비를 준비한다. 그로써 그 주제에 집중할
수 있도록 하는 것이다. 작업자는 장비를 사용하도록 노인들을 독
려한다. 어린 시절에 대한 기억이 떠오를 것 같은, 냄새가 강한 비
누와 물을 실제로 사용하도록 하는 것이다. 이런 행동들은 때로 스
태프들을 불안하게 한다. 그들은 '엉망진창으로 만들어버리는' 것에
대해 우려를 표명한다. 하지만 그러한 행동들은 감각자극, 즉 신체
의 감각과 행동을 통해 젊은 시절과 연관된 기억을 환기하는 데 효
과적이다. 그리고 이러한 기억들로부터 새로운 이야기와 장면이 나
오게 될 것이다.

　　때로 프로젝트 작업자들은 노인들이 기억하는 이야기를 상연하
며, 노인들은 그런 그들 주변에 빙 둘러 앉게 된다. 노인들은 대화나
행동을 제안하도록 요청받으며 때로는 노인들 스스로 '어땠는지 보여
주세요'라는 초대에 반응하여 짧게나마 역할을 맡기도 한다. 노인들
에게서 나온 이야기로 작은 장면들을 만들어서 상연하는 것은 정말
로 좋은 작업이다. 간단한 '공연'이 있을 때마다 그룹의 아드레날린
수위를 올리고 잠깐 동안이나마 참가자에게 '스타의 위상'을 부여하

며 그것을 확인하는 박수갈채가 있게 되기 때문이다. 전개된 것은 곧 역할연기와 즉흥극 그리고 스토리텔링의 혼합물이다(Quinn, 1989).

과거 경험에 대한 집단의 상기

두 개의 세션에서 사용한 접근 방식은 이러하다. 한번은 여름철 외출에 대한 세션이었는데, 우리는 바닥 한가운데에 담요를 깔아 놓고 도시락과 함께 당일치기 여행과 관련된 물건들을 놓아두었다. 진행을 위한 첫 훈련은 시각화로써 자극하는 것이었다. 우리는 그룹 전원에게 말했다: '우리가 오늘 밖에 나갈 수 있다면 좋지 않을까요? 상상으로 소풍을 가 볼 거예요. 어디로 갈까요?' 사람들은 공원에서부터 해변까지 익숙한 목적지를 제안했다. 이것으로 더 많은 질문들이 나올 수 있었다. '우리는 버스로 가는 건가요, 아니면 관광버스, 혹은 기차나 자전거로 가나요?' 모든 사람들이 그들 자신의 기억에 있던 교통수단을 답했고 우리는 그 모두를 수용했다: '좋은 생각이예요! 즐거운 나들이가 될 거예요.' 다음 질문은 '소풍에 뭘 가져갈까요?'였다. 그 후 우리는 구식의 밀짚 바구니를 사람들에게 돌려서 그들이 좋아하는 것, 과거의 실제 소풍에서 기억에 남는 어떤 것을 마임으로 넣어달라고 요청했다. 사람들은 아버지의 담배나 혹은 금속 걸쇠가 달린 고무 뚜껑이 있는 유리병에 넣은 레모네이드 결정체와 같은 마실 거리, 그리고 다양한 종류의 사탕과 샌드위치를 넣었다. 집단창작으로서 소풍은 점차 우리에게 살아있는 것으로 다가왔고, 모두가 기억해 낸 진짜 소풍의 재미를 회복하였다.

집단회상작업 내 소외된 사람들의 참여

나는 집단 내 여성 중 한 명인 앨리스가 이 문제에 대처할 수 있을지 걱정했던 기억이 난다. 우리는 그녀가 매우 불행한 어린 시절을 보냈고 힘든 삶을 살았다는 것을 이해하게 되었다. 그녀는 우리가 그룹에서 하고 있는 일에 완전히 정신이 팔려 있는 것 같았고, 초조해 하며 산만하게 세션의 대부분을 혼자 중얼거리고 있었다. 소풍 바구니가 그녀에게 왔을 때, 그녀는 뭔가를 안에 집어넣는 시늉을 하고는 바구니를 전달하기 전에 조용히 지나가듯 단조로운 어조로 '햄 샌드위치. 햄은 없어'라고 말했다. 우리는 이에 대해 정말로 충격을 받았다. 그녀가 세션을 따라가고 있었을 뿐만 아니라 그 과정의 일부를 느낄 수 있었으며, 바구니를 가지고 하는 우리의 활동이 아주 오래전의 사건에 대한 기억을 추동시켰다는 것을 깨달았기 때문이다. 세션이 끝나갈 무렵, 대화나 즉석에서 만든 작은 장면들을 통해 이와 같은 여행에 대해 많은 사람들이 기억을 되찾아감에 따라 우리는 '자, 이제 짐을 싸서 집에 가는 게 좋겠어요. 가는 길에 노래를 부를까요?'라고 제안했다. 그리고 나서 과거 당일치기 여행에서 돌아오던 길에 부르던 노래를 모두 함께 불렀고 앨리스도 그에 합류했다. 우리는 앨리스가 햄이 없던 과거의 실제 소풍을 기억하고 있다는 사실을 의심할 이유가 없었다. 세션이 끝나자, 그녀는 텔레비전을 향해 작은 발걸음으로 달려가 그녀의 머릿속에서 그녀를 억압하고 괴롭히던 목소리들을 침묵시키기 위해 텔레비전을 틀었다. 그녀가 끼어들어온 그 순간 그녀는 그룹의 한 일원이 되었고 우리 모두는 그녀에 대해 뭔가를 알게 되었다. 스태프들은 놀라워했다. 그로 인해 그들은 자극이 제대로 된다면 깨어날 수도 있을 노인들의 역사와 수몰된 기억들에 대해 권리를 지닌 한 개인을 볼 수 있었다.

과거의 기술과 역량을 다시 상연하기

동일 시설에서의 또 다른 사례의 세션 주제는 직업을 갖기 시작하던 때에 관한 것이었다. 우리는 '나는 무슨 일을 하지?'라는 질문에 맞춰 세션을 준비했다. 모든 사람들이 짝을 지어 자신의 첫 번째 직업에 대해 이야기하고 나머지 그룹에게 보여 줄 무언가를 준비했으며, 모든 사람들은 그것이 무슨 일인지 추측해 봐야 했다. 그룹에는 더 이상 말을 할 수 없거나 잘 이해하지 못하는 노인들도 있었다. 나는 그들 중 한 명과 짝을 이루었다. 직장생활에 있어 찰리는 나무판으로 바닥을 시공하던 사람으로, 견습생에서 시작해 감독관으로 퇴임했다. 그가 말한 것에서 이것을 알아내는 데는 오랜 시간이 걸렸지만, 그의 움직임은 오히려 매우 훌륭해서 그에 대해 그가 설명할 수 있는 것보다 더 좋은 행동을 보여 주었다. 나는 완전한 신참 견습생의 역할을 맡아, 헤링본(V자형 청어 뼈 무늬) 무늬 패턴으로 세공 마루를 놓는 법을 보여 달라고 그에게 요구했다. 그는 마임을 사용해서 어떻게 하는지를 보여주었다. 흥미로운 점은 찰리가 '아는 사람'의 역할을 맡아 대부분의 것을 상실해버린 그를 위해 자신이 전문가였던 짧은 순간을 살 수 있었다는 점이다. 그리고 나는 일을 제대로 하는 방법에 대해 들어야 하는 희망 없는 견습생이 되어서, 그의 사기 진작과 자아감 그리고 자존감에 도움을 주었다. 모든 사람들이 그룹의 다른 사람을 위해 차례대로 자신의 직업을 마임으로 보여주었다. 물론 마루 까는 일을 추측하기란 실로 어려웠고 찰리와 나는 사람들이 그것이 무엇인지 짐작할 수 있도록 '우리의 작업'을 열심히 해야만 했다. 그것은 또한 엄청나게 재미가 있었고, 팀 전체가 참여하여 마임을 공유하고 추측하는 게임을 하는 동안에 방에 있던 모든 사람들은 서로에 대해 무엇인가를 배웠다.

기억을 탐험하는 자연스런 수단으로서 즉흥극

즉흥극이 비록 양로원의 노인들에게는 아주 생소한 행위처럼 보일 수도 있지만, 사실은 그것이야말로 과거를 현재의 삶으로 되돌리는 데 큰 도움이 되는 수단임이 증명되었다. 그것은 기억을 찾고 표현하는 매우 자연스럽고 쉬운 방법으로 상당히 외로운 환경에서의 사회적인 상호 작용과 참여라는 부가적인 이점을 제공했다. 드라마

나 연극을 배경으로 하지 않는 일부 프로젝트 작업자는 처음에는 노
인들에게 기억을 말하게 하거나 혹은 그리거나 색칠하는 것을 통해
시각적으로 탐구하도록 요청하는 것을, 재연하는 것보다 좀 더 편안
하게 느꼈다. 하지만 세션들 중 가장 생기 넘쳤던 세션은 '마치-처
럼'의 상황들을 상상하여 상연했던 것에서 나왔다는 것에는 의심의
여지가 없었다. 마치 그것들이 지금 다시 일어나고 있는 것처럼, 기
억나는 상황 속으로 들어가서 그것을 공연함으로써, 노인들은 오랫
동안 잠식되어 있던 지식, 능력 그리고 자신감을 되찾을 수 있었다.
이러한 짤막한 상연에서 일부의 대사는 겨우 세 줄 정도밖에 되지
않았는데도 노인들은 빛이 났고 주목을 받는 중심에 있었다. 그것은
곧 그들이 빛나는 순간이었고 그들은 스스로가 만든 노력에 박수를
쳤다. 이러한 순간들은 비일상적이고 특별했기 때문에 기억될 만하
였고 그리고 '오늘'도 똑같이 흥미로운 일들이 일어날 수 있다는 긍
정적인 기분과 감정을 북돋기 위해 이어지는 세션에서 다시 언급될
수 있었다. 드라마화된 순간들이 제공하는 에너지의 증가는 분명하
게 드러났고, 이는 1980년대의 노인시설이 재미있고 웃음을 주며 가
치 있는 활동을 하는 장소가 될 수 있다는 발전적인 생각을 뒷받침
해주었다(Osborn, Schweitzer and Schweitzer, 1987).

회상프로젝트는 일부 가장 홀대받는 시민들의 의사소통과 삶의
질을 향상시키는 그런 자극이 요구되는 영역에서 주요한 위치를 점
하였다. 캐롤라인이 이 프로젝트에서 나온 가장 성공적인 아이디어
들을 모아놓은 『회상 핸드북(Reminiscence Handbook)』(Osborn, 1993)은 다
른 언어들로 재판되고 번역되었으며, 회상을 통해 노쇠한 노인들을
자극하는 데 있어 많은 건강 분야, 사회 복지 그리고 행동교정의 전
문가들을 고무시켰다.[34] 몇몇 다른 분야의 전문가들도 영감을 주는
프로젝트를 동시에 개발하여, 요양 시설에서 노인들이 기회와 격려
그리고 지원을 받을 때 그에 참여하고 반응할 수 있게 하는 것에 대

한 견해를 내놓음으로써 급격한 변화에 기여했다(Killick and Allan, 2001; Kitwood, 1997; Knocker, 2004; Perrin, 2005; Sim, 2003).

어제를 기억하고 오늘을 돌보기:
치매에 대응하는 가족을 위한 국제 프로젝트

자리를 뜨지 않는 노인관객이 있는 보호시설에서 회상집단을 만드는 것은 상대적으로 쉽다(Woods and McKiernan, 1995). 치매를 겪고 있는 가족들일 경우 이러한 집단을 만들어내는 것은 좀 더 복잡하다. 그러나 가정 내에서 종종 사회적 고립으로 야기된 우울을 경험하면서 사면초가에 빠졌다고 느끼는, 가족 보호자들의 충족되지 않은 욕구에 대한 인식이 증가하고 있다. 또한 회상이 치매에 걸린 사람들의 온전한 기억을 극대화하는 데 성공적인 방법이 될 수 있다는 것에 대한 경험의 제시도 증가하고 있었다(Bender, Bauckham and Norris, 1999; Gibson, 2004; Woods et al., 2005). 1997년, <세대교류>는 유럽회상 네트워크(European Reminiscence Network)를 위해 조직한 '치매환자 돌봄의 지평 확장'이라는 제목의 국제학회에서, 5개 대륙의 회상 및 치매 전문가들의 경험을 공유했다(Schweitzer, 1998).35) 연사와 대표단은 치매 환자와 간병인들 모두에게 도움이 될 수 있는 개입방법으로서의 회상의 가치를 시험해보는 기회였다는 데 동의했다.

유럽 10개국의 프로젝트

유럽 회상 네트워크 10개국 파트너는, 가족 간 소통과 사회적 참여 및 관계를 유지하며 삶의 질적 향상을 돕는 목적으로 '어제를 기억하고 오늘을 돌보기'라는 공동의 행동연구 프로젝트를 설립했다. '유럽위원회 건강증진부'에서 준 기금으로, 네트워크 파트너들은 1997년과 1999년 사이에 유럽 전역의 16개 도시에서 이 프로젝트를 주도했다.36) 그들이 만든 모든 그룹은 관련 가족들과 함께 하는 동일한 과정의 구조화된 세션을 거쳤다. 그럼에도 물론 프로젝트 작업자의 기술과 이해도에 따라 나라마다의 다양성과 서로 다른 주안점에 따라 불가피한 차이는 있었지만 말이다. 이러한 공동의 접근 방식은 프로젝트 평가에 도움이 되었다(Bruce and Gibson, 1999a, 1999b).

그룹 구성

프로젝트의 가장 중요한 요소들 중 하나는, 각각의 시범 프로젝트에서 열 개 그룹의 가족들이 모두 유사한 상황에 놓이도록 다른 사람들과 함께 즐거운 시간을 가질 수 있는 친근한 회합장소를 제공하는 것이었다. 우리의 의도는 치매 환자가 그룹 내에서 효과적으로 기능하고 그들의 온전한 사회성과 기억력, 특히 그들의 장기적 기억을 극대화할 수 있도록 최대한 많은 도움을 제공하는 것이었다. 18주에 걸친 프로젝트 기간 동안, 우리는 예술과 회상기술을 지닌 숙련된 프로젝트 작업자들이 이끌고 지역 노인자원봉사자들이 지원하는 회상공동체를 만들고자 했다. 노인자원봉사자들은 매우 중요한 사회적 역할을 했는데, 회합을 좀 더 친구들의 모임처럼 느끼게 해줌으로써 상황을 일상적인 것으로 만들었기 때문이다. 그들은 치매를 앓고 있는 사람들의 삶의 경험과 연결될 수 있었다. 치매를 겪는 노인들이 기억하고 있었던 무엇을 인지하여 보여줌으로써 기억을 이끌어냈던 것이다. 노인자원봉사자들은 자신들이 지닌 온전한 기억을 공유하도록 격려 받았다고 느꼈다. 그러한 그들의 자신감 있는 참여가 긍정적인 분위기를 조성하여 위험을 무릅쓰고 합류한 가족 구성원들을 격려해주었기 때문에 어떤 활동을 시작할 때도 도움이 되었다.

기억에 대한 주제 탐험

회상은 주제별로 다루어졌다. 삶의 주요단계들로, 보통은 노인들의 초기 기억과 가족생활에서 시작하여 연대기 순으로 학창시절, 직업, 환심을 사려는 남녀, 결혼, 그리고 아이들의 출생으로 이동한다. 회기가 시작되기 전, 집단의 구성원들이 모두 모일 때까지 기다리는 동안 비공식적인 대화를 촉진하기 위해 회상과 연관된 물건과 문서를 배치해두는 것은 중요하다. 고물상, 시장, 그리고 친구나 친척들로부터 그들만의 회상용 물건들을 모았다. 벨기에 측 프로젝트 파트너들은 심지어 프로젝트 기간 동안 브뤼셀에 아파트를 임대하여 제공까지 했기에 세션 동안 그리고 세션들 사이에 가족들의 참여를 극대화할 수 있었다.

세션의 구조화

각 세션은 일련의 연습과 활동으로 나누어졌다. 활동은 주제와 관련된 간단한 웜업으로 시작한다. 가벼운 신체 운동으로 몸을 부드럽게 깨우고 비공식적인 거의 파티와 같은 분위기를 만들어내 사람들이 하나의 집단으로서 함께 작업하도록 하기 위한 것이다. 연습은 소그룹으로 진행되며 종종 세션의 주제를 중심으로 하여 모아놓은 물건들을 사용한다. 4~5명의, 즉 두 쌍의 커플과 한 명의 자원 봉사자 혹은 프로젝트 작업자가 합의된 주제를 배경으로 토론이나 그림 그리기, 그리고 글쓰기를 통해 그들의 기억을 탐구한다. 치매환자들에게는 그들이 말하고 싶거나 보여주고 싶은 것을 제시할 수 있는 특별한 시간이다. 그런 다음 치매 환자들이 특별히 제공한 것들을 포함하여 사람들에게 가장 흥미로운 몇몇 이야기를 피드백한다. 이 이야기들은 소그룹 내에서 발전시켜나가거나, 혹은 노래와 춤, 요리하기와 먹기를 통합하는 집단 전체의 활동이나 물건을 사용한 즉흥

장면의 창조를 통해 발전시켜나간다. 세션은 보통 노래와, 그날 오후에 함께 했던 모든 것들을 상기시켜 주는 프로젝트 작업자들의 요약으로 끝을 맺는다. 그리고 마지막으로 다음 세션의 주제를 알려준다. 그럼으로써 가족들은 다음 세션의 주제에 집중할 수 있고 연관된 물품을 찾아 가져올 수 있다.

핵심요소인 상연

이 모든 것이 기억으로 만드는 연극과는 동떨어진 방법으로 들릴지도 모르지만 사실 연극은 프로젝트의 결과에 있어서 그리고 기억을 자극할 수 있는 방법에 대한 이해에 있어서 중요한 역할을 했다. 이 프로젝트에서 시도했던 연극 연습과 즉흥극을 통해 우리는 치매 환자들의 기억이 마치 현재에 일어나고 있는 것처럼 그들 과거에서 나온 재생장면들을 어떻게 활성화할 수 있는지, 그리고 이와 같은 상연에 성공적인 참여가 어떻게 사람들의 자신감과 집단에 대한 소속감을 만들어 낼 수 있는지에 대해 이해하기 시작했다. 우리는 또한 현재 관심의 대상에서 사라졌던 노인들 삶의 초기 부분을 재경험한 보호자들이 자신의 파트너나 혹은 부모가 한때 그들에게 재미있고, 능력 있고, 영리하고, 아름다운 사람들이었음을, 그리고 여전히 지금도 똑같은 사람들임을 내심 기억할 준비가 되었음을 보았다. 과거의 행복한 순간들을 되찾아 재연하는 공동의 작업은 중요한 관계를 강화하고, 많은 공통점을 공유했던 또 다른 가족들과의 새로운 관계를 만드는 데도 도움이 되었다. 그룹 내에서 느끼는 따뜻함, 친밀함, 자유는 분명 드라마가 탐험의 중요한 매개물이었다는 사실에 기인한다. 런던 지국의 프로젝트에서는 드라마야말로 매 회상 세션의 중심에 있었다. 런던 프로젝트의 몇몇 예는 특히 집단을 자극하고 활기를 북돋기 위해 사용된 드라마의 다양한 운용방법들을 보여준다(Bruce, Hodgson and Schweitzer, 1999).

'어제를 기억하고 오늘을 돌보기' 중 해변에서의 기억에 관한 즉흥극

신체적인 기억 자극하기

유년기 게임에 관한 세션을 위해 우리는 사람들이 도착하면 다룰 수 있도록 많은 구식 장난감과 보드 게임을 배치했다. 대체로는 당시의 진짜 물품들이지만 가끔은 비슷한 류의 현대적인 것들도 있었다. 모두가 모였을 때, 우리는 원을 만들어 서로를 볼 수 있도록 했다. 오프닝 연습에는, 모든 사람들이 그들이 어린 시절 즐겼던 게임을 차례대로 마임으로 해 보이는 것을 포함시켰다. 그리고 모든 사람들이 그들 행동을 따라 하도록 했다. 이로 인해 운율이 있는 노래 놀이가 나왔고 그 중 일부는 '오렌지와 레몬'이나 '동굴 속 농부'와 같은 동작이 있는 노래들도 있었다. 전체 그룹이 다 함께 놀이를 하거나, 혹은 소수의 적극적인 참가자와 그를 지켜보며 노래를 따라 부르거나 박수를 치던 나머지 사람들이 놀이를 하였다. 그런 다음 흥미를 가질 만한 물건을 선택하여, 치매에 걸린 사람들, 간병인들,

자원 봉사자들이 포함된 더 작은 소그룹 속으로 가져갔다. 좀 더 조용한 분위기의 소그룹 속에서 그들은 어린 시절의 추억을 공유하고 그 물건들을 가지고 놀았다. 나는 일군의 방문객들이 와서, 방을 꽉 채운 노인들이 사방치기, 마로니에 열매 깨기, 구슬치기, 줄넘기를 모두가 열중해서 하고 또한 그것의 일부를 완전한 기술과 자신감으로 보여주는 것을 보고 믿을 수 없다는 얼굴표정을 지었던 것을 기쁜 마음으로 기억한다.

물건들을 다루고 옛 운율을 듣는 것에 대한 동일한 반응이 암스테르담 지국 프로젝트의 기록물에도 있다. 한 가족은 이렇게 쓰고 있다:

> 어린 시절의 장난감을 보고 있었는데 누군가가 우리에게 팽이를 보여주었다. 갑자기 내 아내가 들어본 적 없던 팽이에 대한 노래를 부르기 시작했다. 손에 팽이를 쥐었을 때 그녀는 그것을 기억했던 것이다. 그런 다음 그녀는 어린 시절에 했던 몇몇 다른 일들을 기억할 수 있었다. 나는 '이것이 어떻게 가능할까?' 생각했다. 뭔가가 그녀에게 되돌아왔고 그것은 우리 둘에게도 좋은 것이었는데, 우리는 이 일을 통해 약간의 소통이 있었기 때문이다(Bruce et al., 1999: 78).

소그룹에서 나온 이야기와 행동은 전체 집단에 전달되어 더 많은 기억들을 유도해냈다. 치매에 걸린 일부의 노인들은 이러한 피드백 과정에서 예기치 못한 신체적인 작업을 수행할 수 있었고, 즉흥극과 행동을 통해 그들의 이야기를 전달할 수 있었다. 예를 들어 매우 나이가 많고 연약한 여성인 로즈가 줄넘기를 하면서 뛰기 시작했을 때, 그녀의 남편은 두려워했지만 24번의 줄넘기를 할 때까지 그녀는 멈추지 않았다. 아마도 이러한 마술과도 같은 목표설정은 전체 그룹으로부터 격렬한 박수를 받았던 오래전 과거의 기억에서 불러들인 것일 터였다. 이것은 물리적으로 긴 시간의 참여를 보였던, 간병인이나 파트너도 그러한 반응이 가능하다고 믿었던 수많은 사람들의 사례 중 하나에 불과하다. 그것은 기억의 행동화를 통해, 노인의 몸이 깨어나고 젊음의 활기를 발견한 것과 같다. 신체는 스스로의 독립적인 기억을 가지고 있는 셈이다.

학교 운동회 날에 관한 또 다른 세션에서는 그들 능력에 대한 더욱더 놀랄 만한 증거가 나왔다. 치매에 걸린 사람들의 대담한 신체적 행위로 인해 간병인들과 다른 모든 이들을 놀라게 했던 것이다. 오후 세션의 주제가 운동회 날이라는 것을 알고 있었던 자원 봉사자 중 한 사람은 딱딱하게 삶은 달걀 몇 개를 가지고 왔다. 그래서 우리는 달걀을 나르는 스푼 경주(egg and spoon race)를 할 수 있었고 모두가 많은 열정을 가지고 참여했다. 나는 간신히 걸을 수 있는 치매에 걸린 노인 에릭과 짝을 이루어 2인 3각 경주(three-legged race)에서 달리기를 했던 기억이 난다. 그는 방을 지나 놀라워하는 그의 아내에게로 질주하였고, 우승자가 되었다고 기뻐했다. 그룹에 합류했을 당시 목발을 짚고 고통스럽게 절뚝거리며 의자로 향했던 그가 어떻게 이러한 에너지를 발휘했을까? 그 후 그는 내게 항상 매우 따뜻하게 웃어 주었다. 그래서 나는 그가 과거 성공적으로 왕관을 거머쥔 바 있는 공동 행동에 대한 즐거운 기억이 있을 거라고 생각한다.

기억해낸 기술과 그 능숙함

마치 현재에 일어나고 있는 것처럼 과거의 행동들을 수행하는 것에는 사람들에게 다른 종류의 에너지를 주는 뭔가가 있다. 이런 방식의 자유로운 가장(假裝)은 어떤 일이 일어날 수 있는 특별한 장소에 있다는 느낌을 가족들에게 전달했다. 치매를 가진 노인들은, 몸에 새긴 기술을 되살려내 그것을 다른 사람들에게 보여주는 자신감을 가짐으로써 그들 자신과 보호자들을 놀라게 했다.

신체적인 재연은 노인들의 직장 생활에 대한 기억을 탐색하는 데 특히 도움이 되었다. 우리는 종종 다룰 수 있는 교역 도구들을 확보하는 것이야말로 사람들로 하여금 이전에 지녔던 힘과 기술을 기억하도록 돕는다는 것을 발견했다. 예를 들어, 현재는 거의 기억을 하지 못하고 있는 전 부두노동자 짐은 손에 부두노동자들이 사용하는 고리를 쥐고 그것의 무게를 느꼈을 때 자신감 있게 말을 하고 전체 그룹에 그것의 사용 방법을 보여주었다.

'어제를 기억하고 오늘을 돌보기'에서 교역 도구 다루기

만약 즉흥극이 상상력 안에서 물건을 떠올리게 할 수만 있다면, 물건이 항상 필요한 것은 아니다. 전 철도 기사였던 프레드와, 그리고 견습생 시절의 프레드의 이야기를 공연하면서 철도 분야에 많은 관심을 드러냈던 자원 봉사자 랄프가 기억난다. 랄프는 소년을 연기했다. 프레드는 그에게 용광로의 삽에다 계란 후라이 하는 방법을 가르쳐 주었다. 소년은 그의 삽 위에 달걀을 놓았고, 프레드는 굴뚝을 통해 크게 쉬익 소리를 내는 증기 스팀을 풀어 계란에 맞춰놓았다. 우리 모두는 소년의 충격 받은 얼굴뿐만 아니라 달걀과 삽을 '볼' 수 있었다. 그 장면은 단순한 이야기로 말하는 것보다 훨씬 더 생생

한 삶으로 다가왔다. 같은 날 오후, 중급 치매를 가진 은퇴한 안과전문의 알렉(Alec)이, 의뢰인 역할을 맡은 자원봉사자와 조수 역할을 맡은 프로젝트 작업자의 지원을 받아, 과거 의뢰인과 했던 전형적인 약속잡기를 보여주었다. 분명히 연관된 그 어떤 장비도 없었지만 그는 다양한 렌즈를 시험해보는 척하면서 고객들을 안심시켰기 때문에 우리는 모두 그가 자신의 분야에서 유능한 전문가였음을 알 수 있었다. 유능함에 대한 감정은 오후 내내 그를 향해 머물러 있었고, 특히 그러한 감정은 사람들에게 그와 비공식적으로 이야기를 나눌 계기를 마련해주어 그를 그룹 내에서 더욱 가치 있는 사람으로 느끼게 해주었다.

전 그룹과 함께 하는 공유된 기억의 행동화

학교 시절에 관한 세션에서 우리는 정면을 마주보는 책상 행렬처럼 의자를 나열하고 칠판과 함께, 기억을 유발하는 교실 주변의 다른 물건들을 배치하여 교실을 구성했다. 프로젝트 작업자들 중 한 명은 사나운 교사를 연기하며 그 그룹을 마치 학생들의 실제 수업처럼 다루어서 상황에 대한 기억을 강화하는 데 도움을 주었다. 전체 그룹이 그들의 시간표를 암송했고 어려운 단어의 철자를 추측했으며, 일어나서 함께 즐거이 찬가를 불렀다. 치매를 앓는 사람들이 어떻게 수 년 전 배운 것들을 외워서 낭송하고, 노래를 기억해내서 부르는 데 성공할 수 있는지 주목할 만했다. 그리고 거기엔 기억에 남는 대사를 모두가 함께 낭송하는 기쁨이 있었다. 그들은 기꺼이 허구로 들어갔다. 종이조각들이 '교실' 주위를 날아다니는 데는 오랜 시간이 걸리지 않았으며 불량학생들의 언어도 수면 위로 떠올랐다. 사람들은 외설과 처벌에 대한 이야기를 듣는 것을 즐겼지만, 그것을 실행해보는 것을 훨씬 더 즐겼다. 교사는 보통 치매에 걸린 사람이 아닌 간병인, 자원 봉사자, 또는 동료 작업자들이 맡아서 어려운 철자나 암산 테스트를 하였고, 모든 사람들은 속삭이듯 도와주면서 분투하는 그들을 지켜보는 것을 즐거워했다.

계속해서 우리는 시상식 날을 기억하도록 했고 학교에서 누가 상을 받았는지를 물었다. 사람들은 손을 들어 멋진 필체, 스포츠 정신, 프랑스어 또는 좋은 출석과 관련한 상에 대해 이야기했다. 우리는 수상자들을 앞으로 나오도록 해서 악수를 하고 축하해주는 시상식을 재연했다. 그들은 한 권의 책(70년 전 상으로 받았던 원본 그대로의 책으로 학창시절 세션을 위해 특별히 가져왔다)과 박수갈채를 받았다. 누군가는 일생 동안 조심스럽게 보관해온 성적표를 가지고 왔다. 지금은 치매 노인이 된 한 '학생'이, '선생님'이 큰소리로 칭찬의 말이 적힌 글을 읽을 때 마치 그것을 처음 듣는 것처럼 얼굴을 붉히며 앉아 있었다. 상연된 것은 명백히 '가장된 것'이지만, 또한 진실된 것이기도 했다. 노인들이 실제로 수상을 했거나 상장을 받았었기 때문이다. 그리고 그들과 그들의 보호자에게 성공과 자부심을 느꼈던 과거에 대한 기억은 유익한 것이었다.

일부 독자들은 이러한 방법론이 집단을 유치하게 만들 수 있다고 우려할지도 모른다. 하지만 참가자들이 자신을 가르치려고 했다고 느꼈다는 증거는 없으며, 먼 과거 그들 삶에서 나온 장면의 재연을 즐겼다는 증거는 많다. 전 그룹의 즉흥극에 있어서 나는 항상 우리 모두가 함께 '연기하기'를 즐기고 있으며, '그들'과 '우리'를 구분하면서 거들먹거리거나 치매를 가진 사람에게 차별적 권력은 행사하지 않았다고 생각한다. 이러한 장면들을 연기하는 방법에는 항상 아이러니와 분리(detachment)가 있었다. 우리는 이렇게 분명하게 말한다. '우리는 이것이 실제로 일어나지 않는다는 것을 알며 가장하는 것은 우리의 기억을 좀 더 도와주며 종종 아주 재미있는 것이기도 하다.' 간병인, 자원 봉사자, 프로젝트 작업자 그리고 특히 치매가 있는 사람들은 종종 재치 있게 적절한 감탄사를 말하였고 장면에는 그들 자신의 삶을 담아냈다. 교실은 모든 멤버의 공통된 기억의 공간이며 학급 아이들은 권위적인 교사상과 마주했을 때 동료의식을 갖기 때문에, 이 세션 또한 몇몇이서 자연스럽게 돌아가면서 주연을 하는 동안 집단 결속을 만들어내는 데 도움을 주었다.

작은 그룹 씬들

영화관에 가는 것은 가족들의 기억에 특별한 것으로 많이 남아 있다. 토요일 아침 어린이용 영화를 봤던 지역의 작은 '싸구려 극장'이건, 아니면 구애의 공간이 되어준 멋진 그림 같은 큰 극장이건 간에 말이다. 시네마에 관한 세션은 항상 인기가 있었기에 우리는 소그룹과 전체 그룹에 즉흥극을 사용하여 이를 탐구했다. 우리는 사람들에게 치매환자와 간병인 그리고 자원봉사자들을 포함하는 소그룹으로 작업할 것을 요구했다. 영화관에서의 기억에 대한 짧은 장면을 만들고 후에 모든 사람들에게 재생하는 것을 준비하기 위해서였다. 방 전체가, 이야기를 공유하고 장면들을 계획하는 그룹의 활동으로 소란스러웠다. 70대 중반의 자원 봉사자 두 명과, 거의 말을 하지 않지만 75세의 딸 팻과 함께 파티에 참석하는 것을 즐겼던 100살 메이가 재생했던 한 장면을 나는 기억한다. 두 명의 자원봉사자가 어린이를 연기했고 메이는 그들의 엄마 역할을 했다. '있잖아요, 엄마' 자원봉사자 중 한 사람이 말했다. '사진 찍으러 가게 돈 좀 주실래요?' 노인은 그녀 마음 속 깊은 곳에서 나오는 것 같은 허스키한 목소리로 말했다. '안돼, 이번 주 용돈은 이미 줬잖니.' 자원봉사자 중 한 사람이 졸랐다: '엄마, 주세요, 갈 수 있다고 엄마가 말했잖아요.' 메이는 자신의 주머니 주변을 낚시질 하는 흉내를 내면서 완전히 어머니 캐릭터로 말했다. '좋아, 여기 1페니야. 아빠한테는 얘기하지 마렴.' '스포트라이트'가 비춰져 모든 사람들이 지켜보는 가운데, 메이는 갑자기 적절한 반응을 보였는데, 아마도 그녀는 자신이 엄마였던 시절을 회상했을 것이며, 드라마로 만들어진 그 상황이 그녀가 더 젊은 자아로 다시 참여하는 것을 가능하게 해주었을 터이다. 그녀는 모든 사람들이 박수를 치고 축하해 주었기 때문에 확실하고 충분한 보상을 받았다. 그리고 그녀가 그에 대해 대단히 훌륭하다고 느꼈다는 것을 알 수 있었다. 그녀의 딸은 다른 두 자원 봉사자들과 또 다른 장면에서 역할을 맡았다. 시골 영화관에서 재능 경연 대회에 참가한 한 아이를 연기하는 것이었는데 그녀는 '멋진 배 롤립'이라는 노래를 부르는 셜리 템플(Shirley Temple)*을 '흉내'냈다. 그녀는 그녀의 어머니가 그녀와 무관하게 장면을 준비하고 공연하면서 이처럼 즐거운 시간을 보냈다는 것에 놀라고 기뻐했다.

모든 사람이 연기자이다

좀 더 큰 집단에서의 즉흥극이 이어졌다. 영화관에 들어가기 위해 모든 사람들이 줄을 서서 기다리고 있었는데, 자원 봉사자 중 한 명인 테드가 앞 챙이 달린 모자를 다목적 용도로 사용하면서 수위를 연기했다. 모두가 줄을 서서, 많은 사람들이 젊은 시절의 추억으로 간직한 ABC영화관과 관련된 노래를 불렀다. 그리고 나서 그들은 표를 사거나 혹은 속임수를 써서 영화관으로 들어가서 줄을 맞춰 배열된 좌석을 그들 맘대로 바꾸는 척했다. 피아니스트 올리브가 여러 종류의 영화 음악을 차례로 연주했을 때('으스스한', '채플린식의', '스릴러', '슬픈') 그룹 전체가 서로 다른 영화를 관람하는 관객인 척 해보였다. '왕을 구원하소서'라는 제목의 영화에서는 모든 사람들이 일어났고, 영화를 위해 벗어 놓은 신발을 찾으려고 더듬거리는 척했으며, 그런 다음 옆으로 나가려고 이리저리 움직여 애국가의 결미에 있을 엄청난 돌진에 앞서 미리 빠져나가려는 척했다. 자원 봉사자, 보호

---

* 1930년대 미국의 유명한 아역 배우

자, 치매에 걸린 사람들로 구성된 단체의 모든 활동은 자발적이고 반응적이었지만, 전적으로 적절한 것이었다. 공유된 기억, 공통된 경험만이 아니라 상당한 유머와 창의력을 보여 주는 것이었다. 대표하는 영화관 견학이나 혹은 교실 장면, 또는 세션의 주제가 그 무엇이든 그를 연기하는 방을 가득 메운 사람들이 있다는 것에는 매우 주목할 만한 점이 있다. '마치 – 처럼'의 상황은 일부가 연기하고 나머지가 관객인 짧은 장면에서보다 훨씬 더 길게 지속될 수 있다. 전 집단의 즉흥극은 아이디어와 말을 만들어 내는 데 있어 느린 사람들에게 충분한 시간을 주고 그들이 하고 싶지 않은 어떤 것을 하도록 그 어느 누구에게도 강요하지 않는 접근 방식이다. 관객은 없으며 모두가 연기자이다.

실패에서 자유로운 환경

즉흥극 참여는 치매 환자들이 기억나는 상황과 상상 속의 상황에서 여전히 적절하게 반응할 수 있다는 것을 보여준다. 비록 그들이 실제 상황에서는 '자신의 보호자를 우울하게 한다고' 느낄지라도 말이다. 전체 집단 즉흥극으로 실패에도 부담이 없는 환경을 구축함으로써 우리는 단순한 토론에서 얻는 것보다 훨씬 더 높은 수준의 즐거움과 참여를 보장해주었다. 여러분 중에는 또한 우리가 종종 치매를 위협이 아닌 기회로 보면서, 치매에 동반되는 억제력의 부족을 이용하고 있다고 말할지도 모른다. 나는 집단 내 신뢰의 정신이, 판단력이 없을지라도 모든 사람들이 자신의 방식대로 동등한 조건에서 참여하는 안전한 환경을 만들었기 때문에 우리가 결코 그것을 이용하려 들었다고 생각하지는 않는다. 전체 집단 즉흥극 세션 중 한 세션 안에 들어오는 어떤 사람도 치매에 걸린 사람이 누구인지, 누가 보호자이며 자원 봉사자인지 말하지 않았다. 가끔 발생했던 난장판에 가까워지는 상태는 언제나 프로젝트 작업자들의 확고한 지도력으

로 안정되었다. 대개 신체적으로 소란스러운 세션들은 좀 더 심사숙
고하는 분위기로 끝을 냈다. 여러 시간 동안 깨워 일으켜 발견한 자
기 자신을, 충격적인 것이라 해도 상대적으로 평온함 속에서 되돌아
보았던 것이다.

사랑스런 기억들

공식적인 기념일과 결혼에 대한 기억은, 현재의 관계가 종종 심
각한 긴장 상태에 처해 있는 커플들에게 함께 했던 가장 행복한 시
간을 다시 방문할 기회를 주었기에 프로젝트에서 특히 중요했다. 연
극에 대한 다양한 아이디어들이 한 세션에 반영되어서 각각 다른 기
능을 제공할 수 있었다. 예를 들어 짝을 지어 하는 간단한 훈련을 사
용하여 신체적 외모와 옷, 헤어스타일을 기억하는 데 집중하도록 도
왔다. 사람들은 댄스홀이나 파티에 갈 준비를 할 때 교대로 자신들
파트너의 거울이 되어 파트너가 하고 있는 것을 정확하게 반영했다.
여자들은 화장을 하고, 머리를 말거나 웨이브를 만들고, 솔기를 확인
하는 데 신경을 썼고, 반면 남자들은 면도를 하고, 넥타이를 매느라
안간힘을 썼다. 치매가 있는 사람들은 이러한 비언어적인 미러링 연
습에서 먼저 리드하고 똑같이 따라하는 것 모두에 있어 그들의 집중
력을 잘 유지할 수 있었다. 보호자들에게도 자신의 친척이 다른 사
람과 진정으로 소통하는 것을 보는 것은 물론, 업무관리가 가능하며
사회적인 관계를 맺을 수 있었던 과거를 기억하는 것은 좋다.

다음 단계는 커플이 된 자신의 짝이 무엇을 입고 나갔는지 기억
하려고 노력하는 것이었다. 그런 다음 이것을 한 사람은 무대 위에
서 행진하거나 혹은 같은 위치에 그대로 서 있는 마네킹이 되어봄으
로써, 반대로 파트너는 그들이 무엇을 입고 있었는지 설명하는 사회
자 역할을 함으로써, 그룹과 공유하는 것이었다. 이런 식으로 참가자
들은 그들 자신의 젊은 시절과의 만남에 우리를 초대했고 때로는 또

다른 시선으로 그들을 보게 함으로써 우리 모두를 깜짝 놀라게 했다. 파트너가 설명한바, 보호자인 노인 조지가 엘비스 프레스리 머리 모양으로 잔뜩 치장하고 끝이 뾰족한 노란색 구두를 신었던 것을 기억해냈을 때와 같은 것이 그러했다. 과거와 현재 내의 그 사람에 대한 이러한 병치는 보호자이건 보호를 받는 사람이건 관계없이 사람들의 자아감을 유지하는 데 있어 중요한 요소였다.

댄싱 데이

우리는 한 쪽에는 남성 다른 한 쪽은 여성으로 방을 나눈 다음 남성은 여성에게 어떻게 춤출 것을 요구하는지 그리고 실망스럽든 지지하는 마음이든, 여자는 어떻게 그에 응답하는지 보여줄 것을 요구했다. 여성에게 말을 거는 대사를 그룹 전체에 제안하기도 하였고 스스로가 직접 선택하기도 하여, 남성들은 박장대소하며 일이 어떻게 변화되어갈지를 생각하며 방을 가로질러가서 이를 시도했다. 대체로 남성들은 자신의 아내에게 요청했고, 그에 연유된 춤들 중 일부는 매우 부드러웠다. 그 곡들은 거의 어떤 요구에도 응할 수 있는 80세의 멋진 피아니스트가 연주하였고, 그룹의 멤버들은 커플이 요청한 노래를 흥얼거리곤 했다. 많은 커플들에게 있어서 춤과 곡은 그들이 함께 처음으로 춤을 춘 시기의 것이었는데, 일반적으로 보호자들은(환자들의 기억이) 가능하지 않을 거라 믿었다. 가끔 그룹의 리더는 춤을 추기 전 한 커플을 멈춰 세워 기억에 남는 게 뭐냐고 물어보곤 했다. 그리고 이것은 그들의 젊은 시절 들떠 있던 사랑에 대한 기억을 드러내주었다. 노인 커플들이 함께 춤을 추며 돌고 있을 때 현재로 쏟아져 들어오는 어떤 감정이 드러났던 것이다. 이런 식으로 춤을 추는 것은 기억에 도움이 될 뿐만 아니라 그들 간 관계를 강화시켜 주었다.

결혼식 날의 기억

사람들은 결혼사진을 가지고 왔고, 그에 대해 좀 더 자세하게 회상을 했다. 가능한 한 어디서건 사람들이 얼굴과 옷을 더 명확하게 보고 참석했던 가족 구성원들과 손님들을 기억할 수 있도록 사진들을 확대했다. 때로 우리는 좋아하는 결혼사진을 하나의 타블로로 재현하기 위해 그룹의 멤버들을 초대했고, 그룹의 멤버들은 원래 사진 속의 중요한 사람들이 되어서 서 있었다.

결혼에 관한 세션은 언제나 전체 집단 즉흥극에 황금 같은 기회를 제공했다. 거기서 모든 사람들은 신부와 신랑, 부모, 신랑 들러리, 버림받은 여자 친구, 교구 목사 등과 같은 어떤 역할이건 할 수가 있었다. '신부'가 통로를 걸어 나올 때, 모든 사람들은 그들이 어떻게 느끼는지를 질문 받았고 그들은 모두 역할 속에서 대답했다. 거기엔 치매에 걸린 한 유쾌한 여성도 포함되었는데, '신부의 어머니'로 캐스팅된 그 여성은 '자랑스러워요. 그들이 아주 행복하길 바래요. 신랑이 신부를 잘 돌봐줬으면 해요.'라고 답했다. 이러한 반응들은 가장된 상황과 온전하게 조화를 이루는 공연인 동시에 기억이기도 했다. 현재의 허구적 사건 안에서 우리가 공동으로 행동하고 있다는 점에서, 그런 반면 배우들 모두가 그들 역할에 대한 정보를 얻기 위해 실제 삶과 연관된 사건에서 많은 기억들을 불러오고 있다는 점에서 그러하다.

'결혼식 장면'에서는 진짜 결혼식과 같은 행복감이 있었지만, '목사'가 어림짐작 거친 주례로 고군분투한 다음 '신부'가 던진 부케를 우연히 붙잡았을 때와 같이, 웃고 떠드는 유흥도 있었다! 최근 브래드퍼드에서 이 프로젝트를 운영하고 있는 내 동료들은 결혼과 관련된 세션이 모든 사람들이 참여하는 데 있어 감동적이면서 오락적인 것으로—익살스러움과 치명적인 진지함 사이에서 재주를 넘는—

매우 인상적이었다고 말했다. 면사포만을 쓰고 신랑 신부 역할을 하
는 일부 커플들의 연기는, 그들 관계가 가장 견고했던 때를 상기시
켜 주면서 현재의 그들 관계에 정말로 도움을 주는 것 같았다. 이런
식으로 자유롭게 가장해보는 것은 가족들에게는 그룹에서의 만남이
어떤 것이든 일어나게 할 수 있는 특별한 시간과 장소라는 느낌을
전해준다.

'어제를 기억하고 오늘을 돌보기', 존과 팻 팰렛이 자신들의
결혼식을 기억하다.

프로젝트 평가

'어제를 기억하고 오늘을 돌보기' 프로젝트는 매 진행 과정에 따라
평가 되었고, 결과는 전반적으로 매우 긍정적이었다(Bruce and Gibson,
1998; Bruce and Gibson, 1999a, 1999b). 보호자들이 느끼는 스트레스를 줄
이고 치매에 걸린 사람들이 사회적인 상황 속에서 스스로를 신뢰할
수 있도록 도움으로써, 또 다른 방식으로 모든 가족들에게 큰 도움
이 되고 있음을 증명했다. 사람들은 종종 완전히 진이 다 빠져버린
채 불행한 마음으로 세션에 들어왔다. 특히 보호자들은 잠을 자지
못하고 환자의 미래에 대해 걱정한 결과 탈진한 잿빛 얼굴이었다.

그들 중 대부분이 훨씬 더 긍정적인 행복감을 느끼게 되었다. 분명한 것은 참가자들이 이 프로젝트를 높이 평가하였으며 세션이 끝나는 것을 원치 않았다는 것이다. 그들은 자신들의 상황을 이해하고 공유하는 다른 사람들과 함께 재미있게 지내고 웃을 수 있는 바람직한 사회적 집단의 일원임을 감사하게 여겼고, 치매환자와 함께 사는 가족들의 삶에서는 보기 힘든 즐거움도 느꼈다. 그들은 그들이 얻은 소통과 지지를 잃을까 주저했다. 그래서 서로 다른 나라에 사는 몇몇 파트너들은 지속적인 전문적 지원 속에서 가족들이 매달 만날 수 있는 모임을 만들었다.[37]

글을 쓰고 있는 지금, '어제를 기억하고 오늘을 돌보기' 프로젝트는 영국에서 약 20번 실행되었고 더 나아가 다른 나라에서도 계속해서 평가를 받으며 진행 중에 있다(Thorgrimsen, Schweitzer and orrell, 2002). 최근에 의료연구위원회(Medical Research Council)가 수여한 기금도 받았다. 이는 프로젝트의 효과성을 조사하기 위해 고안된 주요 연구 프로젝트의 시범 플랫폼 지원이다.

SUMMARY

이 장은 보호시설과 데이센터 내에서 프리랜서인 연극 작업자들과 다른 영역의 예술가들이 프로젝트 기반의 회상작업을 탐구하는 것으로 시작되었다. 의사소통의 주요수단인 즉흥극과 더불어 주제 기반의 회상 세션은 보호 시설에 있는 스태프들의 지식과 기술을 증진시키고, 노인 참가자들 사이의 사회적 접촉을 증진시키는 수단으로 제공되었다. 이 장의 두 번째 파트에서는 회상을 통해 치매 환자와 그들 가족 보호자를 지원하려고 기획된 주요한 국제 프로젝트에 대해 설명했다. 여기서 '마치-처럼'의 상황들을 상연하거나 의사소통과 즐거움을 증진시키기 위한 다른 창의적인 활동을 활용하였다.

결론

　기술했듯이 다양한 종류의 회상연극과 연극 작업들을 검토하여 그들 모두가 어떻게 현재를 풍부하게 할 목적으로 과거를 소생시키는 데 기여하고 있는지를 살펴보는 것은 보람 있는 일이다. 숙련된 전문적인 연기자를 통해서건 혹은 젊은 사람들이나 노인들 자신을 통해서건 간에 회상연극과 드라마는 정보제공자, 연기자, 관객들에게 새로운 빛을 비추는 방식으로 기억을 반영하고 재구성한다.

　기억을 기반으로 연극과 즉흥의 드라마를 만드는 것은 사람과 시간 그리고 장소를 연결시켜 준다. 이것은 노인과 전문 예술가를 연결시켜 사회적인 재생의 목적을 지닌 연극 형식을 만들어 낸다. 그것은 어린 시절의 경험에 대한 탐색을 통해 젊은 시절과 노인 시절, 과거와 현재를 연결하고, 공동의 창의적인 활동을 통해 상호 이해와 공감을 구축한다. 노인들끼리 서로를 연결시켜 주어 공통된 입장과 상호간의 이해를 확인하고 공유할 수 있게 해 준다. 마지막으로, 이러한 작업은 노인들이 공유한 이야기에서 보편적인 주제를 확인하고 언어와 미학적 경계를 횡단하는 표현방법을 찾음으로써 서로 다른 문화를 가진 사람들을 연결시켜 준다.

　회상연극은 놀라운 것들로 가득하다. <좋은 동료들>은 단지 그들의 기억만으로 좋은 공연을 만들 수 있다는 것을 발견했을 때 놀라워했다. 그것은 넓은 층위의 관객들을 감동시키고 자극할 수 있었다. 나뿐만 아니라 객원 연출가들은 함께 일하면서, 품위를 잃지 않고서도 연극을 만들고 경험을 전달할 수 있는 방법이 있다는 것을 알 수 있었다. 그룹 내 노인들을 지켜보는 것은 흥미진진했다. 그들 대부분은 전에 연기해본 적이 없었지만 하나의 팀을 발전시키고, 독특한 진실성으로 공연을 하는 최고의 의사전달자들이었다. <세대교류>에서의 첫 번째 노인 극단의 형성은 도미노 효과를 가져다주었다. 카리브해 지역, 중국, 아프리카의 노인들이 자신들의 이야기를 들려주는 <좋은 동료들>의 공연에 영감을 받은 것이다. 그들은 결과물로서의 공연이 그들의 지역 사회뿐만 아니라 영국과 해외의 학회와 축제 전문가들로부터 긍정적인 반응을 받은 것에 깜짝 놀랐다.

전문 배우들은 인터뷰를 녹음해서 만든 버배팀 대본을 기반으로 하는 특별한 공연 기회에 놀라워했다. 그들은 이러한 원재료에는 특별한 요구가 있다는 것, 특히나 완전한 음보를 지원해주면서 '라이브'로 전달하도록 하는 경우가 있음을 알지만 관객반응과 피드백 측면에서는 상당한 보상을 받게 된다는 것을 인식했다. 다소 제한적이고 향수를 불러일으킬 것을 기대하면서 회상연극 강연이나 워크숍에 오는 연극 전공 학생들은, 대신에 그 매체를 탐색하려는 욕망에 사로잡히게 되었는데 그 이유는 그것이 곧 그들 자신의 창의적인 개발을 위한 기회를 제공하기 때문이었다.

젊은이들과 노인들은 서로의 수용력에 놀랐다. 세대 간 연극 프로젝트 참여를 통해 서로 간의 만남이 없는 세대들 사이에 신뢰관계가 발전했다. 젊은이들이 만든 창의적인 파생물인 글, 그림 그리고 드라마는 이러한 만남의 충격과 가치에 대한 명백한 증거였다. 젊은이들은 언제나 자신들의 삶과 경험 안에서 노인들이 말해준 것과 밀접한 연관이 있는 것들을 발견해냈다. 특히 주제가 어린 시절의 모습과 관련이 있을 때 그러했다. 그리고 교실에서의 아이들이 그들과 함께 노래하고 노는 것을 좋아하는 노인들과 작업하는 것을 매우 흥미진진하게 생각하면, 교사들은 놀라워하며 교육자원으로서 지역의 노인들을 더 적극적으로 참여시키는 방법을 재고하게 된다.

치매 분야에서 즉흥극의 사용은 정말로 가장 놀랄 만한 것이었다. 많은 참가자들이 의사소통에 큰 어려움을 겪었지만, 예상치 못한 박수갈채를 받는 그들 자신을 발견할 수 있었다. 왜냐하면 그들은 그들 자신도, 다른 사람들 그 누구도 그들이 해낼 수 없을 거라고 생각했던 일을 해냈기 때문이다. 타인과 관계를 맺고 유머와 사회적 교류에 자연스럽게 반응하는 개인의 능력에 대한 믿음과 확신을 잃었던 그들 보호자들이야말로 더욱 더 놀라워했다.

회상연극과 드라마의 진전은 특히나 강렬하고 몰입적인 방법으로, 관련된 모든 사람들을 열중시킨다. 노인들은 교류의 경험을 통해 자신의 기억을 회복하고 다른 사람들을 아는 데 가져야 할 자신감 회복에 동기 부여를 받는다. 창조적인 에너지의 흐름은 신체적이고 정서적인 회복제로서, 이야기를 살아있는 행위로 가져오기 위해 사람들이 함께 작업할 때 생성된다. 이것은 또한 고도의 사교적 활동이기도 하다. 노인들, 심지어는 매우 내성적이고 소외되어 있는 노인들의 의사소통과 사회적 기술을 되살려 준다. 온전하게 모든 형식을 다 갖춘 연극이건 혹은 한 그룹 내에서 재연된 짧은 순간이건, 자신이 직접 공연을 하건 혹은 다른 사람들이 공연을 하건 간에, 스토리를 다른 이들에게 보여 준다는 것은 존재에 대한 인식과 존재감을 갖게 한다.

이상에서 설명한 모든 프로젝트는 사람들과 함께 경험을 공유하는 방법과, 어느 면에서는 정상적으로 발화하지 못하는 사람에게 목소리를 부여해주는 방법에 대해 창의적으로 생각하는 것을 포함하고 있다. 목소리를 내지 못하는 사람들에게는 삶이 변화될 수 있음을, 그리고 모든 이에게는 확실하게 삶이 견고해질 수 있도록 하는 것이다.

역자 후기

팸 슈바이처(Pam Schweitzer)는 기억 혹은 회상에 기반한 연극을 오랜 기간 실험하고 발전시켜왔다. 그녀는 이를 회상연극으로 호명한다. 이 책에는 그러한 회상연극의 성장과 변모의 과정이 드러나 있다. 회상연극은 노인들의 기억을 중요한 자원으로 삼아 특유의 연극제작과 유통방식을 갖는다. 그 중 가장 인상적인 것은 노인들이 자신의 기억 혹은 이야기를 사회에 제공하는 '증여자'이자, 때론 직접 무대에 서서 개인과 집단의 기억을 수행하는 '수행자'로서의 역할을 해내는 연극적 접근방법론이라는 점에 있다. 무엇보다 노인과 노년기에 대한 저자의 성실하고 깊이 있는 이해와 세심한 배려가 작업의 곳곳에 배어있음을 발견할 수 있다. 그것은 고스란히 노년기라는 특정 시기에 대한 새로운 성찰과 더불어 노인들의 삶에 깊은 경외심을 다시 새기게 하는 힘을 발생시킨다. 회상연극, 이 책의 저변에는 노인들이 아무런 자원도 없이 그저 사회의 보호대상으로서 섬김을 '받는' 존재가 아니라 그들 스스로 젊은이들에게 삶의 자원을 제공하는 '공헌자'로서의 역할을 수행하는, 충분히 의미 있는 존재로서의 노인들이라는 강한 호소가 배어있다.

그런 점에서 이 책은 한국사회의 노인과 그들이 향유하는 문화예술의 현재적 지점들을 반성적 시선으로 되비춘다. 한국사회는 지금 고령사회를 지나 초고령 사회를 목전에 두고 있다. 그러나 노인 인구의 급증에 비해 그들 삶의 질은 매년 더 낮아지고 있다. 노인은 저소득, 건강 돌봄 단절, 외로움, 소외 등 삶의 조화가 붕괴되고 있는 '위기 집단'으로 분류되고 있으며 '노인'이라는 단어에서 연상되는 이미지는 돌봐주어야 할 대상, 잉여인간, 보수적 성향의 꼰대로 주로 부정적인 이미지가 강하다. 신체적 젊음만을 강조하는 팽배한 자본주의적 상품 논리 속에서 우리 사회의 짐이라는 식의 편견과 차별로 노년의 삶은 압박당하고 있다. 노인자살률 연속 세계 1위, 한국사회 노인들의 삶을 단적으로 말해주고 있지 않은가.

생명활동을 하는 인간이 도달하게 되는 노년은 불가피한 자연현상으로, 유년이나 청년, 장년과 대등한 생애 주기이자 실존적 시기이다. 하지만 노년에 관한 부정적 시각은 죽음 이전의 생의 마지막 시기라는 안타까움과 함께 노년으로의 이행이 노화 곧 상실과 결핍, 쇠약, 느림, 의존, 낡음을 담지하는 것으로 이해된다. 그리하여 노화를 방지하고 노년을 유예시키고자 하는 것이 현실적 인식으로 자리매김 된다. 노년기는 인생을 마무리하는 단계로서 자신의 생을 되돌아보고 삶에 대한 평가와 의미를 부여하는 반성적 특성을 지닌 시기이다. 무엇보다 노인 개개인은 계속해서 성장해가는 개체이며 또 마땅히 그렇게 되어야만 하는 존재이다. 노인 역시 생을 다할 때까지 자신의 자아를 실현시켜나가야 하는 존재인 것이다.

노인은 이미 살 만큼 살았(다고 믿)기에 더 이상 삶에 대한 기대나 욕구가 없을 거라는 편견 때문에 다른 사람 뿐 아니라 스스로에게도 경청의 대상에서 배제되는 경향이 있다. 회상연극은 그들에게 귀 기울인다. 지나온 삶을 질문한다. 그들이 헤쳐 온 시련과 그 와중에 피운 젊음과 몸에 새긴 상처와 영광을 물어 돌아보게 하고, 그 이야기를 무대에서 재현하고 관객과 나눔으로써 자신의 역사를 완결하도록 돕는다. 무대를 빌어 일종의 집단적 자서전을 쓰게 하는 것이다.

　회상연극은 이렇듯 공적인 목소리를 갖지 못한 노인들에게 자신들의 방식대로 주제에 대해 발화할 수 있는 힘을 부여해준다. 그 핵심에 버배텀 접근 방법이 자리한다. 버배텀 기반의 회상연극은 노인들을 인터뷰하고 녹취한 그 내용을 잘 살려 대본으로 만들고 상연하는 방식을 취한다. 자신의 이야기를 무대에서 몸소 재현하기 어려운 노인의 특성이 반영된 극화 방식이다. 물론 노인들이 직접 무대에 서기도 한다. 그를 위해서 다양한 감각자극을 통해 회상은 독려된다. 무엇보다 공연이, 공연'이후' 관객과의 의사소통으로 확장된다는 점이 중요하다.

　고립감이나 소외감을 겪는 노인들에게 노인 간의 연대에 따른 공감적 이야기 구성이나, 혹은 젊은 세대와의 교류 속에 이루어지는 연극공동작업은 많은 효과를 내포한다. 무엇보다 회상연극은 민주적인 창작방식으로서의 리허설과 공연을 통해 노인들 개개인의 자아에 대한 감각을 고양시키고 강화하며 집단의 에너지를 생성시킨다. 이로써 개인적으로나 집단적으로, 그리고 예술적으로 자신감은 성장하며 정체성과 소속감은 물론 그 결과물로서 삶의 질적 향상이 있게 된다.

　바로 그런 점에서 회상연극의 또 다른 핵심은 치료적 효과에 있다고 볼 수 있다. 물론 회상연극을 본격적인 연극치료의 범주에 포함시키기는 어렵다. 치료적 의도가 선행하는 개입이 없고 개별화된 접근도 아니며 관련 인력이 심리치료 전문가가 아니기 때문이다. 하지만 그럼에도 회상연극은 목소리가 삭제되어버린 노인들에게 무대를 제공하여 자신을 소리 내어 이야기하는 주인공으로 세워낸다는 점에서 분명히 치료적이다. 회상 연극은 실제 삶의 이야기가 지닌 극적 잠재력을 발견하여 그를 실현시키고자 한다. 창조의 원천으로 노인의 경험을 채록하여, 그것을 대본으로 만들어 공연으로 확장하는 과정의 회상연극 작업은 단지 예술적 과정으로서, 귀중한 부가

적 자료를 제공하는 데 그치는 것이 아니라 개인적인 삶의 방향을 재점검하여 그로 인해 현재에서 과거의 정체성을 재발견하는 수단 이 된다.

　이 책은 노년의 문화정책과 연동된 노인의 예술적 활동, 더 작 게는 노인연극이 동시대 노인의 욕구와 요구를 반영하지 못한 채 일 방향으로 혜택을 부여해 '주는' 것으로 대체되고 있는 우리 현실에 서, 그 성찰에서 실천에 이르기까지 상당히 유용하다. 다소 늦게 소 개된 감이 없지 않다. 그럼에도 삶과 연극의 경계가 와해되면서 평 범한 사람들도 향유할 수 있는 예술 영역의 확장이 현재 우리 예술 의 한 경향이라면 이 책이 기존에 존립하지 않던 노인연극 영역의 새로운 장을 여는 자극제가 되지 않을까 생각한다. 이 책에 수록된 자전적 기억과 회상에 기반하는 회상연극의 실제적인 방법론은 타자 화된 노인들의 삶의 질적인 변화, 노인들의 정신적 치유와 관계성 회복에 실질적인 영향력을 가짐은 물론 치매를 겪고 있는 노인과 그 가족들에게도 폭넓게 적용되어 치료분야에서의 노인문제 해결에도 하나의 계기점이 될 수 있을 것이다. 또 하나, 이 책으로부터의 사유 가 연극의 변형적 잠재력을 활용하고자 하는 이들에게 다양한 대상 과 방법론 중에서도 특정한 누군가에 집중하여 어떻게 하면 그들을 더 잘 만날 것인가를 파고들도록 독려하는 계기가 되길 바란다.

2019년 1월
김숙현·이효원

NOTE

1) 미니 베넷 보호주택 구역의 거주자들은 이에 앞서 약 일년 동안 앨런 베한(Alan Behan)이 이끄는 회상 회기에 참여하였다. 그는 그리니치 대책위원회의 선배로, 그 작업을 진행한 후 1981년에 <우리가 젊었을 때(When We Were Young)> 라는 제목의 자료집을 출간하였다. 그것은 그리니치 식사배달서비스를 통해 다른 노인들에게 배포되었다.

2) 미디엄 페어 극단의 연출자인 닉 세일즈(Nick Sales)는 회상 연극과 TIE공연(일상적인 교실에서의 상호작용에서는 잘 나타나지 않던 스타의 자질을 아이들에게서 드물지 않게 이끌어내는) 그리고 노인들의 집에서 진행되는 회상 연극의 유사점을 비교한다. 그는 이렇게 쓴다. '전체 회중 앞에 나서서 자신의 과거를 떠올려 말하는 것은… 특별한 공적 행사가 아닌 한 일상의 흐름을 따르는 유사한 대화에서는 가능하지 않은 방식으로 그의 지위와 자기 이미지를 변화시킨다.' (Langley and Kershaw, 1982: 11)

3) '주의 깊은 겸손'은 미디엄 페어 극단의 연출자인 닉 세일즈가 언급한 개념으로, 노인들의 기억에 근거한 공연에서 배우에게 요구되는 핵심적인 특징이다. (Langley and Kershaw, 1982: 14)

4) 커쇼는 전형적이거나 유형적인 관계, 무대와 상황의 이 같은 활용을 탐험한다 (Langley and Kershqw, 1982, p. 30).

5) 메카노는 장난감 건축 장비 세트이다.

6) 전시의 기억에 바탕을 둔 <세대교류>의 성탄절 버배텀 공연 제작에 대한 자세한 설명을 원한다면 <Oddey>(1994)의 4장을 참고하시오.

7) 인류학자 바바라 마이어호프(Barbara Myerhoff)는 1980년에 출간된 매우 유명한 저서 <Number Our Days>에서 캘리포니아에 사는 유태인 홀로코스트 노인 생존자들의 삶을 기록하였다.

8) 미국의 아서 스트림링(Arthur Strimling)은 유태 노인과 젊은 세대를 대상으로 하는 일련의 세대교류적인 연극 프로젝트를 수년에 걸쳐 개발해왔다(2004년에 출간된 그의 책을 참고하시오). 거기에는 이야기의 세부뿐 아니라 웜 업 활동, 스토리텔링 기법, 리허설과 공연에서 서로 다른 세대를 어떻게 연결할 것이가에 대한 실질적인 조언이 포함되어 있다.

9) 오븐에 넣어 천천히 익혀서 만드는 찌개나 찜 비슷한 요리.

10) 배너 시어터의 프랜스 리프킨은 염색 산업 노동자들의 삶을 기록할 때 문화적 노동자가 할 수 있는 역할에 대하여 배너 시어터와 함께 한 코비 1979-1981 (Rifkin, 1981)에서 훌륭한 통찰을 가지고 기술한 바 있다.

그들은 [그들의 일을] 목격자라고 말한다. 그들이 일과 관계의 제반 양상의 사랑스러운 세부를 말할 때 그것이 드러난다. 잃어버린 직업에 대한 그들의 생생한 묘사는 클럽의 공기와 뒤섞여 잊을 수 없는 신랄함과 시적인 분위기를 만들어낸다. 그들이 서로에게 말하지 않았던 어떤 것, 공유한 지식과 경험이 외부인에게 드러난다.

리프킨은 인터뷰어에게 정보를 주고 싶어 하는 일종의 절박감과 문화적 결과물, 이 경우에는 공장 폐쇄 전 파업 동안에 진행한 기억에 바탕을 둔 연극에 영향을 미치고 싶어 하는 철강 노동자들의 욕망을 포착한다.

11) 1980년대에 특히 지역사회 극단들 사이에서 사라져가는 노동 공동체의 기록의 중요성에 대한 인식이 광범하게 확산되었다. 루퍼트 크리트(Rupert Creed) 연출의 리몰드 시어터의 <북부 트롤>(1984)과 프랜스 리프킨(Frances Rifkin)과 피트 이트(Pete Yates) 연출에 데이브 로저스(Dave Rogers)가 음악을 맡은 배너 시어터의 <강철 쇼>(1982), 이반 커팅(Ivan Cutting)이 연출한 이스턴 앵글스의 <보트가 들어올 때>(1982) 등이 그 강력한 보기들이다.

12) 피드백 형식을 취한 코멘트는 공연이 끝날 때마다 관객에게 받아서 이후의 공연 제작에 반영하였다.

13) COMMA는 지역사와 지역사회 집단이 이미지, 문서, 텍스트, 소리와 영화를 저장할 목적으로 활용할 수 있는 매우 유용한 소프트웨어로서, 원한다면 그 내용을 웹에 올릴 수도 있다. 콤마, 커뮤니티 멀티미디어 아카이브의 웹주소는 www.commanet.org.이다.

14) 기억을 수집하고, 그것을 대본으로 만들어 <추억의 거리>라는 최종 공연으로 제작하는 과정을 보여주는 영화가 <회상 연극>이라는 제목으로 만들어졌다.

15) 개인적인 이야기를 그룹에게 말하고 그것을 다시 반영하는 이 과정은 조나단 폭

스의 플레이백 시어터로 체계화되어 있으며, 현재 창조적인 레크리에이션과 치료적인 개입의 한 형식으로 널리 사용되고 있다. 이에 관해서는 폭스를 참조하라(1986).

16) 이는 2004－2005년의 유럽 네트워크 프로젝트 및 모든 참가국의 라이프 스토리가 있는 기억 상자를 전체 페이지에 컬러사진으로 담아낸 영어와 독일어, 이중 언어로 구사된 책이다: 참가국은 체코, 핀란드, 독일, 폴란드, 루마니아, 스페인, 영국. 이 책은, European Reminiscence Network, c／o 15 Camden Row, London SE3 0QA 또는 이메일 Schweitzer@beeb.net에서 구할 수 있다.

17) 라도 클라세(Rado Klose)가 1995년 '유럽 회상 네트워크(European Reminiscence Network)' 축제, '기억해야 할 시간(A Time To Remember)'에서 노인 연기자들의 진술과 함께 그들 집단의 흑백 사진 전시회를 개최했는데 주목 할만 했다.

18) 프란츠 마츠케(Franz Matzke)가 독일 종전을 다룬 희곡, 오네 엔데(One Ende)를 힐데스하임의 화렌바이트 극장(Fahrenheit Theatre)에서 제작했는데, 이는 특히나 강렬한 작품이었다. 힐데스하임 대학교(Hildesheim University) 학생들과 진격하는 소련 군대를 피하기 위해 서방으로 도망쳤던 노인들이 연기를 했다. 축제에서 영국과 독일의 노인과 젊은이 간의 만남이 이루어졌으며 결속력 강한 우정이 맺어졌다.

19) 이 논문들은 회상연극이 8개국의 노인들에게 미친 영향을 조사한 내용을 포함하고 있는데, 노인들 자신의 말로 묘사한 내용 그대로를 담아내고 있다.

20) 영 내셔널 트러스트 극장(Young National Trust Theatre)은 1970년대에 이러한 접근법을 실험하여 방문하는 학교 아이들에게 위대한 주택의 역사를 생생하게 전달하는 수단으로 상당한 성공을 거두었다. 나는 그러한 프로젝트를 통해 그들과 함께 일하는 큰 기쁨을 누렸으며 그로써 예술인 인증 멤버십 카드를 받게 되었다!

21) 보니 보렌버그(Bonnie Vorenberg)는 그녀의 웹 사이트(www.seniortheater.com)에서, 1999년과 2005년 사이에 시니어극단의 수가 79개에서 530개로 증가했다고 발표했다. 보렌버그를 보라(2000).

22) 1985년 오하이오 주립대의 조이 라일리(Joy Reilly) 박사가 설립했다. 라일리는 이후 자신들 삶에서 나온 내용으로 연극을 만드는, 노인여성 연극 단체 <달에서 울부짖기(Howling at the Moon)>를 설립했다. 라일리를 보라(2005).

23) 샐리 노커(Sally Knocker)가 보낸 서면 의견은 그녀의 허락 하에 게재되었다.

24) 슈바이처(1996)는 <좋은 동료들>과 다른 나라 출신의 6개국 노인극단과 함께, 노인들 자신의 삶으로 만든 연극 참여와 1995년 국제 페스티벌의 '기억해야 할

시간' 참여와 관련하여 인터뷰를 했다.

25) 수잔 펄스타인(Susan Perlstein)이 설립한 <노인들 예술을 공유하다>라는 뉴욕의 단체는 『기억을 위한 무대: '노인들 예술을 공유하다'의 살아있는 연극역사에 관한 안내서』를 포함하여 창조적인 예술과 노인에 관한 많은 유익한 출판물을 보유하고 있다. 『기억을 위한 무대』에는 회상의 이론과 실제에 대한 알기 쉬운 안내뿐만 아니라, 기억을 이끌어 내고 향상 시키며 자료화하는 데 사용되는 연극적 방법론이 들어 있다. <노인들 예술을 공유하다>의 25년간 '산 연극의 역사'에 대한 자료 역시 다음을 통해 구할 수 있다. Elders Share the Arts, c/o National Center for Creative Aging, 138 South Oxford Street, Brooklyn, New York 11217.

26) 나는 1993년 뉴욕의 <노인들 예술을 공유하다>가 출범시킨 창의적인 연극축제에서 페기 페팃(Peggy Pettitt)을 만나는 행운을 갖게 되었다. 페기의 아프리카계 미국노인 그룹인, '지혜의 진주들(Pearls of Wisdom)'이 들려주는 이야기를 들을 수 있었다. 지혜의 진주들: 노인 이야기꾼들이 엮는 투쟁과 승리에 관한 이야기(노화에 관한 오메가 연구소 회의Live at Omega Institute Conference on Aging). 오디오 카세트 30분. <노인들 예술을 공유하다>에서 구할 수 있다. Elders Share The Arts, c/o National Center for Creative Aging, 138 South Oxford Street, Brooklyn, New York 11217.

27) 2004년 라도 클로세(Rado Klose)의 '내가 자란 곳', 사진 전시회는 현재 <세대교류>를 통해 자세한 정보를 볼 수 있다.

28) 장 발슬러(Jean Valsler)의 영화 '오래전 저 멀리(Long Ago and Far Away)'는 『기억을 매핑하기: 소수민족 노인들과 함께 하는 회상』이라는 출판물의 CD-ROM에 포함되어 있다. 이는 팸 슈바이처(2004a)가 편집하고 <세대교류>가 발행한 것이다. 이야기 사례에 관해서는 <세대교류> 웹사이트, www.age-exchange.org.uk를 참조하라.

29) 코널 퍼시(Conal Percy)가 편집한 '내가 자란 곳: 2004 영화축제'의 하이라이트 영상은 <세대교류>에서 구할 수 있다. 이 30분짜리 영상에서 아프리카, 중국, 카리브해, 인도 및 영국 노인들이 만들어낸 작품 내용들을 볼 수 있다.

30) 이 여성과의 인터뷰와 사진을 포함한 그녀 삶에 관한 영상은, 로타 페트로넬라(Lotta Petronella)가 명명한 '삶의 초상(Life Portraits)'이라는 CD-ROM에서 볼 수 있다. 그것은 팸 슈바이처(2004a)가 편집하고 <세대교류>가 발행한 『기억을 매핑하기: 소수민족 노인들과 함께 하는 회상』이라는 책에 들어 있다.

31) 이는 2001년에서 2002년까지 실시된 국립 해양 박물관과의 공동 프로젝트 '7개의 대양을 건너라'의 일부로, 그 결과는 그들 지역 교육부 웹사이트에서 볼 수 있다. 웹사이트 명칭은 그들 이야기에서 발췌한 '불사조 일으켜 세우기(Raising the Phoenix)'이다. 그리고 활동에 관한 간단한 비디오클립은 다음에 설명되어 있다.www.nmm.ac.uk/server/show/con WebDoc6836.

32) 28번 주석을 참조하라.

33) 후에 이러한 기억상자들은 <세대교류>에서 제공하는 서비스의 일부가 되어, 환자들과 함께 회상작업을 하고 싶지만 적절한 자극적 재료를 모아낼 시간은 부족한 치료 요원과 간호 요원을 지원해주었다. 최종적으로 약 30여 개의 상자가 있었는데, 모두가 서로 다른 회상 주제에 중점을 두고 있으며 이들 상자는 노인과 함께 작업하며 애를 먹는 전국의 요원들에게 배송되었다. 이 서비스는 15년 동안 지속되었고 얼마간은 밴다 카터(Vanda Carter)라는 직업 장교가 각 박스에 사용 지침을 만드는가 하면, 고용주에게 회상훈련 기회에 대한 정보를 알려 주기도 했다. 많은 박물관과 자원 봉사 단체들이 현재 유사한 회상 자원 서비스를 제공하고 있다.

34) <세대교류>의 베르니(Bernie Arigho)와 데이빗(David Savill)은 최근 보건부의 보조금을 받아 노폭(Norfolk), 서머셋, 요크셔에 회상 프로젝트 작업 및 예술 기반 레지던시를 확장했다.

35) 간병인인 유키코(Yukiko Kurakawa)와 커플치료에서의 에롤린 브루스(Errollyn Bruce), 그리고 오랜 기간 관계변화를 겪은 사람들의 회상에 관련한 밥(Bob Woods)의 논문은 슈바이처(1998)의 책에서 참조하라.

36) 협력국으로는 오스트리아, 벨기에, 덴마크, 핀란드, 프랑스, 독일, 홀랜드 노르웨이, 스웨덴, 영국이었고, 일부 국가들은 한 개 이상의 도시에서 프로젝트를 진행하였다.

37) MRC 시험 플랫폼: 치매환자와 그 가족 간병인들을 위한 회상집단: 2004년 4월 -2006년 3월

이 프로젝트는 치매환자와 간병인이 매주 12회의 모임을 갖는 동안, 회상요법에 대한 혁신적 접근법인 무작위 통제시험(Randermised Controlled Trial)을 수용하는 데 동력이 될, 멀티 센터를 위한 토대 마련을 목표로 한다. 이러한 접근 방식을 개발하는 데 중요한 역할을 했던 <세대교류>의 팸 슈바이처와 협력하여 치료 매뉴얼을 개발하고 그 결과, 향후 연구를 통해 표준화된 방식의 개입을 제

공할 수 있게 되는 것이다. 성과 측정 방법이 개발되고, 정제되고 검증되었다. 이러한 방법들은 간병인과 치매 환자를 통합하는 간병의 관계적 측면뿐만 아니라 평생에 걸쳐있는 환자의 자서전적 기억을 평가한다. 치매환자와 간병인을 위한 3개 그룹이 서로 다른 센터에서 운영되었으며, 치매환자를 위한 별도의 모임이 있는 두 개의 센터는 통제조건에, 일상적인 치료가 이루어지도록 했다. 총 69쌍의 간병인/치매환자가 그 시험을 위해 모집되었고, 58쌍이 치료 기간을 마쳤다. 환자들은 주로 경증으로, 중간 정도의 치매 단계(평균 MMSE 점수 19)에 있었으며 모두가 공동체 생활을 하고 있었다.

치매 환자의 삶의 질(QOL−AD)과 간병인 스트레스(GHQ)가 이 연구에서는 주요한 산출척도이다. 이 데이터를 사용하면 탁월한 계산 수행력이 가능하며 결정적인 대규모 연구에 필요한 표본 크기를 설정할 수 있게 된다. 시범 시행의 결과는 이전의 그 어떤 연구보다도 더 실질적일 것이며, 그 분야에서의 실천을 구체화해줄 것이다. 결과 측정은 각각이 아닌 간병인/환자 모두의 관계 변화에 심리사회적 개입을 적용할 수 있는 새로운 초점을 제공할 것이다. 결과가 고무적인 것으로 판명될 경우 치료 매뉴얼의 접근방식은 널리 보급될 수 있을 것이다(요약은 웨일즈 대학교(University of Wales, Bangor) 교수이자 연구프로젝트 코디네이터인 밥(Bob Woods)이 제공했다).

INDEX

ㅎ

본 QR코드를 스캔하시면 '회상연극'의
참고문헌을 확인하실 수 있습니다.

역자소개

김숙현

동국대에서 연극학으로 박사학위를 취득했다. 연극평론과 더불어 자리 없는 이들의 목소리 내기와 그들 공연이 형성하는 지형의 변화에 관심을 갖고 있다. 동시적인 맥락에서 연극의 사이 혹은 경계 너머 연극치료의 실천적 측면에도 관여하고 있다.

이효원

다양한 개인 및 집단과 만나는 연극치료사로서 2005년 한국연극치료협회 연극치료사 양성과정에서 강의를 시작한 이후 여러 학교에서 연극치료를 가르치고 있다.
<연극치료와 함께 걷다>와 <연극치료 QnA>를 썼고 <연극치료 접근법의 실제>, <카우치와 무대> 등 다양한 연극치료 관련 서적을 옮겨왔으며, 현재는 '연극과 성장 연구소' 소장으로 내면아이의 돌봄을 위한 연극치료 접근법을 실행하고 있다.

회상연극

초판발행   2019년 1월 30일

지은이   Pam Schweitzer
옮긴이   김숙현 · 이효원
펴낸이   안상준

편 집   전채린
기획/마케팅   노현
표지디자인   조아라
제 작   우인도 · 고철민

펴낸곳   ㈜ 피와이메이트
          서울특별시 금천구 가산디지털2로 53 한라시그마밸리 210호(가산동)
          등록 2014. 2. 12. 제2018-000080호

전 화   02)733-6771
f a x   02)736-4818
e-mail   pys@pybook.co.kr
homepage   www.pybook.co.kr
ISBN   979-11-89643-00-3   93180

* 잘못된 책은 바꿔드립니다. 본서의 무단복제행위를 금합니다.
* 저자와 협의하여 인지첨부를 생략합니다.

정 가   20,000원

박영스토리는 박영사와 함께하는 브랜드입니다.